Julius Posener

Hans Poelzig. Sein Leben, sein Werk

W0033526

Julius Posener

Hans Poelzig
Sein Leben, sein Werk

vieweg

Titel der amerikanischen Ausgabe: Hans Poelzig:
Reflections on His Life and Work
© 1992 The Architectural History Foundation and
the Massachusetts Institute of Technology

Alle Rechte an der deutschen Ausgabe vorbehalten
© Friedr. Vieweg & Sohn Verlagsgesellschaft mbH, Braunschweig/Wiesbaden, 1994

Der Verlag Vieweg ist ein Unternehmen der Verlagsgruppe Bertelsmann International

Einbandgestaltung: E. Blum, P. Neitzke, Zürich
Satz: Frohberg GmbH, Freigericht
Druck und buchbinderische Verarbeitung: pdc, Paderborn
Gedruckt auf säurefreiem Papier
Printed in Germany

ISBN 3-528-08896-6

Inhalt

Vorwort 7

1 **Entwicklungen in der deutschen Architektur zu Poelzigs Lebzeiten** 10
  Dokumentation 26

2 **Hans Poelzig: die Person, der Künstler: Frühzeit Breslau 1900–1916** 29
  Dokumentation 53

3 **Poelzig an der Arbeit: Breslau 1904–1916** . . . 59
  1906 Einfamilienhaus Hans Poelzig
       in Leerbeutel bei Breslau 59
  1910 Landhaus und Jugendheim Zwirner
       in Löwenberg (Schlesien) 62
  1906 Evangelische Kirche in Maltsch
       (Schlesien) 62
  1908–1912 Mietsgruppe in Breslau 68
  1911 Geschäfts- und Bürohaus in der
       Junckernstraße, Breslau 68
  1903–1906 Anbau an das alte Rathaus
       zu Löwenberg 73
  1915 Franziskanerkloster bei Glatz (Projekt) . . 73
  1906 „Werdermühle" auf der Oderinsel
       in Breslau (Projekt) 78
  1911–1912 Chemische Fabrik in Luban 79
  1913 Römergrube in Rybnik (Oberschlesien)
       (Projekt) 79
  1913–1915 Annagrube in Pschow
       (Oberschlesien) 83
  1911 Oberschlesienturm auf der
       Industrieausstellung in Posen 83
  1908 Klingenberg (Sachsen), Talsperre 83
  Um 1910 Wasserturm für Hamburg (Projekt) 87

  1911 Bismarckdenkmal in Bingerbrück
       (Projekt) 87
  1909 Königsberg, Schloßbrücke (Projekt) . . . 92
  1910 Botschaft in Washington (Projekt) 92
  1912 Wettbewerbsprojekt Königliche Oper
       Berlin (Projekt) 95
  1913 Bauten der Jahrhundertausstellung
       in Breslau 98
  1913 Wettbewerb um die städtebauliche
       Gestaltung der Zentralanlagen der Stadt
       Rüstringen in Oldenburg (Projekt) . . . 102

4 **Abschließendes zu Breslau** 105
  Dokumentation 110

5 **Aufbruch ins Unbekannte: Dresden 1916–1920** 112
  Dokumentation 126

6 **Dresden – Berlin: das Große Schauspielhaus** 127
  Dokumentation 138

7 **Das Festspielhaus für Salzburg** 143
  Dokumentation 159

8 **Ein neuer Anfang: Berlin** 165
  Die Lehren von Salzburg 165
  Das Hochhaus am Bahnhof Friedrichstraße
  in Berlin, 1922 (Projekt) 171
  Hotel für Dresden, 1921 (Projekt) 171
  Das Kaufmannshaus in Köln, 1922 (Projekt) 171
  Capitol-Kino, Berlin 1925 174

9 **Erfolg** 179
  Dokumentation 187

Inhalt

10 Arbeiten 1924–1931 200

THEATER UND KINOS 200
1924 Stadttheater in Rheydt, Niederrhein
(Projekt) 200
1925 Kino Capitol, Berlin 200
1926 Deli-Kino, Breslau 203
1928/1929 Kino Babylon, Berlin 203
1930 Theater in Charkov (Projekt) 203

VERSAMMLUNGSSÄLE 206
1927 Völkerbundpalais (Projekt) 206
1931 Palais der Sowjets (Projekt) 206

GEBÄUDEGRUPPEN 212
1916 Zwei Schulen hinter einer bestehenden
Kirche in Dresden (Projekt) 212
1927 Berufsschulen in Berlin-Charlottenburg
(Projekt) 212
1928/1929 Berufsschulen in Berlin-Kreuzberg
(Projekt) 212
1926 Deutsches Sportforum in Berlin
(Wettbewerbsprojekt) 214
1926 Halle, Bebauung des Lehmann-Felsens
(Wettbewerbsprojekt) 214
1925 Messehaus in Hamburg (Projekt) . . . 214
1929/1930 Drei Gebäudegruppen
(Wettbewerbsprojekte) 218

STÄDTEBAULICHE PROJEKTE 221
1929 Reichstagserweiterung (Projekt) . . . 221
1927 Umgestaltung des Scheunenviertels,
Berlin 224
1928 Stadtzentrum in Hindenburg,
Oberschlesien (Projekt) 224

1928–1930 GEPLANT UND GEBAUT 226
Messegelände 226
1929/1930 Haus des Rundfunks, Berlin . . . 230
1928–1930 Verwaltungsgebäude
der IG-Farben in Frankfurt am Main 230

WOHNUNGSBAU 242
1927 Einfamilienhäuser, Wohnsiedlungen,
Wochenendhaus 242
1927/1928 Haus in der Werkbund-Siedlung
Weißenhof bei Stuttgart 242
1927/1928 Einfamilienhaus
(und Doppelhäuser) in der Siedlung
„Im Fischtal" in Berlin-Zehlendorf . . 242
1929 Haus in Kliedbruch bei Krefeld 247

ANDERE ARBEITEN
AUS DERSELBEN ZEIT 247
1928/1929 Gemeindehaus der evangelischen
Kirche in Kammin 247
1931 Schiffshebewerk in Niederfinow
(Projekt) 247

11 Die letzten Jahre: 1932–1936 250
Einige Arbeiten 253
Dokumentation 260

12 Die späten Entwürfe: 1932–1936 261
1930 Filmateliers in Gatow bei Berlin
(Projekt) 263
1933 Erweiterung der Reichsbank
(Wettbewerbsbeitrag) 263

DREI THEATERENTWÜRFE 263
1934/1935 Theater und Konservatorium in
Istanbul (Wettbewerbsprojekt) 263
1935 Theater in Dessau (Wettbewerbsprojekt) 263
1935/1936 Theater und Konservatorium
in Istanbul (Ausführungsprojekt) . . . 263
1935/1936 Haus für Diplomaten in Ankara
(Projekt) 266

13 Betrachtungen 270

Nachwort 277
Anmerkungen 279
Namensregister 283
Ortsregister 285
Bildquellen 286

Vorwort

Ich habe Poelzig gekannt. Er war mein Lehrer. Übrigens, ich habe ihm damals, in den zwanziger Jahren, zunächst mit einer gewissen Reserve gegenübergestanden. Für mich *stand* Poelzig für diese verwirrende neue Architektur, die man modern nannte, dynamisch, expressionistisch; und ich war noch nicht so weit. Bin also mit einer gewissen Reserve in sein Entwurfs-Studio eingetreten und fand, zu meiner Verwunderung, daß das, was er selbst machte, in seinem Studio keine Rolle spielte. Es kam da gar nicht vor. Es mag einer zu ihm gekommen sein, der von Poelzigs Werk so gut wie nichts wußte (das war recht eigentlich mein Fall): Es kam nicht darauf an. Poelzig wollte offenbar nicht von seinen Studenten als einer gesehen werden, dem man folgen sollte, und ganz gewiß wollte er nicht den Führer abgeben zu irgendeiner Richtung in der Architektur. Das letzte aber, was er wollte, war, daß man ihn für den Propheten eines architektonischen Glaubens nahm, den er denen vermitteln wollte, die sich seinem Einfluß unterwarfen. Es gibt ja solche Lehrer. Mies van der Rohe war einer von ihnen. Wenn man in sein Studio in Crown Hall (Chicago) eintrat, sah man an den Wänden und auf den Tischen nur Entwürfe, welche Mies' eigene Auffassung widerspiegelten. Ähnlich ging es einem in Auguste Perrets Schule in Paris; oder – um nach Berlin zurückzukehren – in Heinrich Tessenows Klasse an der Berliner Technischen Hochschule. Die lag übrigens direkt neben der von Poelzig. Die Entwürfe, die man dort sah, waren denen von Tessenow sogar in der Art zu zeichnen ähnlich. In Poelzigs Klasse dagegen fand man ein Durcheinander von verschiedenen Stilen, Auffassungen, Manieren, Darstellungsweisen, und wahrscheinlich sah keine dieser Arbeiten irgendeinem Bau von Poelzig ähnlich.

Es gibt eben Lehrer, die meinen, sie führen ihre Schüler auf dem einzigen Wege zum Heil. Sie sind Meister, und sie sind Philosophen. Sie vertreten eine Doktrin. Mies, Perret, Tessenow – und andere – waren solche Lehrer. Poelzig dagegen hatte denen, die zu ihm kamen, keine Doktrin anzubieten; und ganz bestimmt wollte er nicht von ihnen nachgeahmt werden. Kam es einmal vor, daß ein Student einen Bau von ihm erwähnte, so sagte Poelzig: „Aber wir sprechen hier doch nicht vom ‚Kapitol'-Kino." Man kann von einer ‚Schule Mies' sprechen, einer ‚Schule Tessenow', aber es gab keine ‚Schule Poelzig'.

Als ich zwischen 1926 und 1929 Poelzigs Schüler war, war der Expressionismus in der Architektur bereits abgeklungen. Vielleicht hatte Poelzig anders gelehrt, als der Expressionismus noch eine Hoffnung war. Aber ich habe mit Schülern aus jenen Jahren vor dem Kriege gesprochen, als er in Breslau lehrte; und was sie erzählten, kam mir bekannt vor. Es hat ihm immer schon ferngelegen, seine Schüler von einer allein seligmachenden Lehre zu überzeugen. Er sprach nicht davon, was die Architektur jetzt brauchte, noch weniger allerdings davon, was Architektur *ist*. Er sprach von der Lage des Eßplatzes zur Küche, von bequemen und unbequemen Treppen, von der Konstruktion von Dächern mit großer Spannweite, von der Art, wie man Räume verschiedener Bestimmung miteinander in Beziehung bringt, und wo man es vermeiden sollte, sie zueinander in Beziehung zu bringen. Er legte Wert auf Tatsachen des täglichen Lebens und darauf, wie man für das tägliche Leben baut. Ich will nicht sagen, daß er auf die Form *keinen* Wert gelegt hätte. Aber er hütete sich, eine bestimmte Form zu empfehlen. Er vermied es auch, auf die künstlerische Qualität einer Schülerarbeit einzugehen. Gefiel sie ihm, so sagte er: „Da is Musike drin." Nur einmal habe ich ihn das Wort „genial" gebrauchen hören. Aber da sprach er von einer *Konstruktion*, die ein Student gefunden hatte. Er war wohl der Meinung, daß man Kunst nicht lehren konnte. Was er zu lehren versuchte, waren die technischen, sozialen, praktischen, ja auch die kulturellen Seiten der Architektur. Die Kunst war etwas anderes. Er sprach nicht über Kunst; ich meine, nicht in Worten. Ohne Worte, ja; und oft, wenn er über ganz andere Dinge sprach. Er sprach über das Leben als einer, der das Leben liebte. Über Ästhetik konnte er gelegentlich auch sprechen, dann nämlich, wenn er über etwas sprach, was man vermeiden sollte: Ein Student sagte, er habe ein Gebäude so gestellt, daß es von der darauf zuführenden Straße her besonders großartig wirke. Es bilde einen „Straßenabschluß", sagte er – und gebrauchte da einen Ausdruck, den die romantische – oder malerische – Schule des Städtebaues geprägt hatte. „Aha", sagte Poelzig, „er entwirft mit der Kamera." Welche kurze Bemerkung genügte, um uns diese Art des Städtebaus ein für allemal zu verleiden.

Lassen Sie mich kurz darüber sprechen, wie diese Studie über Hans Poelzig zustande gekommen ist. Vor längerer Zeit habe ich an der Columbia-Universität in New York einen Kurs über die Baugeschichte der jüngsten Vergangenheit geleitet. Damals hat die Architectural History Foundation, New York, das ist Victoria Newhouse, mir vorgeschlagen, für sie ein Buch über Hans Poelzig zu schreiben: Poelzig, den expressionistischen Architekten. Eben damals bestand in den Vereinigten Staaten ein starkes Interesse für den Expressionismus. Ich habe die Einladung angenommen, wenn auch mit gemischten Gefühlen: *War* Hans Poelzig einer jener Architekten, die, wie Bruno Taut und andere nach 1914, durch eine Zeit des Expressionismus hindurchgegangen sind? Er war, schon dies ist ein nicht unbedeutender Unterschied, älter als Bruno Taut und seine

Freunde, er hatte vor dem Kriege ein bedeutendes Werk als Architekt geschaffen. Ich fand es nicht leicht, mir die Bezeichnung ‚Poelzig, der Expressionist' zueigen zu machen. Er war mehr – und weniger – als das. Gewiß, man kann von einem latenten Expressionismus in seinem Werk sprechen. Auch sind die Wechsel, denen die Architektur zu seinen Lebzeiten unterlag, auch an *seinem* Schaffen nicht spurlos vorübergegangen. Poelzig war Zeitgenosse von Peter Behrens; und von Behrens wissen wir, daß es in seinem Werk auch eine expressionistische Periode gegeben hat. Aber eben hier besteht der Unterschied: Poelzig ist niemals so weit gegangen wie Behrens, der diesen wechselnden Phasen des Zeitgeistes ohne Zurückhaltung gefolgt ist. Poelzigs Werk blieb in jeder Verkleidung, wenn wir das so nennen dürfen, *sein* Werk: die Architektur des Hans Poelzig.

Eben dies hat mich an seinem Werk fasziniert: die Einheit, welche im Wechsel einander folgender Epochen erhalten blieb. Da sind zunächst die frühen Jahre des Werkbundes, von der Zeit kurz nach der Jahrhundertwende bis 1914; dann die Nachkriegsjahre – bis 1925; dann die Architektur, die man modern genannt hat, auch international (dies allerdings später), und die recht eigentlich das Werk der Avantgarde gewesen ist, also jüngerer Architekten: bis 1933. An diesen Wandlungen hat Poelzig teilgenommen, und doch blieb seine Architektur seine eigene. Diese Einheit im Wandel und der expressive Charakter, der seine Architektur von Anfang an kennzeichnet, eben dies ist das Thema dieser Studie.

Die ‚Dokumentation', die ich jedem Kapitel beigefügt habe, soll die Einflüsse hervorheben, welche Poelzigs Werk zu verschiedenen Zeiten bestimmt haben. Ich zeige Poelzig als einen Architekten, der bis zum Ersten Weltkrieg – genauer bis 1916 – den Grundsätzen gefolgt ist, welche vor 1914 der Deutsche Werkbund verkündet hat. Zwischen 1916 und 1925 ging auch *sein* Werk durch eine expressionistische Phase; danach spiegelt es, sehr vereinfacht gesagt, die Möglichkeiten wider, die der Architektur offen standen. Ich bemühe mich zu zeigen, daß auch vor dem Kriege Poelzig nicht nur ein Werkbundmann gewesen ist, daß *sein* Expressionismus nicht das Gleiche war wie der der jüngeren Architekten: Gebrüder Taut, Finsterlin, Bartning; und daß er nach 1922 die neuen Strukturen und auch die vorherrschende Neigung zu bestimmten, als endgültig angesehenen Formen, zum Standard überhaupt auf *seine* Art der Architektur hat dienstbar machen wollen. Kurz, ich möchte darauf bestehen, daß Poelzig allein steht; man kann ihn nicht als einen Expressionisten bezeichnen, man kann ihn überhaupt nicht *einer* Richtung zuordnen. Die zeitgenössischen Dokumente, die ich ausgesucht habe, mögen dazu beitragen, daß wir, Poelzig betreffend, der Wahrheit näher kommen.

1 Entwicklungen in der deutschen Architektur zu Poelzigs Lebzeiten

Wie hat Poelzig sich den verschiedenen Strömungen in der Architektur gegenüber verhalten, die in seiner Lebenszeit einander ablösten? Der Expressionismus im eigentlichen Sinne ist ja nur eine von ihnen; wir haben gesehen, daß er nicht lange gedauert hat, zehn Jahre etwa: von 1914 bis 1924. Poelzig ist 1869 geboren. Er ist der genaue Zeitgenosse von Peter Behrens (geboren 1868). Es ist nicht uninteressant zu sehen, wie sich der eine und wie sich der andere zu den Tendenzen in der Architektur verhalten hat, die sie erlebten. Als ihre Karriere begann, war der Jugendstil auf der Höhe seiner Entwicklung (zwischen 1985 und 1901). Peter Behrens war Maler und hat früher selbständig gearbeitet als Hans Poelzig. Dieser hatte auf der Hochschule Architektur studiert und war dann erst einmal einige Jahre im Dienste der Preußischen Bauverwaltung tätig. Peter Behrens machte sich einen Namen als Jugendstilmaler,

1 dann als Kunstgewerbler, endlich als Architekt. (Er war Autodidakt.) Seine Jugendstilarbeiten sind extremer Jugendstil, sind eben das, was man nur wenig später lächerlich gefunden hat; wobei es interessant ist, daß gerade Behrens, der sich noch 1901 auf der Mathilden-

2 höhe in Darmstadt ein Jugendstilhaus gebaut hatte, sich mit der größten Entschiedenheit gegen den Jugendstil wandte. Nur zwei Jahre später, 1903, entstand in Saarbrücken das Haus Obenauer, die erste Verwirklichung eines Klassizismus, welcher die Elemente der Archi-

3 tektur finden und in ihre Rechte einsetzen wollte. Im

4 Grundriß des Hauses Obenauer spielt das Quadrat eine Rolle, welches wenige Jahre später in Behrens' Architektur allgegenwärtig werden sollte (man denke an das Krematorium in Hagen und den Pavillon der Delmenhorster Linoleumfabrik auf der Kunstgewerbeausstel-

lung in Dresden 1906). Vokabeln der klassischen [5, 6] Architektur werden benutzt, aber abstrakt, unsinnlich: verkörperte Ordnungsmächte: ein elementarer Klassizismus, welcher zu dem führt, was wohl Behrens' historische Leistung bleiben wird: den Fabrikbauten für die AEG in Berlin (1909–1912). [19, 20]

Hans Poelzig, der vor seinem dreißigsten Jahre keine [22, 23] eigenen Arbeiten gemacht hatte, hat eben noch das Schwanzende des Jugendstils mitbekommen. Mir ist nur eine Arbeit bekannt, der Entwurf für eine hölzerne Verkleidung der Orgel in der Universität Breslau (1902), die [7] man als Jugendstil bezeichnen kann. Man kann sagen, daß Poelzigs Arbeit mit der Reaktion gegen den Jugendstil beginnt. Diese Reaktion war inzwischen allgemein geworden. Man hat zwar Jugendstilornamente noch bis zum Kriege gemacht. Die Architekten aber und viele Kunstgewerbler hatten den Jugendstil aufgegeben. Man täte besser, meinten sie, sich mit den neuen Bedingungen des Lebens zu beschäftigen, in welche Handwerk, Kunstgewerbe und Architektur sich schicken müßten, wenn sie überhaupt noch irgendwelche Bedeutung beanspruchen wollten. Als die wichtigste unter diesen Bedingungen sah man die Industrie an; mit ihr die Technik. Diese Anschauung fand Ausdruck in der Aktivität einer Gruppe von Künstlern, Handwerkern, auch Industriellen und anderen Interessierten, die sich im Herbst 1907 in München zum *Deutschen Werkbund* zusammenschlossen. Peter Behrens war Mitglied der ersten Stunde, einer der zwölf Künstler und der zwölf aus anderen Berufen, die den Werkbund gegründet haben. Unter den Künstlern überwogen die Architekten.

Wir wollen hier kurz die Ziele des Deutschen Werkbundes vorstellen. Einerseits war der Werkbund

1 Peter Behrens, Jugendstillampe

2 Peter Behrens, Eigenes Haus in Darmstadt, 1901

3 Peter Behrens, Haus Obenauer, Saarbrücken, 1903

4 Peter Behrens, Haus Obenauer, Grundriß

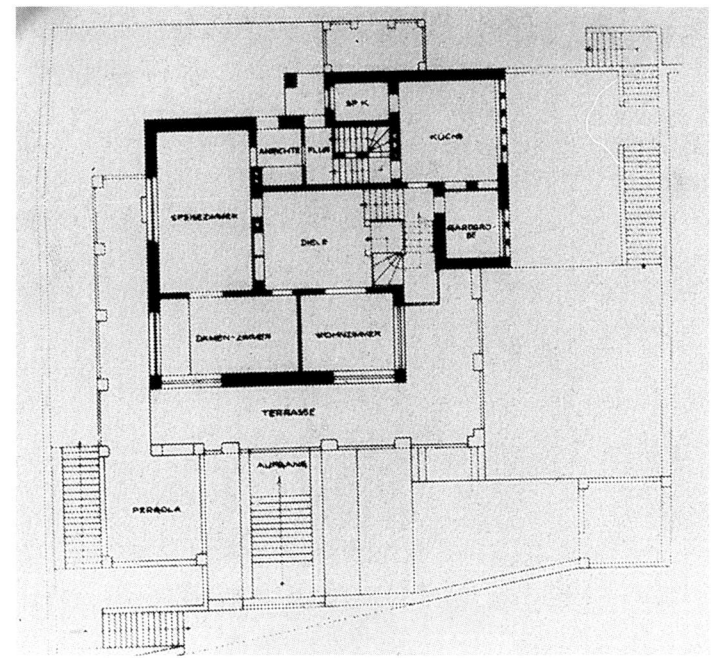

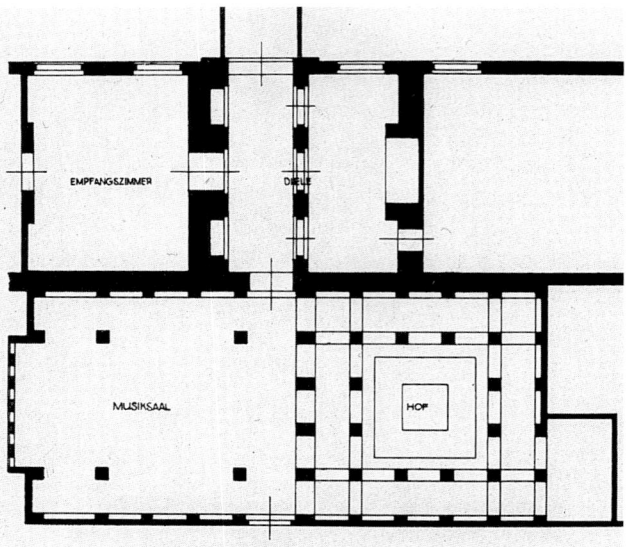

5 Peter Behrens, Musikhalle auf der Kunstgewerbeausstellung, Dresden, 1906, Hof

6 Peter Behrens, Musikhalle auf der Kunstgewerbeausstellung, Dresden, 1906, Grundriß

7 Hans Poelzig, Orgelverkleidung, Universität Breslau, Projekt, 1902

eine deutsche Version der von William Morris gegründeten Arts-and-Crafts-Bewegung. (Arts and Crafts mag man übersetzen mit Kunst und Handwerk.) Morris wollte von der Industrie nichts wissen, am liebsten hätte er sie abgeschafft. Zur Zeit, als der Werkbund gegründet wurde – nach 1900 –, war das nicht mehr zu vertreten. Der Werkbund – und sein geistiger Vater, Hermann Muthesius, – wollte für die Massenproduktion entwerfen: das also, was man später Industrial Design genannt hat. Man darf aber nicht vergessen, daß man im Werkbund das Eine und das Andere wollte: Industrial Design und das, was Morris gewollt hatte: ein gesundes Handwerk; die Produkte der Industrie und die des Handwerks sollten einfache, dem Gebrauch angemessene Formen erhalten. Jede Art von Ornament, von ‚Stil‘ wollte man tunlichst vermeiden.

Auch Poelzig hat sich früh dem Werkbund angeschlossen. Was er in jenen Jahren geschrieben hat, was Behrens, Theodor Fischer, Richard Riemerschmid schrieben, atmet den Geist des Werkbundes. Seltsam: Man hat den Werkbund schon bald nach seiner Gründung „den Zusammenschluß der intimsten Feinde" genannt; und es ist wahr, daß persönliche Querelen, Eifersüchteleien, Machtkämpfe, aber auch sachliche Gegensätze im Werkbund niemals aufgehört haben. Trotzdem muß der Consensus in wesentlichen Dingen in jenen ersten Jahren zwischen 1907 und 1914 sehr stark gewesen sein. Man mag aufschlagen, welchen Text man will, man wird die gleiche Tendenz finden. Sie drückt sich zunächst in einer Ablehnung des Jugendstils aus, welche allen gemeinsam ist.[1] Diese Reaktion gegen den Jugendstil dauerte vom Anfang des Jahrhunderts bis zum Ausbruch des Krieges. Die ersten Landhäuser von Hermann Muthesius wirkten in ihrer von England angeregten Einfachheit sensationell: Die Leute kamen aus der Stadt in die Vororte, um die „Häuser in dem neuen englischen Landhausstil" zu sehen. (Ein „Stil" mußte es natürlich sein.)

Ebenso stark wirkte Peter Behrens' neuer Klassizismus. Hat man sich über Poelzigs Arbeiten ebenso erregt? Ich glaube kaum. Gewiß, auch sie standen im Gegensatz zu dem, was vor der Jahrhundertwende gebaut wurde: nicht nur zum Jugendstil, auch zum Historismus, zum Eklektizismus, gegen den der Jugendstil sich gewandt hatte. Die Tendenzen, die seit etwa 1890 in der Architektur einander ablösten, widerriefen einander insofern, als die jeweils kommende in der vorigen einen *unzulänglichen* Versuch erblickte, der Schwierigkeiten Herr zu werden, in welche die Architektur seit der Mitte des neunzehnten Jahrhunderts geraten war. Über diese Schwierigkeiten aber waren die Männer aller Tendenzen miteinander einig, zum Historismus wollte keiner von ihnen zurückkehren. Im *Protest* gegen ihn verstanden sich die Künstler des Jugendstils mit denen der Werkbundbewegung, welche ja schon vor der Gründung des Bundes im Jahre 1907, eben seit der Jahrhundertwende, in Gang gekommen war. Poelzig lehnte den Jugendstil ab. Er lehnte noch stärker den Historismus ab. Beiden, meinte er, sei dies gemeinsam: daß sie den *Stil* wollten; daß sie meinten, Architektur unterscheide sich vom einfachen Bauen dadurch, daß sie geschmückt sei, Ornamente trage und architektonische Gliederungen, seien es nun Pilaster und Gesimse, seien es spitzbogige Nischen und Fenster oder endlich die neuen geschwungenen Formen des Art Nouveau. John Ruskin hatte es in eine Formel gebracht: Eine Burg, sagte er, sei solange lediglich ein Gebäude, bis der Besitzer es sich einfallen ließe, an ihr ein Profil anzubringen. *Dann* werde aus dem Gebäude ein Werk der Architektur. So dachte man im neunzehnten Jahrhundert. Noch im Jugendstil hat man so gedacht. Noch van de Veldes Wort von den Formen und Ornamenten, die gänzlich unserer Epoche entsprechen, verrät diese Anschauung, obwohl es erst 1914 gesprochen wurde. Erst die Werkbundbewegung stellt dieses Axiom in Frage. Darin liegt ihre Bedeutung. Daß sie die Ziele der englischen Arts-and-Crafts-

8 Hermann Muthesius, Haus de Burlet, Berlin-Schlachtensee,
1911

9 Hans Poelzig, Anbau an das Rathaus zu Löwenberg, Schlesien, 1903–1906

Bewegung – William Morris und seine Nachfolger – erweitert, indem sie die Produktion der Maschine neben derjenigen der Menschenhand berücksichtigt, ist nichts anderes als ein Teil dieser Erweiterung des Begriffs Architektur: Der Unterschied zwischen Architektur und Bauen soll aufgehoben werden. Der Alltag wird Gegenstand der Architektur. Natürlich hat dieser Umschwung nicht erst 1900 begonnen. Schon Morris hatte jede Arbeit Kunst genannt, die zu tun der Mühe wert ist: jedermanns Kunst und Kunst für jedermann; was ihn an den Gedanken hätte heranführen können, daß man die Maschine als Produzenten einfacher Gebrauchsgegenstände nicht ausschließen könne. Aber diesem Gedanken wich er aus: Er war gegen die Maschine angetreten. Jeder tut nur einen Schritt, und Morris hatte einen großen Schritt getan. Massenproduktion wäre der nächste Schritt gewesen. Immerhin hat er einmal einem Freunde, der sich nach seiner Arbeit erkundigte, gesagt:

„Ich mache im Schweiße meines Angesichtes einen Stuhl: einen ganz einfachen Stuhl, der so teuer sein wird, daß nur die Reichsten ihn sich werden leisten können."

Eben dieses Problem greift der Werkbund auf: einfache Gegenstände zu machen, gut, solide und schön, welche *einfache Leute* sich anschaffen können.

Poelzig war durchaus Werkbundmann. Allerdings galt sein Interesse nicht der Gegenstände herstellenden Maschine. Das, was man Industrial Design nennt, lag ihm fern. Für ihn war die neue Zeit, die Industriezeit, eine Zeit neuer Baukonstruktionen. Er hat aber niemals in den Ruf eingestimmt „Bringt die Industrie auf die Baustelle!" Er hat sich niemals mit vorgefertigten Bauteilen beschäftigt, sie waren ihm unangenehm. Man könnte seine Auffassung etwa so ausdrücken: Nehmen wir die neuen Konstruktionen als selbstverständlich an, wenden wir sie an mit dem Handwerk, neben dem Handwerk, dem Handwerk neue Möglichkeiten öffnend und in diesem Sinne, das Handwerk verändernd.

Poelzig war um Kontinuität bemüht. Das erklärt es wohl auch, warum seine Arbeiten weniger sensationell wirkten als die von Behrens und sogar als die von Muthesius. Er hat ein mittelalterliches Rathaus in der kleinen Stadt Löwenberg in Schlesien vergrößert, und der Anbau, den er geschaffen hat, wurde als taktvoll und doch als frisch und lebendig begrüßt.[2] Er hat in dem Dorfe Maltsch eine Kirche gebaut, die eine wahre Dorfkirche sein sollte: wieder wie Löwenberg taktvoll, zum Dorfe gehörend und doch neu in ihren Formen. In dieser Richtung lief sein erstes Wirken, so sah man es in seiner Zeit; und man hat es bejaht. So hat er gearbeitet, im Sinne des Werkbundes, ein Konservativer und Erneuerer, bis zum Ersten Weltkrieg, bis, genauer gesagt, 1916.

9, 29
35–37
76–78
10
60–66

Der Ausbruch des Krieges ließ die optimistische Reform, die der Werkbund vertrat, auf einmal als abgetan erscheinen: als eines der Dinge von gestern, über welche die eiserne Zeit hinweggeschritten sei. Jetzt beginnt die Epoche des Expressionismus in der Architektur.

Was bedeutet das Wort Expressionismus? Das Wort selbst bezeichnet den Gegensatz zum Impressionismus, der bis dahin in der Malerei gegolten hatte; auf den Eindruck, die Impression, sollte es nicht mehr ankommen. Die innere Bedeutung wurde wichtig. Man glaubte, diese Tendenz im Werke eines van Gogh, eines Cézanne zu erkennen. Deutsche Maler wie Kirchner, Schmidt-Rottluff, Pechstein und Heckel kamen in einer Gruppe zusammen, die sie ‚Die Brücke' nannten; Kandinsky, Jawlensky, Macke, Marc und andere schlossen sich zum ‚Blauen Reiter' zusammen. Eine expressionistische *Architektur* – von ihr war in den Anfängen der Bewegung noch nicht die Rede – würde der abstrakten Skulptur ähnlich sein müssen. So wie in der neuen Dichtung die genaue Abfolge zerrissen wurde, möchte eine expressionistische Architektur die Bautechnik ändern, neu erfassen. Das kann man in einigen Skizzen von Hans Scharoun aus der Zeit gleich

15

1 Entwicklungen in der deutschen Architektur

10 Hans Poelzig,
Kirche in Maltsch,
Schlesien, 1906

11 Hans Scharoun, Skizze, 1919

12 Bruno Taut, Glaspavillon auf der Werkbundausstellung, Köln, 1914, Blick in die Kuppel

13 Bruno Taut, Skizze aus: ‚Alpine Architektur‘, 1917

14 Hans Poelzig, ‚Haus der Freundschaft‘, Konstantinopel, Wettbewerbsbeitrag, 1916

nach dem Kriege sehen. Andere Architekten – ich denke an Erich Mendelsohn – wollten die Formen der Architektur dem neuen „fließenden" Baustoff Eisenbeton anpassen.

12 Staunen erregte auf der Werkbundausstellung in Köln im Juli 1914 Bruno Tauts ‚Glaspavillon'. Er wurde leider, wie alle zum Teil bemerkenswerten Gebäude dieser Ausstellung, nach Kriegsausbruch abgerissen. (Poelzig hat an der Ausstellung nicht teilgenommen.) Tauts Pavillon zu bauen, kann nicht leicht gewesen sein. Offiziell war das der Reklamebau der Glasindustrie, und Taut hat hier Anwendungen des Glases vorgeführt, Glasbausteine zum Beispiel, die später allgemein angewandt wurden. Taut und sein Freund, der Dichter Paul Scheerbart, sahen im Glas mystische Eigenschaften, die eine Befreiung der Menschheit in die Wege leiten sollten. Von Scheerbart stammt der Vers, der in den Fries des Gebäudes eingeschrieben ist:

„Ohne einen Glaspalast
Ist das Leben eine Last."

Mendelsohn skizziert an der russischen Front utopische Entwürfe, Bruno Taut skizziert eine „Alpine Architektur", eine „Auflösung der Städte", eine „Stadtkrone". Er wollte, im Kriege, dem Frieden das denkbar größte Monument errichten, indem er die Berge der Alpen abschliff, formte und mit gläsernen Blumen schmückte. Die drei Zyklen von Skizzen sind Hymnen an den Frieden und die Gemeinschaft der Menschen. Insofern erinnern sie an die expressionistischen Gedichte, welche Kurt Pinthus 1920 unter dem Titel *Menschheitsdämmerung* herausgegeben hat.[3]

Wenn man damals von der neuen, der expressionistischen Architektur sprach, nannte man Hans Poelzig.
14 Sein Entwurf für ein „Haus der Freundschaft" in Kon-
155–166 stantinopel und seine Skizzen für öffentliche Gebäude
141–144 der Stadt Dresden waren im Jahre 1916 die deutlichsten
150, 151 Hinweise auf eine expressionistische Architektur. Aber

sie waren nicht Hymnen auf den Frieden und die Gemeinschaft der Menschen. Das „Haus der Freundschaft" sollte nicht etwa der Freundschaft aller Menschen gewidmet sein: Es war, im Kriege, ein deutsches Kulturhaus in der Hauptstadt der türkischen „Freunde", Ergebnis eines Wettbewerbes zwischen zwölf Architekten des Werkbundes – der Werkbund hatte es mit der Zahl zwölf. – Wir nennen Poelzigs Entwurf expressionistisch. Er ist es. Das ist aber ein Expressionismus anderer Art als der Bruno Tauts, auch als der Erich Mendelsohns. Hier wird nicht eine neue Welt beschworen: die Welt der Gemeinschaft (Taut), die Welt neuer Konstruktionen (Mendelsohn). Hier erscheint eine neue Architektur. Wir werden aber finden, daß diese Architektur neu ist – und alt, will sagen, nicht ohne Beziehung zur Geschichte. Wir haben schon darauf hingewiesen, daß der Wechsel, der jeweils stattfindet, wenn eine neue Epoche in der Architektur jener dem Neuen zugewandten Tage beginnt, niemals *alles* umfaßt: Neben dem Neuen bleiben immer auch Tendenzen wirksam, welche die vorangegangene Phase fortsetzen. Betrachten wir Poelzigs Entwürfe, so werden wir finden, daß seine Beziehung zur Geschichte sich nicht stark verändert hat: Es ist wieder, zunächst auf jeden Fall, die *Geschichte* der Konstruktionen, die ihn anzieht. Das unterscheidet seine Entwürfe von den Skizzen Mendelsohns: Mendelsohn träumte von *neuen* Konstruktionen.
15 Die Zeit des Expressionismus ist die Zeit der großen *Entwürfe*. Das gilt auch, das gilt gerade für Poelzigs Werk. Nicht das „Haus der Freundschaft" wurde gebaut, nicht die öffentlichen Gebäude für Dresden, nicht das Festspielhaus für Salzburg, das „liebste Kind" jener Jahre. Was er verwirklichen durfte, war ein Umbau: das „Große Schauspielhaus" in Berlin (vgl. Kap. 5); ein Theater, von dem Karl Scheffler sagte, in ihm fange die Theaterdekoration schon vor dem Vorhang an.[4]

Damals wurde wenig gebaut. Was gebaut wurde, waren Gebäude im expressionistischen Stil, wie Fritz

15 Erich Mendelsohn, Skizze zu einem Industriebau, 1915

17 Hans Poelzig, Verwaltungsgebäude der I.G. Farben, Frankfurt am Main, 1928–1930

16 Fritz Höger, Chilehaus, Hamburg, 1922–1923

18 Bruno Taut, Teil der Siedlung ‚Onkel Toms Hütte‘, Berlin-Zehlendorf, 1929

16 Högers Bürohaus „Chilehaus" in Hamburg, nicht aber expressionistische Architektur.[5]

Das Abflauen des Expressionismus hat in Deutschland ohne Zweifel mit der Stabilisierung der Wirtschaft zu tun. Nach dem Zusammenbruch von 1918 glaubten einige, daß es um die deutsche Industrie schlecht stehe: ein Gedanke, der den Expressionisten nicht unlieb war. Poelzig gehörte zu diesen Leuten. Mit dem Ende der Inflation konnte man das nicht mehr glauben: Die Industrie trat wieder kräftig in Erscheinung. Gropius, der 1918 gerufen hatte: „Architekten, Bildhauer, Maler, wir alle müssen zum Handwerk zurück"[6], sprach jetzt von der „typenschaffenden Maschine" und nannte sie „ein wirksames Mittel, das Individuum durch mechanische Hilfskräfte – Dampf und Elektrizität – von eigener materieller Arbeit zu befreien und ihm vervielfältigte Erzeugnisse besser und billiger als von der Hand gefertigt zu verschaffen"[7].

Eine neue Entwicklung trat ein. Man nennt sie nach dem Bauhaus, man nennt sie internationale Architektur oder schlicht: die moderne Architektur. Diese Entwicklung war das Werk jüngerer Architekten. Poelzig hatte sich an sie zu gewöhnen; was ihm nicht leicht gefallen sein mag, weil er im Grunde kein Mann der Technik war. Er hat sie anerkannt, er hat sich ihrer bedient; aber er sah in der Technik kein formbildendes Agens. Gegen die Behauptung der modernen Architekten, daß die Technik einen eigenen Stil hervorbringe, hat er sich immer gewehrt. Dennoch ist eben diese Epoche in seinem Werk die Zeit der großen Verwirklichungen: Jetzt entsteht (unter anderem) sein dem Volumen nach größtes

17 Bauwerk, das Verwaltungsgebäude der IG-Farben in
23 Frankfurt am Main.

290–302 Poelzig stand auf der Höhe seines Ansehens, als auch die moderne Architektur einer anderen wich. Die Architektur des Nationalsozialismus ist älter als die Stunde der Machtergreifung (1933). Im Kampf um das Dach – flach oder steil – wurde bereits 1927 eine Schlacht geschlagen, als neben der Siedlung „Onkel Tom" in Berlin-Zehlendorf (Architekten Taut, Häring, Salvisberg), einem der Hauptwerke der modernen 18 Architektur, demonstrativ eine Kleinhaussiedlung mit 308 steilem Dach gebaut wurde, an der Poelzig übrigens teilnahm. Der Winkel des Daches wird ihn nicht sonderlich interessiert haben; aber die Rückbesinnung von Architekten wie Paul Schmitthenner (der auch an der Siedlung teilnahm) auf das Handwerk – und seine Ablehnung der „Technik auf der Baustelle" können 219 Poelzig nicht unsympathisch gewesen sein. Unsympathisch war ihm die Art der Nazi-Propaganda, welche gelegentlich auch ihn selbst, Poelzig, angriff, vielmehr anpöbelte. Er hat schließlich, 1936, die Auswanderung in die Türkei erwogen. Aber er blieb.

Die Lebenszeit Poelzigs ist von einer Reihe rasch aufeinander folgender Phasen in der deutschen Architektur bezeichnet. Und obwohl der Wechsel jedesmal nicht so ganz tiefgreifend gewesen ist, wie man lange angenommen hat, war er jedesmal lebhaft genug und forderte die großen Architekten der Zeit zu Reaktionen heraus. Wir haben versucht, diese Phasen zu skizzieren und die Art anzudeuten, wie Poelzig sich zu ihnen verhalten hat. Mehr als eine Andeutung konnten und wollten wir zunächst nicht geben. Es kam uns darauf an, den Rahmen zu bezeichnen, in dem Poelzigs Werk steht.

Am Anfang dieser kurzen Übersicht haben wir davon gesprochen, wie anders Poelzig reagiert hat als Behrens, sein Zeitgenosse: Behrens war ein Künstler des Jugendstils, Poelzig war das nicht. Behrens hat, schon 1903, dem Jugendstil den Rücken gekehrt und den Weg zu einem elementaren Klassizismus gefunden. Um diesen Abschnitt unserer Studie abzuschließen, werden wir Industriebauten der beiden Architekten miteinander vergleichen, welche bekannt geworden – und geblieben – sind: die Turbinenfabrik der AEG in Berlin-Moabit und Poelzigs industrielle Bauten in und bei Posen. Beide gehören der Frühzeit des Werkbundes an und sind beinahe gleichzeitig entstanden: 1909 und 1911.

Behrens' Fabrikbauten sind die Kulmination seines elementaren Klassizismus. Walter Gropius, der um diese Zeit sein Mitarbeiter war, nannte sie „wahrhaft monumental"[8]. Sie waren es. Die Konstruktion der Turbi-
19 nenfabrik ist ein Dreigelenkbogen. Peter Behrens zeigt
20 das Fußgelenk an der Langseite des Baues. Das war ein Wagnis; denn der Dreigelenkbogen, der auf einem Gelenk steht, einer Rolle, widerspricht den Vorstellungen, welche man sich noch um 1900 von der Festigkeit einer Konstruktion gemacht hat. Man weiß, was der belgische Ingenieur Vierendeel, der selbst ein neues Trägersystem erfunden hat, zum Dreigelenkbogen der „Galérie des Machines" der Pariser Ausstellung von 1889 bemerkt hat: „Der Rahmen ist nicht ausgewogen",
21 sagte er, „er hat kein Auflager."[9] Aber wenigstens konnte man den ganzen Rahmen sehen mit seinen beiden Fußgelenken und dem Scheitelgelenk. Er stand unverhüllt im Innenraum der großen Halle. Man sah, daß er sich nach unten, dem Gelenk zu, verjüngte. Das mag das statische Gefühl der Zeit verletzt haben; aber wenigstens konnte sich das statische Gefühl mit diesem neuen schwebenden Rahmen auseinandersetzen.
22 Behrens zeigt uns das Fußgelenk außen, und es ist das einzige, was er vom Dreigelenkbogen zeigt. Über dem Gelenk steigt der senkrechte Rahmenteil auf, stark wie ein Pfeiler. Was man da sieht, ist aber eine Einhüllung des leichten Fachwerkrahmens, der eigentlichen Konstruktion. Der „Pfeiler" „trägt" ein „Gebälk". Ich schreibe diese Ausdrücke in Anführungszeichen, denn der Pfeiler ist kein Pfeiler, er trägt nichts, und das Gebälk ist Dekoration, hat mit der Konstruktion nichts zu tun, wirkt aber besonders darum echt, weil die Neigung der sehr großen Glasflächen zwischen den Pfeilern nach oben hin immer mehr vom Pfeiler erscheinen läßt; und ein tiefes, Schatten gebendes Gebälk. Der antike Tempel wird beschworen. Das vieleckige Tympanon des Gie-
23 bels verstärkt diese Erinnerung. Das Giebeljoch ist der Konstruktion vorgesetzt, ist etwas ganz anderes und sieht so aus, als trügen zwei wie die Glasflächen geneig-

te Betonpylonen in den Ecken das Betontympanon. In Wahrheit sind die Betonflächen, die man sieht, dünne Wände, rein raumschließend. Das Tympanon liegt vor einem leichten Polonceau-Dachbinder, welcher vom Rahmen des großen Mittelfensters getragen wird. Die Wirkung dieses Spieles mit der Konstruktion ist beides: „wahrhaft monumental" (Gropius) und dynamisch: dynamisch wirken natürlich die Pylonen selbst; dynamisch wirkt die bis zum Ungereimten widerspruchsvolle Beziehung zwischen dem freigelegten Gelenk und dem starren Pfeiler, der Beinahe-Säule, welche auf ihm steht.

Versuchen wir, es im Sinne der Zeit zu deuten: Behrens führt in die Architektur des Fabrikbaues neue Elemente ein: Glasflächen von ungewöhnlicher Größe, Betonflächen, den Dreigelenkbogen. Er erhebt diese neuen Elemente in den Status der Architektur, indem er sie auf etwas Historisches bezieht, den griechischen Tempel. Das Unwahrscheinliche erhält Würde. Ich rate jedem Besucher, in die Halle hineinzugehen. Er sieht sich dann umgeben von leichtem Stahlfachwerk. Weder die starken „Pfeiler" der Seitenfront noch die Eckpylonen treten in Erscheinung. Man meint, „hinter die Kulissen" getreten zu sein. Behrens' „Kulisse" ist von bedeutender Wirkung. Man hat die Turbinenfabrik ein „seminal building", einen der Bauten am Anfang der neuen Architektur genannt. Mit Recht. Aber hier werden die Elemente einer modernen Fabrikarchitektur mit Behrens' elementarem Klassizismus zusammengezwungen. Für die AEG zahlte sich das übrigens aus: Die Würde der Architektur kam der Würde der Firma zustatten. Was Behrens gewußt – und gewollt – hat.

Betrachten wir nun die chemische Fabrik in Luban, so wirken diese Gebäude weniger monumental, weniger erregend, weniger zwingend, aber auch weniger gezwungen; weniger neu, nicht auf dem Wege zu einer neuen Architektur. Es handelt sich hier um eine Anzahl *24* von Fabrikgebäuden, von denen die einen offenbar aus

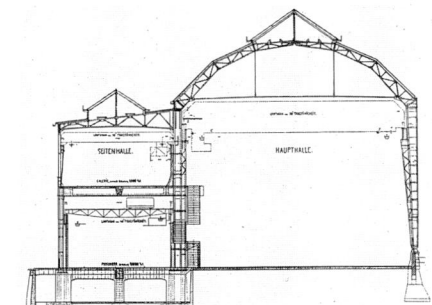

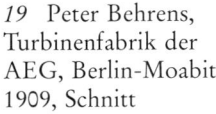

19 Peter Behrens, Turbinenfabrik der AEG, Berlin-Moabit, 1909, Schnitt

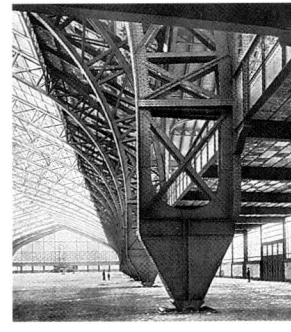

21 C. L. F. Dutert, Galérie des Machines, Weltausstellung Paris, 1889

20 Peter Behrens, Turbinenfabrik der AEG, Ansicht Berlichingenstraße

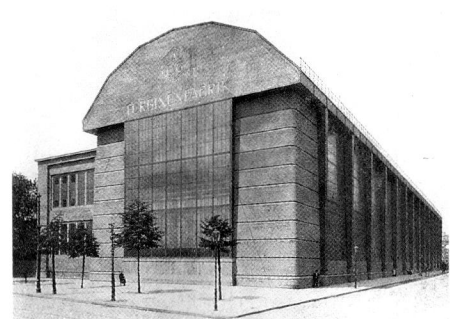

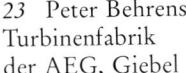

23 Peter Behrens,
Turbinenfabrik
der AEG, Giebel

22 Peter Behrens,
Turbinenfabrik der AEG,
Fußgelenk

24 Hans Poelzig, Chemische Fabrik in Luban bei Posen, 1911

Metall konstruiert sind, denn ihre Außenwand besteht aus Backstein, der nicht trägt, nur schließt: Die Ziegel sind hochkant verlegt, im sogenannten Prüß-Verband; und aus anderen, die ebenso sichtbar aus Backstein erbaut sind: Die Ziegel sind in tragendem Verband gemauert, die Fenster sind im Halbkreis gewölbt, sie sind, in der Tat, Halbkreise. Hier wird nichts verborgen und nichts vorgetäuscht. Es werden auch nicht moderne Elemente in die Architektur eingeführt, vielmehr wird der Bau auf die Geschichte der praktischen Baukunst bezogen, von der Poelzig immer gesprochen hat. Wo der Bau *zu* deutlich auf die Geschichte bezogen ist, entsteht ein Bruch, etwas wird angesetzt, und der Versuch, den angesetzten Teil mit dem „normalen" Fabrikbau zu verbinden, gelingt nicht. Ich spreche von dem mittelalterlich wirkenden Stufengiebel, einem schönen Motiv,

25 aber einem Motiv.

Betrachten wir einen zweiten industriellen Bau von Poelzig: den „Oberschlesien-Turm" auf der Industrie-

26 ausstellung in Posen, 1911. Diesmal sieht man die Stahlkonstruktion. Aber die Hauptstützen sind im Außenbau nur unterhalb des abschließenden Geschosses sichtbar, welches leicht vorspringt und damals das Restaurant aufnahm. Der Wasserbehälter des späteren Wasserturms war aber schon vorgesehen. Die Stützen, Kastenstützen aus Stahlfachwerk, sind kräftig, treten aber außen in ihrer echten Dimension in Erscheinung; sie werden nicht (wie Behrens' „Pfeiler") fürs Auge verstärkt. Die anderen Teile des Stahlfachwerks sind so dünn und so eng gestellt, daß sie wirken wie ein (freilich ein wenig zu dünnes) Holzfachwerk. Die Erinnerung an ein Holzfachwerk wird dadurch lebhaft, daß die Backsteine der Ausfachung in Mustern verlegt sind

27 wie so oft in alten Fachwerkhäusern. Im Restaurantgeschoß wird ein sehr modernes Element benutzt: ein Fensterband, welches den ganzen Bau umzieht. Nicht einmal dies wirkt sensationell, obwohl ich sicher bin, daß man dergleichen vorher noch nicht gesehen hatte. Es ist so kleinteilig, daß man den Eindruck des „déjà

vu" nicht los wird. Man sperrte vor dem Turm nicht, wie vor der Turbinenfabrik, Maul und Augen auf. „Hätten die Vorfahren", scheint der Architekt zu sagen, „Stahlträger besessen anstelle ihrer Holzpfosten, so, etwa, hätten sie ein solches Gebäude gebaut."

Versuchen wir uns die Haltung zu vergegenwärtigen, mit der Behrens und Poelzig sich nach 1900 vom Jugendstil abgewandt haben: bei Behrens eine scharfe Reaktion und der Versuch, eine *neue* Form zu finden, den neuen Aufgaben gewachsen, die dem Gefühl der neuen Männlichkeit, der Macht, der großen Wirkung der Industrie gemäß sein könnten. Die Meister des Jugendstils, van de Velde (um nur ihn zu nennen) hatten auch schon vom Stil der Industrie gesprochen[10], konnten ihm aber nicht nahekommen. Bei der neuen Form, die Behrens gefunden hat, wie sie sich im Krematorium in Hagen manifestiert, könnte man von einem Gegenstil sprechen. Die Begegnung mit der Industrie, der Auftrag, den die AEG ihm 1907 erteilt hat, ihre Produkte – und ihre Gebäude – zu gestalten, vereinfacht diesen Stil, gibt ihm Aktualität – und der Industrie Würde; bereitet eine neue Stilschöpfung vor, da zum erstenmal die neuen Elemente der industriellen Bauweise auf die Architektur bezogen werden: auf die klassische Architektur.

Poelzig brauchte dem Jugendstil nicht heftig den Rücken zu kehren, weil er wenig mit ihm zu tun gehabt hatte. Er suchte auch keine neue Form, keinen „Gegenstil". Er scheint als Architekt jenen neuen Elementen der Industriearchitektur, den großen Fensterflächen zum Beispiel, keinen großen Wert beigemessen zu haben. Er schreibt davon, er hat gewiß davon gesprochen. Aber sie treten in seiner Fabrik in Luban nicht in Erscheinung. Es ist wahr, daß er nach einer adäquaten Form für die neuen Aufgaben der Zeit gesucht hat; insofern ist seine Form neu. Aber er gelangt zu ihr in Analogie zu der langen Geschichte der praktischen Architektur, vom Aquaedukt über die Tore und Türme des Mittelalters bis zu den Forts von Vauban.

27 Hans Poelzig, Oberschlesienturm, Eingang

25 Hans Poelzig, Chemische Fabrik in Luban bei Posen, Stufengiebel

26 Hans Poelzig, Oberschlesienturm auf der Posener Industrieausstellung, 1911

Dokumentation

Vorbemerkung

Die Dokumentation soll dazu dienen, das herauszustellen, was sich in Poelzigs Werken zu verschiedenen Zeiten zugetragen hat. Habe ich Poelzig im Text als einen behandelt, der vor dem ersten Kriege – und bis 1916 – der Werkbunddoktrin der Zeit (vor dem Kriege) gefolgt sei, der zwischen 1916 und 1922 eine expressionistische Phase durchschritten habe und dann in eine neue Auseinandersetzung mit den Möglichkeiten getreten sei, welche der Architektur angeboten wurden, so muß ich bei nochmaligem Studium des Materials gestehen, daß selbst diese Darstellung das, was wirklich geschehen ist, noch vereinfacht. Immerhin habe ich seine Entwicklung so eng nicht dargestellt: Ich habe die Möglichkeit offen gelassen, daß er auch vor dem Kriege etwas anderes gewesen sei als ein Mann des Werkbundes, daß sein Expressionismus nicht der gleiche war wie der der jüngeren Architekten Taut, Finsterlin, Bartning und daß er sich nach 1922 auf seine Weise mit dem Problem auseinandergesetzt hat, was aus der Architektur wird, da sie sich neuen Konstruktionen und einer ständig wachsenden Typenherstellung gegenübersah. Mit einem Wort, ich habe es im Text vielleicht noch nicht ganz so deutlich gemacht, wie es nötig gewesen wäre, daß Poelzig eine Erscheinung sui generis gewesen ist, welche sich nicht nur der Einordnung in den Expressionismus widersetzt hat, sondern jeder Einordnung. Hier der Wahrheit näher zu kommen, werden mir die ausgesuchten Dokumente der Zeit helfen, die ich den einzelnen Kapiteln des Buches beigebe. Um hier zur vollen Klarheit zu gelangen, wird es, meine ich, notwendig sein, die Dokumente ständig zu kommentieren.
Ich beginne mit dem ersten Kapitel, „Entwicklungen in der deutschen Architektur zu Poelzigs Lebzeiten" überschrieben, weil hier zum erstenmal etwas eingehender von seiner Beziehung zur Architektur des Expressionismus die Rede ist. Ich schrieb: Wir nennen Poelzigs Entwurf [für ein Haus der Freundschaft in Konstantinopel] expressionistisch. Er ist es. Das ist aber ein Expressionismus anderer Art als der Bruno Tauts, auch als der Erich Mendelsohns. Hier wird nicht eine neue Welt beschworen: die Welt der Gemeinschaft (Taut), die Welt neuer Konstruktionen (Mendelsohn). Hier erscheint eine neue Architektur.
Lesen wir hierzu zunächst, was Walter Gropius und Bruno Taut zur ersten Ausstellung „für unbekannte Architekten" im Arbeitsrat für Kunst 1919 gesagt haben:

Dokument 1
Flugblatt zur ersten Ausstellung des „Arbeitsrates für Kunst" (April 1919)

Was ist Baukunst? Doch der kristallene Ausdruck der edelsten Gedanken der Menschen, ihrer Inbrunst, ihrer Menschlichkeit, ihres Glaubens, ihrer Religion! Das *war* sie einmal! Aber wer von den Lebenden unserer zweckverfluchten Zeit begreift noch ihr allumfaßbares, beseligendes Wesen? Da gehen wir durch unsere Straßen und Städte und heulen nicht vor Scham über solche Wüsten der Häßlichkeit! Seien wir uns nur klar: Diese grauen, hohlen geistlosen Attrappen, in denen wir leben und arbeiten, werden vor der Nachwelt beschämendes Zeugnis für den geistigen Höllensturz unseres Geschlechtes ablegen, das die große *einzige* Kunst vergaß: *Bauen.* Bilden wir uns nur nicht ein, in unserer europäischen Anmaßung, die armseligen Bautaten *unseres* Zeitalters könnten das trostlose Gesamtbild verändern. Unser aller Werk sind nur Splitter. Gebilde, die Zweck und Notdurft schafft, stillen nicht Sehnsucht nach einer von Grund aus neu erbauten Welt der Schönheit, nach Wiedergeburt jener Geisteseinheit, die sich zur Wundertat der gotischen Kathedrale aufschwang. *Wir* erleben sie nicht mehr. Aber es gibt einen Trost für uns: die *Idee,* der Aufbau einer glühenden, kühnen, weit vorauseilenden Bauidee, die eine glücklichere Zeit, die kommen muß, erfüllen soll. Künstler, stürzen wir endlich die Mauern um, die unsere verbildende Schulweisheit zwischen den „Künsten" errichtete, *um alle wieder Bauende zu werden!* Wollen, erdenken, erschaffen wir gemeinsam den neuen Baugedanken. Maler und Bildhauer, durchbrecht also die Schranken zur Architektur und werdet Mitbauende, Mitringende um das letzte Ziel der Kunst: die schöpferische Konzeption der Zukunftskathedrale, die wieder alles in *einer* Gestalt sein wird, Architektur und Plastik und Malerei.
Aber Ideen sterben, sobald sie Kompromisse werden. Darum klare Wasserscheiden zwischen Traum und Wirklichkeit, zwischen Sternensehnsucht und Alltagsarbeit. Architekten, Bildhauer, Maler, wir alle müssen zum Handwerk zurück! Denn es gibt keine „Kunst von Beruf". Künstler sind Handwerker im Ursinn des Wortes, und nur in seltenen, gnadenreichen Lichtmomenten, die jenseits ihres eigenen Willens stehen, kann unbewußt Kunst aus dem Werk ihrer Hände erblühen. Maler und Bildhauer, werdet auch ihr Handwerker, zerschlagt die Rahmen der Salonkunst um eure Bilder, geht in die Bauten, segnet sie mit Farbenmärchen, meißelt Gedanken in die nackten Wände und – *baut in der Phantasie,* unbekümmert um technische Schwierigkeiten. Gnade der Phantasie ist wichtiger als alle Technik, die sich immer dem Gestaltungswillen der Menschen fügt. Es *gibt* ja heute noch keinen Architekten, wir alle sind nur *Vorbereitende* dessen, der einmal wieder den Namen Architekt ver-

dienen wird, denn das heißt: *Herr der Kunst,* der aus Wüsten Gärten bauen und Wunder in den Himmen türmen wird.

Walter Gropius

Flugblatt zur ersten Ausstellung des „Arbeitsrates für Kunst": „Ausstellung für unbekannte Architekten" im April 1919, abgedruckt in: Ulrich Conrads, „Programme und Manifeste zur Architektur des 20. Jahrhunderts (Bauwelt Fundamente, Bd. 1), Frankfurt-Berlin 1964, S. 43 f.

Dokument 2

Gibt es heute Architektur? Gibt es heute Architekten? Erwin von Steinbach, Sinan, Aben Cencid, Diwakara, Pöppelmann – wagt es heute jemand, sich angesichts dieser erlauchten Namen „Architekt" zu nennen? Nein, es gibt heute so wenig eine Architektur wie Architekten.

Sind wir, die wir heute dem Restlosen hingegeben sind, nicht Parasiten im Verbande einer Gesellschaft, die keine Architektur kennt, keine will und also auch den Architekten nicht braucht! Denn wir nennen es nicht Architektur, tausend nützliche Dinge, Wohnhäuser, Büros, Bahnhöfe, Markthallen, Schulen, Wassertürme, Gasometer, Feuerwachen, Fabriken u. dgl. in gefällige Formen zu kleiden. Unsere „Brauchbarkeit" in diesen Dingen, durch die wir unser Leben fristen, hat nichts mit unserem Beruf zu tun, so wenig wie eben irgendein heutiger Bau mit Angkor Vat, der Alhambra oder dem Dresdner Zwinger.

In unserem Beruf können wir heute nicht Schaffende sein, sondern sind Suchende und Rufende. Wir wollen nicht aufhören, zu suchen nach dem, was sich später einmal kristallieren kann, und zu rufen nach Gefährten, die mit uns den harten Pfad gehen, die in tiefster Bescheidenheit wissen, daß alles Heutige nur ganz frühe Morgenröte ist, und die in selbstvergessener Hingabe sich zum Aufgang der neuen Sonne vorbereiten. Wir rufen nach allen Zukunftsgläubigen. Alle starke Zukunftssehnsucht ist werdende Architektur. Es wird einmal eine Weltanschauung dasein, und dann wird auch ihr Zeichen, ihr Kristall – die Architektur dasein.

Dann gibt es kein Ringen und Grübeln um Kunst im Leben irgendwelcher Banalitäten, dann gibt es eine einzige Kunst, und diese Kunst leuchtet in alle Ecken und Winkel hinein. Bis dahin kann das Nützliche nur dann leidlich sein, wenn der Architekt eine Vorahnung dieser Sonne in sich trägt. Sie allein gibt das Maß aller Dinge, unterscheidet streng das Sakrale vom Profanen, das Große vom Kleinen, gibt aber auch den alltäglichen Dingen einen Schimmer ihres Glanzes.

Bruno Taut

Aus dem selben Flugblatt, abgedruckt in: a. a. O., S. 44

Hier werden Themen angesprochen, von denen auch Poelzig um diese Zeit gesprochen hat – um nur einmal das Thema Handwerk und Kunst zu erwähnen. Aber der Ton ist ein anderer. Um zu dem eben erwähnten Thema Handwerk und Kunst zurückzukommen: Poelzigs Rede vor dem Werkbund in Stuttgart aus dem selben Jahre 1919 zeigt den Unterschied. Hier – bei Gropius und bei Taut – die Forderung nach einer Rückkehr aller Künste zum Handwerk, denn es gibt keine „Kunst von Beruf", dort, bei Poelzig, die Bemerkung, daß auch der Handwerker ein Künstler sei; hier der revolutionäre Neubeginn, dort der Versuch, Einsicht in das Wesen der Baukunst zu gewinnen. Lesen wir jetzt, wieder aus dem Jahre 1919 (und aus dem Arbeitsrat für Kunst) die Zusammenfassung, mit der Mendelsohn seinen Vortrag gelegentlich seiner eigenen Ausstellung von Skizzen im Arbeitsrat abschließt:

Dokument 3
Erich Mendelsohn, Das Problem einer neuen Baukunst (1919)

Was heute *Problem* ist – wird einst *Aufgabe* sein, was heute Gesicht und Glauben *Einzelner,* wird einst Gesetz für *Alle* werden.

Deshalb erscheinen für das Ziel, also für die Lösung des Problems einer neuen Baukunst *alle* Regungen notwendig:
Die Apostel gläserner Welten,
die Analytiker der Raumelemente,
die Formsucher aus Material und Konstruktion.
Freilich: Gesellschaftsklassen im Banne der Tradition werden diese Zeit nicht heraufführen.
Nur ein *neuer Wille* hat die Zukunft für sich in der Unbewußtheit seines chaotischen Auftriebs, in der Ursprünglichkeit seiner universalen Umfassung.
Denn wie jede für die Entwicklung der Menschengeschichte entscheidende Epoche unter ihrem geistigen Willen den *ganzen* bekannten Erdkreis einte, so wird auch, was wir ersehnen, über das *eigene* Land, über Europa hinaus *alle* Völker beglücken müssen. Dabei rede ich durchaus nicht dem Internationalismus das Wort. Denn *Internationalismus* bedeutet das volkslose Ästhetentum einer zerfallenden Welt. *Überstaatlichkeit* aber umfaßt *nationale* Abgrenzung als *Voraussetzung,* ist freies Menschentum, das *allein* eine umfassende Kultur wieder aufrichten kann.
Solch großer Wille eint alle, die am Werke sind.
Es resultiert *erst,* findet adäquaten Gottesglauben *erst* aus der Verschmelzung der letzten Leistung *aller* Völker.
Da können wir nichts *mehr* tun, als das bescheidene Maß unserer Arbeit beitragen, gläubig und in freiwilliger Dienstbarkeit.

Erich Mendelsohn, Das Problem einer neuen Baukunst, Vortrag im Arbeitsrat für Kunst, Berlin 1919, in: Erich Mendelsohn, Das Gesamtschaffen des Architekten. Skizzen-Entwürfe-Bauten. Rudolf Mosse Buchverlag, Berlin 1930. S. 21; Reprint der Erstausgabe: Braunschweig (Vieweg) 1989 (Schluß des Vortrags)

Unter den drei Gruppen, deren gemeinsame Arbeit für eine neue Baukunst notwendig sei, vertritt Mendelsohn „die Formsucher aus Material und Konstruktion", mit den „Aposteln gläserner Welten" meint er Bruno Taut, mit den „Analytikern der Raumelemente" die Österreicher Loos und Olbrich. Auch hier sollte man genau Poelzigs Worte aus der Werkbundrede dagegenlesen, und der tiefe Unterschied wird dem Leser nicht entgehen: Poelzig spricht auch in diesem revolutionären Augenblick von 1919 als einer, der über den Dingen steht. Lesen wir endlich, bereits aus einer späteren Zeit, 1924, einen Absatz aus Hermann Finsterlins Casa Nova:

Dokument 4
Hermann Finsterlin, Casa Nova (1924)

Ich bitte Euch, legt ab den Wahn, daß der Zweck des menschlichen Bauens sei, Wohn-Stätten, also Schutzhöhlen zu schaffen für Gegenstände, Pflanzen, Tiere, Menschen und Götter. Jeder Vorzweck legt sich wie eine schwere hemmende Hand auf die Triebkraft eines göttlich freien reinen Willens. Vergeßt, daß Ihr seid, schafft göttliche Riesengefäße, und wenn eine Feierstund' Eurer Seele erhärtend sich gehäutet, dann mögt Ihr dieses Denkman auch zur Dauermutter Eures Leibes weihen oder des Eurer Ähnlinge. Der Menschenraum, nicht mehr der Hohleindruck einiger elementarstereometrischer Körper, sondern ein Seelengletschermühlensystem, statt von erdstoffwechselbedingten Naturgeistern von feinsten menschseelischen Mahlsteinen beharrlich geschliffen oder in höchsten Hitzen und Drucken augenblicklich erräumt wie eine Druse im Fels; die Lichtquellen zerdünnteste Stellen zwischen dem wuchernden Stoff, den immobilen Gefäßersatzen der alten fremdkörperlichen Möbel – der Boden, nur mehr ein Entgegenkommen der Zwangswaagerechten, reizvollste Formerzählungen bergend den neuentdeckten Tastern unsrer Sohle. – Das erste wahrhaft eigentümliche Obdach des Höchsttieres, auf das es Anrecht hat seit seiner Menschwerdung – das mütterlich sattige verselbständigte, versichtbarte, vorderhand noch grob stoffliche „Organ" eines geisterhaften Riesenorganismus, die erste natürliche „Wohnung" des Menschenkindes.

Hermann Finsterlin, Casa Nova, aus: Zukunftsarchitektur – Formenspiel und Feinbau, in: Wendingen, Amsterdam, März 1924, wieder abgedruckt in: Ulrich Conrads, a. a. O., S. 79
Es bedarf wohl keiner Worte, um zu zeigen, wie weit diese Dichtung von Poelzigs Sprache und von seiner Art zu sehen, zu denken, zu fühlen entfernt ist.

2 Hans Poelzig: die Person, der Künstler: Frühzeit Breslau 1900–1916

„Ich bin der Sohn der Gräfin Poelzig und eines Lastkutschers", pflegte Hans Poelzig zu sagen. Die Gräfin Poelzig war – durch Heirat – eine Verwandte des Prinzgemahls Albert, also hohe Aristokratie. Wer der „Lastkutscher" war, weiß man nicht. Die Gräfin Poelzig war in London mit einem Manne namens Ames verheiratet, als sie das Kind erwartete. Ames trennte sich von ihr und verlangte, daß das Kind nicht seinen Namen trage. Über den, dessen Namen es hätte tragen können, gibt es Spekulationen: ein Aristokrat, ein jüdischer Arzt? Die Gräfin hat ihr Geheimnis nicht preisgegeben, ich glaube nicht, daß Poelzig es gewußt hat. Zu den Halbbrüdern gab es Beziehungen, sie haben Hans finanziell geholfen. Aber die Beziehungen waren locker. Die Gräfin selbst gab Hans bei dem Kantor Liese in Stolpe nicht weit von Potsdam in Pflege. Er hieß als Junge Hans Liese. Den Vater Liese hat er verehrt. Seinem Orgelspiel in der Stolper Kirche verdankt er seine ersten musikalischen Eindrücke. Poelzig ist auf dem Kirchhof in Stolpe begraben. In Potsdam ist er aufs Gymnasium gegangen. Er hat die Schule nicht geliebt. Es folgte das Architekturstudium auf der Technischen Hochschule in Berlin-Charlottenburg. Dort fand er einen Lehrer, der ihn tief beeinflußt hat, Karl Schäfer (1844–1908).

Karl Schäfer lehrte in Charlottenburg mittelalterliche Baukunst; aber er hat Architektur studiert, er hat auch als selbständiger Architekt gearbeitet und an der Höheren Gewerbeschule in seiner Geburtsstadt Kassel Entwurf und Konstruktion gelehrt. Als junger Mann war er als Architekt im Dombauamt Paderborn tätig. Der Dom zu Paderborn ist eine große gotische Hallenkirche. In dieser frühen Tätigkeit hatte er Gelegenheit, die Gotik als Bautätigkeit kennenzulernen. Wenn er dann in Charlottenburg mittelalterliche Baukunst lehrte, so tat er dies nicht als ein Mann der Kunstwissenschaft, sondern als Baumeister. Er war einer jener Neogotiker, für die Gotik in erster Linie Konstruktion ist. Gewiß ist ihm die Lehre Viollet-le-Ducs (1814–1879) nicht unbekannt gewesen.

Viollet sah die Gotik als einen Stil, in welchem alle Formen bis zur letzten Einzelheit von der Konstruktion bestimmt sind. Eine gotische Fiale, sagte Viollet, sei kein Ornament. Vielmehr diene sie dazu, dem Gewölbeschub, welcher durch den Strebebogen in den Strebepfeiler geleitet werde, eine mehr vertikale Tendenz zu geben. Ich nenne das mit Absicht eine seiner „kühnsten" Behauptungen. Pol Abraham, welcher Viollets Theorie in den dreißiger Jahren widerlegt hat[1], bemerkt dazu, es müsse ein ganz hübscher Brocken von einer Fiale sein, die den Gewölbeschub in die Vertikale umleiten könne. Pol Abraham hat die ganze Theorie auseinandergenommen und Stück für Stück entkräftet. Eine der Lieblingstheorien Viollets und seiner Schule war die, daß die gotische Gewölberippe den Schub des Gewölbes „ableite". Pol Abraham hat nachgewiesen, daß ein Rippengewölbe nicht anders arbeitet als ein Gratgewölbe. Er hat aber diese Arbeit der Widerlegung mit höchstem Respekt für Viollet und seine Lehre unternommen, mit blutendem Herzen sozusagen, weil es doch einmal geschehen mußte. Denn Viollet ist das Haupt der konstruktivistischen Schule in der modernen Architektur, und diese verdankt ihm nicht weniger, als sie Louis Sullivans funktionalistischer Schule verdankt. Sullivan hat behauptet, die Form folge der Funktion; Viollet hat gesagt, daß sie der *Konstruktion* folge; denn er hat seine Lehre von der Gotik auf andere Stile übertragen und ist schließlich so weit gegangen zu sagen, daß ein Stil, bei dem man das *nicht* nachweisen könne, kein echter Stil sei: er sei eine Dekoration. Das sei bei nicht originalen, bei abgeleiteten Stilen der Fall, wie bei der Renaissance und den Stilen, welche ihr gefolgt sind. Auguste Choisy (1841–1909) hat diesen Gedanken in seiner *Histoire de l'Architecture* weiterentwickelt. Man kann sagen, daß diese Lehre der französische Beitrag zur modernen Architektur gewesen sei; der Funktionalismus war der angelsächsische. In der deutschen Kunstgeschichte hat die Lehre Viollets keinen sehr großen Einfluß ausgeübt; die deutsche Kunstgeschichte hat auf Formprobleme größeren Wert gelegt. Die leidenschaftlichen und geistvollen Umdeutungen klassischer Raumformen durch Künstler wie Balthasar Neumann haben hier größeres Interesse erregt.

Aber Schäfer war ein bauender Gotiker, kein Kunstwissenschaftler. (Er war zudem der beinah genaue Zeitgenosse von Choisy.) Von ihm hat Hans Poelzig gelernt, die praktischen Konstruktionen der Geschichte zu verehren und zu lieben. Er hat den Einfluß Schäfers bis zuletzt anerkannt und erwähnt ihn zweimal in seiner Rede *Der Architekt* von 1931.

Diese Erwähnungen scheinen mir interessant zu sein; denn sie zeigen, in welchen Punkten Schäfer der Schule Viollets, der französischen Schule, angehört, in welchen nicht. Beide beziehen sich auf denselben Vortrag Schäfers aus dem Jahre 1896. Poelzig sagt:

„Im Jahre 1896 hielt der alte Schäfer, mein unvergeßlicher Lehrer, auf der Berliner Gewerbeausstellung einen Vortrag über Architektur. Er zeigte da an einer Zeichnung des Empfangsgebäudes des ehemaligen Karlsruher Bahnhofs, was Architektur nicht ist. Da waren große Bogenöffnungen – das, was der Architekt eine Achse nennt, wie der alte Schäfer sagte – und allerlei kleine, rhythmisch ornamental aneinandergereiht. Durch eine kleine Öffnung war der Hauptausgang, und an einer ganz großen, besonders bedeutungsvollen Achse stand: für Damen. Der alte Schäfer war jedenfalls

mit einer derartig unlogischen Entwicklung der damaligen Baukunst nicht einverstanden."[2]

Hier spricht Schäfer als Funktionalist, also als ein Mann der „englischen" Schule; aber man darf sich nicht vorstellen, daß es sich da um zwei miteinander unvereinbare Lehrmeinungen gehandelt habe. Im Gegenteil: Wir kennen eine Schrift von Viollet, *Histoire d'une Maison*[3], welche so funktionalistisch ist, wie Sullivan nur hätte wünschen können; und wir kennen englische Konstruktivisten. Die Anregung für die eine wie die andere Lehre kam nämlich aus der gleichen Richtung, vom Mittelalter her: Ruskin, Viollet, Morris, Norman Shaw waren alle Mediävisten, das heißt aber auch, daß sie gegen das Klassische waren, zum Beispiel gegen jene Achsen, von denen Schäfer spricht.

Die zweite Bemerkung zu Schäfers Vortrag von 1896 lautet:

„Und um wieder auf den alten Schäfer zurückzukommen, so sagte er in dem gleichen Vortrag von 1896 etwas, das mich immer wieder von neuem beschäftigt hat. Er meinte – natürlich darin ein Kind seiner Zeit –, daß der Eisenbau unverwendbar sei für die stilistische Ausbildung der Architektur, da das Ideal jener Technik darin bestünde, die Form immer mehr aufzulösen, zu verdünnen und damit zum Verschwinden zu bringen, während die Architektur als Kunstform die Masse brauche. Das war die Meinung des alten Schäfer – wir wissen heute, daß der Eisenbau uns eine viel feingliedrigere Auflösung des Baues ermöglicht hat – ohne daß das Eisen dabei selbst als Material zur Erscheinung zu kommen und an die Oberfläche zu treten braucht. Schäfer hat also mit der Entwicklung der heutigen Architektur unbedingt unrecht gehabt, er stand noch auf handwerklichem Boden, aber hat er mit der Betrachtung der technischen Form an sich so weit vorbeigehauen?"[4]

Schäfer und Poelzig sprechen hier von einer viel älteren Kontroverse: Schon Gottfried Semper hatte davon gesprochen, daß das Eisen für die Architektur ein ungeeignetes Material sei, weil diese Masse brauche. Nicht diese alte Kontroverse braucht uns hier zu interessieren – sie interessierte offenbar auch Poelzig nicht. Was interessant ist – Schäfer und Poelzig betreffend –, ist vielmehr dies: daß Schäfer hier von der französischen Theorie abweicht. Die Franzosen – Viollet, Choisy – hatten den Gedanken, daß die Architektur der Konstruktion folge, bis zu seiner logischen Schlußfolgerung weitergedacht und gesagt, daß die kommende Architektur eine Metallarchitektur sein werde. Viollet hat sogar, wenngleich nicht eben glücklich, mit eisernen Baugliedern experimentiert. Hier aber sieht der deutsche Zeitgenosse Choisys eine Grenze, die er nicht überschreiten will. Und obwohl Poelzig sie, was das Eisen angeht, schließlich (damals, 1931) überschritten hatte, so hat er das, wie wir noch sehen werden, nicht gern getan. Diese Grenze aber ist die Grenze des Handwerks. Es hat auf dem Wege, der zu Anfang des Jahrhunderts zu einer neuen Architektur geführt hat, immer auch diejenigen gegeben, die die Grenze des Handwerks nicht eben gern überschritten haben. Poelzig – ich müßte mich denn sehr irren – gehört zu ihnen. Und man darf auch hier den Einfluß des „alten Schäfer" sehen.

Dieser Einfluß ist zum guten Teil verantwortlich für Poelzigs Art, analog zu der alten praktischen Architektur eine praktische Architektur mit neuen Materialien und mit neuen Konstruktionen zu entwickeln: sie so zu entwickeln, daß der Baumeister sagen kann: „Hätten unsere Väter Eisen, Stahl, Beton gekannt, etwa so wie ich es eben gemacht habe, hätten sie es wohl auch gemacht": die Auffassung, welcher Poelzig in Luban und
24–27 im Posener Turm gefolgt ist. Das ist nicht meine Inter-
85–90 pretation. Er hat es ausgesprochen. 1911, im Jahre von
93–98 Luban und Posen, schrieb er seinen Essay *Der neuzeitliche Fabrikbau*, in dem es heißt:

„Der französische Stil des achtzehnten Jahrhunderts wich keinem Problem und löste die schlichtesten Nutzaufgaben aus ihren Grundbedingungen so, daß die Krane, Mauern, Tore jener Zeit den Eindruck des Naturge-

wordenen machen. Auf diesem Wege liegt der Stil der Zukunft: im Verzicht auf die schematische Anwendung überlieferter symbolischer Formen und in der Ausbildung von mannigfachen typischen Erscheinungen, die ihre Form gerade der konsequenten Durchbildung der erweiterten Konstruktionsmöglichkeiten verdanken."[5]

Dies ist eine Basis seiner Tätigkeit als Lehrer, von der wir gesagt haben, daß sie von Anfang bis Ende die gleiche geblieben sei. Und davon geht nicht wenig auf die Lehre zurück, die er selbst von seinem „unvergeßlichen Lehrer" Schäfer empfangen hat.

Blicken wir an dieser Stelle noch einmal zurück auf den Vergleich mit Behrens' Fabrikbau, den wir angestellt haben: Behrens legt den Akzent auf den Fortschritt und ruft einen grundsätzlichen, wir nannten ihn einen elementaren, Klassizismus zu Hilfe, um einen sehr entschiedenen Fortschritt zu legitimieren. Poelzig legte den Akzent auf das Kontinuum der Geschichte und beruft sich auf das Handwerk, dem er die Tätigkeit des Bauingenieurs zuordnet – als Analogon, wenn man will. Behrens beruft sich auf den Tempel, Poelzig auf den Aquaedukt. Beide versuchen, den durch die Industrie verursachten Bruch zu überbrücken – oder nicht anzuerkennen –, obwohl er bei Behrens deutlicher wird als bei Poelzig. In dieser Beziehung hat die Zukunft beiden Unrecht gegeben. Beide arbeiteten damals, zur Zeit des frühen Werkbundes, in dem Glauben an ein Weiterschreiten, von anerkannten Grundlagen aus. Damals, vor 1914, war das gerade noch möglich.

Wir haben eine der Grundlagen skizziert, auf denen Poelzigs Tätigkeiten als Lehrer und als Architekt in Breslau ruhen. Wie ist er nach Breslau gekommen? Bis dahin ist seine Karriere die eines Baubeamten gewesen; nach dem Studium die zweite Ausbildung als „Regierungsbauführer", das zweite Examen und endlich die Anstellung im Technischen Büro des Preußischen Ministeriums für Öffentliche Arbeiten. Seine einzige Arbeit, welche möglicherweise Aufsehen erregt haben mag, war

28 der mit dem Ersten Preis ausgezeichnete Entwurf für ein Rathaus in dem jährlich stattfindenden „Schinkelpreis-Wettbewerb". Das war ein rein gotisches Bauwerk, an dem man den späteren Poelzig – ex ungue leonem – allenfalls an der Vereinfachung und der plastischen Qualität des Turmes am rechten Ende der Baugruppe erkennen könnte.

„Aufsehen" kann auch diese Arbeit nur in Fachkreisen erregt haben. Ludwig Pallat, in dem benachbarten Preußischen Kultusministerium tätig, dem die Königliche Kunst- und Kunstgewerbeschule in Breslau unterstand, hat einen Unbekannten empfohlen; was Hans Poelzig ihm viel später, gelegentlich des sechzigsten Geburtstages, 1929, mit den Worten bestätigt hat: „Denn schließlich waren Sie der, der mich in Breslau auf die Beine gestellt hat, Sie und kein anderer." Pallat muß den jungen Poelzig gut gekannt haben; ihn und die Schule in Breslau. Beide waren „Besondere".

Breslau und dem Lande Schlesien, dessen Hauptstadt es ist, kam vor dem Kriege eine besondere Bedeutung zu. Gerhart Hauptmann, der Dramatiker des „Naturalismus", war Schlesier und lebte in Agnetendorf, sein Bruder Karl hatte ein Haus in Schreiberhau und unterhielt freundschaftliche Beziehungen zu der Künstlerkolonie Worpswede unweit von Bremen, wo Paula Modersohn und Heinrich Vogeler lebten und, eine Zeitlang, Rainer Maria Rilke. Auch der Sozialdemokratie nahestehende Ökonom Werner Sombart ließ sich in Schreiberhau ein Haus bauen.

Von Breslau (und Schlesien) ging der Gedanke aus, Lehrwerkstätten zu errichten, damit, wie Werner Sombart es später (1908) ausgedrückt hat, „Künstlerentwürfe ausgeführt und probiert werden" können: ein Gedanke, welcher natürlich auf den Widerspruch der Kunstgewerbefirmen stoßen mußte. Hartmut Frank weist darauf hin, daß man irrtümlich diese Initiative immer dem Bauhaus in Weimar gutgeschrieben habe. Aber das Bauhaus wurde 1919 gegründet, die Initiative in Breslau geht bis zum Jahre 1895 zurück. Frank schreibt:

„Im März 1895 forderte der Breslauer Kunstgewerbeverein auf einer öffentlichen Veranstaltung die ‚dringend notwendige Umgestaltung der Breslauer Kunst- und Kunstgewerbeschule'. Eine entsprechende Petition an das Kultusministerium in Berlin ist erfolgreich. Der Direktor der Schule, der Textilgestalter Hermann Kühn, erhält grünes Licht für die Einrichtung von Lehrwerkstätten."[6]

Dementsprechend war dann die erste Lehrwerkstätte eine für Stickerei.

In der Tat eine neue Auffassung, oder sagen wir, eine neue Auffassung in Deutschland. In England hat es solche Schulen bereits um die Mitte des neunzehnten Jahrhunderts gegeben; und nach England haben damals diejenigen geblickt, welche die Lehre – und die Praxis – der Architekten und der Kunstgewerbler erneuern wollten. Nun wurde der Gedanke von Hans Poelzig aufgegriffen, also von einem, der brav sein Studium der Architektur und sogar seine Regierungsbaumeisterprüfung absolviert hatte.

Er muß ein „besonderer" Regierungsbaumeister gewesen sein. Man muß aber auch dies sagen: Er ging mit der Zeit. In Breslau hatte man vor seiner Ankunft mit der Einrichtung von Lehrwerkstätten begonnen.

Das Bauhaus in Weimar ist eher ein letztes als ein erstes Experiment in dieser praktisch-handwerklichen Richtung gewesen. Hierzu noch dies: Walter Gropius, der das Bauhaus 1919 gegründet hat, war 1916 in engem Kontakt mit Poelzig und mit Breslau gewesen, weil Poelzig ihn damals ernsthaft als seinen Nachfolger ins Auge gefaßt hatte. Womit natürlich nicht gesagt werden soll, daß das Bauhaus dasselbe gewesen wäre wie die Schule in Breslau. Es verkörpert Gedanken, welche erst nach dem Kriege aktuell wurden.

Mit dem Thema, welches Poelzig in Breslau wahrzunehmen hatte, haben die Lehrwerkstätten allerdings nichts zu tun. Sein Fach war „Stilkunde". Er hat das

28 Hans Poelzig, Wettbewerbsbeitrag für den Schinkelpreis 1898

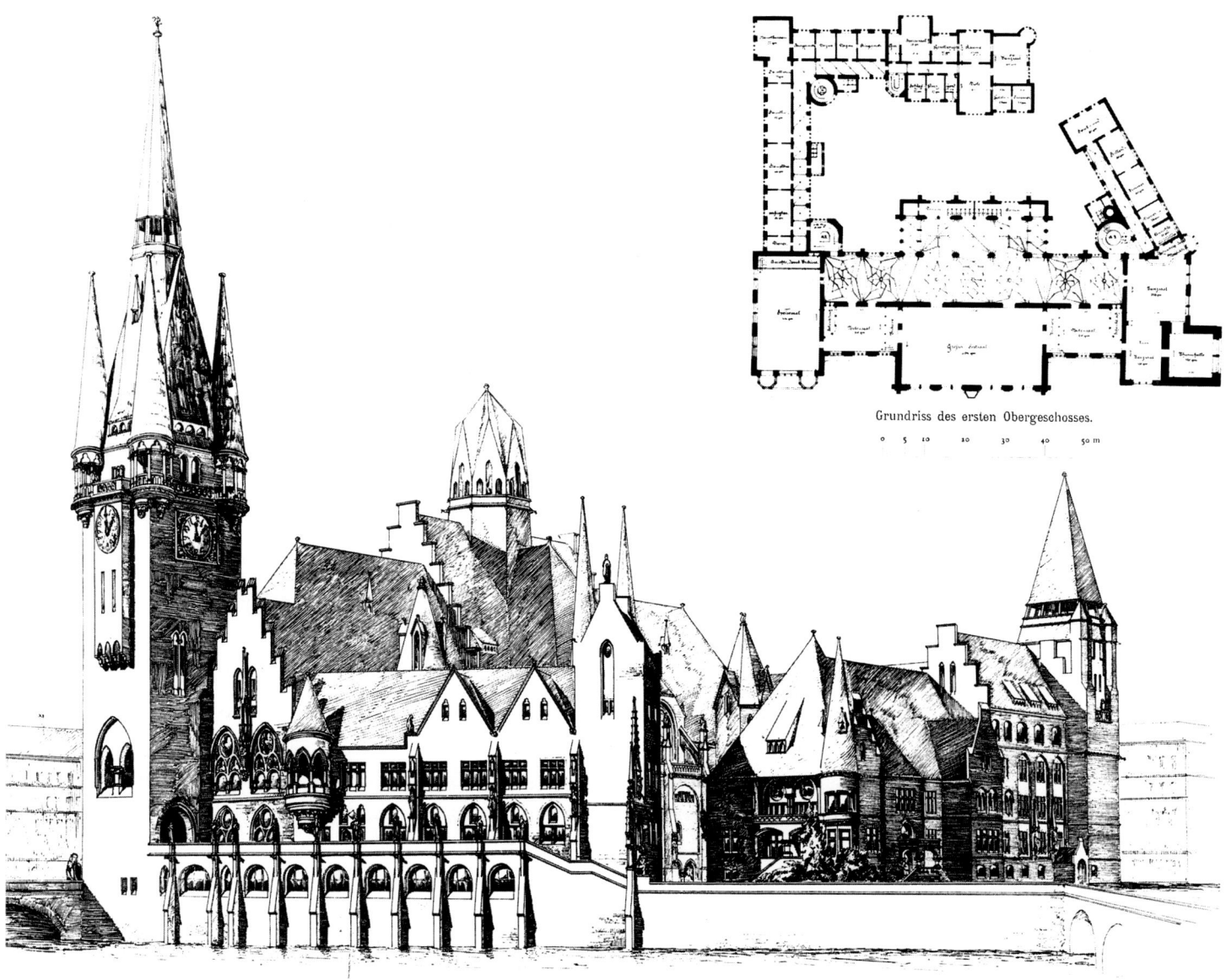

Grundriss des ersten Obergeschosses.

0   5   10   20   30   40   50 m

aber von vorneherein recht leicht genommen. Ich weiß nicht einmal, ob er überhaupt Stilkunde unterrichtet hat. Er mußte ja wohl. Ob er damals schon, wie bald nachher, nichts mehr vom Stil hielt (wie wir gesehen haben), weiß ich auch nicht. Dies aber ist bekannt: daß er von Anfang an mit den Studenten Entwurfsübungen veranstaltet hat: Entwurfsskizzen oder Schnellentwürfe. Darauf legte er Wert; und auf die Werkstätten.

Diese hat er wirklich sofort mit praktischen Arbeiten betraut. Bekannt sind die dekorativen Räume in dem Anbau, den er dem alten Rathaus in Löwenberg angefügt hat (1906). Die hat er mit den Lehrwerkstätten ausgeführt. Weniger bekannt ist, daß er schon 1901 für seinen Freund und Gönner Ludwig Pallat eine Wohnungseinrichtung gemacht hat, ebenfalls mit der Tischlerwerkstatt. Er hat Pallat darüber eine Reihe von Briefen geschrieben, in denen er unter anderem um Geduld bittet, weil die Werkstätten gerade Ferien machen. Er hat auch einige der Möbel ausgestellt, ehe sie an Pallat weitergegeben wurden, mit Pallats herzlichem Einverständnis; denn eine solche Ausstellung war eine Demonstration dessen, was beide – er und Pallat – wollten.

Die Briefe muß man lesen. Sie sind die genaueste schriftliche Unterhaltung eines Architekten – hier des Innenarchitekten – mit seinem Auftraggeber, die mir zu Gesicht gekommen ist.[7] Da ist von der Bequemlichkeit die Rede, mit der Pallats Kunstblätter unterzubringen waren, von jedem Handgriff wird gesprochen. Poelzig hat auch kleine Werkskizzen in den Brief gezeichnet (*Pallat* muß etwas davon verstanden haben). Ferner spricht er von der Farbe und der Behandlung des Holzes, von der Holzart natürlich, von Bezügen, von der Wandbehandlung. Aber die meisten Bemerkungen sind der Funktion gewidmet, dem Handwerk (sogar dem Preis).

Von Ästhetik ist ganz gelegentlich auch die Rede. Aber das Thema bleibt *selbst dann* recht eigentlich Funktion und Handwerk. Ich habe oben bemerkt, daß Hans Poelzig zu denen gehört habe, die nicht leicht,

nicht gern die Grenze zwischen handwerklicher Arbeit und Ingenieurarbeit überschritten haben. Die Briefe an Pallat – aber nein, die Werkstätten selbst, in erster Linie, sind ein Beleg dafür, daß ich mich wohl nicht irre.

Natürlich hatten die verschiedenen Werkstätten jede ihren Leiter. Sie haben nicht einfach Entwürfe von Poelzig ausgeführt. Das haben sie zweifellos auch getan. Aber wo es sich darum handelte, einen festlichen Raum wie das Trauzimmer im Rathause zu Löwenberg zu dekorieren, hat der Leiter der Werkstatt – oder haben vielleicht auch die Studenten – Entwürfe gemacht, welche sie mit Poelzigs Raum abzustimmen hatten; also eine Zusammenarbeit zwischen selbständig Arbeitenden, ein Morrissches, ein mittelalterliches Ideal. Und ganz gewiß in der Kunsterziehung eben das, was jeder ernsthafte Kunsterzieher sucht, meist vergebens: dies und die Berührung mit der Praxis, mit Werkstätten, Firmen, Terminen, Materialien – und Auftraggebern. Ich meine heute noch, daß es eine bessere Erziehung nicht gibt; und meine jungen Chinesen und Malayen in Kuala Lumpur, Enkelschüler von Poelzig – sie haben es gewußt –, haben Holzhäuser für die Praxis entworfen und durchkonstruiert.

1916 verließ Poelzig die Akademie und ging nach Dresden als Stadtbaurat dieser Stadt. Sechzehn Jahre also hat er in Breslau gelehrt – und gebaut. Denn seine Tätigkeit als freier Architekt begann im gleichen Augenblick wie seine Tätigkeit als Lehrer. Beide gehören auch darum zusammen, weil Poelzig die Lehrwerkstätten für seine eigene Praxis als Architekt in Anspruch nahm. Es wird Zeit, daß wir einen Blick auf seine Architektur werfen.

Bisher haben wir nur zwei Industriebauten gesehen und mit einem gleichzeitigen von Peter Behrens verglichen. Fangen wir mit einem der frühesten Bauten an, dem Einfamilienhaus, das Poelzig 1904 auf der Kunstgewerbeausstellung in Breslau gebaut hat.

Das Einfamilienhaus ist wohl derjenige Gegenstand der Architektur, an dem die neuen Tendenzen, die um

29

30

32, 33

133

29 Hans Poelzig, Anbau an das Rathaus zu Löwenberg, Schlesien, 1903–1906, Trauzimmer

31 C.F.A.Voysey, ,The Pastures', Haus für Mrs. G.Conant, North Luffenham, Leicestershire, 1901

30 Hans Poelzig, Einfamilienhaus auf der Kunstgewerbeausstellung, Breslau, 1904, Eingangsfront

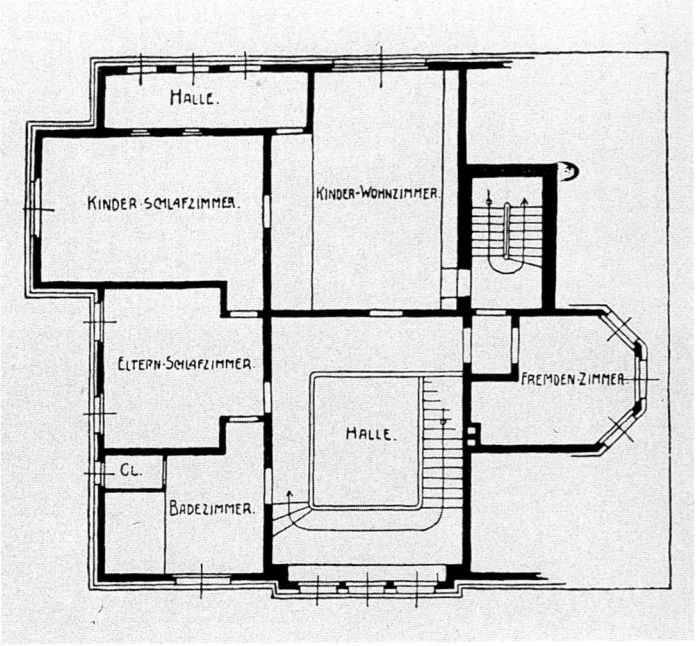

32 Hans Poelzig, Einfamilienhaus auf der Kunstgewerbeausstellung, Breslau, 1904, Grundrisse EG und 1. OG

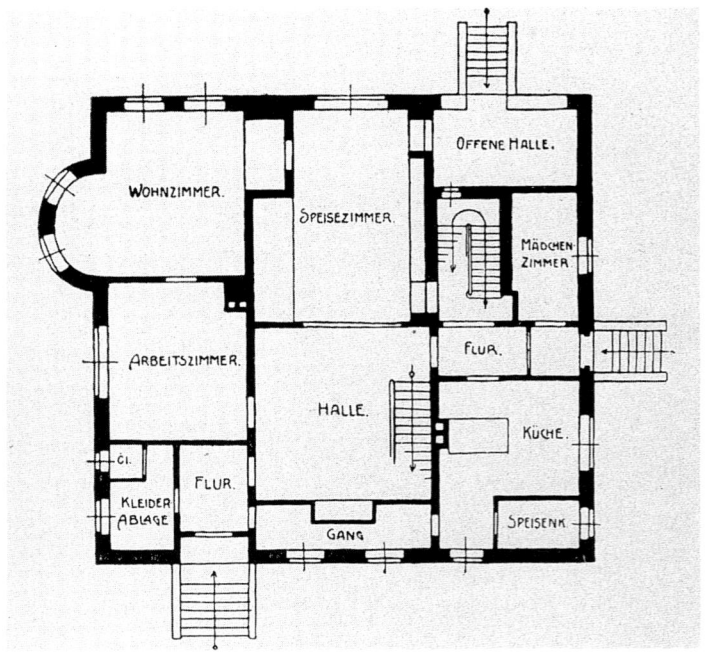

die Jahrhundertwende sichtbar wurden, die sichtbarsten Veränderungen bewirkt haben. Das schnell reich werdende Bürgertum hatte sich seit etwa 1860 allenthalben Villen gebaut. Die Berliner Villa jener Zeit beschreibt Theodor Fontane in seiner Erzählung *Frau Jenny Treibel*.[8] Sie besaß ein hohes Sockelgeschoß, in welchem nicht nur Vorratsräume untergebracht waren, sondern auch die Küche und ein oder zwei Räume für Dienstboten, vielleicht eine Gärtnerwohnung. Für Obst und Wein gab es einen „Tiefkeller". Denn das Sockelgeschoß war nur wenig in die Erde versenkt. Dadurch wurden die Gesellschaftsräume über den Garten gehoben, bildeten die Beletage, von der aus man den Garten überblickte. Darüber lagen die Schlafzimmer, und im Dachgeschoß gab es wohl noch Mädchenzimmer und vielleicht Gästezimmer. Wie man die Villa außen dekorierte, blieb dem einzelnen Bauherrn – oder Architekten – überlassen: mit Pilastern und Tympanon, mit Arkaden oder auch „mit Erkern und Türmchen", wie man die Art der Dekoration nannte, die ihre Motive aus dem Mittelalter nahm. Man konnte das Haus auch in einem anderen Stil dekorieren. Die Berliner machten einen Witz: Der Bauunternehmer kommt zum Bauherrn: „Det Haus is im Rohbau fertig, Herr Maier. Wat forn Stil wollnse denn nu dranne ham?" Seit etwa 1870 hat man in England begonnen, das Einfamilienhaus zu verändern. Das Sockelgeschoß fiel fort. Es war in England niemals so populär gewesen wie auf dem Kontinent. Man trat also von den Gesellschaftsräumen fast ebenerdig in den Garten hinaus, welcher ebenfalls in „Räume" eingeteilt war, die in gewissem Maße denen des Hauses entsprachen. Die Räume innen wurden niedriger, das große Dach trug weiter dazu bei, das Haus dem umgebenden Garten einzufügen. Die Räume hatten jeder einen eigenen Charakter, seiner Bestimmung entsprechend. Auch hatte jeder seine eigenen Annexe: die Nische beim Kamin (den inglenook), den weit vortretenden, meist viereckigen Erker. Über die Geschichte des neuen englischen Hauses, über seine Pla-

nung, über jeden seiner Räume hat Hermann Muthesius 1905 in dem Buch *Das Englische Haus* berichtet.[9] Schon seit der Mitte der neunziger Jahre hatte die englische Zeitschrift *Studio*, welche im deutschen Bürgertum verbreitet war, davon einiges gezeigt. Um die gleiche Zeit wurde die amerikanische Variante bekannt, das, was Vincent Scully „The shingle style and the stick style" nennt.[10] Besonders von Amerika kommt die Öffnung der Geschosse gegeneinander, das Arbeiten mit Halbgeschossen: das, was Adolf Loos, der Österreicher, dann den Raumplan nannte.

Wir haben nicht vom Äußeren des englischen Hauses gesprochen. Man verzichtete mehr und mehr beim Einfamilienhaus auf die Stilmotive und ging auf das Bauen auf dem Lande oder in der kleinen Stadt (etwa in den Cotswolds) zurück (Voysey, Prior, der frühe Lutyens). Das war *eine* Art, Häuser zu bauen, nach 1900 wurde sie mit einem Mal in Deutschland populär. Der Jugendstil hatte seine eigenen Experimente mit dem Haus gemacht (Victor Horta in Brüssel, Olbrich in Darmstadt). Adolf Loos befremdete seine Zeitgenossen durch eine strenge und schmucklose Architektur. Endlich gab es auch die Rückkehr zu der Zeit um 1800. Ein einflußreiches Bilderbuch der Zeit (1908) von Paul Mebes hieß *Um 1800*.

Poelzigs Haus auf der Kunstgewerbeausstellung in Breslau war eines dieser neuen Häuser in Deutschland. Es gehört jener Richtung an, welche sich an die heimische Bauweise anschließen wollte; um es negativ zu sagen: keine Pilaster, keine Arkaden, keine „Erker und Türmchen". Das durften wir nach dem, was wir bisher von Poelzig gehört haben, erwarten. Der Grundriß ist konventionell, trotz der zweigeschossigen Diele, die im Grundriß „Halle" genannt wird (eine Verbeugung vor der „englischen" Bewegung), und ihrer weiten Öffnung zum Eßzimmer: Die beiden bilden einen Raum, welcher den ganzen Mittelteil des Hauses einnimmt. Man kann auch nicht sagen, daß das Haus mit dem Garten kommuniziert: Das Wohngeschoß ist immerhin um ei-

33 Hans Poelzig, Einfamilienhaus auf der Kunstgewerbeausstellung, Breslau, 1904, Seitenansicht

34 Hermann Muthesius, Haus von Seefeld in Berlin-Zehlendorf, 1905

36 Hans Poelzig, Anbau an das Rathaus zu Löwenberg, Schlesien, 1903–1906, obere Diele

35 Hans Poelzig, Anbau an das Rathaus zu Löwenberg, Schlesien, 1903–1906

37 Hans Poelzig, Anbau an das Rathaus zu Löwenberg, Schlesien, 1903–1906, Treppenaufgang

nige Stufen angehoben. Das Haus hat drei Eingänge:
30 den Haupteingang, den Kücheneingang und einen Eingang vom Garten zu einer Loggia neben dem Eßzimmer. Keiner gibt die direkte Verbindung zum Garten, die man in Muthesius' Häusern aus der gleichen Zeit findet. Das Auffälligste an dem Hause ist das große Dach. Es wirkt größer, als es ist, da die beiden Giebel mit Dachziegeln behängt sind. Am Eingangsgiebel wird der Ziegelbehang sogar bis zum Podest der Treppe in der zweigeschossigen „Halle" heruntergezogen, deren Volumen im Außenbau in Erscheinung tritt. Nur auf der – vom Eingang her gesehen linken – Langseite wird das Dach bis zur Decke des Wohngeschosses herunter „geschleppt", und auf dieses tiefreichende, geschwungene Dach hat Poelzig die auffallendste Gestalt des Hauses gesetzt: einen Erker, bedeckt von einem vieleckigen,
33 steilen, wieder geschwungenen Dach. Witzbolde haben gesagt: Poelzigs Kopf. In der Tat findet man in seinen frühen Arbeiten gar nicht selten Dinge, die an diesen merkwürdig geformten Kopf erinnern, den wir bald genauer ansehen wollen. Hinter diesem auffallenden Erker auf dem Dach aber liegt einer der kleinsten Räume des Hauses, ein Gästezimmer.

Vergleichen wir das Haus mit zeitgenössischen modernen Häusern – dem ersten Hause von Muthesius
34 nach seiner Zeit in England, dem Hause von Seefeld,
3, 4 oder auch dem Hause Obenauer von Behrens – oder welchem Hause der Zeit auch immer, so berührt einen stark die beinahe gewaltsame Originalität des poelzigschen Hauses. Und wenn ich sie gewaltsam nenne, so meine ich damit lediglich, daß er an dieses kleine Objekt einen Willen zur Gestalt und eine Kraft der Gestaltung gewendet hat, die man nicht erwartet hätte. Er drückt aber nichts Fremdes aus; insofern ist das, was er tut, durchaus nicht gewaltsam. Was ausgedrückt wird, und zwar mit Emphase, ist das Thema Haus, Dach, Schutz, Heimat. Ich habe mit Absicht hier zweimal das Wort „ausdrücken" gebraucht: Ausdruck, Expression:

Man beginnt zu sehen, warum man Hans Poelzig einen Expressionisten genannt hat.

Dieses Haus ist Poelzigs Beitrag zu dem, was man damals den „modernen Landhausstil" nannte: ein sehr individueller Beitrag. Merkwürdigerweise gehört der Anbau an das alte Rathaus in Löwenberg (1904–1906), das wir schon erwähnt haben, ebenfalls dem modernen „Landhausstil" an. Was daran zuerst auffällt, ist – wieder – das sehr große Dach. Hier wird es durch die Ter- 35
rasse vor dem Gang im ersten Geschoß unterbrochen 9
und, ein wenig künstlich, bis herunter über die Erdge- 76, 78
schoßarkade fortgesetzt. Das alte gotische Dach war ja schon sehr groß, Poelzig vergrößert es nach unten auf diese in der Tat gezwungene Art: Es ist geradezu lustig zu sehen, wie er im innersten Winkel eine kleine Dachfläche anbringt, um den Übergang zu erleichtern, und er kann nun den neuen Eingang, der ganz „Landhausstil" ist – man sehe die Fenster an! –, ganz weich in dieses große Dach einschmiegen. Die seltsamen Kapitäle der Eingangsarkade sprechen eine andere Sprache, sind vielleicht nicht ohne Mitwirkung einer Lehrwerkstätte entstanden. Der skulpturale Treppenanfang und die obere Diele gehören sicher Poelzig allein. 36, 37

Der Bau wurde mit großen Beifall aufgenommen. Gustav Wolf schreibt:[1]

„Vielleicht die erfreulichste Leistung ist der Umbau des Löwenberger Rathauses durch Hans Poelzig; da ist das Alte schonend behandelt, das Neue mit frischer Lebendigkeit zugefügt und in aller Eigenart eine volkstümliche Weise gefunden."[11]

Kein anderer hätte es gekonnt. Beachten wir aber auch hier wieder das leicht Übertriebene, oder nennen wir es die Freude an der Emphase bei diesem gewaltigen Dach.

Noch einen Bau von Poelzig aus dieser frühen Zeit wollen wir genau ansehen, die (nicht ausgeführte) Fabrik „Werdermühle" auf der Oderinsel in Breslau (1906): ein Projekt, welches ebenfalls „eine gute Presse" 38–41
fand. In einem Artikel, den er 1908 geschrieben hat,

38 Hans Poelzig, Fabrik ‚Werdermühle‘ auf der Oderinsel in Breslau, Projekt, 1906–1908

39 Hans Poelzig, Fabrik ‚Werdermühle‘

40 Hans Poelzig, Fabrik ‚Werdermühle‘, Grundriß, Schnitt

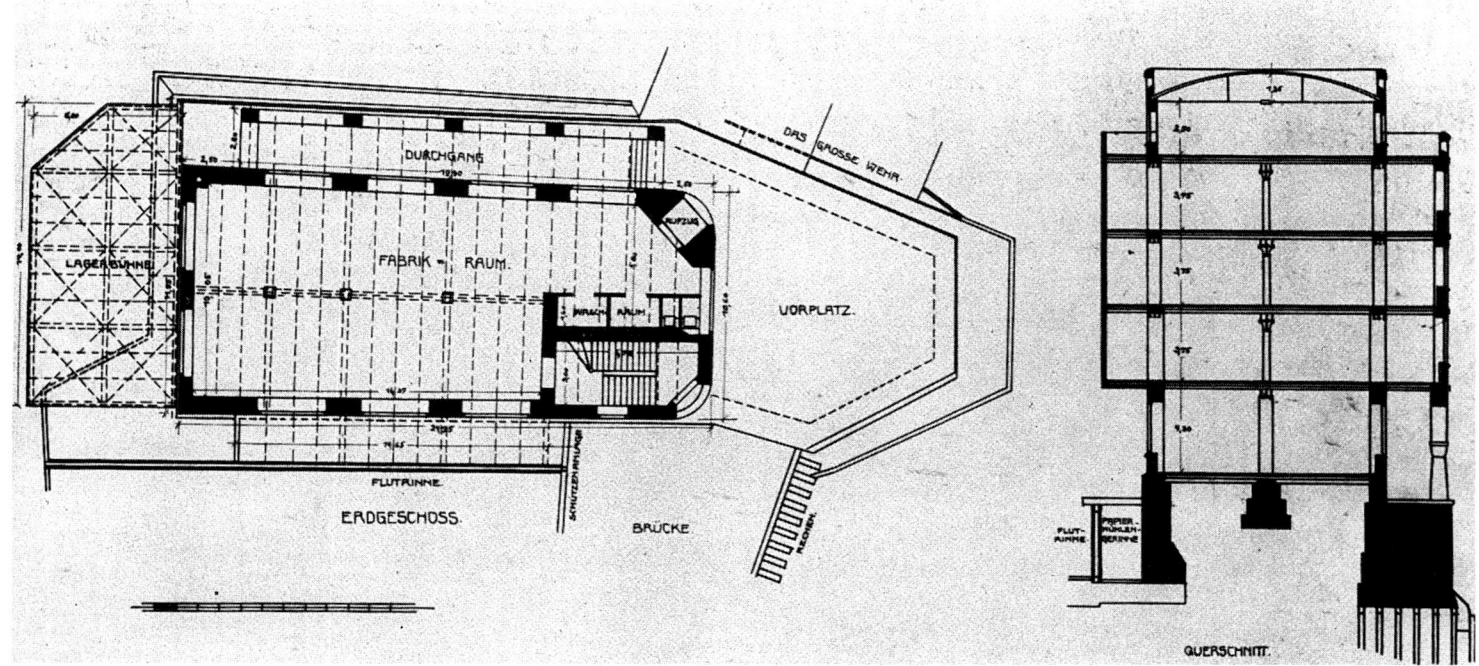

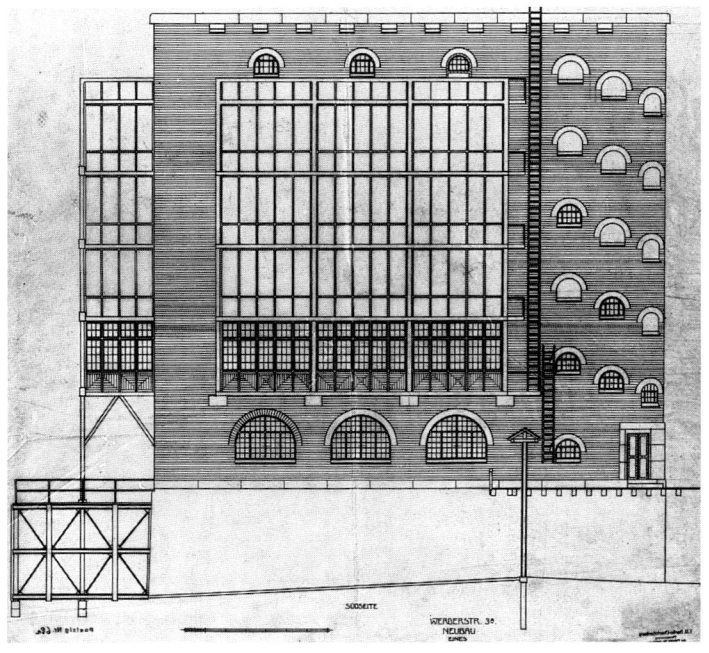

41 Hans Poelzig, Fabrik ‚Werdermühle', Ansichten

42 Hans Poelzig, Chemische Fabrik in Luban bei Posen, 1911

43 Hans Poelzig, Zeche ‚Römergrube' in Rybnik, Oberschlesien, 1913

nimmt Franz Geiger dazu Stellung, indem er zunächst versucht, sich vorzustellen, wie ein Architekt wohl an eine Aufgabe dieser Art herangehen würde. Er könnte versuchen, sagt Geiger, aus einem so einfachen, praktischen Zwecken dienenden Gebäude etwas zu machen, indem er es mit den Ornamenten und Gliederungen irgendeines Baustils behängte. So habe man das bisher gemacht. Er könne aber auch den Bau einfach lassen wie er ist: einen „Kasten", der einem bestimmten Zweck zu dienen habe und gut und fest gebaut ist.

„Wenn er nun ein künstlerisch veranlagter Baumeister ist [...], so zeigt er das auch im Äußeren und in jedem Detail des Baues deutlich. Er setzt der feuersicheren Mühle keinen Holzdachstuhl auf oder etwas, das von außen auch nur so aussieht, er bricht keine Fenster in die Wände, die aussehen wie Wohnungsfenster, er *wölbt* die Fensterstürze, wenn er auf seine soliden Ziegelmauern stolz ist, er macht die Glasverschläge extra gläsern und den eisernen Quergang, der die beiden Gebäude verbindet, offenbar eisern. [...] In diesem Sinne soll der Begriff der Kunst der alltäglichen und nützlichsten Arbeit nicht fremd sein, dann wäre für die Schönheit des Daseins das meiste gewonnen."[12]

Das kommt uns bekannt vor, das ist gute Werkbunddoktrin, und Poelzig selbst dürfte dem zugestimmt haben. Hören wir aber noch einmal auf das „extra gläsern" und „offenbar eisern" und auch auf die soliden Ziegelmauern, auf die der Baumeister stolz ist, so fällt uns auch hier wieder der Nachdruck auf, mit dem, wie Geiger richtig bemerkt, Poelzig die einfachen Tatsachen praktischen Bauens vorgetragen hat. Man könnte auch hier von seinem latenten Expressionismus sprechen. Bei der „Werdermühle" kommt hinzu die Verbindung von alter und neuer Konstruktion, diesmal, indem er beide kräftig betont, indem er seine Mauern sichtbar stark macht und seinen Eisenbau sichtbar leicht.

So hat er, wie wir gesehen haben, damals auch über den Industriebau *geschrieben*.[13] Nehmen wir nun eine andere Passage aus diesem Essay:

„Die Monumentalität des scheinbar für die Ewigkeit Gefügten werden unsere Fabrikbauten nie zeigen können: ein jeder Bau kann nur das zum Ausdruck bringen, was seines innersten Wesens Kern ist. Wo bei den alten Nutzbauten fast fensterlose dicke Wände aufragen, brauchen wir eine Fülle von Licht für die Arbeit, selbst unsere Speicher verlangen viel mehr Helligkeit als die alten Kornböden. Auf das knappste beschränken wir die Stärken unserer Wände und Pfeiler – die tiefen Schatten der alten Tor- und Fensterleibungen vermögen den Bauten unserer Zeit nicht zum Ausdruck zu verhelfen." Und weiter:

„Bei den alten Bauten überwiegt die Masse, und das Fenster unterbricht klein und tiefbeschattet die starke Wandung. Heute tritt die eigentliche Wandfläche oft hinter die Fensterfläche an Ausdehnung zurück, so daß ein Betonen des Fensters als Durchbruch die Wand zerreißen würde."

Nun, da reibt man sich zunächst die Augen. Das ist 1911 geschrieben, im Jahre von Luban. Dort sind die Fenster auch in dem in Stahl konstruierten Bauteil klein: Reihen kleiner, neunfach unterteilter Quadrate. Im gemauerten Teil sind es jene Halbkreisbögen, für welche Poelzig in der Breslauer Zeit eine besondere Vorliebe gehabt hat. Der reine Halbkreis ist nämlich das denkbar kleinste Fenster in der tragenden Mauer, ist ganz der tragenden Mauer angemessen, die hier keineswegs „hinter die Fensterfläche" zurücktritt. Vielleicht, könnte man fragen, hat Poelzig auch andere Fabriken gebaut oder entworfen, welche den von ihm ausgesprochenen Grundsätzen des neuzeitlichen Fabrikbaues besser entsprechen. Es sind mir keine bekannt: andere Fabriken wohl; aber immer sind die Fenster in die Wand eingeschnitten, auch da, wo die Wand eine Stahlfachwerkwand ist wie die Zeche Römergrube in Rybnik (Schlesien), 1913. (Eine Ausnahme: die „Werdermüh-

42

24, 25

85–90

43

le".) Vielleicht erreicht das Gaswerk in Dresden-Reick (1916), ein reiner Betonpfeilerbau, die Grenze, wo Öffnung und Rahmen einander das Gleichgewicht halten, weil es sich hier wirklich um einen Rahmen handelt, nicht mehr um eine Mauer. Selbst in seinen Rahmen-

44 bauten aus Backstein aber – Annagrube in Pschow (1913–1915) – überwiegt der Rahmen die Öffnungen.

45 Und in der Fabrik Göritz in Chemnitz, die erst 1925/1926 gebaut wurde, kehrt er zum Bogenfenster zurück: zum Bogenfenster in einer betont rauhen, kräf-

46–48 tig wirkenden Werksteinmauer!

Ich habe die Sätze Poelzigs, die ich eben zitiert haben, in einer Zusammenstellung von Arbeiten und Schriften – von Poelzig und über Poelzig – wiedergefunden, die ich selbst im Jahre 1970 herausgegeben habe. Dort stehen sie gegenüber einem Bild, das zu ihnen paßt wie die Faust aufs Auge: einem Wasserturmprojekt für Hamburg von 1910 – also zeitgenössisch! –, in welchem der Meister in massiven Pfeilern und tief beschatteten, von Scharen von Halbkreisbögen über-

49 wölbter Nischen zwischen ihnen geradezu schwelgt. Selbstverständlich gibt es hier nichts als Poelzigs Halbkreisfenster. Dies, allerdings, ist schon nicht mehr *latenter* Expressionismus. Es ist ein Hymnus auf Masse und Kraft des aus Backstein Gebauten. Das Projekt muß ihm große Freude gemacht haben. Sagen wir es: Das Bekenntnis zur Leichtigkeit im „neuzeitlichen Fabrikbau", zum nicht für die Ewigkeit Gefügten (er sagt dort auch, daß ein Fabrikbau nicht länger zu stehen brauche als 50 Jahre), war bei Poelzig ein Lippenbekenntnis. Er liebte das Schwere, Massige, Starke; das Gebaute mehr als das Konstruierte. Und um noch einmal auf das Kontinuum der Geschichte zurückzukommen, welches er betonte: Er sagte, der neuzeitliche Konstrukteur, der Bauingenieur solle in Analogie mit dem Baumeister vergangener Zeiten arbeiten. Aber in seiner eigenen Arbeit war es wohl nicht nur „in Analogie": Er liebte es, die Geschichte in die Gegenwart hinein fortzusetzen, es war ihm wohl gegeben, gelegentlich zu vergessen, daß

er in dieser nüchternen, lichten, leichten Gegenwert arbeitete, in ihr und für sie. Und so hat er zuweilen heftige Anachronismen aus sich hervorgeschleudert. Er hat ihrer wohl bedurft. Und sie sind Teil seines Expressionismus. (Vgl. die Dokumentation am Ende des Kapitels)

Die Betrachtung einiger früherer Arbeiten bestätigt also nicht nur die Anschauungen der frühen Werkbundjahre, in deren Zeichen sie stehen, sie führt auch an Poelzigs latenten Expressionismus heran und schließlich an seinen aktuellen Expressionismus: an eine Leidenschaft für das Machtvolle, welche nach einem Ausdruck sucht. Es gibt unter den Arbeiten der Breslauer Jahre noch andere, die einen solchen „Auslaß" darstellen. Ich den-

50 ke an den Entwurf für ein Bismarck-Denkmal bei Bingerbrück am Rhein (1911). Denkmal ist eigentlich nicht die richtige Bezeichnung. Die Figur des „Eisernen Kanzlers" kommt in diesem Entwurf nur nebenbei vor, er ist der Entwurf eines Stadiums zu Bismarcks Gedächtnis. Das ist ein Gedanke „unserer Zeit", im Sinne des Werkbundes; aber die gewaltigen Substrukturen und nicht weniger mächtigen Türme dieses Stadiums gehören in den anderen Zusammenhang, den eruptiven, um ihn einmal so zu nennen. Natürlich sind in jenen frühen Jahren des Jahrhunderts auch Denkmale gebaut worden, das bekannteste war Bruno Schmitz' Völker-

51, 52 schlachtdenkmal bei Leipzig (1913). Es sind damals auch Bismarckdenkmäler und Entwürfe zu Denkmälern entstanden, etwa der Bismarckturm von Wilhelm Kreis (1903). Das ist, was der Berliner einen „falschen Fuffziger" nennt, will sagen, Kraftmeierei verbunden mit innerer Unsicherheit; oder Tessenows Entwurf für

53 den gleichen Bismarckturm, bemerkenswert in seiner Schlichtheit. Das Denkmal von Kreis ist gewollt, das von Tessenow ist gekonnt; Poelzigs Denkmal hat Notwendigkeit. Es ist, als habe Poelzig gefühlt, daß die Werkbundlehre vom neuen Anstand in der Architektur ja sehr gut und schön sei; er hat sie auch ernst genom-

44 Hans Poelzig, Gaswerk in Dresden-Reick, 1916

45 Hans Poelzig, ‚Annagrube‘ in Pschow, Schlesien, 1913–1915

46 Hans Poelzig, Fabrik Göritz in Chemnitz, 1925–1927

47 Hans Poelzig, Fabrik Göritz in Chemnitz, Detail, Skizze

48 Hans Poelzig,
Fabrik Göritz in
Chemnitz,
Fassadenausschnitt

49 Hans Poelzig, Wasserturm für Hamburg, Projekt, 1910

50 Hans Poelzig, Bismarckdenkmal in Bingerbrück am Rhein, Wettbewerbsentwurf 1911, erste Fassung, Modell

51 Bruno Schmitz, Völkerschlachtdenkmal in Leipzig, 1913, Ansicht

52 Bruno Schmitz, Völkerschlachtdenkmal, Detail

53 Heinrich Tessenow, Bismarckturm, 1903, Skizze

men und hat sich in ihrem Sinne bemüht; aber das genügte ihm nicht, er brauchte anderes; und er hat sich
schon früh ein Ventil in seiner Malerei geschaffen.

Viele dieser Bilder sind noch vorhanden, meistens in
der Hand seiner überlebenden Kinder und Enkel. Ich
hatte kürzlich Gelegenheit, bei seiner Tochter Ruth in
Mainz ein Bild aus dem Jahre 1912 zu sehen: Christus
54 am Kreuz zwischen den beiden „Schächern". Das ist ein
starkes Bild, und man mag es getrost expressionistisch
nennen. Es ist nicht „Architektenmalerei", wie die
Landschaft- und Städtebilder, die wohl jeder Architekt
damals gemalt hat. Man muß Poelzigs Malerei ernst
nehmen, auf jeden Fall als eine Emanation seiner künstlerischen Persönlichkeit. Es hat unter diesen Bildern ab-
strakte gegeben, meistens aber waren sie figürlich – und
dramatisch. Er bevorzugte große Formate. Was nun
den Stil dieser Bilder angeht, so hat sich der von den
frühen bis in die letzten Jahre nicht eigentlich geändert.
In den allerletzten Bildern erscheinen schwarze „Fetzen", welche der Freund Theodor Heuss als Zeichen
einer überhandnehmenden Verzweiflung deutet. Er
mag recht haben. Aber auch sie haben den Stil, den
Ductus der Bilder nicht geändert (vgl. Dokumentation
am Ende des Kapitels). Wir sehen uns also einer bemerkenswerten Tatsache gegenüber: Poelzig hat nebeneinander drei Tätigkeiten ausgeübt, und zwar mit dem
gleichen Ernst. Sagen wir übrigens: *mindestens* drei Tätigkeiten; denn er hat auch in Porzellan gearbeitet (gemeinsam mit seiner zweiten Frau, der Bildhauerin Marlene Moeschke), und er hat auch Bühnen- und
178–180 Film-Sets entworfen. Lassen wir diese beiden schöpfe-
184–188 rischen Experimente (zunächst einmal) beiseite: Sie gehören einem bestimmten Lebensabschnitt an; so bleiben die drei Tätigkeiten: lehren, malen, bauen. Und
man kann wohl sagen, daß seine Art zu lehren sich
nicht verändert hat und seine Art zu malen auch nicht.
Das Lehren war sozusagen die Fortführung der klaren
„down to earth"-Werkbundlehre bis in die Spätzeit; das
Malen war der permanente „Auslaß" eines Künstlers,

der mehr brauchte, als die Architektur ihm geben
konnte, sein permanenter Expressionismus. Die Architektur stand sozusagen zwischen beiden. *Sie* war dem
Wandel unterworfen – und der Auseinandersetzung.

Eines haben wir bei dieser kurzen Begegnung mit einigen Arbeiten der Frühzeit gesehen: Poelzigs Werk wurde sofort angenommen, ja bewundert. Dafür gibt es
mehrere Gründe. Einmal war man in diesen Jahren vor
dem Ersten Weltkrieg allem Neuen zugänglich, es wurde alles begrüßt, was irgendwie aus der Sackgasse des
Historismus herausführen konnte, der Überschätzung
des Ornaments und der Stile, dem Mangel an Instinkt
für das, worauf es in der Architektur wirklich ankam.
Charles Edouard Jeanneret (später Le Corbusier) hielt
sich 1910 in Deutschland auf, reiste herum, hat eine
Zeitlang bei Peter Behrens gearbeitet (wo er Gropius,
Mies und Hannes Meyer begegnet ist) und schrieb für
seine Kunstschule in La Chaux de Fonds einen glühenden Bericht über die neue deutsche Architektur.[14] Und
wenn man daran denkt, daß die Menschen des gebildeten Bürgertums in Deutschland damals nicht nur Messels Warenhäuser bewunderten, Behrens' Fabrikbauten
und Muthesius' Landhäuser, sondern auch eine so ungewohnte Architektur wie das Fagus-Werk des jungen
Walter Gropius und das Glashaus von Bruno Taut, so
braucht man sich nicht zu wundern, daß das Klima allem günstig war, was von Künstlerhand geprägt war,
selbständig und gewagt: dem, was nicht zu einer der
„Schulen" gehörte, auch nicht zu einer der *neuen* Schulen. Es gab ja damals eine moderne Architektur – oder
vielleicht mehrere. Man hat Messels Warenhäuser mehr, 73
als ihm lieb sein konnte, nachgeahmt. Ich kannte einen
Warenhausarchitekten jener Zeit, der sagte: „Ich messe-
le halt", wenn man ihn nach seinen Warenhäusern fragte. Muthesius' Häuser wurden in allen Vororten nachgeahmt. Sogar Behrens' AEG-Fabriken machten
Schule: eine mehr oder weniger klassizistische, großflä-
chige Backsteinarchitektur. Aber niemand hat versucht,

54 Hans Poelzig, Christus am Kreuz zwischen den Schächern, 1912

Luban nachzuahmen oder den Posener Turm. Man merkte, daß sie sich nicht dazu eigneten, eine Mode zu werden – oder auch ein Stil. Dazu waren Poelzigs Arbeiten voneinander zu verschieden. Um 1912 wußte man mehr oder weniger, was man von Behrens erwarten durfte, sogar, was von Theodor Fischer. Aber jede neue Arbeit von Poelzig war eine neue Emanation einer eigenartigen Künstlerpersönlichkeit; und da nennen wir den dritten Grund, warum Poelzigs Arbeit bewundert wurde: das Wort „Persönlichkeit". Zu seiner Persönlichkeit aber gehört auch dies: daß er selbst niemals daran gezweifelt hat, daß er Poelzig war, daß es ihm selbstverständlich war, daß seine Arbeiten „ankamen". Er besaß ein Bewußtsein der Überlegenheit, welches ansteckend wirkte: auch wer ihn traf, wußte, daß dies Poelzig war.

Ich möchte an den Dialog zwischen Lear und Kent im „King Lear" erinnern: Kent, der verkleidete Herzog, fragt den König, ob er ihm dienen dürfe:

Lear: Dost thou know me, fellow?

Kent: No, sir; but you have that in your countenance which I would fain call master.

Lear: What's that?

Kent: Authority.

Poelzig besaß Autorität: das, in der Tat, was wir „would fain call master". Wenn alte Schüler von ihm sprechen, nennen sie ihn den Meister bis zum heutigen Tage. Was war das für ein Mann?

Ich kann ihn nur aus der Froschperspektive beschreiben, denn das *war* meine Perspektive, die Schülerperspektive. Sie sagte uns, den Schülern, bei jeder Begegnung, daß wir einem großen Manne begegneten. Ich möchte den Unterschied betonen zwischen einem großen Manne und einem berühmten. Mir ist im Leben eine Anzahl berühmter Architekten begegnet, auch Behrens, auch Le Corbusier. Die großen Männer unter ihnen sind selten. Das macht jede Schilderung Poelzigs, wenn *wir* sie versuchen, so schwer: Die Eigenschaft, die

man Größe nennt, läßt sich nicht mitteilen. Was sich von Poelzigs Person aus normaler Perspektive vermitteln läßt, findet man in der meisterhaften Studie seines lebenslangen Freundes Theodor Heuss; sie wurde in dieses Buch aufgenommen (vgl. Dokumentation am Ende des Kapitels). Kehren wir zur Froschperspektive zurück:

Betrat man Poelzigs Studio in der Technischen Hochschule in Charlottenburg an einem Donnerstag oder Freitag, so sah man einen Halbkreis von Studenten, um eine Säule blauen Zigarrenrauches gedrängt, und von dort hörte man jemanden sprechen: klar, entschieden, didaktisch, temperamentvoll, witzig. Poelzig gab Kritik. Die Arbeiten der Studenten hingen an der Wand. Jeder erklärte die eigene Arbeit, wurde von dem kritisiert, dessen Arbeit daneben hing, die Diskussion wurde allgemein, und der Meister faßte sie zusammen und schloß sie ab, trug dann seinen Schemel vor die nächste Arbeit. Nun konnte man ihn sehen: Poelzig war ein schwerer Mann: nicht dick, schwer. An seinem Kopf war das Auffälligste eine Stirn, die steil aufstieg und ein Kopf, der nach hinten abfiel: da entstand auf dem Kopf beinahe eine Delle. Aber der Hinterkopf trat wieder vor. Man nennt das einen Turmschädel. Poelzig besaß den ausgeprägtesten Turmschädel, der mir jemals begegnet ist. Er bedeckte ihn mit in die Stirn gekämmten Haaren, der „Poelzig-Tolle", welche einige von uns sich (natürlich) ebenfalls wachsen ließen, obwohl sie keine Turmstirn zu bedecken hatten. Seine Gesichtszüge waren groß, nichts Kleines oder Schwaches war in seinem Gesicht. Man weiß, daß er ein Mann von Leidenschaft gewesen ist, seine Liebe zu der Bildhauerin Marlene Moeschke, die seine zweite Frau wurde, hat ihn während der Dresdner Jahre an den Rand der Verzweiflung geführt. Denn er hat seine erste Frau geliebt, und er war ein bürgerlicher Mensch, der sich über die Institution der Ehe nicht leichten Herzens hinwegsetzte. Dergleichen wußten wir nicht, merkten wir ihm auch nicht an. Was ihm geholfen hat, sein Innerstes zu verbergen, war sein Hang zur Schauspielerei. Heuss sagt: „Er spielte auch den Poelzig. Die Rolle lag ihm gut.“[15] Als Lehrer hat er wohl die ganze Zeit „den Poelzig gespielt“. Ein gewisses Maß an Schauspielerei gehört zum guten Lehrer. Auguste Perret hat „den Perret gespielt“ – et comment! Ich könnte andere nennen. Poelzigs Schauspielertum war sehr ausgeprägt, er hat es bewußt eingesetzt, um bestimmte Wirkungen zu erzielen. So kam es vor, daß er eine Arbeit beim „crit“ lobte, um sie dann, wenn er sie mit dem Studenten allein besprach, ganz hart zu beurteilen. Mit dem Lob wollte er dem Schüler sagen, daß er wohl eine gewisse Gabe für den Beruf mitbringe, der Tadel sollte ihm zeigen, daß er noch alles zu lernen habe. Blieb der Tadel aus, so war das ein starkes Zeichen der Anerkennung. Einer seiner erfolgreichsten Schüler, Egon Eiermann, erzählt, wie der Meister sich einmal neben seinen Platz gestellt habe und ihm zehn Minuten lang beim Zeichnen zusah. Im Weggehen sagte er nur: „Mach man so weiter, mein Junge!“ „Da wußte ich“, erzählt Eiermann, „daß ich ein Architekt bin.“

Kehren wir nun zum „crit“ zurück. Poelzig veranstaltete in der Klasse kurze Wettbewerbe. Zeigte eine Arbeit Möglichkeiten, so durfte der Student sie zu einem Studienentwurf entwickeln, war sie flau, so ging der Student an den nächsten Wettbewerb. Beim Studienentwurf war das Erste ein Tonmodell: damit der Student *sehen* konnte, was er gemacht hatte. Nicht selten brach der Entwurf schon in diesem Stadium zusammen, mit dem Rat des Meisters: „Geh zwei Tage spazieren und fange dann ganz neu an!“ Sehr oft hatten die Kurzentwürfe ein Thema, mit dem er selbst sich gerade beschäftigte, denn, sagte Poelzig, „wenn ich mich nicht selbst damit gequält hätte, wüßte ich gar nicht, wie schwer das ist“.

Es kam vor, daß eine Lösung ihn überzeugte. Dann sagte er: „Das nehme ich mir.“

Und er nahm es. Wenn man zwei Tage lang an einem solchen „crit“ teilgenommen hatte, wußte man am Ende etwas über die Gebäude, von denen das im Wettbewerb behandelte eines war. Natürlich gab die Diskussion Poelzig Gelegenheit, über Gott und die Welt zu sprechen. Über die Tugenden des Plagiats, zum Beispiel: Mozart habe „gestohlen“, Händel habe mit beiden Händen „gestohlen“. „Und tue ich es denn nicht?“ Vielleicht kommentierte er dann Lethabys kluges Wort: „Was Du abzeichnest, das stiehlst Du. Woran Du Dich erinnerst, das ist Dein.“

Kein Wunder, daß Poelzig ein Lehrer von Lehrern war: Rudolf Schwarz, Egon Eiermann, Konrad Wachsmann, Walter Segal sind seine Schüler gewesen, um nur ganz wenige zu nennen. Der Exodus aus Deutschland nach 1933 hat dann seinen Einfluß bis nach Mexico City und Kuala Lumpur verbreitet. Daß ich Lehrer geworden bin, danke ich einem Trick: Als man mich im Interview fragte, wie ich mir denn das Lehren vorstelle, erzählte ich, wie Poelzig das gemacht hat – freilich, ohne ihn zu nennen (vgl. Dokumentation am Ende des Kapitels).

Wir haben schon gesehen, daß es keine ‚Schule Poelzig‘ gab. Er versuchte, jeden Schüler zu sich selbst zu führen, mag dieses „selbst“ ihm auch fremd gewesen sein. Und er wollte, daß man an jede neue Arbeit so heranging, als habe man niemals vorher etwas entworfen. Er war ein Feind der Routine, des Ein-Für-Allemal-Gelernten. Ich möchte hier eine Geschichte erzählen, die aus seiner Breslauer Zeit stammt: Einer hatte eine Mappe mit wunderbar gezeichneten Perspektiven ins Studio gebracht. Poelzig sah jedes Blatt aufmerksam an, schob sie dann in die Mappe zurück, hob die Mappe auf und bewegte sie dreimal herauf und herunter; dann sagte er: „Warum machste denn det? Det kannste doch!“

Er selbst hat so gearbeitet, daß er einer jeden neuen Arbeit neu entgegentrat. Auch darum sind seine Arbeiten so verschieden. Theodor Heuss spricht von seiner „Proteusnatur“: „Hans Poelzig war eine Proteusnatur und spielte gelegentlich den Proteus. Das mußte das

Bild seines Künstlertums für den flüchtigen Betrachter verwirren."[16]

Wir werden aber im Laufe dieser Studie Gemeinsamkeiten in seinen Arbeiten finden, vielmehr in seiner Art zu arbeiten: Gemeinsamkeiten über die Stilwandlungen hinweg, von denen ich gesprochen habe. Hören wir noch einmal Heuss:

„Wer seine Entwürfe durchsieht, und fast alles von den großen Planungen ist Entwurf geblieben, der spürt, wie durch die Jahrzehnte ein paar große Motive, weil sie nicht zum Bau kamen, wiederkehren, in ganz anderer Umgebung. Sie wachten in ihm, bedrängten sein Unterbewußtsein, bestimmten seinen Rhythmus. So lebt in ihm ein Gesetz, eine Form, die sich Gestalt erzwang, nicht im graphischen Spiel, sondern in der Bindung an die begrenzte Aufgabe. Diese allein machte ihn fruchtbar."[17]

Dabei scheint mir das innere Gesetz, der „Rhythmus" noch wichtiger zu sein als die wiederkehrenden „großen Motive". An seinem „Rhythmus" erkennt man ihn: einen Proteus, der in jeder Verwandlung Poelzig bleibt.

Wir sagen, er sei an jede Aufgabe neu herangegangen. Er hat, auf jeden Fall in der Berliner Zeit, vorarbeiten lassen, nicht selten ziemlich weit: bis zu dem Punkt, an dem er sich der Sache bemächtigte, sie zu seiner ei-

genen machte. Ein Mitarbeiter, Dolly Drexler, hat erzählt, wie er den Entwurf für das Gebäude der IG-Farben in Frankfurt im Prinzip entwickelt habe: die Verkehrsachse, von welcher nach beiden Seiten die Büroflügel ausgingen. Poelzig übernahm das – und krümmte die Verkehrsachse. Jetzt „bemächtigte" sich das Gebäude des Geländes, auf dem es stehen sollte, jetzt entstand die großartige Gruppe, die wir kennen.[18]

17

290–302

Enge Zusammenarbeit hat es schon in Breslau gegeben: Man denke an die Lehrwerkstätten. Auch in Berlin gab es zwischen Schule und Büro keine scharfe Trennung. Ich glaube, er hat keine Mitarbeiter gehabt, die nicht aus der Schule kamen: Mit-Lehrende, wie der Begleiter seines Gesamtwerkes, Erich Zimmermann, und Schüler. Die meisten waren Schüler. Es gab drei Stufen: die große Klasse in der Technischen Hochschule, die kleinere Meisterklasse in der Akademie, einer reinen Kunstschule, endlich das Büro. Lehre und Werk hängen bei Poelzig zusammen – von Anfang an. Er hat sich selbst ebenso gern einen Lehrer genannt wie einen Künstler.

Wir haben bisher nur wenige Arbeiten genauer angesehen. Betrachten wir nun diejenigen Arbeiten seiner Breslauer Zeit, die uns besonders aufschlußreich erscheinen.

Dokument 5
Heinrich Lauterbach, Hans Poelzig (1951)

Zu dem Thema ‚Poelzig als Lehrer‘ könnte man viele Zeugen zitieren. Es würde sich darum nicht lohnen, weil wir alle das Gleiche zu sagen haben. Der Gewinn wäre diese oder jene Anekdote, die man noch nicht kennt. Ich begnüge mich damit, einen Schüler kurz zu zitieren, Heinrich Lauterbach, der in Breslau bereits sein Schüler gewesen ist. Lauterbach hat auch die Geschichte erzählt, wie Poelzig sich unter die Leute mischte, die auf das von Poelzig entworfene Mietshaus schimpften, das seinem, Lauterbachs Vater gehörte – um mitzuschimpfen. Lauterbach schreibt:

Er stellte Aufgaben, die in einem bestimmten Material zu entwerfen waren. Nach Darlegung der Bedingungen machte jeder Schüler in der Klasse seinen Entwurf; nach zwei bis drei Stunden wurden die Arbeiten im Aktsaal an die Tafeln geheftet. Dann ließ er die Studenten sich gegenseitig kritisieren; lenkte aber durch Zwischenfragen oder Hinweise immer straff das Gespräch. Zuweilen ließ er auch die Schüler ihre Ansichten gegeneinander austragen: zum Beispiel bei der Aufgabe, ein Zimmer als Musikzimmer einzurichten, bestimmte er einen Schüler als den Architekten, eine Schülerin (die sich hervorragend dafür eignete) als auftraggebende Frau Kommerzienrat, einen Dritten als deren Mann. Und dann hetzte er die Frau Kommerzienrat mit tausend Wünschen und Wenn und Aber's auf den armen Architekten. Das gab ein höchst erheiterndes Spiel, bei dem man alles lernte, was bei der Aufgabe zu lernen war. Obgleich fakultativ, wurde der Unterricht von allen besucht. Hans Leistikow schrieb darüber: „Das Schönste war der Unterricht, den Poelzig der ganzen Schule gab [. . .] Diese Sonnabende waren eigentlich die einzige Zeit, in der ich wirklich arbeitete und lernte, weil ich glaubte, was Poelzig vortrug." – Diese Art des Unterrichts setzte Poelzig auch später in Dresden und in Charlottenburg fort. Von den zahlreichen Erinnerungen daran seien einige berichtet: Poelzig sah immer auf das ehrliche Bemühen; routinierte Glätte konnte er nicht vertragen. Als einmal ein Student eine Reihe ‚schmissig‘ gezeichneter Blätter für Bühnenbilder vorlegte, sah sie Poelzig sorgfältig durch, legte sie dann wieder zusammen, wog sie eine Weile schweigend in der Hand und sagte dann: „Warum machste denn det? Det kannste doch." – Ihm war es wichtiger, daß sich der junge Mensch mit den Problemen seiner Aufgabe abmühte, und wenn noch so Unbeholfenes herauskam, als wenn er sich eitel in seiner Routine sonnte. – „Auf Phrasen reagierte er empfindlich. Als eine Fassade einmal damit begründet wurde, daß sie nach des Verfassers Meinung ‚der deutschen Seele‘ entspreche, verbat er sich dieses Gerede. Die deutsche Seele habe nichts mit Fassaden zu schaffen. Sie sitze tief innen und verstehe sich von selbst" (J. Matthäei) – „er lehrte uns, jeder Aufgabe so zu begegnen, als sei es die erste und sei niemals zuvor etwas gelungen . . ." (Rudolf Schwarz) – Als ein Student Unstimmigkeiten an seinem Entwurf damit zu entschuldigen versuchte, daß sie ja nur die

Hinterfront beträfen, die niemand sähe – fuhr ihn Poelzig heftig an? „Für wen bauen Sie eigentlich? – Wir bauen für den lieben Gott! und der sieht alles."

Heinrich Lauterbach, Hans Poelzig. Rede zur Eröffnung der Gedächtnisausstellung in Kassel am 24. Oktober 1951, Sonderdruck aus der Vierteljahresschrift ‚Schlesien‘, Jg. 1963/1964, S. 205–212, Regensburg, abgedruckt in: Julius Posener, Hans Poelzig. Gesammelte Schriften und Werke, Berlin 1970.

Dokument 6
Hans Poelzig, Der neuzeitliche Fabrikbau (1911)

In dem Aufsatz von 1911, Der neuzeitliche Fabrikbau, behandelt Poelzig ein Thema, welches aus seinen Überlegungen nicht wieder verschwinden wird: die Beziehung des Architekten, des Künstlers, zum technischen Fortschritt. Was er hier sagt, ist seinen späteren Äußerungen zu diesem Thema entgegengesetzt: Er steht auf dem Boden des Fortschritts. Er sagt: „. . . um so mehr wird der Phantasievolle, von kleinlichen Rücksichten befreit, gerade den großen Nutzbauten den stärksten und eigenartigsten Ausdruck unserer Zeit zu geben vermögen." Er geht weiter: Er traut dem Ingenieur zu, die gültige Form für seine neuen Konstruktionen selbst zu finden, wenngleich er es einstweilen für notwendig hält, ihm den Architekten zur Seite zu stellen: Der Ingenieur sei falsch erzogen.
In diesem Aufsatz spricht Poelzig als Werkbundmann. Das wird sich im Kriege ändern. Von nun an wird er vom Ingenieur als von einem sprechen, der seine Lösungen „errechne", was, wie er in Breslau gewußt hat, nicht der Fall ist: Man kann eine Form gar nicht errechnen.
Daß Poelzig sich in seiner Arbeit wenig nach Äußerungen richtet, wie er sie in diesem Aufsatz gemacht hat, wissen wir. Es wird – wir sprechen im Text davon – illustriert durch die Figur eines Wasserturms für Hamburg, welche in meinem Buche von 1970 dem Teil des Aufsatzes gegenüber abgebildet ist, in dem Poelzig besonders stark die Leichtigkeit, die Offenheit, sogar die Vergänglichkeit der Industriebauten hervorhebt: Der Hamburger Wasserturm ist gebaut, er soll die Schwere verherrlichen und den tragenden Bogen, der sich der Schwere entgegenstellt.

Der Fabrikbau entspringt in allen seinen Grundbedingungen unserer Zeit. Selbst die größten Betriebe der alten Zeit sind im wesentlichen handwerklich, es fehlt ihnen die Vorbedingung für den heutigen Fabrikbetrieb: die Maschine.
Jeder Fabrikbau hat sich zunächst den Anforderungen des Ingenieurs und Kaufmanns unterzuordnen, und nur der Bau wird gut sein, der in klarster und knappster Weise sich den Forderungen des Betriebes fügt.
Es fragt sich nur, ob man bei einem solchen Bau überhaupt von Architektur reden kann oder vielmehr reden muß. Man muß meiner

Dokumentation

Meinung nach bei ihm hauptsächlich deshalb von Architektur reden, um vor allem das auszuschalten zu suchen, das bisher bei Bauten jener Art zumeist unter Architektur verstanden wurde.

Das Bild, das die bisher entstandenen Fabrikbauten zeigen, hat sich im Laufe der Jahre verschiedenen Einflüssen zufolge gewandelt. Ältere Bauten einer knapperen Zeit zeigen sich meist nüchtern mit rotem Backstein oder weißem Putz und flachen Dächern, sie stehen hart und kalt in der sie umgebenden Natur. Unbedingt sind sie nicht schön, aber sie sind in ihrer Art ehrlich und schließlich auf dem rechten Wege, auf dem bei weiterer Entwicklung Vollkommeneres entstehen konnte.

Die Bauten einer späteren Epoche zeigen ein anderes Bild. Wenn die älteren kahl und nackt waren, so sind sie zum Teil aufdringlich.

Es war das Bedürfnis nach verschönernder Architektur gekommen und von meist künstlerisch ungebildeten Menschen befriedigt worden. Hier sind die Backsteinfronten durchbrochen von grellweißen Putzflächen, Bändern und Mustern; Bauornamente aller Art, in Terrakotta oder Haustein, zieren Giebel und Wände. Vor den auch hier zumeist flachen Dächern ragen vereinzelte steile Giebel, die durch verzierte Anker gehalten werden.

Die Afterkunst hatte ihren Einzug gehalten und war mit dem Ingenieurwerk eine Verbindung eingegangen, die ihm die selbstverständliche Haltung raubte. Auch auf diesem Gebiet hatte ein kunstgewerbliches Verfahren, das im bloßen Verzieren eine künstlerische Leistung erblickte, schädlich gewirkt.

Und schon stehen wir zum Teil wieder bei einem gutgemeinten, aber ebenso falschen Vorgehen, bisherige Fehler zu vermeiden. Um den Fabrikbau der Landschaft anzupassen, sucht man seine harten Züge zu bemänteln und ihnen einen Ausdruck zu geben, der einer vergangenen Epoche angehört, die andere Konstruktionen und unvollkommenere Arbeitsarten kannte.

Das sonst vielleicht nüchterne, kalte Aussehen wird hier leicht durch den gutgemeinten Kompromiß jeden Charakters beraubt. So unmöglich es schon ist, einem konsequent, sich unserem heutigen Bedürfnis anschmiegenden Wohnhause, das gleichmäßige Antlitz des vormärzlichen Bürgerhauses zu geben, um so mehr ist es ausgeschlossen, den Fabrikbau von heute im Gewand der alten guten Zeit auftreten zu lassen, um ihn in dörfliche oder kleinstädtische Physiognomie einzupassen. Die Prophylaxis muß hier von anderer Seite ausgeübt werden. Es ist die Pflicht des Städtebauers und vielleicht gerade der Heimatschutzvereine, den Fabrikanlagen den rechten Platz anzuweisen und darauf zu achten, daß nicht durch ungeschickt gestellte Anlagen von riesenhafter Ausdehnung eine kleinstädtische oder dörfliche Einheit gröblich verletzt wird.

Der Fabrikbau dient lediglich wirtschaftlich technischen Zwecken und bedarf zur einwandfreien Lösung der uneingeschränkten Anwendung von Ingenieurkonstruktionen, und man kann und darf den Ingenieurbaumeister nicht verhindern wollen, sein Werk in den äußersten Konsequenzen und ohne jeden Verzicht auf die erweiterten konstruktiven Möglichkeiten durchzubilden. Ist sein Werk echt, le-

diglich den Grundbedingungen zufolge, errichtet, so wird es überzeugend wirken und der Umgebung sogar in gutem Sinne seinen Stempel aufdrücken können.

Ich glaube freilich, daß bis auf weiteres der Fabrikingenieur die Mitarbeit eines Architekten oder Künstlers brauchen kann. Der Ingenieur ist meist nicht befähigt und geschult, seine aus technisch praktischen Erwägungen entstandenen Pläne zu einer schönen Gestaltung zu verklären.

Wir müssen uns aber klar sein, daß hier ein Manko in der Erziehung des Ingenieurs vorliegt. Man darf die gemeinsame Arbeit eines sogenannten Künstlers und eines sogenannten Ingenieurs nicht für alle Zeit stabilisieren wollen, wenn man wohl auch später aus Gründen der Arbeitsteilung sehr oft ein derartiges Zusammenarbeiten vorziehen wird. Man wird aber vielleicht wohl versuchen müssen, den Ingenieur von der unbedingt notwendigen Mitarbeit des Künstlers allmählich zu emanzipieren und ihn auf eigene Füße stellen müssen.

Der Architekt aber, der zur ästhetischen Durcharbeitung eines Fabrikbaues oder Ingenieurbaues überhaupt herangezogen wird, oder ihn mit oder ohne Hilfe von Spezialingenieuren selbst gestalten soll, muß sein größtes Verdienst im Verzicht auf alle Zufälligkeiten, auf alle dekorativen Bizarrerien erblicken.

Und wenn seine Arbeit wirklich gelingen soll, muß er aus dem vollen schaffen können, d. h. er darf nicht warten, bis ihm der Spezialingenieur das Gericht hinsetzt, um dieses durch würzige Zusätze schmackhaft zu machen; er muß von vornherein mitarbeiten und muß die inneren Gesetze, die konstruktiven Vorbedingungen verstehen lernen.

Aus einer dilettierenden Mitarbeit des Künstlers bei einem Ingenieurwerk kann nichts herauskommen. Schon jetzt denken wir mit wenig Freude an die Anfügungen von Steinpergolen und Warttürmen an schlanke eiserne Brücken, die noch in einer allzu nahen Zeit für künstlerische Leistungen angesehen wurden. Der Architekt umgeht auch nur zu gern des Versenken in die Gesetze der Aufgabe selbst, aus denen die Gesetze für den Charakter und die eigene Schönheit der baulichen Anlage entwickelt werden müssen. Er versucht sich an einer Formgebung, die seine ornamentale Auffassung vom Wesen der Aufgabe bekunden soll und verbleibt lediglich äußerlich ,dekorativ', und daher kommt das verlegene Tasten bei fast allen architektonischen Aufgaben, die nicht eine unmittelbare Beziehung zu Aufgaben der Vergangenheit haben.

Auch mit der Absicht, dem Ingenieurbauwerk einen persönlich manirierten Stempel aufzudrücken, wird der Künstler die Aufgaben der neuen Zeit nicht meistern. Er muß sich hinter das Werk stellen und den Ingenieur in der konsequenten Durchdenkung der Grundprinzipien sogar zu übertreffen versuchen.

Bei einer wirklichen Versenkung wird ihm das gar nicht so schwer werden, da der Ingenieur leicht an Einzelheiten haften bleibt und den Blick für die Einheit des Ganzen verliert, den ein künstlerisch begabter Architekt mit technischer Intelligenz für diese Aufgaben aufbringen wird.

Der Künstler sollte sich gerade freuen, Aufgaben zu besitzen, die fast voraussetzungslos sind und in denen die neue Zeit nach ihren eigenen Gesetzen eigene Formen entwickelt und sollte sich nicht scheuen, den steinigen Weg des Versenkens in die mathematischen Grundbedingungen des heutigen und zukünftigen Bauwesens zu betreten. Ich sage zumindest des gesamten zukünftigen Bauwesens – es gibt keine anderen Grundbedingungen – alle anderen sind gewaltsam hereingetragen und werden nichts als Zwitterbildungen produzieren, die so unreif wirken, wie die ersten Versuche der Dekorierung von Maschinen.

Auch wir können bei den großen Ingenieuraufgaben unserer Zeit nichts anfangen mit dem dekorativen Übertragen überlieferter erstarrter Proportionen und Gliederungen, die anderen konstruktiven und künstlerischen Grundprinzipien entsprungen, wohl für die Erziehung der künstlerischen Sinne gewaltige Vorzüge behalten, aber von der selbstverständlichen und eigenen Lösung leicht ablenken.

Es ist aber sehr wohl möglich, einen Vergleich zu ziehen zwischen unserer Zeit und der Epoche der jungen Gotik, die mit unbeirrter Frische den Weg neuer, erweiterter Konstruktionsmöglichkeiten ging, um an ihnen allmählich auch die symbolische Sprache des Baustils zu entwickeln. Der französische Stil des 18. Jahrhunderts wich keinem Problem und löste die schlichtesten Nutzaufgaben aus ihren Grundbedingungen so, daß die Krahne, Mauern und Tore jener Zeit den Eindruck des Naturgewordenen machen.

Auf diesem Wege liegt der Stil der Zukunft: im Verzicht auf die schematische Anwendung überlieferter symbolischer Formen und in der Ausbildung von mannigfachen typischen Erscheinungen, die ihre Form gerade der konsequenten Durchbildung der erweiterten Konstruktionsmöglichkeiten verdanken.

Zum Teil liegt die formale Unvollkommenheit der Nutzbauten unserer Zeit noch an der relativen Unvollkommenheit der Konstruktion, die den wirtschaftlichen Ansprüchen und Anforderungen zunächst nicht zu folgen vermochte. Durch die Entwicklung neuer Konstruktionsweisen – wie z. B. des Betonbaus – wird die Freiheit des Schaffenden größer, die Möglichkeit zu Gestaltungen immer gewaltiger.

Viele jetzt noch bestehende Mißstände der Fabriken – Rauch, Rußentstehung, üble Gerüche – werden durch die Vervollkommnung der Technik vermieden werden können.

Schon jetzt wird durch die Möglichkeit der elektrischen Fernübertragungen die Freiheit in der Verteilung und der Organisation der Arbeitsgruppen und dadurch der baulichen Gesamtanlage immer vollkommener, und die Fabrikanlagen werden, umringt von Wohlfahrtshäusern und Arbeiterwohnstätten, sich immer harmonischer jeder Umgebung einpassen können. Unsere Zeit findet in den großen wirtschaftlichen Nutzbauten den vollkommensten Ausdruck, sie sind die eigentlichen Monumentalaufgaben der heutigen Architektur.

Ohne das eingehende Studium der Vergangenheit, ohne Versenkung in die tektonischen Grundbedingungen der alten Architektur, wird man für die neuen Aufgaben nicht die volle Freiheit finden, ihnen nicht den treffendsten Ausdruck geben können. Aber bei den Nutzbauten fehlen alle berechtigten oder sentimentalen Rücksichten auf liebgewordene äußerliche Züge vergangener Epochen, die den gestaltenden Künstler vom geraden Wege des Ausdrucks abweichen lassen.

Keine geschmackliche Laune des Auftraggebers verwirrt den Künstler, und die allein bestimmenden Gesetze der Logik engen ihn nicht ein, sondern führen ihn so, daß er nutzlose Umwege meidet. Um so mehr wird der Phantasievolle, von allen kleinlichen Rücksichten befreit, gerade an den großen Nutzbauten den stärksten und eigenartigsten Ausdruck unserer Zeit zu geben vermögen.

Nie in vergangenen Zeiten verlangte man, wie manchmal in der Gegenwart, vom Künstler den Mangel an Logik und Verstand, erst die Neuzeit trennte – in gewissem Sinne der Not gehorchend – die zu ungeheurem Umfang aufgelaufenen Ingenieursarbeiten von den Arbeiten des Architekten, der dadurch leider in eine dekorative Rolle gedrängt wurde. Man verlangte von ihm Verschönerung einer ihm gegebenen Grundlage, nicht künstlerisches Durchdenken einer Anlage von vornherein.

Es ist natürlich, daß der Architekt, entwöhnt der Gedankenmitarbeit an den dem Ingenieur zustehenden Aufgaben, sich nur auf ein äußerliches Aufputzen der Bauten einließ, während der Ingenieur, wo man ihn allein ließ, vermeinte, aller Rücksichten auf Harmonie seiner Bauten entbunden zu sein. Die Schuld lag und liegt noch in den Verhältnissen, und beide Teile werden für die neueste Zeit sich wieder Mühe geben müssen, in gegenseitiger Ergänzung die Nutzbauten von beiden Seiten her – der wirtschaftlichen und der harmonischen – gemeinsam zu durchdenken.

Man pflegt heut dem Architekten die Hauptschuld zuzuweisen und wohl nicht ganz mit Unrecht.

Ein sehr bedeutender Architekturlehrer antwortete vor einigen Jahren auf die an ihn ergangene Anfrage eines Rundschreibens, wie man wohl den Ingenieurbauten die Schönheit wiedergeben können, lakonisch, man solle verhindern, daß ein Architekt mit herangezogen würde.

Der innere Grundgedanke seiner Antwort war der: man solle verhüten, daß auf das Bauwerk fremde Zutaten gepfropft würden, die mit der bis dahin logisch durchdachten Arbeit nicht organisch verwandt seien. Ihm erschien es besser, einen Bau trocken und selbst unschön bestehen zu lassen, als den Mißklang durch den vergeblichen Versuch eines äußerlichen Aufputzes noch zu verstärken.

Unsere großen Strombrücken zum Beispiel haben, wie ich vorhin schon erwähnte, unter der unlogischen Vergewaltigung durch rauhe Architektenhände am meisten gelitten.

Der Eisenbau strebt auf dem Wege der technischen Vervollkommnung einer immer größeren Auflösung der Massen entgegen, so daß die einzelnen Stäbe des Netzwerkes immer geringere Dimensionen zeigen. Die geschlossenen Baumassen, die die am meisten beanspruchten Teile eines Steinbauwerkes zeigen, existieren beim Eisenbau nicht, und sicher wird *die* Eisenbrücke beim unvoreingenommenen Beschauer den vollkommensten Eindruck hinterlassen, die in der Auflösung der einzelnen Bauteile, in der Unsichtbarmachung des Materials am weitesten geht, die in fast körperloser Grazie gewaltige Spannungen überwindet.

Die dicken Steinwarttürme unserer Rheinbrücken unterbrachen, ganz abgesehen von der wirtschaftlichen Unberechtigung ihres Daseins, gewaltsam den Schwung der Eisenbrücke, die Konstruktion, und verwirren den klaren Ausdruck, den der Eisenbau als eine Art Flecht- oder Netzwerk aus Stäben, die an sich einer künstlerisch ornamentalen Bearbeitung unzugänglich sind, behalten muß.

Der Künstler versucht heute nur zu sehr, sich dem technischen Fortschritt des Ingenieurs entgegenzustemmen und stellt vorgefaßte ästhetische Grundsätze auf, die der Entwicklung des Eisenbaues in konstruktiver Hinsicht zuwiderlaufen. Er ringt dem Ingenieur eiserne Massen ab durch Wiedereinführung gewaltiger Blechträger, um Flächen zu schaffen, deren er für den künstlerischen Ausdruck zu bedürfen glaubt oder pflanzt neben die Eisenträger noch große selbständig tragende steinerne Baukörper, die struktiv unberechtigt sind. [...]

Die Ästhetik des Eisenbaus liegt unbedingt, solange für die Verwendung des Eisens die heutigen oder aus diesen entwickelte Konstruktionsmethoden bestehen, in dem Ausdruck des netzartigen Fachwerks und in der immer geringeren Dimensionierung der einzelnen Teile der Konstruktion. Die technische Zukunft des Eisenbaues gipfelt eben, wie allenthalben im Ingenieurbau, in der Ersparung von Material, und da das Material im Gegensatz zu Stein und Holz einer handwerklich-künstlerischen Formgebung unzugänglich ist, wird der denkende Künstler dieser Entwicklung nicht zu widerstreben versuchen.

Was der Eisenbau verlangt, fordert der Ingenieurbau überhaupt, und der Fabrikbau ganz besonders. Die wirtschaftlichen Rücksichten bestimmen die Anlage, die Gesetze der heutigen Ingenieurbaukunst, die Konstruktion, und der Künstler kann nichts tun, als all den widerstrebenden Anforderungen einen gemeinsamen Ausdruck und Harmonie zu geben. [...]

Die wirtschaftlichen Bauten aus den großen Zeiten der Architektur sind typisch und wirken dadurch oft so überwältigend.

Die mächtigen Bogen der römischen Wasserleitungen in ihrem einsamen Rhythmus vergißt kein Beschauer, die Steinbrücken, Speicheranlagen, Kräne tragen zum künstlerischen Ausdruck unserer mittelalterlichen Städte gewaltig bei. [...]

Die Nutzbauten der gotischen Zeit z.B. zeigen deutlich, daß sehr oft Künstler an ihnen mitgewirkt haben. Leider führte die Zeit über ihre Künstler nicht Buch, selbst die Erbauer der Kathedralen sind uns zum Teil gar nicht, zum Teil ungenau überliefert. Aus späteren Epochen wissen wir einiges. Dürer soll die Mauertürme von Nürnberg gezeichnet haben und Leonardo da Vinci hat viel als Festungsbaumeister gearbeitet.

Alle die Nutzbauten jener Epochen sind, trotz der Mitwirkung von Künstlern, wie man vielleicht heut sagen müßte, zu typischen Vertretern ihrer Baugattung geworden.

Die Mauertürme sind keine Kirchtürme, die Wehrgänge keine Umgänge, wie sie in den Schiffen der Kathedralen zu finden sind. Kein Speicher schmückt sich mit dem Ausdruck eines Patrizierhauses, wirkt aber gerade deshalb um so gewaltiger.

Es liegt mir fern, den Vergleich unserer Fabrikanlagen mit den alten jetzt noch vorhandenen Nutzbauten zumal der mittelalterlichen Epoche engherzig durchführen zu wollen. Unsere technisch in rasendem Tempo vorwärtsstrebende Zeit schafft keine Anlagen für Jahrhunderte, wohl schon nach 50 Jahren weicht jeder Fabrikbau einem neuen.

Die Monumentalität des scheinbar für die Ewigkeit Gefügten werden unsere Fabriken nie zeigen können: ein jeder Bau kann nur das zum Ausdruck bringen, was seines innersten Wesens Kern ist. Wo bei den alten Nutzbauten fast fensterlose dicke Wände aufragen, brauchen wir eine Fülle von Licht für die Arbeit, selbst unsere Speicher verlangen viel mehr Helligkeit als die alten Kornböden. Auf das knappste beschränken wir die Stärken der Wände und Pfeiler – die tiefen Schatten der alten Tor- und Fensterleibungen vermögen den Bauten unserer Zeit nicht zum Ausdruck zu verhelfen.

Die Lasten werden zumeist auf Einzelpunkte geleitet, damit die Zwischenwandungen auf das Schwächste bemessen werden können. Um viele Bauten legt sich, nur wie eine Hülle zwischen eiserne geflochtene Bandstreifen gefügt, eine wenige Zentimenter dicke Backsteinwand, die, ohne selbst tragen zu können, an Pfeiler und Pfosten hängt. Schon des Extrem lehrt uns, wohin wir steuern müssen, und wie wir zum eigenen Ausdruck gelangen. Bei den alten Bauten überwiegt die Masse, und das Fenster unterbricht klein und tiefbeschattet die starke Wandung. Heute tritt die eigentliche Wandfläche oft hinter die Fensterfläche an Ausdehnung zurück, so daß ein Betonen des Fensters als Durchbruch die Wand zerreißen würde.

Wir müssen zumeist gerade danach streben, durch schwachen oder gänzlich unterdrückten Rücksprung des Fensters der Wand die Einheit zu belassen. Starke Gliederungen – wie sie der im Haustein aufgeführte alte Bau oft zeigt und wie sie an Festungsbauten und sonstigen Nutzbauten des Mittelalters zur Stütze für die vorgekragten Holzkonstruktionen der Laufgänge dienen, fallen bei unseren Bauten fort.

Das Material des Fabrikbaus ist bisher meist in erster Linie Backstein, der von selbst stark hervortretende Vorsprünge zumal auf äußeren dünnen Wänden nicht gestattet.

In den meisten Fällen wird das wirtschaftlich vorteilhafteste Dach, zumal für die Kurzlebigkeit der Fabrikbauten oft eine minderwertige Deckung genügt – das Flachdach sein – das Steildach des alten Speichers mit der Jahrhunderte überdauernden Holzziegeldeckung kann bei unseren Fabriken nicht wieder aufleben.

Meiden wir darum alle Halbheiten. [...]

Gestalten wir die Umrißlinien der Bauten so ruhig und klar wie möglich und gruppieren wir die möglichst wenig von der Baufläche zurückweichenden Fenster und Öffnungen in einer gut abgewogenen Verteilung, indem wir uns freilich ganz an die Forderungen des Betriebes in der Anlage aller Lichtzuführungen anschließen.

Die bei den meisten Fabrikanlagen von selbst erforderlichen Höhenunterschiede der Bauten, die Größe einzelner Bauteile, der Schornsteine, der Wasserbehälter, der für viele Betriebe erforderlichen turmartigen Anlagen genügen völlig, um dem Ganzen einen oft gewaltigen Rhythmus zu sichern.

Und wenn der Künstler sich in die Grundbedingungen des Baues einlebt, wenn er dem Konstrukteur nie in den Arm fällt, sondern mit ihm gemeinsam dem technischen und konstruktiv Vollendeten zustrebt, werden wir auch Fabrikbauten schaffen können, die den künstlerischen Ausdruck unserer Zeit in bestem Sinne darstellen.

Hans Poelzig, Der neuzeitliche Fabrikbau, in: Der Industriebau, 2. Jg. 1911, Leipzig, Heft 5, S. 100–106, abgedruckt in: Julius Posener, Hans Poelzig. Gesammelte Schriften und Werke, Berlin 1970, S. 38–42

Dokument 7
Theodor Heuss, Hans Poelzig, Bauten und Entwürfe (1939)

Theodor Heuss hat über Poelzigs Malerei und darüber, was sie in seinem Leben und Schaffen bedeutet, aufschlußreiche Bemerkungen gemacht. Sie gehen zwar aus von Dingen, die Poelzig selbst darüber zu einer etwas späteren Zeit gesagt hat, im Oktober 1918, als das Ende des Krieges nahte; aber sie gelten für sein Malen von Anfang bis Ende. Heuss schreibt:

Ein paar Briefnotizen mögen sagen, was ihn, zu der Zeit, da er den neuen Weg suchte, bewegte. Vom 24. Oktober 1918: „Also morgen werde ich malen. Ich steure jetzt zum Abstraktesten. Ohne Sprünge zu machen, ganz logisch in der Entwicklung. Und jene dummen engen Kerle können der Kunst nie und nimmer Befreiung geben [...]. Nur die Architektur im weitesten Sinne genommen kann uns befreien, die reine Musik der Steine, Stoffe, Farben, was weiß ich!" Vom 28. Oktober: „Also gestern habe ich gemalt und zur Abwechslung an etwas, was ich nicht benennen kann. Ein paar Weiber, zwei junge, eine alte, dahinter wird ein Ritter kommen mit fürchterlichem Helmbusch usw. Ich habe schon mehrere ähnliche Dinge gemacht. Seit gestern weiß ich aber erst, wie ich diese Arbeiten benennen kann. Es sind *Balladen*, und nichts weiter, das wird ja schon genügen. Auch die zwei Macbeth, die ich verbrochen habe, gehören darunter, auch eines meiner ältesten Bilder mehr mit antiken Figuren. Und ein farbig und im Ausdruck ziemlich starkes mit frei erfundenen Figuren. Etwas Balladenhaftes haben ja wohl alle Bilder von mir. Bloß die anderen sind mehr noch reine Musik. Aber in mir wohnen viele Seelen oder Teufel, wie man es nennen will. Mehr als in irgendeinem anderen Menschen, den ich kenne. So daß der gute alte Avenarius mich früher schon mal einen Proteus genannt hatte – auf die architektonische Sache bezüglich. Das stimmt natürlich nicht – er hat es übrigens auch nur lobend als Vergleich angezogen – nur bin ich wirklich gar nicht einseitig, und alle meine Vorzüge und Fehler stammen daher. Diese guten deutschen Künstler mit ihrer sogenannten ‚Note‘ sind ja auch zum Kotzen, die froh sind, wenn sie irgendeinen Klang erwischt haben und den nun zeitlebens herunterleiern. Bis man das Zeug nicht mehr hören kann. In mir stecken auch noch sehr viele Möglichkeiten, und ich schrecke vor keinem Sprung zurück. Aber ob man nach dem Kriege wird springen können auf dem aufgewühlten Boden?"

Das sind nicht nur die Zeugnisse eines Selbstbewußtseins, das sich mit kräftiger Betonung über eine verzweifelte Zeit hinüberzuhelfen sucht, sie sagen auch Unmittelbares zu dem, was Poelzig selber lange unsagbar schien. Das Wort „Balladen" ist wunderbar gefunden, und nicht unwesentlich scheint es uns, daß es nach dem Werk gefunden wurde. Es ist schwer, von den Bildern zu reden, die nach dem Wunsche ihres Schöpfers der Öffentlichkeit verborgen bleiben sollten, es ist unmöglich, vor ihnen mit ästhetischen Kategorien zu manipulieren. Das leicht Illustrative der frühen Bilder, die er fast alle vernichtet hat, ging völlig unter. Einige der Motive bleiben: Apokalypse, Josefsgeschichte, ein paar Bilder gehören dem Macbeth-Kreis, Don Quichote – aber das Motivische entfernt sich völlig vom Literarischen, die Form verfällt der Auflösung, die Farbe beginnt zu triumphieren. Fast lauter übergroße Formate, eine Malerei in Quadratmetern. Sie ist schlechthin erschütternd, voll von Dämonien, brutal, zerfetzte Häßlichkeit, entlarvte Gemeinheit, breiter Humor, Lebensangst von Mensch und Tier und dann Stücke einer hinreißenden Heiterkeit, einer bezaubernden Farbigkeit – vor allem bei einigen der späteren Bilder, großen Landschaften, auf denen das Auge spazieren mag, hat der Pinsel eine breite und souveräne Leichtigkeit und Sicherheit gewonnen. Auf den späteren Bildern – wenn man das so hinschreibt, wird man unsicher, ob das Wort überhaupt angeht. Ich habe Poelzigs Bilder im Zeitraum von fast zwei Jahrzehnten viermal sehen können, es waren immer dieselben und doch immer wieder andere. Denn er hatte sich nie genug getan – nur einige ließ er in einem Zustand, der ihm selber mehr oder weniger „fertig" schien. Sonst holte er sie wieder vor, kratzte ab, warf neue Massen von Farben drauf, – das innere Bild, das er von dem Werk trug, bedrängte ihn, das innere Bild wuchs und wandelte sich. Als wir nach seinem Tode die letzte Begegnung mit diesem Werk hatten, war es ein Stück tragischer Selbstbiographie, wie die letzten Jahre ihm die dunkle Farbe in die Hand drückten, daß schwarze Fetzen in Heiterkeit und Harmonie geschleudert waren – das Chaos der bewegten Unruhe drohte den kosmischen Willen zu sprengen ...

Das „latent Sakrale", dessen baumeisterliche Entfaltung im Werk von Stein ihm versagt blieb, fand in der Malerei eine halbe Erfüllung, eine halbe ..., denn es war keine mystische Schau, sondern ein mystisches Suchen, manchmal wie ein Buchstabieren im Trancezustand. Wie ein anderer im Gebet in eine fremde Welt eingeht, so war ihm die Farbe, der sinnliche Reiz, die Brücke zum Übersinnlichen – er selber war kein Beter, aber er war des Übersinnlichen gewiß. Er hatte als *homo religiosus* seinen Weg auf eigene Gefahr zurückgelegt.

[...] Was ihn bewegte, war durchaus bestimmt von der Auseinandersetzung mit dem Geistgehalt der Mystik wie von dem Erkenntniswillen, das Geheimnis von Schicksal, Bestimmung, Freiheit, göttlichem Willen zu erobern. Seine Bücherei steckte voll von Werken der Mystiker, der okkulten Wissenschaften, der Astrologie; wenn man in den Notizheften Buchtiteln begegnet, handelt es sich oft um Werke aus diesem Bereich. In der Breslauer Zeit hatte er begonnen, diese Welt sich zu gewinnen.

Theodor Heuss, Hans Poelzig, Bauten und Entwürfe. Das Lebensbild eines deutschen Baumeisters, Berlin 1939, Nachdruck Stuttgart 1985, S. 39 f.

Das sagt über die Malerei hinaus Wichtiges über Poelzig aus: das latent Sakrale, das Mystische, sogar Magische ist ein wesentliches Element in seinem Fühlen und in seiner Kunst. Man muß sich schon an Heuss wenden, um darüber etwas zu erfahren; denn Poelzig, der Architekt, der Handelnde, der Lehrer, hat über diese Dinge nicht gesprochen.

Dokument 8
Theodor Heuss, Hans Poelzig (1936)

Hans Poelzig war eine Proteusnatur und spielte gelegentlich den Proteus. Das mußte das Bild seines Künstlertums für den flüchtigen Betrachter verwirren: es steckt so voll von Wandel und Wechsel. Nüchternheit und Phantastik, technisch saubere Wandglätte und wuchernde, schweifende Formmotive, hier eine kantige Kubik und dort das Rund, die Ellipse, in merkwürdiger Begegnung – wer seine Entwürfe durchsieht, und fast alles von den großen Planungen ist Entwurf geblieben, der spürt, wie durch die Jahrzehnte ein paar große Motive, weil sie nicht zum Bau kamen, wiederkehren, in ganz anderer Umgebung. Sie wachten in ihm, bedrängten sein Unterbewußtsein, bestimmten seinen Rhythmus. So lebte in ihm ein Gesetz, Form, die sich Gestalt erzwang, nicht im graphischen Spiel, sondern in der Bindung an die umgrenzte Aufgabe. Diese allein machte ihn fruchtbar.

Er spielte auch den Poelzig. Die Rolle lag ihm gut. Sie forderte die überraschende Drastik, das mühelos gesetzte Kraftwort, nicht eines, die Fülle, eine wache Bereitschaft zur Groteske, das wirbelte nur so, funkelte und funkte – es ging knapp an der Clownerie vorbei oder auch in übermütiger Laune mitten in sie hinein. Poelzig war sich seines geselligen Rattenfängertums bewußt, auch der Grenzen. Es machte ihm Freude, die Menschen zu verwandeln, einen Kreis durcheinanderzubringen, der bekam diesen, der jenen Einfall aufge-

stülpt, nun sollte er sich mit einer Rolle zurechtfinden, die ihn löste (und wenn sie ihn nicht löste, mußte es wohl ein unfreier Pedant sein). Die Art seiner Erzählung war sehr pastos, breit und doch bewegt hingelegte Sätze; zwischendurch geriet er ins Mimische, kopierte eine Stimme, ahmte eine Bewegung nach – dies alles in einer scheinbar strömenden Ausgelassenheit, die aber doch immer eine Probe der Eigenformung blieb. Poelzig brauchte solche Stunden des fröhlichen Unsinns, aber er suchte sie nicht, sondern schnitt sie aus der zufälligen Gelegenheit heraus. [...]

Dieser Poelzig des bewegenden Humors, des geistreichen oder „unmöglichen" Einfalls ist seit Jahren eine Art von Legendenfigur. Er ließ es dabei, es war sein Außengesicht, und es war ein liebenswertes Gesicht. Er hatte viel nachzuholen an Fröhlichkeit, die seiner Kindheit versagt war. Von der Potsdamer Schulzeit, da er zu einem engen und harten Menschen in die „Pension" gesteckt war, sprach er nur mit einem Grauen, ja einer bitteren Feindseligkeit. Vom zehnten Jahre ab war er verwaist. Auch die frühe Kindheit hatte der mütterlichen Wärme entbehrt – ein alter frommer Dorfkantor war der Ziehvater gewesen, dem blieb ein dankbares Gedächtnis bis zum Ende. Die Dorfkirche, in der der alte Mann die Orgel übte und das fremde Kind in der Ecke lauschte, war das verlorene Paradies. Erste Regungen des Knaben: er versucht Kirchenlieder zu dichten. Derlei ging, das geht nie ganz verloren. [...]

Dies eben ist das „nicht ganz Leichte" in der Betrachtung des Menschen, von diesem Vordergrund einer anpackenden Lebenskraft, einer hinreißenden Suggestion, zur Mitte seiner künstlerischen Leistung und denkerischen Haltung zu schreiten und dann vor der Aufgabe, der Versuchung zu stehen, von der seelischen Substanz zu reden, jener Unruhe, die ganz ins Transzendente strebte, von der Problematik des Okkulten bewegt und erregt war – der Wille zögert, das Geheimnis eines einmaligen und großen Menschentums, das sich dem Markte verbarg, in die dünne Mißverständlichkeit halber Worte zu fesseln. Doch es blieb seine Lustigkeit und seine Heiterkeit unbegriffen und unerfühlt, wenn man nichts von den Spannungen seiner Dämonie weiß; unverstanden sein sich straffendes Herrschertum in der Form, wenn man nichts ahnt von dem Chaos, aus dem seine Visionen aufstiegen, um gebannt zu werden. Die Verantwortung seiner rationalen Einsichten – etwa Grundrißgestaltung –, die verhältnismäßige Straffheit seines im Pflichtbereich disziplinierten Beamtentums setzen sich ab von einer schier triebhaften Vitalität.

Theodor Heuss, Hans Poelzig, in: Die Neue Rundschau, Heft 9, September 1936, S. 938–940

3 Poelzig an der Arbeit: Breslau 1904–1916

Wir stellen die Arbeiten von Poelzig, welche wir in diesem Kapitel besprechen, einzeln vor. Das gleiche werden wir in den weiteren Kapiteln des Buches tun, die den Arbeiten einer bestimmten Epoche in seinem Werk gelten: die Kapitel 10, Arbeiten 1924–1931 und 12, Die späten Entwürfe 1932–1936. Die Arbeiten stehen hier sozusagen als die Bekräftigung dessen, was in den jeweils vorangehenden Kapiteln erzählt wurde. Man könnte auch sagen, zu ihnen führen die erzählenden Kapitel hin. Darum wurde hier auf eine zusammenhängende Darstellung verzichtet. Übrigens stellen wir die Arbeiten nicht chronologisch vor, sondern nach Kategorien, wie im Kapitel 10 oder wie in dem hier folgenden Kapitel, vom Text ausgehend und im Sinne des Textes weiterschreitend. Wir beginnen mit zwei weiteren Einfamilienhäusern, nachdem wir das Haus auf der Kunstgewerbeausstellung in Breslau, 1906, bereits im Text besprochen haben.

1906 Einfamilienhaus Hans Poelzig in Leerbeutel bei Breslau

Wir haben das Haus angesehen, das Hans Poelzig 1904 auf der Kunstgewerbeausstellung in Breslau gebaut hat. Zwei Jahre später baut er für sich selbst ein Haus in Leerbeutel, welches dem auf der Ausstellung gebauten durchaus nicht ähnlich sieht; aber der Grundriß ist beinahe der gleiche: Wieder nimmt die Raumgruppe Diele-Eßzimmer den ganzen Mittelteil des Hauses ein, wieder ist die Diele zwei Geschosse hoch. Die Ähnlichkeit

geht so weit, daß sogar die Form des Eßzimmers und die der Diele die gleiche ist. Sieht man genau hin, entdeckt man gewisse Gemeinsamkeiten auch in der äußeren Gestalt der beiden Häuser: Auch in Leerbeutel ist die Ziegelverkleidung des Frontgiebels vor der Diele bis zum Fußboden der Galerie heruntergezogen, und beide Male liegt der Eingang des Hauses hinter einem im Halbkreis gewölbten Bogen. Aber die Formensprache ist gänzlich verschieden und, um es gleich zu sagen, das jüngere Haus, die Variante, ist weniger überzeugend. Es geschieht zu viel: Der Sockel ist aus Bruchstein, das Erdgeschoß geputzt, und zwar in Rauhputz, durchsetzt mit glatten Streifen: ein Motiv, welches ungleich wirkungsvoller an der Dorfkirche in Maltsch verwendet wird, die im gleichen Jahre erbaut wurde. Darüber wieder, wie in dem Ausstellungshaus, der ziegelbehangene Giebel, nur daß über dem Eingang der Ziegelbehang unterbrochen wird: Dort werden der Rauhputz und die Streifen fortgesetzt, was künstlerisch richtig ist: Man stelle sich den Ziegelbehang durchgehend vor, und das Erdgeschoß, das wichtigste Stockwerk des Hauses, würde gedrückt erscheinen. Je länger man die Ansicht übereck betrachtet, um so „richtiger" wirkt auch diese lebhafte Komposition. Wir vergleichen aber die beiden Häuser miteinander, weil wir hier Poelzig an der Arbeit sehen und finden, daß die räumliche Organisation des Hauses ihn offenbar wenig beschäftigt hat: Sie war schon bei dem Breslauer Hause „gelöst". Was ihn beschäftigt, ist die andere Form, in der diese Raumeinteilung sich darstellt. Er hat, wie der Musiker, eine Variation auf ein Thema – Einfamilienhaus – gemacht.

30, 32
33
55, 56

60–66

55 Hans Poelzig, Eigenes Haus in Leerbeutel bei Breslau, 1906, Eingangsseite

56 Hans Poelzig, Eigenes Haus in Leerbeutel bei Breslau, 1906, Grundrisse EG und 1. OG

57 Hans Poelzig, Haus Zwirner (mit Jugendheim) in Löwenberg, Schlesien, 1910, Straßenfront

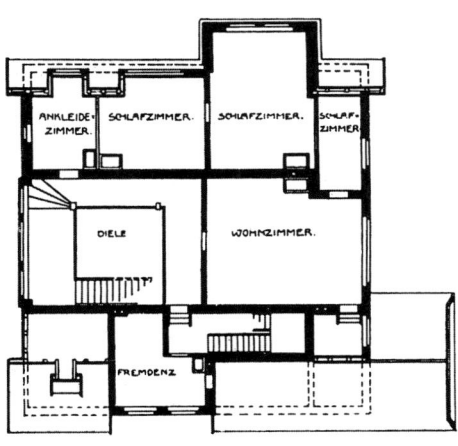

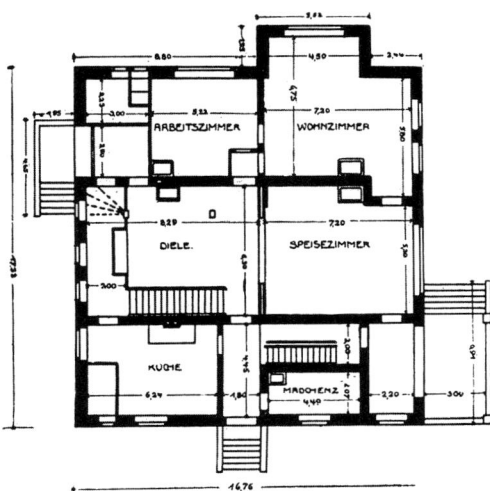

61

1910 Landhaus und Jugendheim Zwirner in Löwenberg (Schlesien)

57–59 Zur Entstehungsgeschichte schreibt Theodor Heuss:

„Der stattliche Bau, in eine bewegte Hügellandschaft gestellt, sollte als Knaben-Alumnat dienen, ohne daß Schul- und Hausbetrieb getrennt wurden – es mußten Wohn-, Wirtschafts-, Schlaf- und Lehrräume für ein paar Dutzend Menschen untergebracht werden. Das Haus wuchs in idealer Arbeitsgemeinschaft zwischen Bauherren und Baumeister, die sich wechselseitig anregten und steigerten: ungezählte Pläne wurden gezeichnet, verbessert, verworfen. Der Bauplatz am Hang bot seine Reize und seine Schwierigkeiten. Ein breiter Unterbau (Vorratsräume) trägt die Terrasse, auf der sich im Widerspiel von breit nach unten gezogenem, mehrfach unterbrochenem Satteldach – es beherbergt die Schlafräume der Zöglinge – und stark betonten Vertikalen in Erkervorbau und Wand die so mächtige wie behagliche Gruppe erhebt; die starken Farben geben dem Haus, trotz seiner Schwere, einen heiteren Ton."[1]

Wir finden bekannte Motive wieder: Der Erker auf dem Dach des Hauses auf der Breslauer Kunstgewerbeausstellung erscheint hier zweimal im Giebel auf der Talseite und auf der Gartenseite; die glatten Streifen im Rauhputz sind hier nur Vertikalstreifen, welche, wie Heuss bemerkt, den Vertikalismus der Erker verstärken. Das geschwungene Dach reicht über drei Geschosse, es läßt den Bau aus dem Boden emporwachsen. Das Ganze ist eine geschlossene Form, die Schwierigkeiten, die Künstlichkeiten früherer Hausbauten sind überwunden. Das Haus ist monumental, ohne anspruchsvoll zu wirken. Dies ist gelungen, weil Poelzig darauf verzichtet, die konventionellen Attribute des Monumentalen zu verwenden: Säulen, Gebälke. Er benutzt die Formen des Wohnhauses.

Das Haus wirkt wie ein Exemplum für Poelzigs Satz, daß er an einer Aufgabe so lange arbeite, bis nichts übrig bleibe als Form. Man ist versucht zu sagen, er habe an dem Thema Wohnhaus in den drei Stufen, die wir gesehen haben, gearbeitet, bis eine vollkommen überzeugende Form entstanden war.

1906 Evangelische Kirche in Maltsch (Schlesien)

Die Kirche wurde zu einer Zeit gebaut, als man Kirchen, auch auf dem Dorf, in gotischem Stil zu bauen pflegte. Davon abzuweichen war ein Wagnis. Ein Wagnis war es übrigens auch für den Gemeinderat von Maltsch, daß er sich für seine neue Kirche den Direktor der Kunstschule in Breslau holte. Er hatte kurz davor im benachbarten Wültschkau einen Kirchenumbau gemacht, daher war er den Leuten in Maltsch bekannt. Poelzigs Kirche ist nicht gotisch, sie ist auch nicht im „Heimatstil" gebaut: das wäre damals die andere Möglichkeit gewesen; und vielleicht ist die Kirche in Maltsch nicht *ganz* von Anklängen frei: Ich denke an den Turmhelm. Aber das ganze Gebäude ist durchaus nicht an die Dorfkirchen der Umgebung angepaßt, der Baukörper mit dem breit gelagerten Transept und dem höher beginnenden Dach des Ostteils ist in hohem Maße originell, die breiten, im Halbkreis gewölbten Fenster sind poelzigsch, nicht schlesisch, und die glatten Streifen im rauhen Putz, welche die Ansichten dekorativ gliedern – wir haben sie an dem Hause in Leerbeutel gesehen – erinnern zwar von Ferne an Fachwerk, man sieht jedoch deutlich, daß sie mit einem Holzfachwerk nichts gemein haben. Trotz ihrer ungewohnten Formen fügt sich die Kirche ohne jede Gewaltsamkeit in das Dorf ein. Im Innenraum dominiert der von Poelzig so geliebte Halbkreis: in dem prachtvollen, hölzernen Kreuzgewölbe, das den Raum zusammenfaßt, in den Fenstern, in der Apsis und ihren Nischen. Die Kirche ist evangelisch, eine Predigtkirche, breit, offen, ohne falsche Feierlichkeit, eine der am besten gelungenen Arbeiten Poelzigs. Sie wurde schnell bekannt und ist berühmt geblieben.

60–66
10

58 Hans Poelzig, Haus Zwirner, Gartenseite

59 Hans Poelzig, Haus Zwirner, Skizze (links), Südansicht, Zeichnung des Architekten

60 Hans Poelzig, Kirche in Maltsch, Schlesien, 1906

61 Hans Poelzig, Kirche in Maltsch, Ansicht von Norden

62 Hans Poelzig, Kirche in Maltsch, Inneres

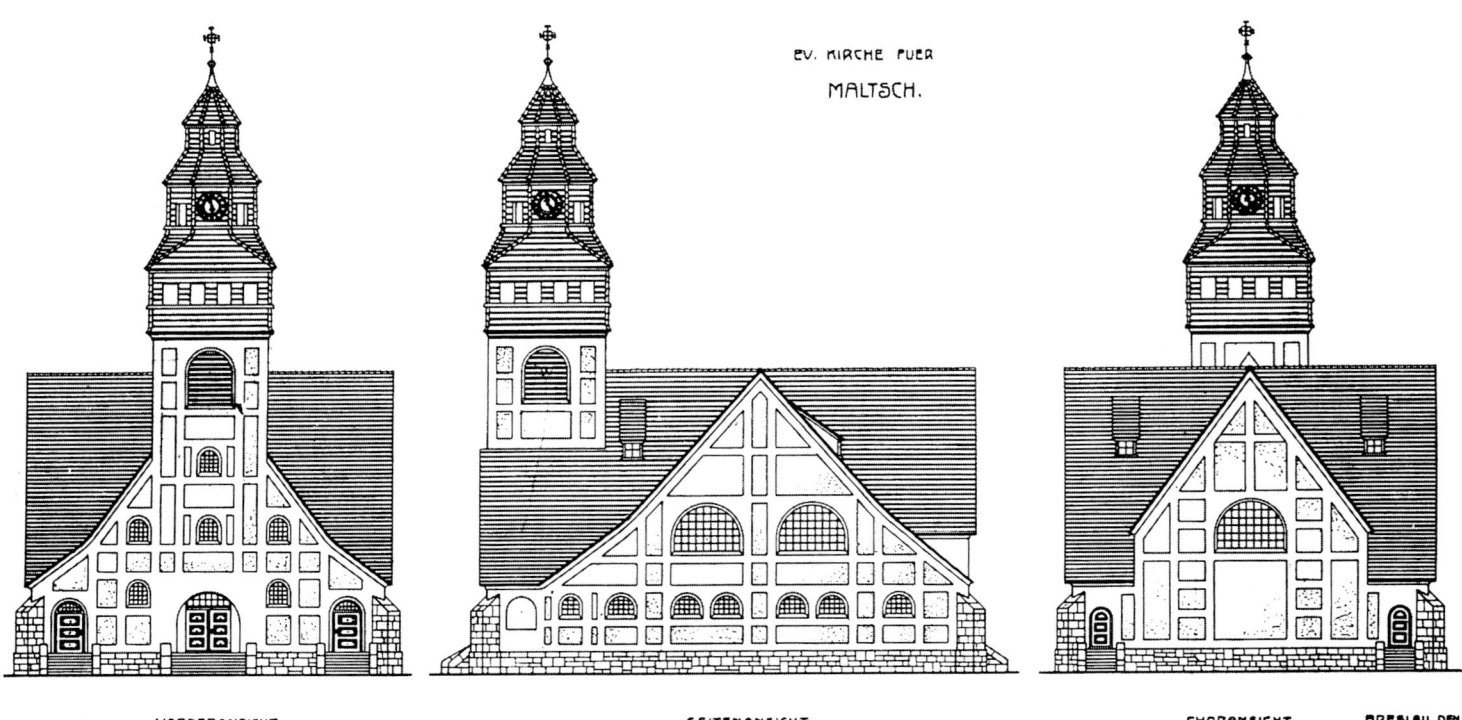

64 Hans Poelzig, Kirche in Maltsch, Ansichten

63 Hans Poelzig, Kirche in Maltsch, Grundrisse EG und Empore

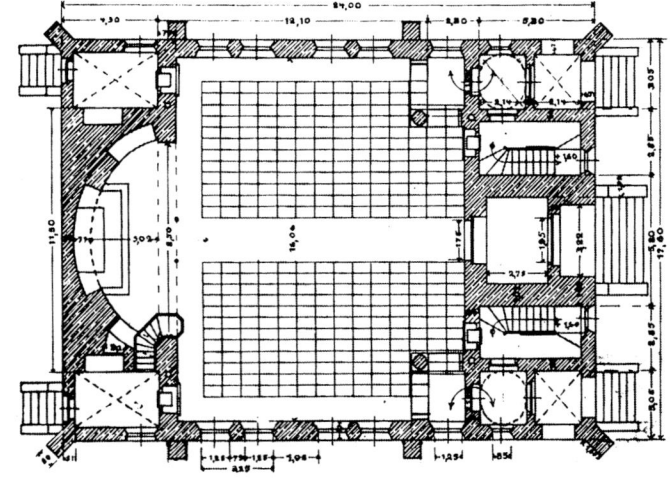 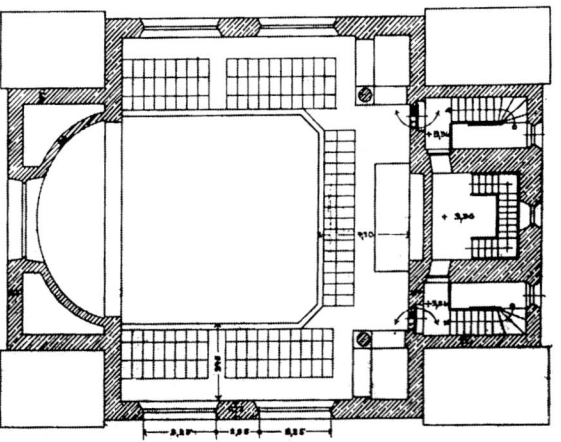

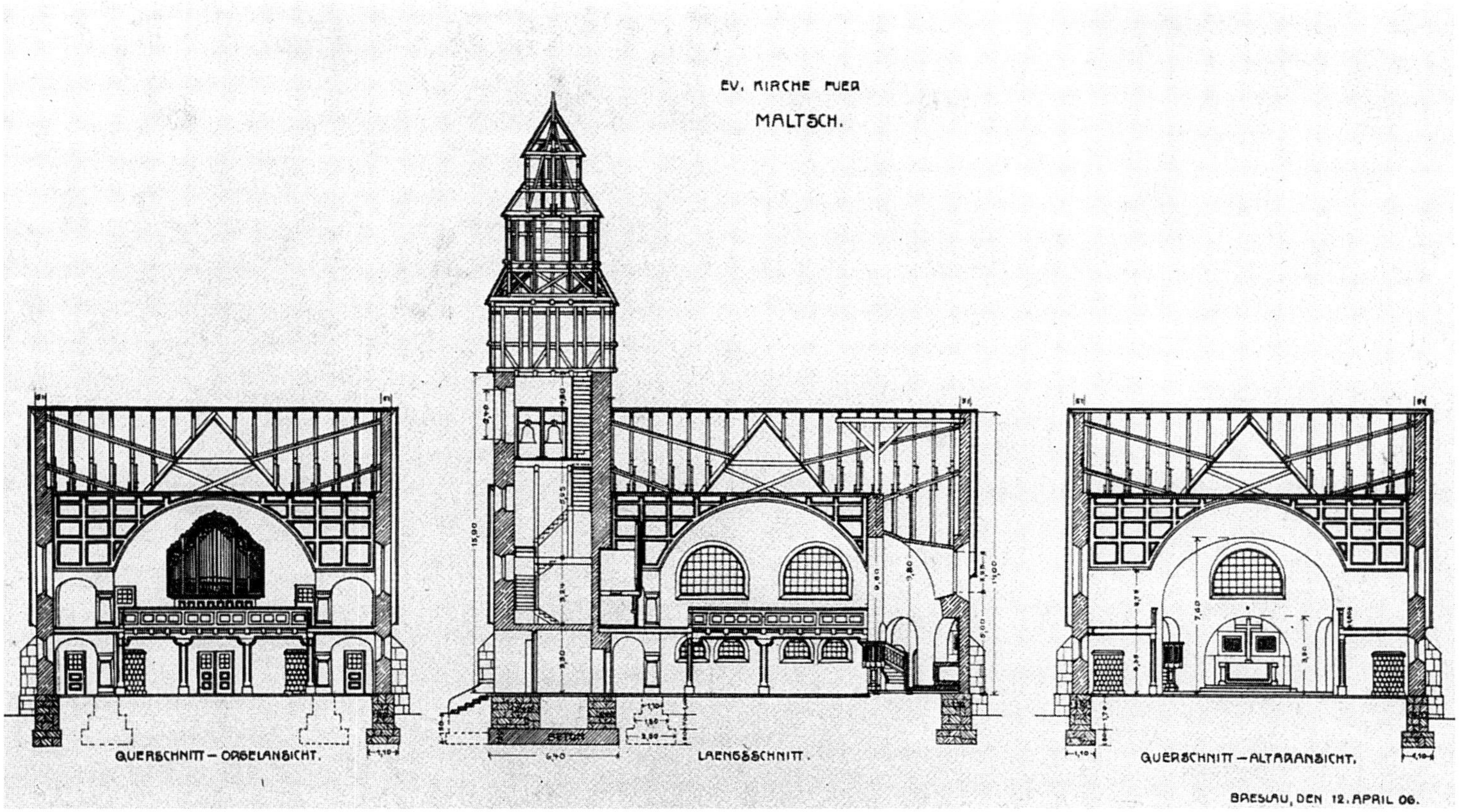

EV. KIRCHE FUER

MALTSCH.

QUERSCHNITT – ORGELANSICHT.

LAENGSSCHNITT.

QUERSCHNITT – ALTARANSICHT.

BRESLAU, DEN 12. APRIL 06.

65 Hans Poelzig, Kirche in Maltsch, Schnitte

66 Hans Poelzig, Kirche in Maltsch,
Blick auf die Empore

1908–1912 Miethausgruppe in Breslau

Die Miethäuser haben Aufsehen erregt. Wir haben ja
schon gesagt, daß Heinrich Lauterbach, ein Schüler
Poelzigs, dessen Eltern eines der Häuser gehörte, erzählt, daß die Leute davor standen und schimpften, wobei sich Poelzig oft dazugesellte – um mitzuschimpfen.

67   Es handelt sich um Miethäuser für Wohlhabende.
68 Die Leute schimpften, weil sie so „kahl" aussahen. Um
den Mangel an „Architektur" zu kompensieren, hat
man damals die Fassade eines Miethauses so behandelt,
als gehöre sie zu einem Einfamilienhaus: Man zog das
Dach möglichst weit herunter, um dem Hause „Land-
hauscharakter" zu geben, und man behandelte die Öffnungen in jedem Stockwerk verschieden. Poelzig hat
sich beider Mittel bedient: Den mittleren Zimmern gibt
er im Hochparterre zwei Fenster, in dem Geschoß darüber das halbrunde Poelzig-Fenster. Die Einteilung der
Zimmer hinter der Terrasse darüber war anders. Hier
stehen drei aufrechte Fenster. Im bewohnten Dachgeschoß sind es dann wieder zwei Fenster, wie im Hochparterre; aber sie sind sehr viel kleiner. Das ist konsequent, da die zu belichtenden Räume hier weniger tief
sind und da dort oben ohnehin mehr Licht in die Zimmer kommt. Einige Architekten der Zeit, Albert Gess-
69 ner etwa, sind weiter gegangen. Ihre Miethäuser sehen
aus wie Landhäuser. Das entspricht nicht Poelzigs Art
zu arbeiten. Man sieht, daß man ein Miethaus vor sich
hat, es ist nur lebhaft gegliedert. Modern im Sinne der
Zeit ist das Haus auch wegen seiner großen, gelagerten
Fenster.

Übrigens hat Poelzig aus der verschiedenen Behandlung der Fensteröffnungen kein Prinzip gemacht. Er hat
nie aus einer Sache ein Prinzip gemacht. In der Gruppe
stehen auch Häuser, in denen die Fenster in den drei
Wohngeschossen die gleichen sind. Die Ansicht, die wir
zeigen, ist sogar „architektonisch" gegliedert. Allerdings ist das Relief so flach, daß auch dies befremdend
gewirkt haben mag.

Ich zeige mit den Miethäusern das Haus Lauterbach,
das zu der Gruppe gehört, obwohl es *kein* Miethaus ist. 70, 71
Man meint zwei Miethäuser zu sehen, die spiegelsym-
metrisch angeordnet sind; immerhin bestehen zwischen
dem Hause Lauterbach und den „echten" Miethäusern
Unterschiede: Im Mittelteil sind die Fenster im jedem
Stockwerk verschieden. Auch die große Terrasse im
dritten Stock des Hauses findet sich nur hier. Trotzdem:
Das Haus sieht nicht aus wie die zur gleichen Zeit gebauten Einfamilienhäuser. Poelzig hat es den es umgebenden Miethäusern zugeordnet.

1911 Geschäfts- und Bürohaus in der Junckernstraße, Breslau

Man hat diesen Bau immer wieder mit den Pfeilerbau-
ten Messels und seiner Nachfolger verglichen und her-
vorgehoben, daß Poelzig ein großes Maß an Unabhängigkeit gezeigt habe, da er gegenüber der vertikalen
Mode den Bau als geschichtet, als einen Stockwerksbau 72, 73
gestaltet hat.

Der Vergleich ist aber nicht ganz fair, da das Haus
in der Junckernstraße kein Warenhaus ist, sondern ein
Bürohaus. Das Warenhaus durfte man als ein zusam-
menhängendes Gebäude behandeln: Auf allen Stockwerken wurde verkauft, und die großen Lichthöfe faßten alle Stockwerke zusammen. Das Bürohaus dagegen
ist wirklich eine Schichtung von Stockwerken, in denen
sich Büros befinden, die voneinander unabhängig sind.
Wahr ist, daß es aus der Zeit vor 1918 kein anderes
Bürohaus gibt, welches diesen Tatbestand so klar ausdrückt wie das von Poelzig. Daß sich der Horizontalismus eines Mendelsohn auf diesen Bau berufen konnte,
ist ein anderes Thema. Recht eigentlich hätte er sich 74
nicht auf ihn berufen dürfen, weil Mendelsohn auch das
Kaufhaus horizontal gebaut hat, mit Fensterbändern in
jedem Stockwerk. Der Horizontalismus wurde in den
zwanziger Jahren ein Formprinzip, um nicht zu sagen

67 Hans Poelzig, Miethaus in Breslau, 1907–1908, Grundriß

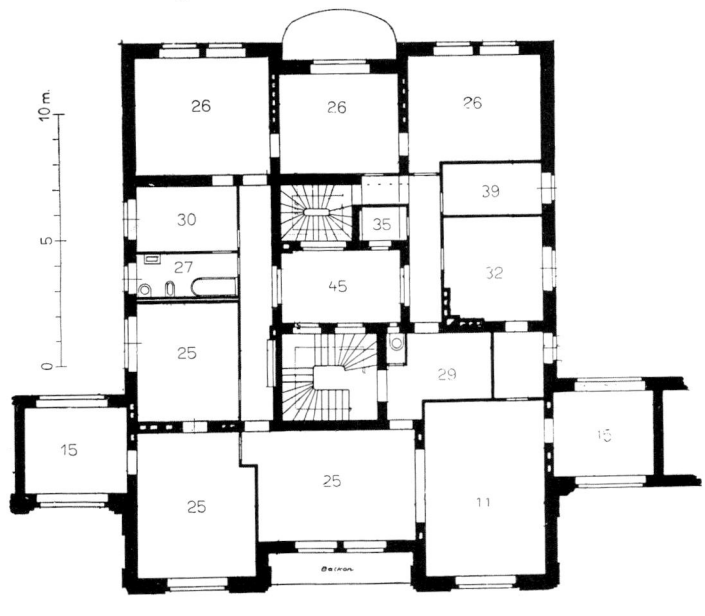

1. Obergeschoß
Menzelstraße 87.

68 Hans Poelzig, Miethausgruppe in Breslau, 1908–1912 (oben) Miethausgruppe in Breslau, 1908–1912, Menzelstraße Ecke Wölff-straße (unten)

69 Albert Gessner,
Miethaus in Berlin-
Charlottenburg,
Mommsenstraße,
um 1905

70 Hans Poelzig, Miethaus in
Breslau, 1906–1908, Ansicht

71 Hans Poelzig, Miethaus in Breslau, 1906–1908

72   Hans Poelzig, Bürogebäude in Breslau, Junckernstraße, 1911, Schnitt

73 Alfred Messel, Warenhaus Wertheim, Berlin, Leipziger Straße, 1896–1906

75 Hans Poelzig, Bürogebäude in Breslau, Junckernstraße, 1911, Schnitt

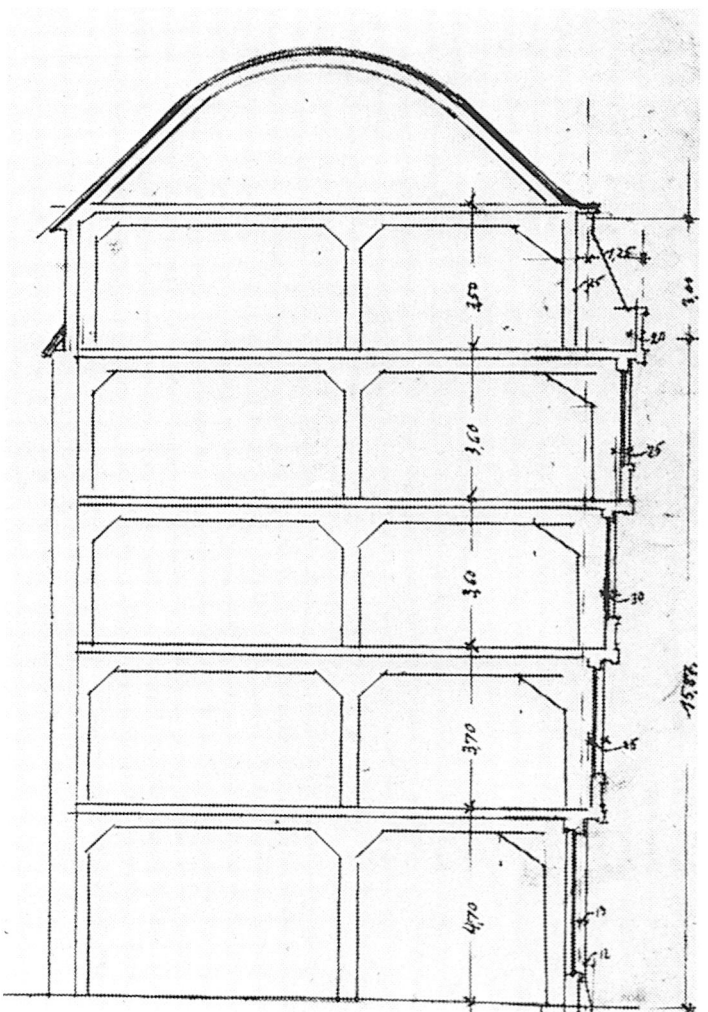

74 Erich Mendelsohn, Warenhaus Schocken in Stuttgart, 1926–1928

eine Mode, wie es der Vertikalismus vor dem Kriege gewesen war.

Das Bürohaus in Breslau ist noch aus einem anderen Grunde bemerkenswert: Es ist ein Eisenbetonbau. Poelzig hat versucht, die neue Konstruktion für die Architektur zu gewinnen. Er hat offenbar an das traditionelle Fachwerkhaus gedacht, welches ja ebenfalls eine Rahmenkonstruktion ist. Poelzig läßt die drei Geschosse über dem Erdgeschoß leicht vorkragen, das fünfte Geschoß tritt hinter einer wenig tiefen, umlaufenden Galerie zurück. Übrigens muß gesagt werden, daß der Schnitt durch das Gebäude, den Heuss zeigt und der auch hier gezeigt wird, nicht exakt ist: Das Band der Dachfenster ist nicht in ihm enthalten; und er zeigt im Galeriegeschoß eine schräg zurückweichende Stütze, an die Poelzig zunächst gedacht hat, als an einen Übergang. Glücklicherweise wurden diese Stützen nicht ausgeführt.

Da Poelzig die drei Bürogeschosse zwischen Erdgeschoß und Galerie vortreten läßt, gibt er den Stützen Konsolen. Diese haben einen rein ästhetischen Sinn, sie haben mit der Betonkonstruktion nichts zu tun. Der Schnitt zeigt sie nicht. Ebenso wie die Auskragung der Geschosse selbst sollen sie der Einordnung der neuen Konstruktion in die Geschichte dienen. Wir haben ja von dieser Absicht Poelzigs im allgemeinen gesprochen. Sie weisen den Bau als einen der Zeit vor dem Kriege aus; seine Konsequenz und die Bescheidenheit der ästhetischen Mittel, welche ihn an die Geschichte binden sollen, als einen Bau von Poelzig. Er steht allein in dieser Zeit.

1903–1906 Anbau an das alte Rathaus zu Löwenberg

Wir haben schon darauf hingewiesen, daß Poelzigs Anbau an das alte Rathaus in Löwenberg viel mit seinen Häusern zu tun hat, besonders mit dem zur gleichen

Zeit (1904) entstandenen Hause auf der Kunstgewerbeausstellung in Breslau. Immerhin wird dieses Neue in das Alte eingefügt, indem Poelzig die Arkaden des Eckbaues mit dem Renaissancegiebel bis an seinen neuen Eingangsbau weiterführt. So wie das schließlich gebaut wurde, mag es ein wenig künstlich erscheinen; denn der Raum unter der Terrasse ist leer. Im Plan steht „Markthalle", aber das klingt nicht überzeugend. Es besteht aber eine ältere Version des Erdgeschoßgrundrisses, welche unter der Terrasse drei Läden vorsieht. Die Arkaden werden sogar um den neuen Eingangsbau herumgeführt, dort allerdings werden die einfachen gemauerten Pfeiler durch Säulen mit sehr seltsam geformten Kapitälen ersetzt, die vielleicht in Zusammenarbeit mit einem der Leiter der Werkstätten entstanden sind; wie denn überhaupt der Rathausanbau das beste Beispiel der engen Zusammenarbeit (und ich fürchte: eines der wenigen) zwischen dem Architekten und den Leitern (und auch den Schülern) der Lehrwerkstätten ist, auf die Poelzig als Leiter der Schule und als Architekt so großen Wert gelegt hat.

1915 Franziskanerkloster bei Glatz (Projekt)

Das Projekt für ein Kloster sieht, mehr als das Löwenberger Rathaus, wie ein öffentliches Gebäude aus; wenigstens hat Poelzig es auffallend repräsentativ behandelt: mit Säulen, Pilastern, einem Turm, dem auffallenden Halbrundbau des Eingangs – man denke an das bescheidene Halbrund in Löwenberg –, und doch mag gerade hier, im Halbrund als Eingang, eine Erinnerung mitgespielt haben; schließlich die grandiose Kapelle am Ende des Gebäudes. Man wundert sich, daß gerade die Franziskaner einen repräsentativen Bau haben wollten. (Aber vielleicht wollten sie ihn nicht haben?)

Sagen wir es ruhig: Das ist ein unglücklicher Entwurf. Er trägt die Handschrift der Zeit, welche selbst

76 Hans Poelzig, Anbau an das Rathaus zu Löwenberg, Schlesien, 1903–1906

77 Hans Poelzig, Anbau an das Rathaus zu Löwenberg, Schlesien, 1903–1906, Eingang

78 Hans Poelzig, Anbau an das Rathaus zu Löwenberg, Schlesien, 1903–1906, Grundrisse EG und 1.OG

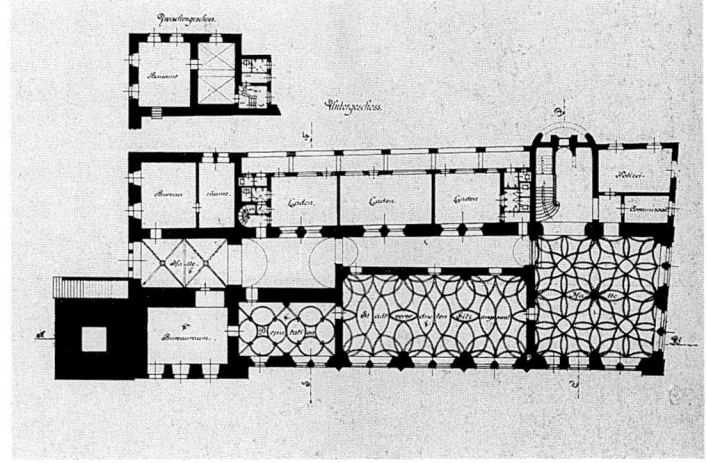

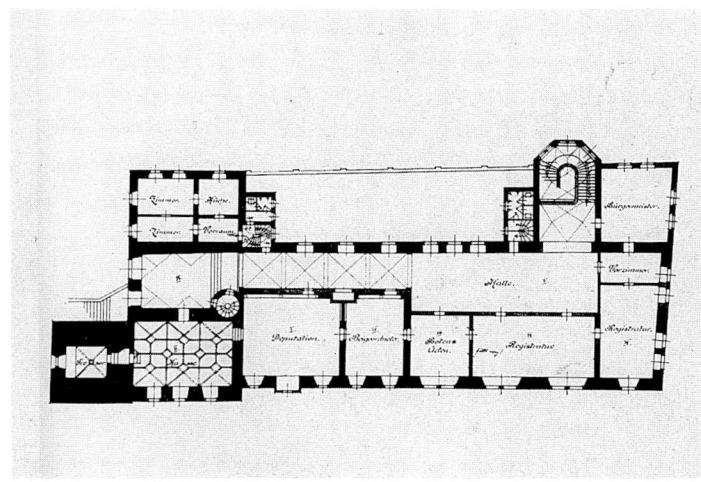

79 Hans Poelzig, Franziskanerkloster in Glatz, Schlesien, Projekt, 1915

80 Hans Poelzig, Franziskanerkloster in Glatz, Schlesien, Grundriß

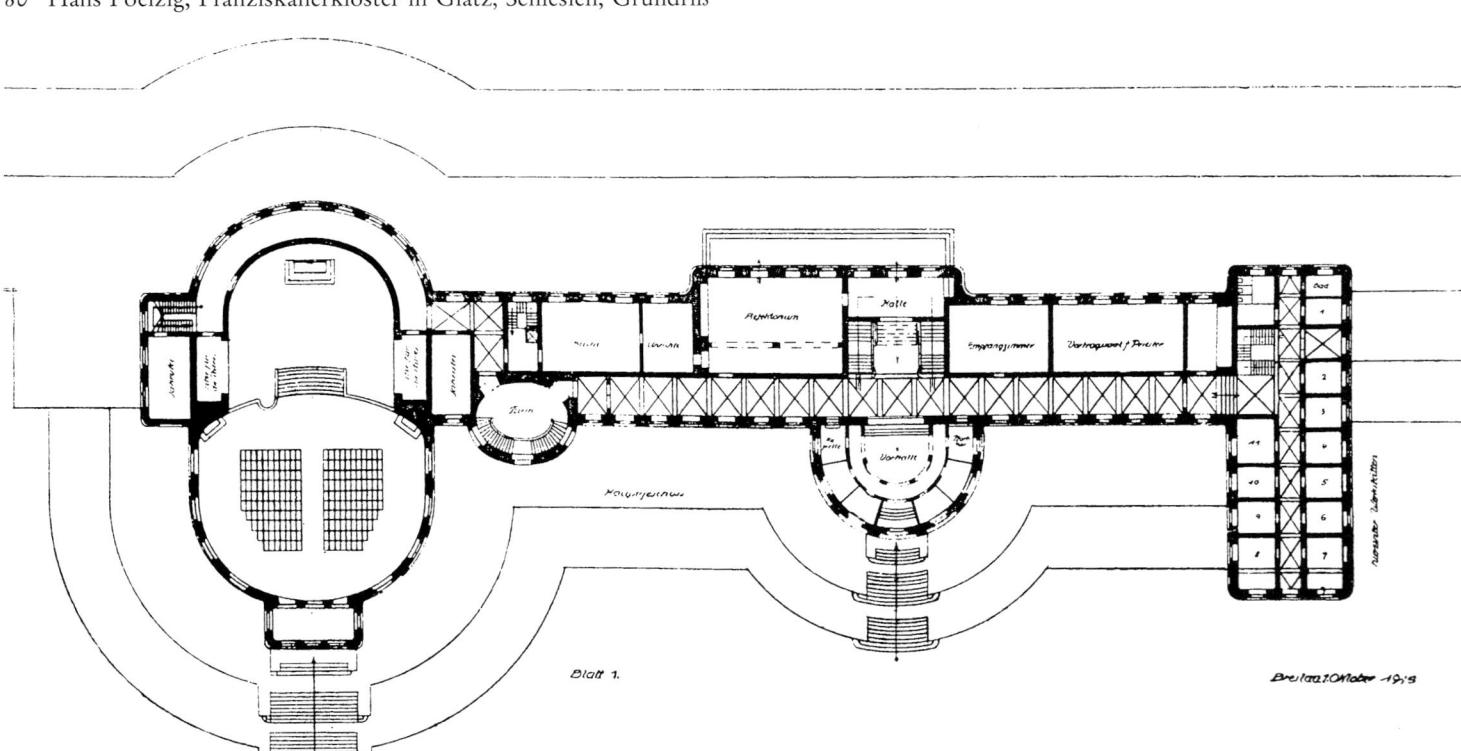

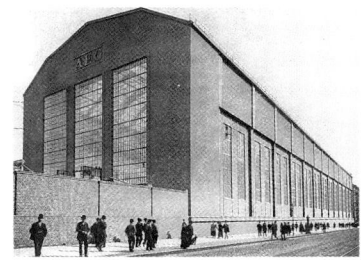

83 Peter Behrens, Montagehalle der AEG in Berlin-Wedding, Hussitenstraße, 1911

81 Hans Poelzig, Franziskanerkloster in Glatz, Innenraumperspektive der Kapelle, Skizze

82 Hans Poelzig, Fabrik ‚Werdermühle‘ auf der Oderinsel in Breslau, Projekt, 1906

Poelzig zuweilen benutzt hat, seit er für das Jahrhundertfest der Befreiungskriege (1813–1913) in Breslau mit einer Art von dorischen Säulen gearbeitet hat. Unter der Handschrift jener Zeit verstehen wir einen neuen Klassizismus – man hat ihn auch spöttisch Neo-Biedermeier genannt –, dem viele Architekten, man könnte sagen die meisten, kurz vor Ausbruch des Krieges erlegen sind: selbst Hermann Muthesius, der Mann des englischen Landhauses. Es hat auch eine Theorie dieses neuen Klassizismus gegeben, und zwar in Deutschland und im Ursprungsland des Landhauses, in England. In Deutschland schrieb Friedrich Ostendorf seine *Sechs Bücher vom Bauen*[2], in denen er sagt, es habe seit dem französischen Dixhuitième keine guten Wohnhäuser mehr gegeben, und er sehe keinen Grund, warum man nicht an diese schöne Tradition anknüpfen könne; in England veröffentlichte Geoffrey Scott sein Buch *The Architecture of Humanism*[3], in dem er Renaissance und Barock als den Gipfel der europäischen Architektur und die Theorien und die Praxis des neunzehnten Jahrhunderts als „fallacies" (Irrtümer) bezeichnet. Beide machten entschieden Front gegen die damals moderne Landhaus-Architektur – und beide waren erfolgreich. Selbst die Protagonisten Voysey und Muthesius wurden beeinflußt: Voysey, indem er sich einer Art Trotz-Gotik verschrieb, einer Stilarchitektur, die seinen einfachen Landhäusern bis dahin fremd gewesen war; Muthesius, indem er anfing, neo-barock zu entwerfen (!). An dem Entwurf für ein Franziskanerkloster kann man sehen, daß selbst Poelzig sich dieser Zeitstimmung nicht ganz hat entziehen können. Wie um endlich doch zu dem Seinigen zu kommen, konzipiert er das Innere der Kapelle als düsteres Gewölbe und gibt seiner Vorliebe für halbkreisförmige Nischen und Fenster nach: eine wahre Orgie von Halbkreisformen. Übrigens vermag ich zwischen diesem Innenraum und dem Äußeren in der Skizze des Baues keinen Zusammenhang zu entdecken. Nur dies: Ein zweiter Blick macht deutlich, was auch am Äußeren poelzigsch ist: das zweite Dach an dem langgestreckten Bau, die Staffelung im Aufbau der Kapelle.

Es zeigt sich aber auch, daß die Teile des Baues nicht zueinander gehören. Es ist, in der Tat, ein schlechter Entwurf. Eben dies rettet ihn für Poelzig: Viele Zeitgenossen hätten sich hinlänglich elegant aus der Affäre gezogen.

1906 „Werdermühle" auf der Oderinsel in Breslau (Projekt)

Theodor Heuss weist darauf hin, daß die Werdermühle der erste moderne Fabrikbau überhaupt gewesen sei: Behrens' Fabrikbauten für die AEG beginnen erst 1909 mit der Turbinenfabrik. Heuss schreibt:

„Der Ingenieur erbat sich von Poelzig die übliche dekorative Umkleidung der Anlage, die im inneren Aufbau schon fertig war, ließ sich aber von dessen formender Energie gewinnen und ging mit, als die zwei kubischen Massen nebeneinander gestellt wurden, in dunklem Ziegel mit Granitsockel gedacht, charakterisiert durch die Rundung der Ecken und den in einem schmalen Band einfach betonten oberen Abschluß, mit zwei leicht ausladenden, großen Erkern in Eisenfachwerk. [...] Aber der Entwurf stieß, wie Poelzig später nicht ohne Bitterkeit erzählte, auf den Widerstand des Breslauer Bürgermeisters. Auge und Phantasie waren an ein solches Unterfangen noch nicht gewöhnt – offenbar bedurfte es erst des privaten Versuches, wie ihn in den kommenden Jahren die AEG mit Peter Behrens unternahm, um das Neue zu wagen."[4]

Die Werdermühle wäre der Beginn einer anderen Möglichkeit im Industriebau gewesen, die dann in Luban verwirklicht wurde.

Poelzig selbst hat beschrieben, was damals Architekten zum Fabrikbau hinzog:

(Marginalien: 121, 122 / 124–129 — links; 82–84 / 38–41 / 19, 20 / 22, 23 — rechts)

„Gerade die Künstler, die wegen Abkehr vom historischen Baustil an die offizielle Baukunst, an die sogenannten vornehmen Bauaufgaben nicht herangelassen wurden, retteten sich in den Industriebau. [. . .] Wir waren alle geradezu hungrig nach einem Felde, das nicht beackert war, wo nicht eine vorgefaßte Meinung herrschte. Man hatte sich in jener Zeit daran gewöhnt, Synagogen orientalisch, Postgebäude in deutscher Renaissance, Museen und Verwaltungsgebäude in einer Art italienischer Renaissance entstehen zu sehen. Bei Gerichtsgebäuden ging man sogar zum klösterlichen Barock über. Jeder Versuch, hier Bresche zu schlagen, scheiterte, und wir fanden nur im Industriebau die Linie des geringsten Widerstandes, einem Gebiet, das man uns um so lieber überließ, als es der offiziellen Baukunst unwichtig erschien."[5]

1911–1912   Chemische Fabrik in Luban

Eine persönliche Bemerkung sei vorausgeschickt: Es hat lange gedauert, bis ich die Fabrik in Luban als ein Werk der Architektur erkannt habe. Und ich spreche von den mittleren zwanziger Jahren, als ich Architektur studierte. Behrens' Fabrikbauten fand ich sowohl furchterregend als auch hinreißend. Der Eindruck entstand dadurch, daß hochmodernen Elementen des Fabrikbaus – großen Fenstern, ebenso großen ungegliederten Backsteinflächen – durch den Hinweis auf die

19, 20 Antike – den „Tempel" der Turbinenfabrik, den gewal-
22, 23 tigen Porticus der Kleinmotorenfabrik an der Volta-
84 straße – eine überwältigende Autorität verliehen wurde. Man konnte diese Fabriken nicht übersehen. Einer, dessen Augen an ihnen geschult waren, konnte die Fabrik
85–90 in Luban allenfalls übersehen.
24, 25 Um so mehr finde ich es bemerkenswert, daß einige
42 Kritiker der Jahre vor dem Kriege die Bedeutung dieses Fabrikbaues erkannt haben: Das Jahrbuch des Deutschen Werkbundes für 1913, *Die Kunst in Industrie und*

Handel[6] widmet Luban neun Abbildungen. Und auch dies ist bemerkenswert: daß sein Bauherr dem Architekten volles Vertrauen schenkte und ihn frei schalten ließ. Walter Curt Behrendt, ein bekannter Kritiker, schrieb 1913:

„Durch die großen Bauaufgaben [. . .], die ihm eine chemische Fabrik in Posen erteilt hat, ist seinem Talent eine erwünschte Gelegenheit geworden, sich auszuleben und latente Kräfte frei zu machen. [. . .] Vergleicht man diese Arbeiten etwa mit ähnlichen Leistungen von Peter Behrens, so spürt man in der Sicherheit der statischen Empfindung und in dem ausgebildeten Gefühl für die Körperlichkeit der architektonischen Erscheinung doch die Überlegenheit des Akademikers [gemeint ist der Architekt, der seinen Beruf studiert hat; d. Verf.], gegenüber dem in der Fläche denkenden, autodidaktisch erzogenen Malerarchitekten."[7]

In Luban hat Poelzig sogar die Hinweise auf die alte Architektur eingeschränkt, die wir bei dem Projekt
38–41 „Werdermühle" noch finden: jene Arkaden mit Säulen
82 und Kapitälen, die romanisch anmuten. In Luban bleiben nur noch einige „Zitate": einfache Arkaden und Stufengiebel. Und wir haben bereits erwähnt, daß die Giebel ein wenig herbeigezwungen wirken: Sie ordnen sich nicht in die Formensprache der Fabrik- und Lagerhallen ein, welche bereits beschrieben wurde.

Ich sagte, daß es einige Zeit gedauert hat, bis ich begriff, daß dies industrielle Architektur ist, und *besser* ist als die von Behrens, gerade *weil* sie weniger „hermacht". Die Fabrik in Luban ist ein Hauptwerk Poelzigs, und es gibt Kritiker, die sie für seine beste Arbeit halten.

1913   Römergrube in Rybnik (Oberschlesien) (Projekt)

Man kann dieses Projekt neben den Oberschlesienturm 91
in Posen stellen: Hier wie dort ist das Stahlfachwerk 26, 27
kleinteilig, in Rybnik enger als in Posen, wobei, beson- 93–98

79

3 Poelzig an der Arbeit: Breslau 1904–1916

84 Peter Behrens,
Kleinmotorenfabrik der AEG
in Berlin-Wedding, Voltastraße,
1911

85 Hans Poelzig, Chemische
Fabrik in Luban bei Posen,
1911–1912

86 Hans Poelzig, Chemische Fabrik in Luban

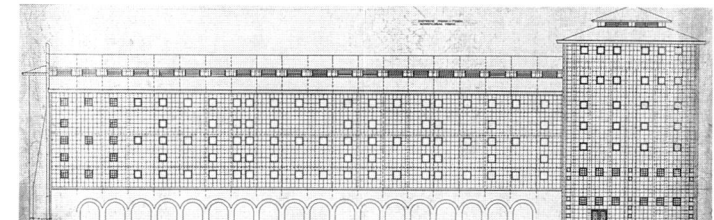

87 Hans Poelzig, Chemische Fabrik in Luban bei Posen, Ansicht
eines im ‚Prüss-Verband' gebauten Gebäudeteils

88 Hans Poelzig, Chemische Fabrik in Luban, abgetrepptes Gebäude

90 Hans Poelzig, Chemische Fabrik in Luban, der kleinere der beiden Stufengiebel

89 Hans Poelzig, Chemische Fabrik in Luban. ‚Prüss‘-Wände und reguläres Mauerwerk sind deutlich voneinander zu unterscheiden. Das Gebäude im Vordergrund mit Schiefer gedeckt

91 Hans Poelzig, Zeche ‚Römergrube‘ in Rybnik, Oberschlesien, Projekt, 1913

ders am Turm, die durchkreuzten Rahmen dekorativ verwendet werden. Hier wie dort hat der Bau eine einprägsame Gesamtform. Diese drei Arbeiten, Luban, der Posener Turm und Rybnik, sind frei von dem Manierismus, der damals auch im Fabrikbau bemerkbar wird; übrigens nicht nur durch Behrens' Einfluß. Die Fabrikherren wollten ihre Fabriken eindrucksvoll, Behrens selbst spricht von der Reklamewirkung solcher Fabrikbauten. Dazu bediente man sich antiker Elemente, oder man machte Anleihen bei dem Vertikalismus, der damals im Warenhausbau vorherrschte. Man kann nicht sagen, daß Poelzig da abseits gestanden habe: Wir werden gleich einen Bau betrachten, der, verglichen mit den drei bisher beschriebenen, modisch genannt werden kann. *Wesentlich* poelzigsch sind diese drei.

24, 25
42
85–90

1913–1915 Annagrube in Pschow (Oberschlesien)

Die Annagrube ist ohne Zweifel ein ausgezeichneter Fabrikbau: kräftig, eindeutig, körperhaft und in der Behandlung des Backsteins geradezu vorbildlich. Aber hier erkennt man das Bemühen um „Architektur". Die schöne Unabhängigkeit der bisher von uns betrachteten Industriebauten Poelzigs ist in diesem Bau auf jeden Fall weniger stark ausgeprägt.

92
45

1911 Oberschlesienturm auf der Industrieausssstellung in Posen

Wir dürfen den Turm einen Industriebau nennen, obwohl er zunächst ganz als Ausstellungsbau benutzt wurde und später, als anstelle des Restaurants der von Anfang an geplante Wasserbehälter eingebaut war, in seinen unteren Teilen. Der Turm ist bekannt unter dem Namen Posener Wasserturm. Die Ausstellungsräume sind beherrscht von der Konstruktion, die klar zutage

93–98
26, 27

tritt. Es ist durchwegs eine Stahlfachwerkkonstruktion. Auch die Hauptstützen sind als Fachwerkrahmen ausgebildet. Man hat den Eindruck, daß die Konstruktion allenthalben sich selbst mit schöner Ausführlichkeit erläutere: Es wird alles „gesagt". Nur an einer Stelle wird wohl „übertrieben": an der Treppe. Die Konsolen waren so stark sicher nicht notwendig; der Kern der Spindel ist das Abfallrohr. Die Treppe wirkt barock, und gerade ihr Gegensatz zu der in kleinste Teile aufgelösten Konstruktion des Gebäudes macht sie so eindrucksvoll.

1908 Klingenberg (Sachsen), Talsperre

Die Aufgabe forderte Poelzigs expressive Phantasie heraus, den Widerstand der Mauer gegen den Wasserdruck darzustellen. Es geschieht am Mittelteil, welcher aus der schrägen Mauer herauswächst, sich aufrichtet und den horizontalen Abschluß übersteigt. Die Ansicht von oben während der Bauzeit zeigt, daß diese Überhöhung der Mitte technisch nicht begründet ist; sie wirkt in dieser Ansicht sogar etwas schwach, was allerdings daher kommt, daß Poelzigs ursprüngliches Projekt, wie die perspektivische Zeichnung es zeigt, nicht getreu verwirklicht wurde.

99

Man ist nicht erstaunt, auch hier den geliebten runden Bogen zu finden. Die Nischen deuten die Tiefe der Mauer an. Hier ist in der Tat alles Darstellung, Symbol, wenn man will; so daß man wohl sagen darf, der Entwurf zu Klingenberg führe zu Poelzigs ausdrucksstarken Entwürfen der Breslauer Zeit hin, zu dem Wasserturmprojekt für Hamburg und zum Bismarckdenkmal in Bingerbrück. Den Ausdruck versagt sich Poelzig nie. Er ist seine Leidenschaft. Wir können aber in seiner Breslauer Zeit zwischen den Arbeiten unterscheiden, die ihn übertreiben, und denen, die ihn mäßigen. Zu den einen gehört Klingenberg, zu den anderen Luban. Wir sind heute geneigt, Luban den Vorzug zu geben.

3 Poelzig an der Arbeit: Breslau 1904–1916

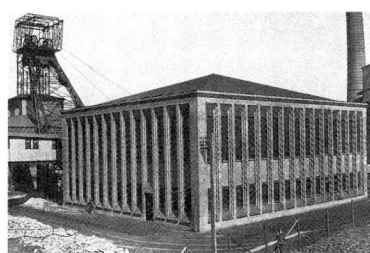

92 Hans Poelzig,
,Annagrube' in Pschow,
Schlesien, 1913–1915

93 Hans Poelzig, Oberschlesienturm auf der Industrieausstellung in Posen, 1911

94   Hans Poelzig,
Oberschlesienturm

95   Hans Poelzig, Oberschlesienturm, Inneres des Restaurants

96   Hans Poelzig, Oberschlesienturm, Treppe

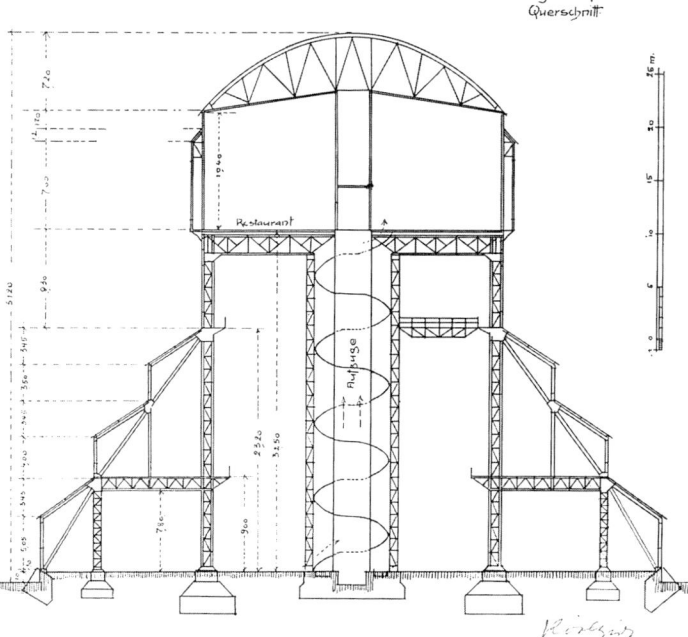

97 Hans Poelzig, Oberschlesienturm, Schnitt

98 Hans Poelzig, Oberschlesienturm, Ausstellungshalle

99 Hans Poelzig, Talsperre in Klingenberg, Sachsen, 1906

Um 1910 Wasserturm für Hamburg (Projekt)

100–102 Der Wasserturm ist die Apotheose zweier früherer Projekte: Man sieht, wie die Nischen immer tiefer werden, und der Eindruck, daß der obere Teil mit dem Behälter *getragen* wird, wird immer klarer. Das Pathos des Entwurfs läßt sich nicht leugnen, noch auch die Vorliebe für die kräftige Mauer, die man immerhin als eine Sehnsucht nach einer Zeit deuten mag, in der es dem Baumeister noch gestattet war, solche herrlich starken Mauern zu bauen. Daß die Technik mehr und mehr den Bau entmaterialisiert, ist nicht nur Poelzigs Problem gewesen. Schon Gottfried Semper hat darauf hingewiesen, daß die Schönheit ägyptischer Granitstatuen etwas mit der Schwierigkeit zu tun habe, diesen harten Stein mit primitiven Werkzeugen zu formen und zu glätten. Die Mühe der Arbeit wird im fertigen Werk evident. Was aber geschieht, fragt Semper, seit wir imstande sind, Granit zu schneiden „wie Käse und Brot"[8]? Auch van de Velde hat sich um die Jahrhundertwende mit dieser Frage beschäftigt und zustimmend bemerkt, daß jeder Fortschritt der Technik es ermögliche, den Bau weiter zu entmaterialisieren. Zustimmend, sage ich: Er wollte es so. Aber bei der Eisenarchitektur zieht er eine Grenze: Das sei eine Verspottung der Architektur.[9] Es hat seit Semper, der entschieden dagegen war, das Eisen als Konstruktion zu zeigen, einen „Eisenstreit" unter den Theoretikern gegeben, an dem Männer wie John Ruskin, Cornelius Gurlitt, Hermann Muthesius teilgenommen haben. Noch Walter Gropius schreibt im *Jahrbuch des Deutschen Werkbundes für 1912:*

„Ein breiter Holzbalken, von zwei dünnen Eisenstangen getragen, genügt der statischen Rechnung, das ästhetisch empfindende Auge wird aber durch das Mißverhältnis der tragenden und getragenen Glieder beleidigt, denn die stabile Eigenschaft des Materials ist unsichtbar, harmonisches Ebenmaß aber nur in der sinnlichen Anschauung des optischen Flächenbildes begreiflich."[10]

Die Konstruktionsform, sagt Gropius, unterscheide sich von der Kunstform. Poelzig wollte die Konstruktionsform zur Kunstform machen. Das hat er gesagt, das hat er in einem Bau wie dem Posener Turm praktiziert. Das änderte aber nichts daran, daß sein Instinkt sich der Entmaterialisierung widersetzt hat, und daß er sich oft nicht genug tun konnte in der Darstellung gewaltiger Mauern. Ja, er hat Mauern, welche wenig zu tragen hatten, gewaltig dargestellt.

Es hat aber auch damals schon Architekten gegeben, welche die gegenteilige Konsequenz gezogen haben: Max Taut hat im Jahre 1913 einen Wasserturm für Nau- *103, 104* en entworfen (Wettbewerb): eine Eisenbetonkonstruktion. Das Betonskelett ist zwar schon im ersten Projekt deutlich sichtbar, aber dort noch durch eine Mauer geschlossen. Im endgültigen Projekt fällt die Mauer.

1911 Bismarckdenkmal in Bingerbrück (Projekt)

Poelzigs Wettbewerbsprojekt für ein Denkmal zum hundertsten Geburtstag Bismarcks ist das, was man heute ein Mahnmal nennt. Das war im Sinne der Aus- *105–107* schreibung: Man wollte keine freistehende Bismarcksta- *50* tue, sondern ein symbolisches Gebäude. Poelzig hat es mit einem Stadion verbunden, welches allerdings nicht die Ausmaße heutiger Sportbauten hat. Sein Mahnmal war räumlich gedacht: das Stadion im unteren Teil, gegen den Hügel abgestützt; eine breite Treppe in drei Absätzen führt hinauf in einen Hof, den man zwischen zwei breiten Türmen betritt. In der Mitte eine Bismarck-Statue. Der Hof ist als Ort festlicher Handlungen gedacht. Die Architektur erinnert an die des Wasserturmprojektes für Hamburg, welches aus der gleichen Zeit stammt; besonders erinnern daran und *100–102* steigern noch das Pathos der Mauertiefe die gewaltigen getreppten Pfeiler und Rundbogennischen der Stützmauer. Dies war die erste Fassung.

100 Hans Poelzig, Wasserturm für Hamburg, Projekt, erste Fassung, um 1910

101 Hans Poelzig, Wasserturm für Hamburg, Projekt, zweite Fassung

103 Max Taut, Wasserturm für Nauen, Wettbewerbsbeitrag, 1913, erste Fassung

102 Hans Poelzig, Wasserturm für Hamburg, dritte Fassung

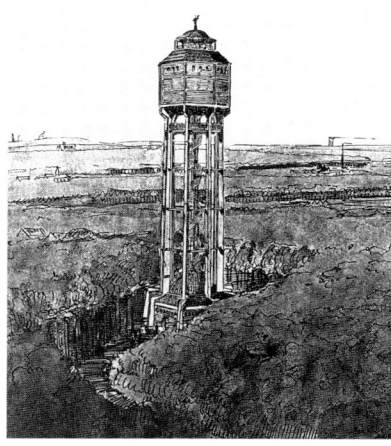

104 Max Taut,
Wasserturm für Nauen,
zweite Fassung

105 Hans Poelzig, Bismarckdenkmal in Bingerbrück am Rhein, Wettbewerbsentwurf, 1911, erste Fassung

106 Hans Poelzig,
Bismarckdenkmal,
erste Fassung, Modell

107 Hans Poelzig, Bismarckdenkmal, zweite Fassung

Das Projekt hat Poelzig stark beschäftigt, es kam seinem Sinn für Pathos entgegen. Dieser findet seinen Ausdruck zunächst wieder in der starken, durch Rundnischen gegliederten Mauer. Es gibt jedoch eine zweite Fassung, welche die beiden Teile des ersten Projektes zusammenfaßt: Sie haben nun die gleiche Höhe, das Stadion füllt den ganzen Bau aus. Die Stützmauer auf der Talseite steigt noch um etwa ein Stockwerk höher auf und ist von zwei Türmen flankiert: Der stärkste Effekt begegnet unmittelbar dem vom Rheintal Aufblickenden. Das Bemerkenswerteste aber an dieser zweiten Fassung ist die Formensprache: Die Nischen und Rundbögen sind verschwunden, die Mauer ist rundum, auch in den Türmen, als eine Skulptur behandelt mit dicht beieinander liegenden gerundeten Verstärkungen, welche sich nach oben verjüngen. An den Türmen stehen die Verstärkungen am engsten beieinander, sie berühren sich. Diese Formen sind ohne Präzedenz, es ist, als habe Poelzig nach so vielen Variationen der tiefen Bogennische, einer historischen (römischen) Bauform, den eigenen Ausdruck für die überwältigend starke Mauer gefunden.

Wir werden sehen, daß er sie 1921 in einem Entwurf für ein Bankgebäude in Dresden wieder aufnimmt – am weniger geeigneten Objekt, ein Entwurf aus der Zeit seines Schaffens, die man expressionistisch nennt; man darf sagen, daß auch das Bismarckdenkmal expressionistisch empfunden ist. Das Projekt hatte weniger Chancen als eines von Wilhelm Kreis. Aber aus der Absicht, ein Mahnmal in Bingerbrück zu bauen, ist dann nichts geworden. In Poelzigs Werk nimmt das Projekt dennoch eine wichtige Stelle ein: Die Erinnerung an Historisches wird ad acta gelegt, das Unerhörte wird gewagt.

1909 Königsberg, Schloßbrücke (Projekt)

Die Brücke ist ein Thema, das Poelzig immer interessiert hat; übrigens nicht ihn allein: Die Brücke ist ein Thema dieser Zeit, weil man im späten neunzehnten Jahrhundert dem Architekten jede Einwirkung auf die Gestalt der Brücken versagt hatte. Die Brücke war die Arbeit des Ingenieurs. Der Architekt wurde beauftragt, die Brückenpfeiler mit irgendeiner Stilform auszustatten. „Man verlangte von ihm [dem Architekten; d. Verf.], sagt Poelzig, Verschönerung irgendeiner Grundlage, nicht künstlerisches Durchdenken einer Anlage von vornherein."[11]

Was Poelzig da dem Architekten ermöglichen will, geht nicht selten über seine Kraft, und Poelzig selbst hat in einigen Brückenentwürfen danebengehauen. Das war bei einigen der Stahlbrücken über den Rhein der Fall, die er gemeinsam mit der Firma Gollnow & Sohn 1928 und 1929 entworfen hat. Die Königsberger Schloßbrücke ist als eine technische Skulptur aufgefaßt, wobei der Akzent auf dem Worte Skulptur liegt. Die Form der Brückenpfeiler ist nicht technisch. Als Skulptur aber scheint mir die Brücke durchaus geglückt zu sein: Man beachte die Art, wie die Treppe für Fußgänger weich in den Uferpfeiler übergeht.

1910 Botschaft in Washington (Projekt)

Das Wettbewerbsprojekt für die deutsche Botschaft in Washington ist ein Außenseiter in Poelzigs Werk. Es wurde in einer Zeit anspruchsvoller Botschaftsbauten und -entwürfe konzipiert – man denke an Peter Behrens' Botschaft in St. Petersburg –, und man kann zu seinen Gunsten sagen, daß es bescheidener ist. Die Kolonnade tut dem Gebäude keinen Zwang an, die beiden Seitenteile mit den niedrigen Stockwerken der Büro- und Wohnungsgeschosse setzen sich durch. Bei weitem der größte Teil der Fassade ist Rustikamauer mit kleinen Öffnungen, eher „florentinisch" als antik; und die seitlichen „Türme" treten nur ganz wenig vor den rustizierten Sockel des offiziellen Bauteils vor, bilden

92

108 Hans Poelzig, Bankgebäude, Dresden, Projekt, 1921

109 Hans Poelzig, Brücke beim Königlichen Schloß in Königsberg, Ostpreußen, Projekt, 1909

110 Hans Poelzig, Kaiserliche Gesandtschaft in Washington, Projekt, 1910, Ansicht

111 Hans Poelzig, Kaiserliche Gesandtschaft in Washington, Grundriß

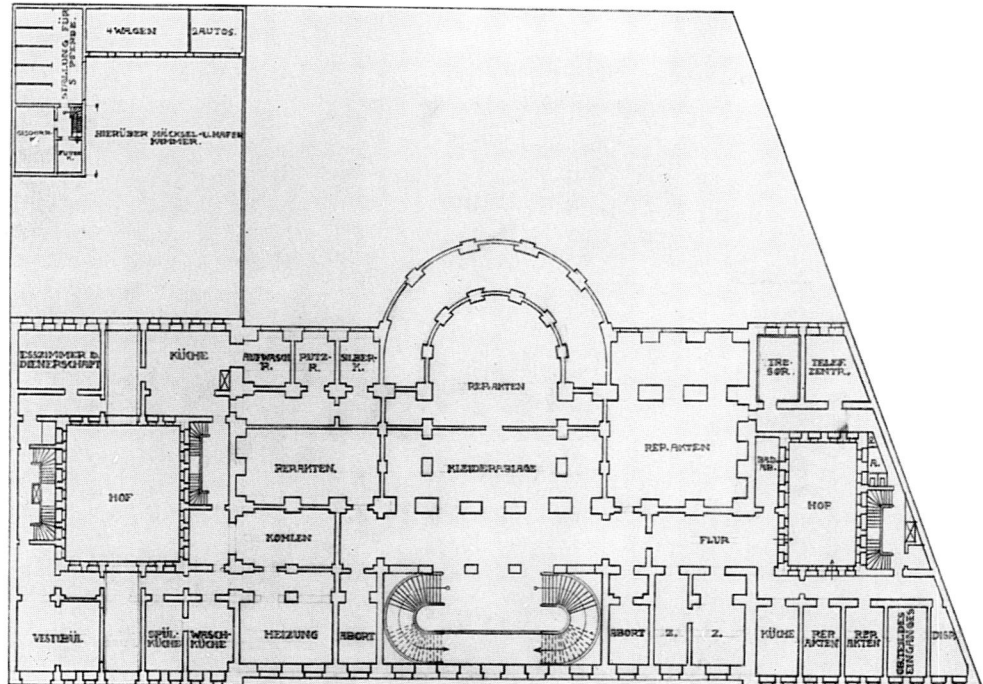

112 Peter Behrens, Kaiserliche Gesandtschaft in St. Petersburg, 1911–1912

praktisch mit ihm eine Fläche. In dieser Vereinheitlichung sehe ich die größte Tugend des Projekts: dies, nicht die dorischen Halbsäulen – nicht einmal Halbsäulen, auch sie treten in die Fläche zurück –, sollte Eindruck machen. Ein nicht eben kongeniales Thema wird auf Poelzigs Art behandelt.

1912 Wettbewerbsprojekt Königliche Oper Berlin (Projekt)

Der Wettbewerb hatte eine komplizierte Vorgeschichte – und führte dann doch zu nichts: 1909 wurde der Standort entschieden: gegenüber dem Reichstagsgebäude, am Königsplatz, auf dem damals die „Siegessäule" stand, das Monument zur Feier der drei Bismarckschen Kriege. Das war eine sehr offizielle Plazierung in der Reichshauptstadt Berlin. Dort wurde in den zwanziger Jahren wirklich ein sehr viel bescheideneres Opernhaus eröffnet, die sogenannte Krolloper.[12] 1910 wurde ein Wettbewerb mit nur acht Teilnehmern ausgeschrieben, 1912 ein zweiter beschränkter Wettbewerb; aber der wurde schließlich doch allen deutschen Architekten geöffnet.

Die Opernhausentwürfe wurden von Hans Schliepmann veröffentlicht[13], und sein Buch ist ein Zeitdokument: Wie beim Bismarckdenkmal, wie bei dem Washingtoner Wettbewerb wurden nur großsprecherische Entwürfe abgeliefert. Es lag an der Aufgabe, an dem hochoffiziellen Platz, es lag am Programm – und es lag an der Zeit. Schon der geistvolle Preußenkönig Friedrich-Wilhelm der Vierte hatte sich über Schinkels Schauspielhaus mokiert: „Ein ausgezeichneter Bau: sogar ein Theaterchen ist drin." Was hätte er zu dem *113–115* Opernprojekt von 1912 gesagt! Das ist reiner Wilhelminismus; der Zuschauerraum ist ganz klein verglichen mit den riesengroßen Foyerräumen. Selbst Poelzig, welcher, Sempers Vorbild folgend, den Theatersaal in der äußeren Gestalt des Baukörpers sichtbar zu machen

versuchte, macht ihn nur scheinbar sichtbar: In der Mitte des großen Halbkreises steht nicht der Zuschauerraum, sondern das kreisrunde Treppenhaus. Das „Theaterchen" verschwindet dahinter in der Baumasse des großen Foyers und des Bühnenhauses. Immerhin *hat* Poelzig Sempers erstes Opernhaus in Dresden zum *116, 117* Vorbild genommen. Alle anderen Architekten haben Monumentalfronten konzipiert, von denen die besseren sich wenigstens an gute Vorbilder halten: Bruno Möh *118, 119* rings Opernhausfront ist von Schinkels Museum inspiriert – nur hat Schinkels Museum dort nichts zu suchen. (Einen Anklang an Schinkels Museum entdeckt man übrigens auch in der Gestalt des Bühnenhauses bei Poelzig.) Eine von Poelzigs Skizzen macht seine Idee des Außenbaues deutlich: Das ist nicht eine große, geschwungene Mauer mit Halbsäulen, das ist eine gefaltete oder in Segmenten gehöhlte Wand. *115*

In seinem Buch *Der Preußische Stil* aus dem Jahre 1916 schreibt Moeller van den Bruck über Poelzigs Entwurf:

„Aber nicht nur das klassische Bewußtsein stellt sich wieder her [in den Jahren vor dem Kriege; d. Verf.], auch barocke Elemente drängten sich wieder vor, nicht nur das Gefühl für Fläche, auch das für plastische Durchbildung des architektonischen Körpers kehrte zurück – und als Poelzig seinen überschwenglichen Entwurf für die neue Berliner Oper schuf, für dieses musische und zugleich repräsentative Haus, da schien zwischen Rococo und Frühklassizismus, zwischen Knobelsdorff und Schinkel, zwischen Gluck und Mozart nun wirklich die spielende und würdevolle, heitere und ganz wunderbare Verbindung geschlossen zu sein, auf die es hier ankam."[14]

Das ist ein wenig bombastisch gesagt; aber wir werden bald sehen, daß der Hinweis auf das Barock, ja vielleicht auch der Gedanke, Poelzig habe eine Synthese aus klassisch-preußischem und barockem Bewußtsein versucht, nicht eben aus der Luft gegriffen ist.

113 Hans Poelzig, Opernhaus in Berlin, Wettbewerbsentwurf, 1912, Grundriß

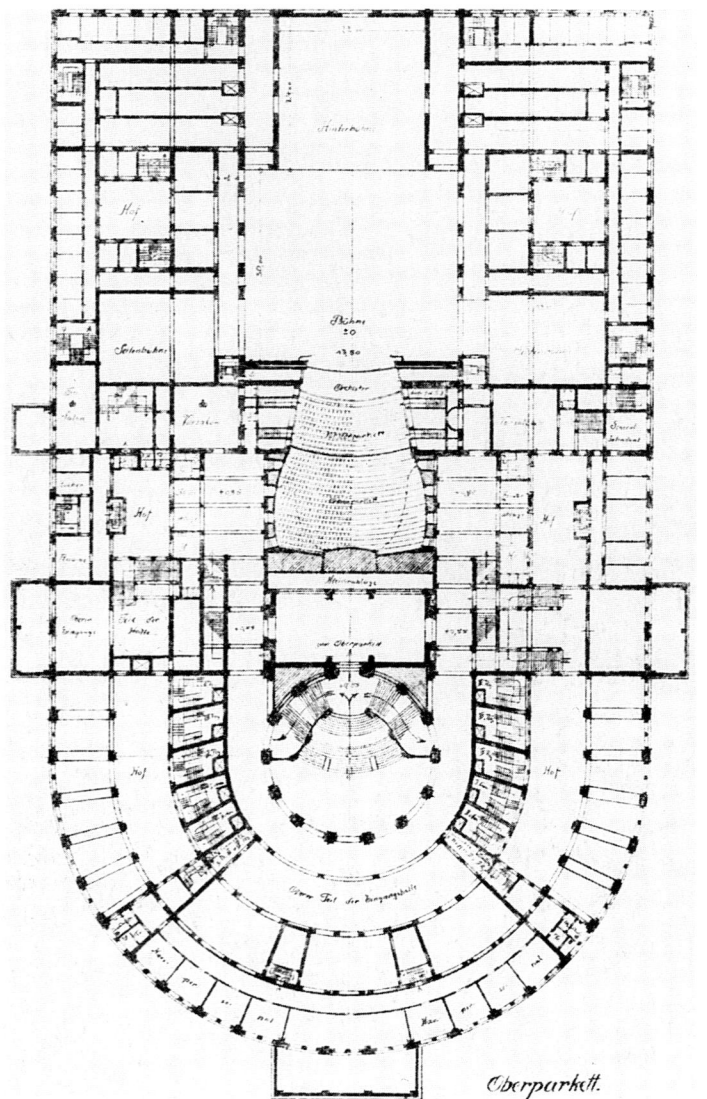

114 Hans Poelzig, Opernhaus in Berlin, Perspektive

115 Hans Poelzig, Opernhaus in Berlin, aus dem Skizzenbuch

116 Gottfried Semper, das erste Opernhaus in Dresden, 1838–1841

118 Bruno Möhring, Opernhaus in Berlin, Wettbewerbsentwurf 1912

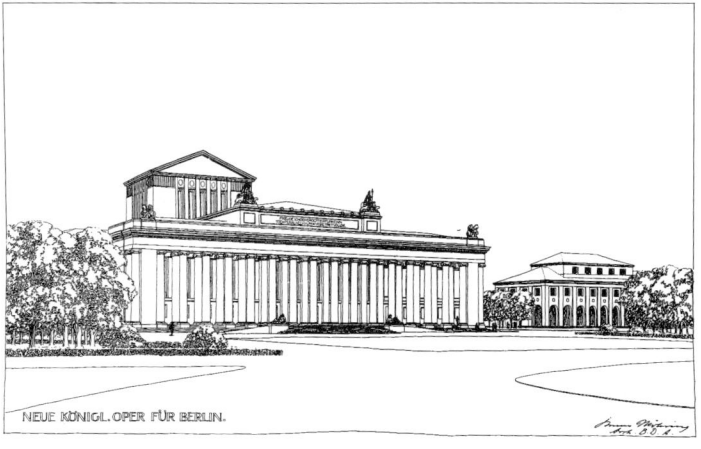

117 Gottfried Semper, Opernhaus in Dresden, Grundriß

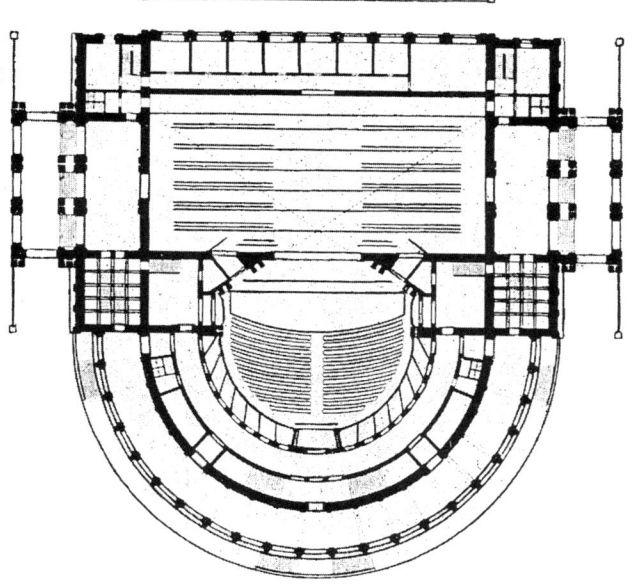

119 Karl Friedrich Schinkel, Altes Museum, Berlin, 1823–1826

1913 Bauten der Jahrhundertausstellung in Breslau

Die Bauten auf der Gedächtnisausstellung an die Befreiungskriege von 1813 in Breslau, 1913, waren die
letzte große Bauaufgabe, die Poelzig in Breslau übernahm; in der Tat, sie waren die größte überhaupt. Die
Aufgabe mag ihm ungewohnt gewesen sein; denn hier
spielte nicht er die erste Geige, sondern der Stadtbaurat
von Breslau, Max Berg, der in der Jahrhunderthalle
nicht nur die bis dahin größte Beton-Rippenkuppel
verwirklicht hat – ihr Durchmesser beträgt 65 Meter –,
sondern auch den schönsten Betonbau vor dem Ersten
Weltkrieg. Poelzigs Ausstellungsbauten, besonders sein
Garten mit der im Plan parabolischen Pergola und das
Eingangstor zur Ausstellung mit der breiten Zugangs-
allee und den sie begleitenden Gebäuden sind auf die
Jahrhunderthalle bezogen, rahmen sie. Sie tun das auf
großartige Weise.

Eine weitere Schwierigkeit war die: Poelzig übernahm den Eisenbeton als Baustoff für sein Gebäude der
historischen Ausstellung. Er fühlte sich aber, anders als
Berg, verpflichtet, in diesem Betonbau eine Erinnerung
an die Architektur des frühen neunzehnten Jahrhunderts, der Zeit der Befreiungskriege, sichtbar werden zu
lassen. Er selbst sagte dazu:

„Das kam daher, weil das Ausstellungsgebäude der
Gedächtnisausstellung 1813 diente und infolgedessen
lauter Empire oder Schinkelsche Antike in sich aufnahm. Da aber das Haus in seinen Säulen und Stützen
in Beton gestampft werden sollte, so versuchte ich, die
Formen auf diese Bauweise umzustellen."[15]

Ob das die besondere Form seiner dorischen Säulen
erklärt, ob Poelzigs Kapitäle leichter zu stampfen sind
als griechisch-dorische, weiß ich nicht. Ich meine, daß
er sie in eine Form gegossen haben muß; auf jeden Fall
muß eine Form verwendet worden sein: Das kann man
machen, aber es ist nicht eigentlich Betontechnik. Wie
dem auch sei, es ist Poelzig gelungen, seine Säulen sehr

schön und präzis in Beton herzustellen. Die Pergola mit
den Säulenpaaren ist kräftig genug, und der Raum mit
der ovalen Kuppel auf sechs Säulen muß eine reine
Freude gewesen sein.

Ich habe beim Ansehen der anderen Arbeiten aus
der Breslauer Zeit gefunden, daß Stilformen Poelzig
eigentlich gleichgültig gewesen sind. Er hatte es allerdings vor 1913 vermieden, zu genaue Anklänge an Stilformen in seinen Gebäuden aufzunehmen, auch im
Rathaus Löwenberg. Ist die klassische „Stimmung"
der Zeit, die wir gelegentlich der Besprechung des
Entwurfs für ein Franziskanerkloster bei Glatz erwähnt haben, auch an ihm nicht spurlos vorübergegangen? Das könnte sein. Auf jeden Fall bleiben die dorischen Säulen in Breslau, 1913, in seinem Werk ein
Unikum.

Man übersieht aber gern, daß Poelzig auf der Ausstellung in Breslau, die ein sehr vielseitiges Unternehmen gewesen ist und keineswegs nur eine Gedächtnisausstellung für 1813, eine ganze Reihe anderer Gebäude
ausgeführt hat, von denen einige erstaunlich modern
anmuten: Man hält sie auf den ersten Blick für Gebäude
der zwanziger Jahre.

Ein Vergleich drängt sich auf: Die Breslauer Ausstellung war moderner als die ein Jahr später in Köln statt-
findende Werkbundausstellung, auf der es zwar einige
wenige Gebäude von einer sehr neuen Formensprache
gegeben hat – Bruno Tauts Glaspavillon, Gropius' Bürohaus und Fabrik –, aber die große Mehrheit der Ausstellungsbauten in Köln kehrt viel bedingungsloser zum
Klassizismus zurück, als Poelzig bei seinem Versuch
mit dorischen Säulen aus Beton das tut. Und das sind
Gebäude der besten Namen der Vorkriegsarchitektur:
Behrens, Theodor Fischer, Riemerschmid, Bruno Paul,
Muthesius. Wir werden Poelzig im Jahre 1916 mit einer
Reihe dieser Architekten in Konkurrenz sehen, beim
„Haus der Freundschaft" in Konstantinopel, und wer-
den finden, daß *sie* klassizistisch geblieben sind – und
Poelzig nicht.

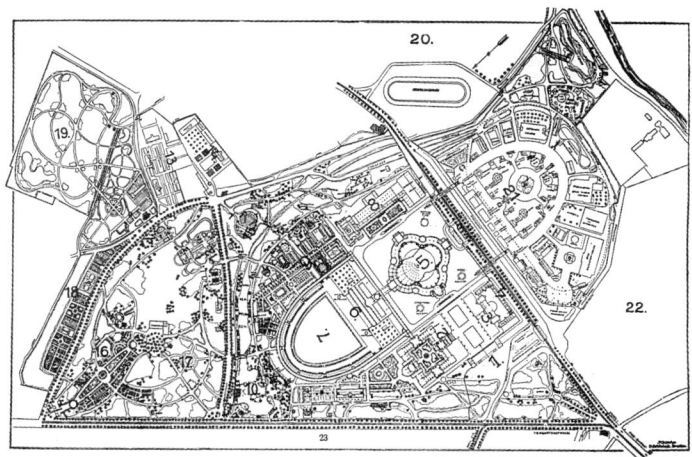

120 Max Berg, Jahrhundertausstellung in Breslau, 1913, Gesamtplan

121 Max Berg, Jahrhunderthalle auf der Jahrhundertausstellung, Breslau, 1912–1913, Inneres

122 Hans Poelzig, Pergola auf der Jahrhundertausstellung in Breslau. Im Hintergrund die Jahrhunderthalle von Max Berg

123 Hans Poelzig, Jahrhundertausstellung in Breslau, 1913, Eingangsbereich

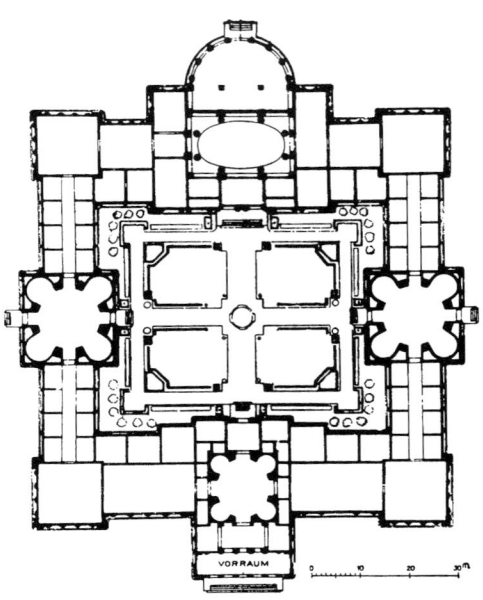

124 Hans Poelzig, Pergola auf der Jahrhundertausstellung in Breslau, 1913. Im Hintergrund Poelzigs Gedächtnishalle

125 Hans Poelzig, Gedächtnishalle auf der Jahrhundertausstellung in Breslau, 1913, Grundriß

126 Hans Poelzig, Gedächtnishalle, Inneres

127 Hans Poelzig, Gedächtnishalle. Die Säulen sind aus Beton.

128 Hans Poelzig, Gedächtnishalle, Ausstellungsräume

129 Hans Poelzig, ‚Weinhaus Rheingold' auf der Jahrhundertausstellung in Breslau, 1913

1913 Wettbewerb um die städtebauliche Gestaltung der Zentralanlagen der Stadt Rüstringen in Oldenburg (Projekt)

Der Wettbewerb nimmt in Poelzigs Werk eine Sonderstellung ein. Ein ähnliches Projekt begegnet uns erst wieder fünfzehn Jahre später: der Entwurf eines Stadtzentrums für den Industrieort Hindenburg in Oberschlesien (vgl. Kapitel 10, Arbeiten, 1924–1931). Auch dort wird es sich um die künstliche Herstellung einer Stadtmitte für ein schnell sich entwickelndes Arbeits- und Wohngebiet handeln. In Hindenburg ist die Arbeit der Bergbau, in Rüstringen hat sie mit der Kriegsflotte zu tun, deren Hafen Wilhelmshaven gewesen ist. Rüstringen sollte der Mittelpunkt der „vereinigten Gemeinden" werden, „die in weitem Bogen die Militär- und Fabrikstadt Wilhelmshaven umschließen", wie der Verfasser eines ausführlichen Berichtes über den Wettbewerb, der Architekt Willy Hahn, es ausdrückt.[16] In Hindenburg sollte das Rathaus von Wohnhäusern umgeben sein, nur ein Theater sollte außerdem im Stadtzentrum gebaut werden. Das Programm für Rüstringen war ehrgeiziger: Es sollte in dem neu zu schaffenden Zentrum neben dem Rathaus eine Markthalle errichtet werden, eine große Knaben- und Mädchenschule, ferner Feuerwache, Sparkasse und ein Saalbau für 1000 bis 1200 Personen „mit reichlich Nebengelaß". Ein unmögliches Programm, aber die Zeit kurz vor Ausbruch des Krieges hielt es offenbar für realistisch; obwohl der kritische Berichterstatter Hahn auf die Schwierigkeit hinweist, die räumlichen Anordnungen der Architekten, die am Wettbewerb teilgenommen hatten, würden nur dann zur Wirkung kommen, wenn alle diese Gebäude sogleich gebaut würden (was Hahn wenig wahrscheinlich zu sein schien). Aus diesem Grunde haben einige der Teilnehmer eine Anzahl der verlangten Gebäude in Nebenstraßen gelegt. Es handelt sich um einen beschränkten

Wettbewerb; und man hat einige der bekanntesten Architekten der Zeit eingeladen: neben Poelzig Martin Wagner, der damals im Stadtbauamt Rüstringen gearbeitet hat, ebenfalls vom Stadtbauamt den Architekten Sell und den Basler Bernoulli, um nur sie zu nennen. Einige der Entwürfe waren malerisch konzipiert, in der Nachfolge von Sittes berühmtem Buch *Der Städtebau nach seinen künstlerischen Grundsätzen;* so der reizvolle Entwurf der Architekten Lübbers und Dieter, Rüstringen, mit kleinen Plätzen, Blickachsen, vom Hauptstrom des Verkehrs abgeschlossenen städtischen Binnenräumen. Poelzig hat für diese Art des Städtebaues niemals etwas übrig gehabt. Er nannte das „mit der Kamera entwerfen". Er – und ebenso Martin Wagner – versammelten die städtischen Gebäude, die der Wettbewerb verlangte, alle an einem großen Platz vor dem Rathaus. Dem Rathaus gegenüber plaziert Poelzig den Saalbau, hinter ihm einen Marktplatz von erheblich geringerer Fläche, zu beiden Seiten die Schulen. Der Plan ist im klassischen Sinne monumental. Dem widerspricht der nicht-klassische Charakter der Gebäude: Sie sind lebhaft durch Giebel gegliedert, in jedem Gebäude wechseln die sehr großen Hauptgiebel mit Reihen von Nebengiebeln ab. Um die Einheit der Platzarchitektur noch weiter zu betonen, hat Poelzig allen Gebäuden die gleiche vertikale Gliederung gegeben, das heißt, alle Fenster haben den gleichen, engen Abstand. Auf die vertikale Gliederung ist er 1929 in der Front des Hauses des Rundfunks in Berlin zurückgekommen. Aber dort ist nur diese Front so gegliedert, in dem Rüstringer Entwurf begegnet die gleiche eng-vertikale Gliederung, wohin man an diesem Rathausplatz den Blick wendet. Das gibt dem Ganzen, trotz der großen Giebel des Rathauses, der Knabenschule, des Saalbaues eine gewisse Starrheit. Sie mag ein Grund dafür sein, daß man diesen Entwurf Poelzigs aus dem Auge verloren hat. Ich habe ihn nicht gekannt, bis Dieter Radicke mich vor nicht langer Zeit auf ihn aufmerksam gemacht hat; und ihm selbst, dem

275

130–132

288, 289

Leiter des Poelzig-Archivs in der Plankammer der Technischen Universität, war er auch erst „in diesen Tagen (November 1987) begegnet".

Wir bemerken gelegentlich des Entwurfs für ein Kloster bei Glatz (Schlesien) von 1915, daß Poelzigs Architektur zur Zeit des Kriegsausbruches sich in einer Krise befand, welche erst 1916 mit den expressionistischen Entwürfen seiner Dresdner Zeit beendet wurde. Der Anblick des Rüstringer Entwurfes bestätigt diesen Eindruck.

130 Hans Poelzig, Rathaus in Rüstringen bei Wilhelmshaven, Wettbewerbsbeitrag, 1913. Von links nach rechts: Mädchenschule, Auditorium, gedeckter Markt

131 Hans Poelzig, Rathaus in Rüstringen. Von links nach rechts: Knabenschule, Rathaus, Mädchenschule

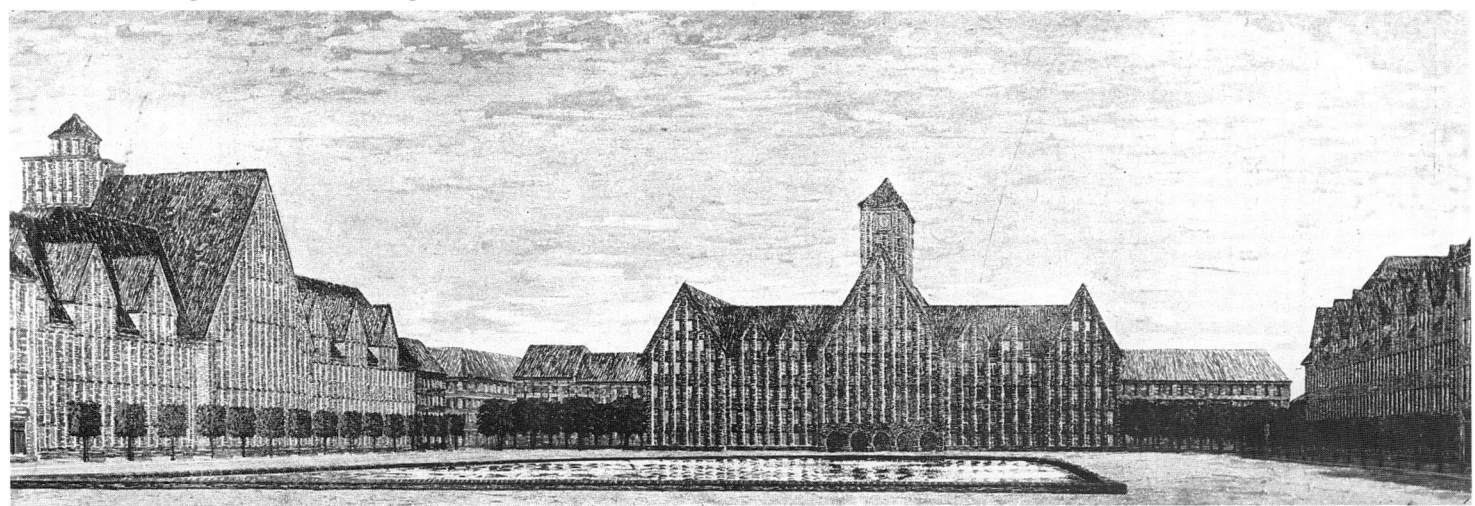

132 Rathaus in Rüstringen, Gesamtanlage

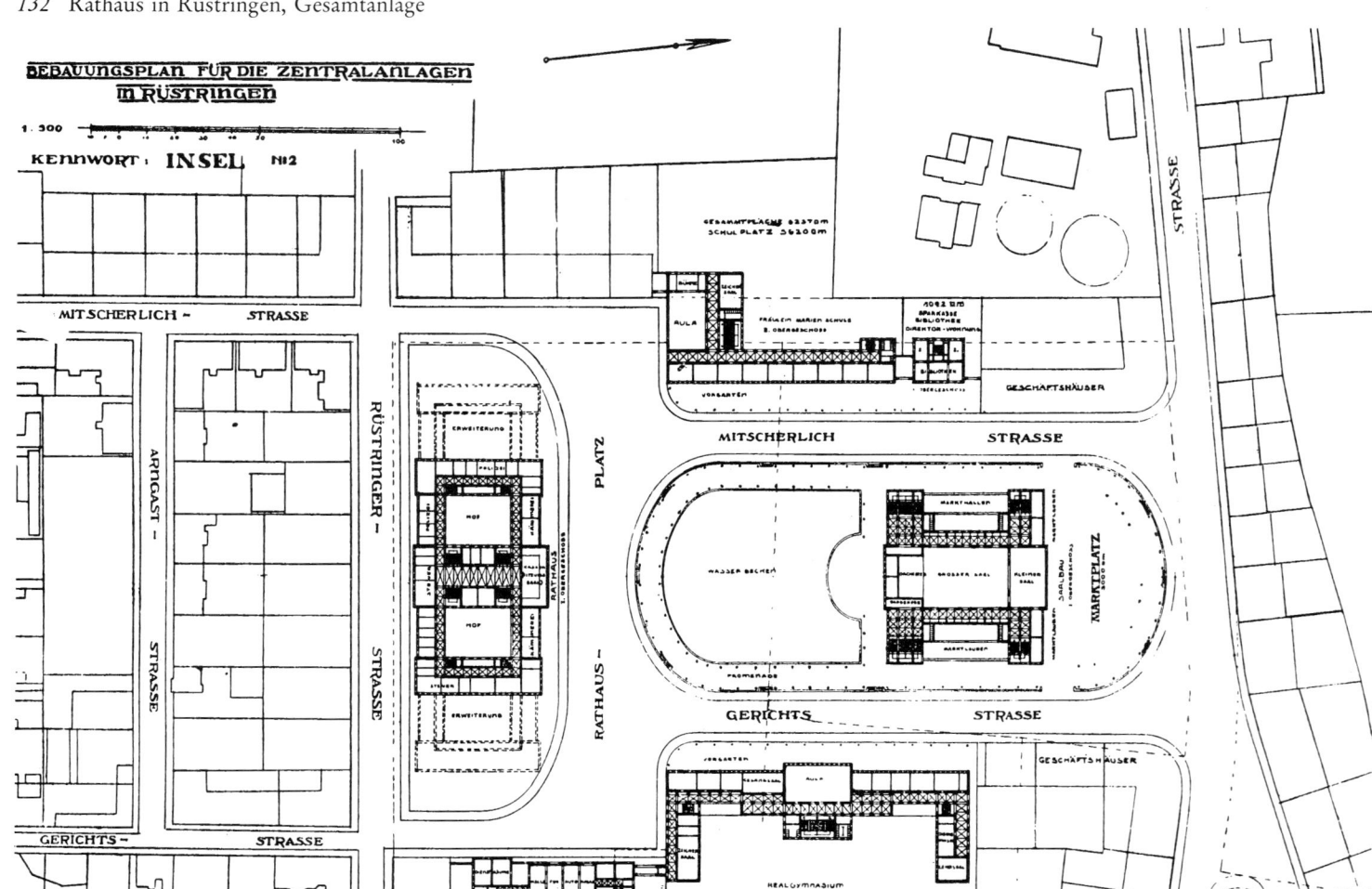

4 Abschließendes zu Breslau

Abschließend zu Poelzigs Breslauer Zeit einige Bemerkungen. Zunächst dies: Das war die Zeit vor dem Ersten Weltkriege, und obwohl ich selbst diese Zeit als Kind erlebe habe, fällt es mir nicht leicht, sie in die Vorstellung zurückzurufen. Sie ist uns ferngerückt.

In der Architektur in Deutschland steht sie im Zeichen der Gründung des Werkbundes. Und der Werkbund hat gegen einen Zustand protestiert, den wir uns noch weniger vorstellen können, und er wollte von diesem Protest her eine brave new world, die sich ja wohl würde herstellen lasen; denn er wollte nichts Endgültiges und nichts Unerhörtes. Das, wogegen er protestiert hat, war das Aufhören der Beziehung zwischen der Architektur und dem täglichen Leben. Was er wollte, war eine Wiederherstellung dieser Beziehung. Der Architekt Theodor Fischer hat in der ersten Versammlung des Werkbundes nach der Gründung, im Jahre 1908, für diese Aufgabe eine Frist gesetzt: acht Jahre.[1] Das war nicht viel. Das Vertrauen muß groß gewesen sein, daß die Aufgabe des Werkbundes in dieser kurzen Zeit zu leisten sein würde. Sie war nicht zu leisten; es gibt den Werkbund noch heute. Daß er aber damals den vollen Erfolg seiner Bemühungen nicht ernten konnte, liegt, zum Teil wenigstens, daran, daß 1914 eine Katastrophe eintrat, mit der die Werkbundgründer nicht gerechnet hatten oder nicht rechnen wollten. Ich habe die Stimmung jener Zeit einmal so ausgedrückt: „Im Grunde warteten sie auf die Katastrophe, aber sie glaubten nicht an die Katastrophe."[2] Was aber das angeht, wogegen der Werkbund protestiert hat, die Entfernung der Architektur vom Leben, so erinnere ich mich hieran genau: Alles Gebaute war mir als Kind fremd und feindlich, war offenbar das Ergebnis der Arbeit von Spezialisten,

von Architekten, wie ich später erfuhr: Leuten, die sich mit geheimnisvollen Dingen beschäftigten, wie Proportion und Stil und Ornament, auch mit dem Räumlichen, wie man diese Eigenschaft nannte. Alles Eigenschaften, zu denen man sich den Zugang erst erwerben mußte: durch Studium, durch Anschauung, durch allmähliches Verstehen. Das Haus, in dem wir während meiner ersten Jahre wohnten, eine in mittelalterlichen Formen gehaltene Vorortvilla in Berlin, schien mir düster und unbehaglich. Die Möbel, welche meine Eltern besaßen, schwere Möbel der Zeit vor 1900 im Stile der deutschen Renaissance, waren mir vollends unheimlich. Die Standuhr, die ich mit kindlichem Grauen „die Ofenuhr" nannte, verfolgte mich in Angstträumen, so daß ich ihr auch bei hellichtem Tage nicht gern nahekam. Aber so hellicht war der Tag ja nicht in den dunklen Räumen, die man damals bevorzugte und die man wohl behaglich fand. Ich erwähne aber diese Erinnerungen, um sichtbar zu machen, wogegen der Werkbund angetreten ist. Wir finden die Abneigung gegen diese Art zu bauen in allem, was Hans Poelzig damals geschrieben hat. Es hat viel mit dem Werkbund zu tun.

Der Werkbund aber war wirklich in außerordentlichem Maße erfolgreich. Es war geradezu, als habe man auf etwas wie den Werkbund gewartet. Daß das wirklich der Fall war, zeigt schon die Aktion der AEG, des großen Unternehmens Allgemeine Elektrizitäts-Gesellschaft in Berlin, als sie Peter Behrens zu ihrem Generalgestalter machte. Das geschah 1907, einige Monate, bevor in München der Werkbund gegründet wurde. Die AEG ist unabhängig vom Werkbund zu ähnlichen Resultaten gelangt; und: Sie hat gesehen, daß die gute Form für das Unternehmen zu Buche schlägt. Dies wurde seit der Jahrhundertwende zusehends evident, so daß Fabriken, Warenhäuser, Geschäftsbetriebe aller Art begannen, sich um die Form zu bemühen: die Art der Auslage, zum Beispiel, also die Technik, wie man dem Kunden die Ware so anbietet, daß er den Laden betritt. Handel und Industrie entdeckten den Geschäftswert der guten Form, welche faßlich sein sollte, einfach und schlagend: werbend mit einem Worte. Und der Werkbund machte sich diesen Gesichtspunkt zu eigen, sei es, daß er sich den Großmächten der Zeit, Handel und Industrie empfehlen wollte, sei es, daß seine Gründer auch dies wichtig fanden. Es war wohl beides der Fall. Der Werkbund war in dieser Hinsicht so schnell erfolgreich, daß einige dabei schon ein unangenehmes Gefühl hatten. Es entlud sich im Werkbund selbst zu historischer Stunde, im Juli 1914, als Hermann Muthesius die versammelten Werkbundleute aufforderte, die Werkbundarbeit fortan dem typischen Gegenstand zu widmen, nicht dem schönen, künstlerisch konzipierten Einzelstück. Das war im Sinne des Werkbundes nur konsequent: Er hätte William Morris nicht zurückgelassen, er hätte nicht die Maschine als Hersteller gut geformter Gegenstände für den Alltag ernst genommen, wenn er nicht den typischen Gegenstand ernst gemeint hätte. Als aber Muthesius des Guten zuviel tat und seinen Vorschlag der Typisierung auf den deutschen Export bezog, da war es denen im Werkbund, die in erster Linie Künstler sein wollten, zu viel. Damals ging einer der Jungen im Werkbund, Bruno Taut, so weit, einen Kunstdiktator (!) vorzuschlagen; er nannte sogar Namen: van de Velde – und Poelzig.

Warum aber Poelzig? Weil Poelzig an dieser Seite der Werkbundarbeit, der Reklameseite, um sie einmal so zu nennen, nicht teilgenommen hatte. Poelzig hatte sich nur mit der einzelnen Aufgabe beschäftigt, die er gerade in den Händen hatte. Auch wenn er eine Wohnung einzurichten hatte, wie die von Ludwig Pallat, beschäftigte er sich mit dem einzelnen Möbelstück; und es war Maßarbeit. Es hatte in höchstem Maße die Attribu-

133–136

te der neuen Einfachheit, war insofern Werkbundarbeit; aber es war ganz auf die Bequemlichkeit und die Vorlieben *eines* Mannes zugeschnitten; seine Briefe an Pallat (vgl. Kap. 2) zeigen es.

Und noch etwas anderes: Er hat immer jede Aufgabe, an die er herantrat, als etwas ganz Eigenes behandelt. Das haben wir in der allgemeinen Betrachtung und beim Ansehen seiner Arbeiten gesehen. Er hatte niemals Lösungen bereit, die er sozusagen aus der Schublade seiner bisherigen Erfahrungen holen konnte. Heuss führt einen Kronzeugen an, Ferdinand Avenarius, der seine „erstaunliche Wandelbarkeit" bemerkt habe. Heuss sagt:

„Avenarius schrieb in einer Betrachtung seines ‚Kunstwartes' über Poelzig den hübschen Satz: ‚er sättigt sich mit der Aufgabe', um darzutun, daß kein Schema, kein Kanon, auch keine individuelle ‚Poelzig-Marke' das bisherige Werk zur Einheit zwinge, sondern daß aus Phantasie und Einsicht, aus freiem Formverfügen jene höchst lebendige Vielfalt erwachsen sei und erwachse; war das eine ‚erstaunliche Wandelbarkeit'?"[3]

Dieser Wandelbarkeit – um den Ausdruck einmal anzunehmen – diesem Vermögen, an jede Aufgabe von Grund aus neu heranzugehen, scheint seine Vorliebe für gewisse Formen zu widersprechen. Wir haben gesehen, wie das im Halbkreis gewölbte Fenster in seiner elementaren Form als Halbkreisfenster immer wieder in Erscheinung tritt. Der Halbkreis *ist* ein Grundmotiv des poelzigschen Formempfindens, wenigstens damals. Er hat etwas zu tun mit seinem Empfinden für die Schwere des Materials, auch für das im uralten Sinne „Gebaute"; denn in einem Zeitalter der reifen Stahlkonstruktion und der beginnenden Betonkonstruktion, welch letztere es immerhin zu Leistungen gebracht hatte wie Bergs Jahrhunderthalle, waren die schwere, gemauerte Wand und der Halbkreisbogen, der ihrem Gewicht widersteht, eine Bauart der Vergangenheit. Aber Poelzig hielt daran fest, was immer er *gesagt* haben mag, so daß es dann zu so grotesken Gegenüber-

133 Hans Poelzig, Haus auf der Kunstgewerbeausstellung in Breslau, 1904, Küche mit Einbaumöbeln

134   Hans Poelzig, Schrank, im Besitz von Fritz Stern, New York

stellungen von Gesagtem und Geplantem kommen mag wie bei jenen zwei Seiten in meinem Poelzig-Buch von 1970, wo die modernsten Aussprüche über Leichtigkeit und Entmaterialisierung „illustriert" werden durch die Abbildung des letzten der Hamburger Wassertürme, in dem alles Schwere ist und das rundbogige Anstemmen gegen die Schwere.

Zu Beginn des Krieges hat seine Arbeit eine Grenze erreicht, sehr gelegentlich auch schon überschritten. Er hat sich auch mit der Neigung zur Klassik der letzten Vorkriegsjahre auseinandergesetzt. Er ist – beinahe – an *122–129*

einem toten Punkt angekommen, für den das nicht glückliche Projekt für das Kloster bei Glatz ein Beispiel *79–81* sein mag. Er hat ihn auch, zumindest einmal, überwunden: in dem zweiten Projekt für das Bismarckdenkmal am Rhein, wo zum erstenmal Formen hervortreten, die *50* es noch nicht gegeben hat. Hinter sich hat er ein reiches *105–107* Werk an Realisationen und Projekten, dessen Gipfel wohl die Fabrik in Luban ist. Er genießt einen großen *24, 25* Ruf. Als er 1916 dem geliebten Breslau, dem er so viel *42* verdankt, den Rücken kehrt, ist er zu einem neuen An- *85–90* fang bereit.

135 Hans Poelzig, Sitzgruppe, um 1910, im Besitz von Fritz Stern, New York

136 Hans Poelzig, Bank, Tische, im Besitz von Fritz Stern, New York

Dokument 9
Hans Poelzig, Gärung in der Architektur (1906)

Der Aufsatz Gärung in der Architektur, *eine der frühesten Äußerungen, die wir von Poelzig kennen, hatte einen bestimten Anlaß: die Kunstgewerbeausstellung von 1906 in Dresden, welche man die erste Ausstellung des Werkbundes genannt hat, da gelegentlich dieser Ausstellung die Gründer des Werkbundes sich zusammenfanden und einen Zusammenschluß dieser Art ins Auge faßten. Poelzigs Aufsatz gibt die Situation wieder, die zur Gründung des Werkbundes geführt hat: Der Eklektizismus des neunzehnten Jahrhunderts war durch den Jugendstil – Art Nouveau – abgelöst oder unterbrochen worden, und der Jugendstil selbst hatte sich als ein Irrweg erwiesen. In Dresden war der Jugendstil noch stark vertreten: van de Velde hatte dort einen seiner ausgesprochensten Jugendstilräume ausgestellt. Poelzig lobte diese Dinge und betont "das dekorative Geschick ihrer Schöpfer". "Aber ebenso sinnfällig erweisen die guten wie die verfehlten Lösungen", fährt er fort, "daß eine wahrhafte Architektur mit dem Rüstzeug der Dekoration nicht zu meistern ist."*

Die Bauten auf der Dresdener Kunstgewerbe-Ausstellung 1906 spiegeln im wesentlichen den Gärungsprozeß wider, den unsere Architektur heute zu durchlaufen hat, dessen Ende noch nicht abzusehen, dessen Produkte kaum schon zu erkennen sind.
Die Hauptaufgaben der heutigen Architektur liegen nicht auf kirchlichem Gebiet, auch der repräsentative Monumentalbau profanen Charakters hat keinen maßgebenden Einfluß. Die wirtschaftlichen Fragen herrschen im Leben der neuen Zeit, und so häuft sich die Teilnahme von Volk und Künstlern auf die Architekturprobleme dieser Gattung, von der Wohnung bis zum Städtebau.
Und von hier aus gehen zumeist auch die Ansätze formalistischer Bildungen, soweit man davon in einer Zeit mannigfacher schwankender Versuche sprechen kann – Versuche, die in rascher Folge nun schon seit bald hundert Jahren das künstlerische Grundprinzip zu wechseln pflegen, auf dem sie aufgebaut werden.
Dem zumeist durch Schinkelsche Kunst gekennzeichneten Bemühen, Elemente der griechischen Formensprache auf unser Bauen zu übertragen, folgte das wahllose Aufgreifen der Formen verschiedenster Stilrichtungen der Vergangenheit – von der Gotik über die Renaissance, italienischer und deutscher Färbung, hin zum Barock und Empire – meist ohne Rücksicht auf den inneren Geist der Formen, ohne Hinblick auf den Stoff, dem ihre Gestaltung ursprünglich entsproß.
Und mit dem vereinzelten Bemühen hervorragender Architekturlehrer in Süd- und Norddeutschland, durch eingehendes Studium der Kunstsprache der Alten und ihrer wahren Bedeutung zur Erkenntnis zu gelangen, kreuzten sich bald energische Versuche, eine neue Architekturweltsprache zu erfinden, deren Gefüge und Wurzeln keinem der bisherigen Stile entsprechen oder gleichen sollten.

Und wiederum beginnt jetzt das verschämte Aufnehmen von Architekturfremdwörtern mannigfacher Stilepochen, selbst primitiver Zeiten, unter äußerlicher Aufpfropfung auf Stämme oft grundverschiedenen Charakters.
In fast allen der Dekoration zunächst dienenden Zweiggebieten mit einfacheren Grundbedingungen ist die *neue Zeit zu echter Stilistik durchgedrungen* und hat hervorragende Leistungen schon hinter sich. Nach anfänglichem Schwanken begann in Anlehnung an die Arbeiten der Vorzeit, sogar mit starkem Einfluß eines asiatischen Kulturvolkes, ein heilsames Zurückgehen auf die dem Material eigene Technik und eine durch eingehendes Naturstudium unterstützte künstlerische Verarbeitung des gegebenen Vorwurfs.
Von alledem zeugen Tapeten, Stoffe, Glasfenster, Flächenschmuck und Kleinkunst verschiedenster Art auf der Deutschen Kunstgewerbe-Ausstellung laut genug, und auch die Architektur predigt das dekorative Geschick ihrer Schöpfer. Aber ebenso sinnfällig erweisen die guten wie die verfehlten Lösungen, daß eine wahrhafte Architektur mit dem Rüstzeug der Dekoration nicht zu meistern, *daß mit rein äußerlichen Mitteln dem Problem der heutigen Architektur nicht beizukommen ist.*
Die Flucht vor allem, was historisch gegeben, kann ebensowenig Rettung bringen wie das nur dekorative Zurückgehen auf Formen der Vergangenheit.
Das Prinzip der äußerlichen Auffassung hat die Versuche mehrerer Jahrzehnte bestimmt, Formen verschiedenster Materialien nach einem in ein bestimmtes System gezwängten Linienspiel zu gestalten – ohne Rücksicht auf den Maßstab der Dinge. Abgesehen von der großen Beschränkung in der Erfindung, kann dieser Schematismus dem maßstäblich Kleinen unschädlich sein, führt aber im Großen, auf tektonische Aufgaben übertragen, zu Ungeheuerlichkeiten. Zum Teil aus dieser Erkenntnis heraus erfolgt der vielfach bemerkbare Verzicht auf tektonische Lösungen überhaupt: Stützen bleiben formlos und erhalten oft nur Flächenornamente, trennende Simse fallen fort.
Dadurch wird eine zuvor vermißte Ruhe der Erscheinung erwirkt, aber eine Ruhe, die gewaltsam erzwungen ist, nicht dem wirklichen Ausgleich der Gegensätze bei voller Betonung der tektonischen Übergänge entspricht. Es ist ein mannigfach verbreiteter Grundirrtum der gärenden Zeit, daß oft plötzlich erzwungen werden soll, was nur Epochen zuwege bringen, und daß äußerliche Besonderheiten, die sich nicht organisch von selbst ergeben, dem einzelnen Werk eine hervorragende Note verleihen sollen. Der Künstler wird abgelenkt von dem, was seine Hauptaufgabe sein muß, von einer seinem Temperament und Können unmittelbar entsprechenden unbeirrten Bewältigung seines Vorwurfs. [. . .]

Hier nun folgt eine sehr klare Darlegung des eigenen Standpunktes: daß wir die konstruktiven Lösungen der Vergangenheit nicht entbehren könnten und daß wir die gegenwärtigen neuen Konstruktionen gewissermaßen analog behandeln sollten. Poelzig spricht hier Grundsätze aus, denen er sein Leben lang treu geblieben ist.

Wir können die Vergangenheit zur Lösung der baulichen Aufgaben unserer Zeit nicht missen, wohl die Äußerlichkeiten, aber nicht die Arbeit, die vordem in der Bewältigung tektonischer Probleme geleistet worden ist.

Trotz aller struktiven Errungenschaften und Änderungen sind die meisten der vornehmsten Baustoffe noch die gleichen und viele Konstruktionen der Vergangenheit unübertroffen. Wir sind durchaus gezwungen, fest auf den Schultern der Vorfahren stehenzubleiben, und berauben uns des besten Halts, wenn wir grundlos von neuem selbständig zu experimentieren beginnen.

Und für die Aufgaben, die uns die Verwendung neuer Baustoffe stellt, gibt des eingehende Studium dessen, was bei anderen Materialien und Vorwürfen möglich und gut ist, erst den sicheren Blick und die rechte Freiheit – *eine Freiheit, die durch die geistige Verarbeitung und Überwindung des Überkommenen erkämpft wird und mit der Zügellosigkeit nichts gemein hat, die zur Ratlosigkeit führen muß.*

Die traurige Rolle, die dem Eisen – dem gewaltigen Förderer leichten Gefüges und großer Spannungen – oft nur zugemutet wird, ist die eines Kupplers, der durch seine Schmiegsamkeit und die Fähigkeit, versteckt wirken zu können, die Vereinigung unorganisch aneinandergesetzter Bauglieder erst ermöglichen muß.

Jede baukünstlerische Arbeit deckt sich zunächst mit der Arbeit, die der Ingenieur auch zu leisten hat – und gerade der heutige Architekt sollte nicht ds Recht haben, unlogisch zu sein. Wir sind und bleiben aber meist sentimental und verfahren ebenso romantisch wie vordem die Wiederbeleber der formalen Gotik – nicht ihres tektonischen Kerns – um die Mitte des 19. Jahrhunderts; wir suchen immer noch vielfach nur den Stimmungsgehalt vergangener Epochen zu retten, ohne zunächst an das zu denken, was uns frommt. [...]

Dem Ingenieur bleibt es überlassen, eine Einheit zwischen Last und Stütze, die richtigen Abmessungen der aus verschiedenen Baustoffen bestehenden Glieder zu ermitteln und abzuwägen. – Der Baukünstler sucht noch allzusehr sein Heil in rein dekorativen Ausbildungen, die dem Gefüge des Bauwerks aufgenötigt werden und die Klarheit des Organismus schädigen.

*Jede wirklich tektonische Bauform hat einen absoluten Kern, dem der in gewissen Grenzen wandelbare dekorative Schmuck wechseln-*den Reiz verleiht. Zunächst aber muß das Absolute gefunden werden, wenn auch noch in unvollkommener, in roher Form.

Und von der Entdeckung der reinen Kernform lenkt der Künstler ab, der lediglich aus äußerlichen, schmuckkünstlerischen Erwägungen heraus an die Gestaltung baulicher Gliederungen herantritt.

Der Wohnungsbau ist der erste, der sich von einer äußerlichen Auffassung zu befreien beginnt, der von innen heraus Forderungen stellt, die ihm zur Echtheit verhelfen und berücksichtigt werden müssen. [...]

Statt dessen schädigen wir oft gerade die Bauten von geringerem Umfang dadurch, daß wir ihre Bedeutung durch das unorganische Hervorheben einzelner Bauglieder steigern wollen, und können uns nicht genug tun in der Anwendung verschiedenartigster Baustoffe an einem Objekt. [...]

Die neue Bewegung trägt das Banner der Sachlichkeit gegen überkommene, inhaltlos gewordene Bildungen, die zum Schema erstarrten. Eine Sachlichkeit in der Architektur ist nur auf Grund einer gesunden Konstruktion und einer daraus entwickelten Formensprache möglich.

Die Schöpfungsbauten einer neuen Art können nur auf diesem Wege entstehen.

Noch ist das Gefüge unserer Architektensprache wirr, und es fehlt das Erkennen dessen, was unbedingt sein muß. Noch jagen wir modischen Manieren nach, die nach kurzer Zeit, durch eine Reihe von Nachbildern vulgär gemacht, der Verachtung anheimfallen, während wirkliche Architektur als Produkt einer künstlerisch geleiteten intensiven Gedankenarbeit dem Nachtreter wenig Möglichkeit zum unberechtigten Raube bieten kann.

Schon kündet sich das Rechte, vor allem bei Aufgaben, deren Komplikation gering ist, schon ist hier zuweilen der Weg des ungesuchten künstlerischen Ausdrucks beschritten. Es ist an der Zeit, nicht mehr durchaus einen Stil machen zu wollen, nicht den Künstler mit der Forderung einer sich aufdrängenden eigenen Note zu belasten, die ihn zu Äußerlichkeiten treibt, sondern zunächst nichts zu fordern als *unerbittliche Sachlichkeit und geschmackvolle Durchbildung des klar erkannten Problems.*

Hans Poelzig, Gärung in der Architektur. Das deutsche Kunstgewerbe, München 1906, abgedruckt in: Ulrich Conrads, Programme und Manifeste . . ., S. 10–13

5 Aufbruch ins Unbekannte: Dresden 1916–1920

Am 12. Februar 1916 schrieb Poelzig an Karl Schmidt, den Gründer und Leiter der „Deutschen Werkstätten für Handwerkskunst" in Hellerau bei Dresden, er habe in Breslau „bereits Moos angesetzt und möchte das wieder abstoßen". Schmidt machte den Dresdner Stadtrat auf Poelzig aufmerksam, als es darum ging, die freigewordene Stelle des Stadtbaurats von Dresden zu besetzen.

Ein paar Worte über Karl Schmidt: Er hatte nicht nur die Möbelwerkstätten, oder sagen wir ruhig, die Möbelfabrik, mit dem vielversprechenden Namen gegründet und sehr schnell zu einer der bekanntesten Produktionsstätten des neuen deutschen Gebrauchsmöbels gemacht, er hatte auch um diese Fabrik herum seine Meister, Gesellen und einige Arbeiter angesiedelt. Er hatte sich für die Planung dieser Ortschaft Hellerau an einige der besten Architekten im Werkbund gewandt: Richard Riemerschmid, München, machte den Ortsplan und entwarf die meisten der Häuser, Heinrich Tessenow baute einige Gruppen von Arbeiterhäusern und eine „Schule für rhythmische Gymnastik" für Dalcroze, welche wieder von einigen Häusern umgeben war, Hermann Muthesius baute Häuser für die besser gestellten Mitarbeiter der „Werkstätten", kleine Villen. Eine Besonderheit der Planung war, daß man viele der Leute kannte, für die in Hellerau Häuser gebaut wurden, und daß man sie nach ihren Wünschen fragte, und zwar recht genau: ob sie, zum Beispiel, eine Küche nur zum Kochen oder eine Wohnküche bevorzugten. Die Architekten haben sich auch nach diesen, nicht selten in Form von Zeichnungen deutlich gemachten Wünschen gerichtet. Karl Schmidt wünschte, der Fabrik und der Wohnsiedlung genossenschaftliche Züge zu verleihen,

soweit das im Rahmen eines kapitalistisch organisierten Betriebes möglich war. Wie weit er erfolgreich war, ist nicht leicht abzuschätzen. *Ein* Dokument existiert, die Autobiographie eines tschechisch-deutschen Arbeiters namens Wenzel Holek[1], aus der hervorgeht, daß die Häuser für ungelernte Arbeiter zu teuer waren, und daß man den Gemeinschaftsgeist, welcher, sagte Holek, eine wunderbare Sache sein könnte, in Hellerau ziemlich vergeblich suchte. Was den anspruchsvollen Namen der Fabrik angeht, so existiert auch dazu ein Kommentar: Hermann Muthesius, der die Hellerauer Möbel hoch schätzte, verwahrte Fotos von ihnen in einer Schachtel mit der Aufschrift „Dresdener Maschinenmöbel" (sic!). Karl Schmidt war einer der wichtigsten Männer des Werkbundes, und die Mißverständnisse, an die er glaubte, sind nicht nur liebenswert, sie sind achtenswert; denn einmal bewirkten sie wirklich Veränderungen in der Welt, und dann waren ja sie es, die der Werkbundbewegung und der ganzen vielseitigen Reformbewegung der Zeit das Gepräge gegeben haben: Es war eine Zeit, in der man sich noch Illusionen machen konnte: schöpferische Illusionen.

Karl Schmidt also war in Kontakt mit Poelzig (was man erwarten durfte) und schlug ihn als den neuen Stadtbaurat von Dresden vor. Poelzig war nicht abgeneigt: Eine neue Umgebung, neue und, wie er hoffte, größere Arbeitsmöglichkeiten waren eben das, was er brauchte. Er legte bei den Verhandlungen Wert darauf, gleichzeitig auch wieder lehren zu können; aber das war schwierig als Nebenarbeit für den Stadtbaurat. Poelzig hat einen Kurs im Entwerfen gehalten, aber er hatte keine Professur. Ganz ohne zu lehren konnte Poelzig schwer existieren, das Lehren hat immer zu seiner Tä-

112

137 Richard Riemerschmid, Deutsche Werkstätten für Handwerkskunst in Hellerau bei Dresden, 1908

140 Bruno Taut, ‚Domstern‘, aus: ‚Alpine Architektur‘, Berlin 1917–1919

138 Hans Poelzig, Gaswerke Dresden-Reick, 1916

139 Hans Poelzig, Gaswerke in Dresden-Reick, unter der Brücke

tigkeit und seiner Wirkung gehört. Wie gern er aber den Posten in Dresden haben wollte, geht auch daraus hervor, daß er ein finanziell viel günstigeres Angebot von seiten der Technischen Hochschule in Berlin-Charlottenburg abgelehnt hat.

Er befand sich eben damals in einer Phase starker, geradezu fieberhafter Produktivität. Es wurden Pläne erörtert für Friedhofsanlagen, ein Krankenhaus, ein Kraftwerk, eine Bebauung der Elbufer. Es existieren Skizzen für die Planung eines neuen Stadtteils.

Auch eine Gruppe von Museen wurde geplant: eine barocke Anlage – das ist der Einfluß der barocken Stadt Dresden –, aber doch in der Hauptgruppe unverkennbar Poelzig.

Poelzig ging mit großen Hoffnungen nach Dresden. Sie wurden enttäuscht. Neben vielen Projekten bleibt aus den Dresdener Jahren nur ein Fabrikbau übrig, vielmehr die Erweiterung eines bestehenden Baues: der
138 Gaswerke in Dresden-Reick. Das ist eine Auseinander-
139 setzung des Architekten mit der Eisenbetonkonstruktion. Die Zusammenarbeit mit den Ingenieuren muß gut gewesen sein. Diese Konstruktionen sind wunderbar geformt, man sieht die Hand des Architekten. Das ist wie eine Antwort auf die dorischen Säulen aus Eisenbeton der Breslauer Jahrhundertausstellung von
124, 126 1913. Alles übrige aber ist Projekt geblieben.
127 Die Situation, in der er sich in Dresden befand, war für Poelzig eine ungewohnte. Was ihn am meisten gestört hat, war die amtliche Seite der Tätigkeit eines Stadtbaurats, die ewigen Sitzungen, die ihm den Stoßseufzer abpreßten, er habe den Dresdnern doch seinen Kopf vermietet, nicht seinen Hintern. Er hat über die Schwierigkeit des beamteten Architekten noch 1931 gesprochen, in seiner Rede im Bund Deutscher Architekten, *Der Architekt*. Und seine Tätigkeit als Architekt für die Stadt Dresden brachte, wie gesagt, fast nur Projekte hervor. Aber diese Projekte sind in die Baugeschichte eingegangen. Sie bezeichnen den Beginn der Phase in seinem Schaffen, die man expressionistisch ge-

nannt hat und den baumeisterlichen Beginn einer expressionistischen Architektur in Deutschland. Es hat davor nur *einen* expressionistischen Bau gegeben: Bruno Tauts Glashaus auf der Kölner Werkbundausstellung 12 1914. Was sonst in dieser Zeit des Krieges entstand, waren meist utopische Skizzen, Sternendome, Bergmonu- 13, 140 mente. Natürlich ist der Krieg daran schuld, daß Poelzig fast nichts verwirklichen konnte: Es wurde fast nichts gebaut. Aber der Krieg hat ihn überhaupt stark berührt, wie konnte es anders sein? Heuss sagt, er habe den Pessimismus, mit dem er den Krieg und seinen Ausgang ansah, mit einer fast gewaltsamen Produktivität übertönen wollen. Das mag sein; aber dies allein erklärt nicht diese in der Tat mit dem Krieg zusammenhängende Produktivität.

Im Jahre 1916 – dem Jahre von Verdun und der Sommeschlacht – wußte man, daß dieser Krieg kein frisch-fröhlicher Feldzug war, als welche Bismarcks Kriege im Rückblick erschienen; daß er Formen der Vernichtung gezeitigt hatte, welche haarsträubend waren; daß er *jeden* in Mitleidenschaft zog. Man wußte auch, daß danach, wie immer der Krieg ausgehen würde, nichts mehr so sein werde wie zuvor; und man bejahte das: Die Zeit, in der eine Gruppe wie der Werkbund von der Kunst als von einem Faktor der Wirtschaft sprechen konnte, „der wichtigsten der Kräfte"[2], würde nicht wiederkommen. So wirkten die Schrecken wie die Hoffnungen des Krieges auf einen Künstler wie Poelzig die Produktion steigernd. Der Krieg befreite seine eigene Formensprache. Das hatte das pathetische Thema der Bismarck-Gedenkstätte schon einmal vermocht. Jetzt, im Kriege, wird ein so wenig pathetisches Thema wie eine Feuerwache Anlaß zu einem Aufbruch ins Hoch-Phantastische.

Für die Feuerwache hat Poelzig drei Projekte gemacht. Jedesmal mit einem groben Modell, einem „Massenmodell". So hat er überhaupt gearbeitet: Das 141 Modell kam gleich nach dem Vorentwurf. Die erste Fassung der Feuerwache zeigt ihre verschiedenen Teile hart voneinander geschieden und im einzelnen so behandelt, wie man es vor dem Kriege in der modernen Architektur zu machen pflegte: Die vertikale Gliederung überwog. Dabei schien an dem Projekt etwas nicht zu stimmen, oder sagen wir besser: Etwas war schon im ersten Projekt dieser stückweisen Behandlung überlegen, das ist der Grundriß: ein schönes Oval, welches eine einheitliche Bebauung nahelegt. Der Grundriß war so etwas wie ein Vorgriff auf die einheitliche Bebauung; und Poelzig ergriff die von ihm selbst gegebene Anregung, und zwar in extremer Form: Die ganze Baumasse gerät ins Fließen. Niedrige Bauteile werden mit höheren durch ein allmähliches Ansteigen verbunden; der Signalturm, vorher gestuft, wird von einem rokokohaften Umriß umzogen; eng beieinanderstehend, steigen steile Nischen rund um die Baumasse auf. Sie enthalten offenbar Bürofenster. Das ganze wird mit einem vortretenden Sockel mit Toren umzogen, vielmehr mit torigen Nischen, da ja Tore nur an einigen Stellen des Gebäudes gebraucht werden. Das Auffälligste aber an diesem Projekt ist, daß die Frage, *wie* ein solcher Bau im einzelnen ausgeführt werden kann, wohl ebensowenig gestellt worden ist wie die, wie sich diese einheitliche Form zu den verschiedenen, im Grundriß bezeichneten Raumgruppen verhält. Gewaltsam ist eine Einheit geschaffen worden, und ebenso gewaltsam wird mit den Einzelheiten umgegangen: Es ist, als habe der Architekt derlei praktische Erwägungen vertagt: das werde man dann schon sehen.

Und so entsteht ein drittes Projekt, für die Ausführung bestimmt und ausführbar, wenn man einmal davon absehen will, daß auch dieses Projekt für das schlichte Thema Feuerwache erheblich zu aufwendig gewesen wäre. Poelzig greift auf das „römische" Motiv der Pfeiler und Bogen zurück, das ihm nicht fremd war (und das im Spätwerk wieder auftauchen wird). Hier erscheinen in den Nischen nun deutlich sichtbar die Fenster der Büros und anderen Räume, alle gleich; der obere Teil der Nischen wird leer gelassen. Von der ex-

tremen Fassung wird die Einheitlichkeit übernommen: Pfeiler und Nischen umziehen den ganzen Bau; sogar der fließende Übergang zwischen verschieden hohen Bauteilen wird durch ein leichtes Ansteigen des oberen Abschlusses angedeutet. Der vortretende Sockel mit den „Toren" wurde aufgegeben: Man sieht nun, wo Tore gebraucht werden. Das Projekt ist baubar geworden, obwohl man sagen muß, daß es immer noch gewaltsam wirkt: Die Feuerwache wird in eine Großform hineingezwungen. Vergleichen wir aber die *extreme* Fassung (oder das zweite Projekt) mit dem extremsten Werk der Breslauer Zeit, der zweiten Fassung des Bismarckdenkmals, so finden wir, daß diese immerhin baubar ist, die zweite Fassung der Feuerwache ist es nicht mehr; die dritte ist *praktisch* nicht baubar, weil die Kosten unzumutbar gewesen wären. Wozu immerhin zu sagen ist, daß so etwas einmal, auf jeden Fall, in unserem Jahrhundert geschehen ist: die gewaltige Bogenstellung des Justizpalastes in Chandigarh (Indien), den Le Corbusier gebaut hat, übersteigen den „nützlichen" Teil des Gebäudes erheblich mehr als die Pfeiler und Bögen in Poelzigs Feuerwache. Immerhin ist es mehr: Mit diesem Projekt beginnt in Poelzigs Werk etwas, das man phantastische Architektur nennen kann; und das wird eine Reihe von Jahren so bleiben. Und wenn ich sage, daß die Gebäude auch dieser Jahre gleichwohl baubar sind, so meine ich baubar im Vergleich mit den „Sterndomen" und der „Alpinen Architektur" jüngerer Architekten wie Bruno Taut. Es dürfte immerhin nicht leicht sein, das zweite Projekt für die Dresdner Feuerwache zu bauen; auch dieses Projekt ist im Grunde Phantasie.

Betrachtet man Poelzigs Skizzen jener Zeit, so bemerkt man immer wieder den Versuch, die Einzelheiten in solchen „wilden" Skizzen als baubar darzustellen. Vielleicht wäre ihm das *sogar* mit dem zweiten Entwurf der Feuerwache gelungen, aber es kam nicht zur Ausführung. Als er nach Dresden kam, war Poelzig 47 Jahre alt und ein anerkannter Architekt. Vielleicht wäre er

142

143

144

143, 107

145

146

141 Hans Poelzig, Feuerwache Dresden, Projekt, 1916–1917, erste Fassung, Modell

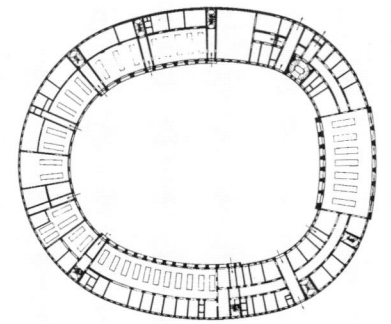

142 Hans Poelzig, Feuerwache Dresden, Grundriß

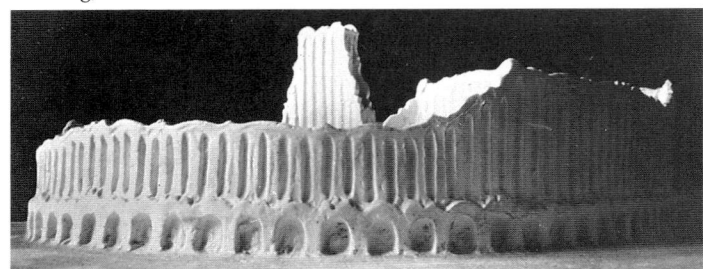

143 Hans Poelzig, Feuerwache Dresden, Modell der zweiten (radikalen) Fassung

144 Hans Poelzig, Feuerwache Dresden, dritte Fassung, Ansicht

145 Le Corbusier, Justizpalast in Chandigarh, Indien, 1956

146 Hans Poelzig, Gebäudeskizze, frühe zwanziger Jahre

wirklich imstande gewesen, die Skizzen der Dresdner Zeit und der ersten Jahre in Berlin in Gebäude umzusetzen, obwohl man angesichts einer Skizze wie der für einen Konzertsaal in Dresden (1918) und der ersten Skizzen für das Salzburger Festspielhaus (1921) daran zweifeln mag. Es sieht wirklich so aus, als habe Poelzig damals sich ganz der Phantasie überlassen, ohne – auf jeden Fall anfangs – daran zu denken, wie aus der Vision ein Gebäude werden könnte. Ich habe einmal Erich Mendelsohn von einer *seiner* Skizzen sagen hören: „Das *müssen* die Ingenieure bauen können."

189–192

Zur Zeit des Ersten Weltkrieges hat Poelzig gewiß auch so gedacht. Auch er mag gemeint haben, die Bauleute *müßten* imstande sein, auch dies auszuführen. Aber welche Bauleute unseres Jahrhunderts könnten das? Damals hatte Poelzig den Dresdner „Zwinger" vor Augen; aber der war zu einer anderen Zeit entstanden. In Poelzigs extremen Entwürfen klaffen Vision und Wirklichkeit auseinander. Um ganz ehrlich zu sein: daß diese Skizzen Skizzen geblieben sind, ist am Ende nicht zu bedauern. Als Entwürfe bleiben sie bedeutend, ja, vielversprechend. Und *wenn* es zum Bauen kam, so war Poelzig immer imstande herauszufinden, wie weit er *im Bau* gehen konnte. Die großen Skizzen bleiben historisch wichtige Entwürfe, einige von ihnen zeigen, was Poelzig in der Architektur dieses Jahrhunderts bedeutet. Er ist als Architekt weiter gegangen als die meisten anderen Architekten jener Zeit, Peter Behrens – allenfalls – ausgenommen. Behrens *hat* einen großen expressionistischen Raum *gebaut*, die Eingangshalle in Höchst. Ein anderer Architekt, Otto Bartning – Zeitgenosse der Brüder Taut! – hat in der „Sternkirche" einen Raum geschaffen – einen durchaus baubaren Raum – von nicht geringerer raumkünstlerischer Bedeutung als Poelzigs Raumvisionen.

147

Wir erwähnten das Rokoko und den Barock. Der Einfluß des Barock wird stärker in dem Salzburger Projekt fühlbar; aber daß dieser Einfluß, daß, sagen wir besser, eine tiefe Beschäftigung mit dem Barock auf das

zurückgeht, was die Stadt Dresden ihm hat zeigen können, ist keine Frage. Dresden ist die Stadt des Barock mit Chiaveris Hofkirche, Bährs Frauenkirche und Pöppelmanns Zwinger. Es war eine der schönsten deutschen Städte, ehe der Luftangriff vom Februar 1945 es vernichtet hat; und Poelzig hat Dresden genossen und sich anregen lassen. Dresden kam ihm gerade recht, als es darum ging, seine eigene Formensprache zu befreien. Das wird deutlich an einem anderen großen Projekt, das Projekt geblieben ist, dem Stadthaus. Das Stadthaus ist beides: barock – und Poelzig.

148, 149

150, 151

Geschichtlich beeinflußt sind übrigens auch die Projekte – oder Realisationen – von Bartning und von Behrens, die ich neben denen von Poelzig erwähnt habe; wobei bemerkenswert ist, daß Bartning ein jüngerer Architekt gewesen ist, der Zeitgenosse von Gropius. Die Sternkirche ist gotisch inspiriert, eine expressionistisch-gotische Vision. Das gleiche gilt für Peter Behrens' Realisation in Höchst. Visionen einer Architektur, welche die Geschichte hinter sich läßt, sie mehr hinter sich läßt als die Visionen Tauts (dessen „Domstern" *sichtbar* gotisch inspiriert ist, bis ins Detail gotisch), hat meines Wissens nur Erich Mendelsohn produziert.

147

152

Sprechen wir aber von der Dresdner Zeit, so müssen wir eines Projektes gedenken, welches aus dem Rahmen fällt: Es ist *nicht* barock-inspiriert – und es ist baubar. Ich spreche von dem Entwurf für ein „Haus der Freundschaft" in Konstantinopel (1916). Es fällt in den Beginn seiner Zeit in Dresden. Wir wissen, daß Poelzig dem Vorhaben gegenüber skeptisch war. Er hat sich in Briefen recht drastisch darüber ausgelassen. Als es aber ernst damit wurde, als der Werkbund, der Träger des Projekts, ihn als einen der Zwölf benannte, die an einem Werkbund-Wettbewerb teilnehmen sollten, fing Poelzig Feuer. Der Werkbund hatte gut gewählt: Unter den Architekten des Wettbewerbs befanden sich Peter Behrens, Richard Riemerschmid, Theodor Fischer, Bruno Paul, auch der junge Bruno Taut. Die Teilneh-

147 Otto Bartning, Sternkirche, Projekt 1921–1922

148 Georg Bähr, Frauenkirche Dresden, 1726–1738

149 Georg Bähr, Frauenkirche, Grundriß

150 Hans Poelzig, Stadthaus Dresden, Projekt, 1917, Modell

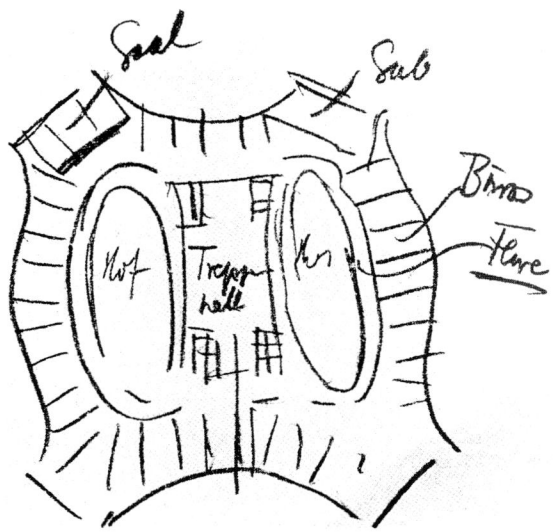

151 Hans Poelzig, Stadthaus Dresden, Grundrißskizze

119

mer jurierten einander – vielmehr sich selbst – ein Verfahren, das sichtbare Nachteile hat. Hier hatte es das
(zu erwartende) Ergebnis, daß der am meisten schulge-
recht-klassische Entwurf, der von German Bestelmeyer,
den Preis erhielt. Theodor Heuss, damals Sekretär des
Werkbundes, hat die Ergebnisse in einem Werkbund-
Buch gezeigt und besprochen. Wenn man das Buch
durchblättert, findet man, daß Poelzigs Projekt auch
hier aus dem Rahmen fällt. Das Schauspiel, welches die
Werkbund-Ausstellung vom Juli 1914 in Köln geboten
hatte: ein Klassizismus, von dem sogar Muthesius, der
selbst dort zwei Gebäude dieser Art gebaut hatte, sagte,
er wirke müde, wiederholt sich beim Wettbewerb für
ein „Haus der Freundschaft": Die größten Namen haben die konventionellsten Entwürfe geliefert. Und Bruno Taut, von dem man anderes hätte erwarten dürfen,
153, 154 ist dem Zauber des Namens Konstantinopel erlegen
und hat einen Kuppelbau projektiert.

155; 156 Poelzig stellt einen abgetreppten Kubus mitten in
die alte Stadt. Seine höchste Wand (die Rückwand)
steigt unvermittelt aus dem Gewirr der kleinen Häuser
auf und stuft sich in fünf Terrassen ab – „Gärten der
Semiramis" –, obwohl die Seitenwände nur drei, durch
157 schräge Wandteile vermittelte Stufen zeigen. Offenbar
war das den Kollegen im Werkbund zu eigenwillig.
Man sprach davon, daß ein solches „Siegesmal" sich gehörte, wenn die Deutschen Konstantinopel erobert hät-

ten; ein Haus der Freundschaft sei es nicht, Theodor
Heuss referiert diese Bedenken, er findet, sie seien nicht
ganz von der Hand zu weisen. Aber *er* hatte erkannt,
daß Poelzig die Anordnung der verschiedenen Raum- *158–166*
gruppen am besten gelungen war. Das Haus war in der
Tat sehr genau durchdacht, durchaus baumeisterlich;
auch die Terrassen, welche den Bosporus überblickt
hätten, hatten praktische Bedeutung. Daß Heuss das
erkannt hatte, war der Beginn seiner Beziehung zu
Poelzig: Das „Haus der Freundschaft" wurde das Haus
ihrer Freundschaft (vgl. Dokumentation am Ende des
Kapitels).

Das Fazit aber, das man aus Heuss' Veröffentlichung
des Wettbewerbs ziehen kann, ist dieses: daß die Blüte
der deutschen Architektenschaft anno 1916 auf der vor
dem Kriege erreichten Stufe stehengeblieben war; nur
Poelzig hatte sie überschritten. Ich habe oben von einigen seiner nicht gebauten Projekte gesagt, es sei am
Ende kein Unglück, daß sie Papier geblieben seien: Sie
hätten den Test der Wirklichkeit wohl nicht bestanden.
Das „Haus der Freundschaft" wäre eine Bereicherung
der Silhouette von Konstantinopel gewesen und ein
großes Werk der deutschen Architektur, welche damals
zu neuen Gestaden aufzubrechen sich anschickte. Aber
es wurde kein „Haus der Freundschaft" gebaut. Der
Verlauf des Krieges hat es nicht gestattet. Und Poelzigs
Projekt wäre ohnehin nicht gebaut worden.

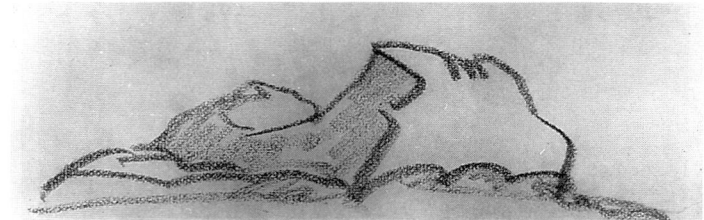

152 Erich Mendelsohn, ‚Dünenarchitektur‘, 1920

153 Peter Behrens, ‚Haus der Freundschaft‘, Konstantinopel, Wettbewerbsentwurf, 1916

154 Bruno Taut, ‚Haus der Freundschaft‘, Wettbewerbsentwurf, 1916

155 Hans Poelzig, ‚Haus der Freundschaft‘, Wettbewerbsentwurf, 1916, Skizze des Gebäudes in der alten Stadt

156 Hans Poelzig, ‚Haus der Freundschaft‘, Perspektive

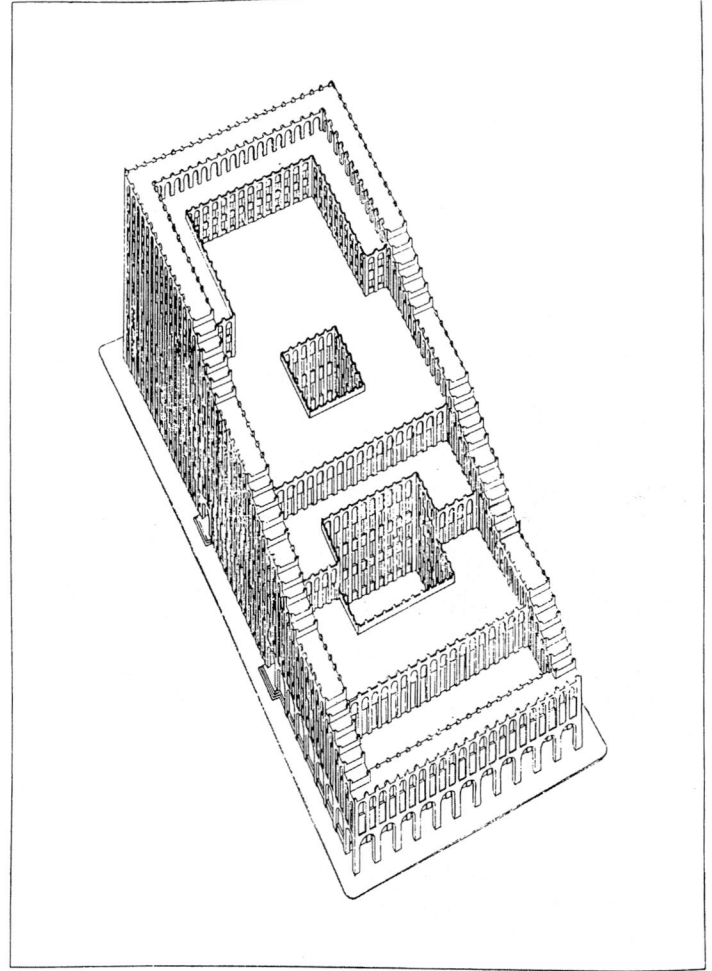

157 Hans Poelzig, ‚Haus der Freundschaft‘, Axonometrie

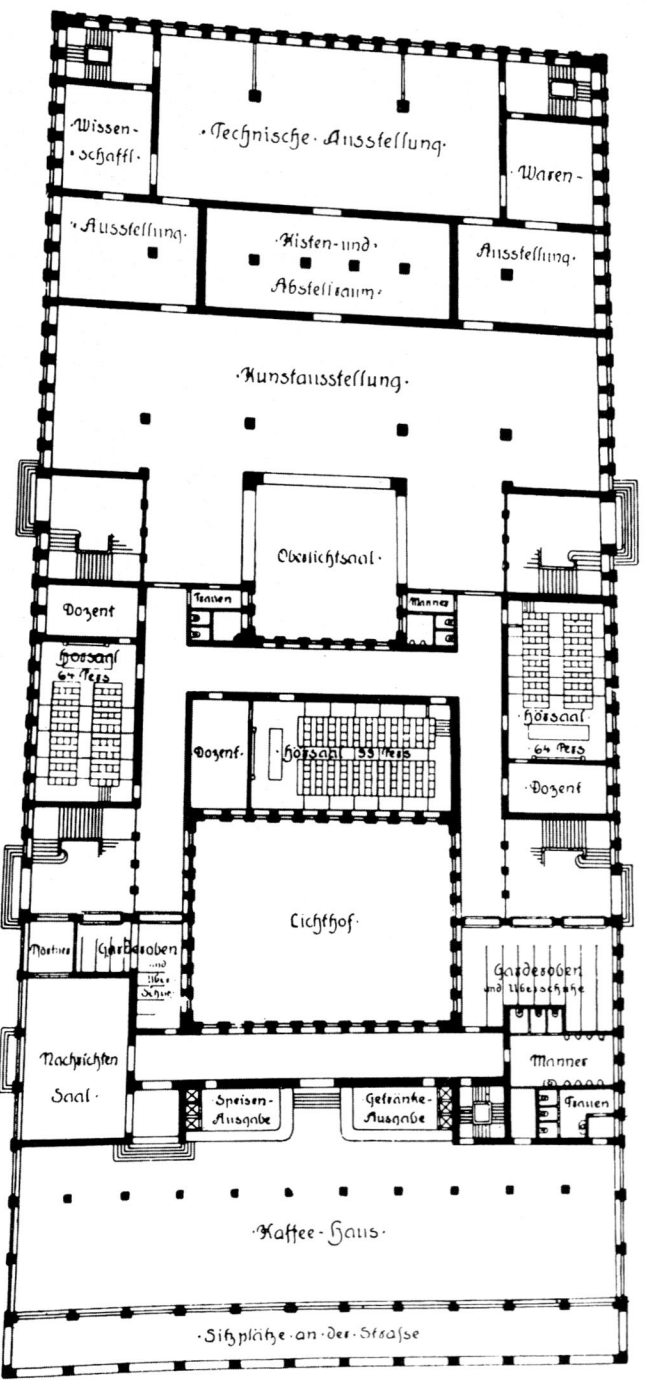

158 Hans Poelzig, ‚Haus der Freundschaft‘, Grundriß EG mit Café und Ausstellungsräumen

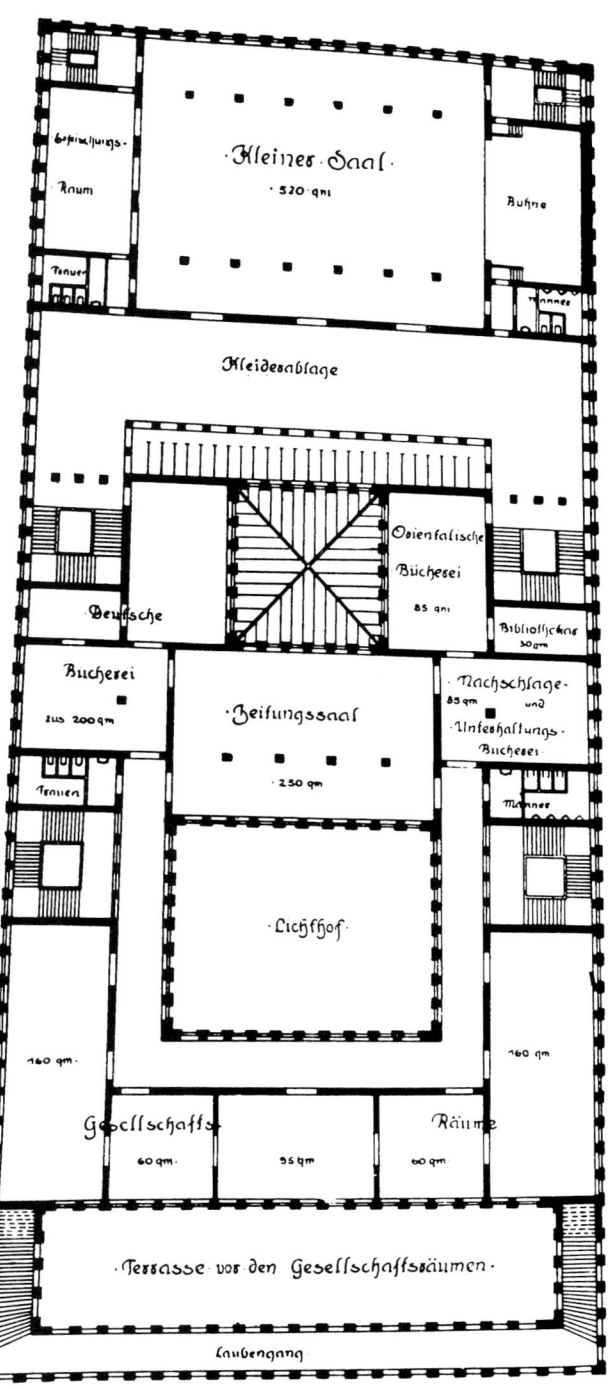

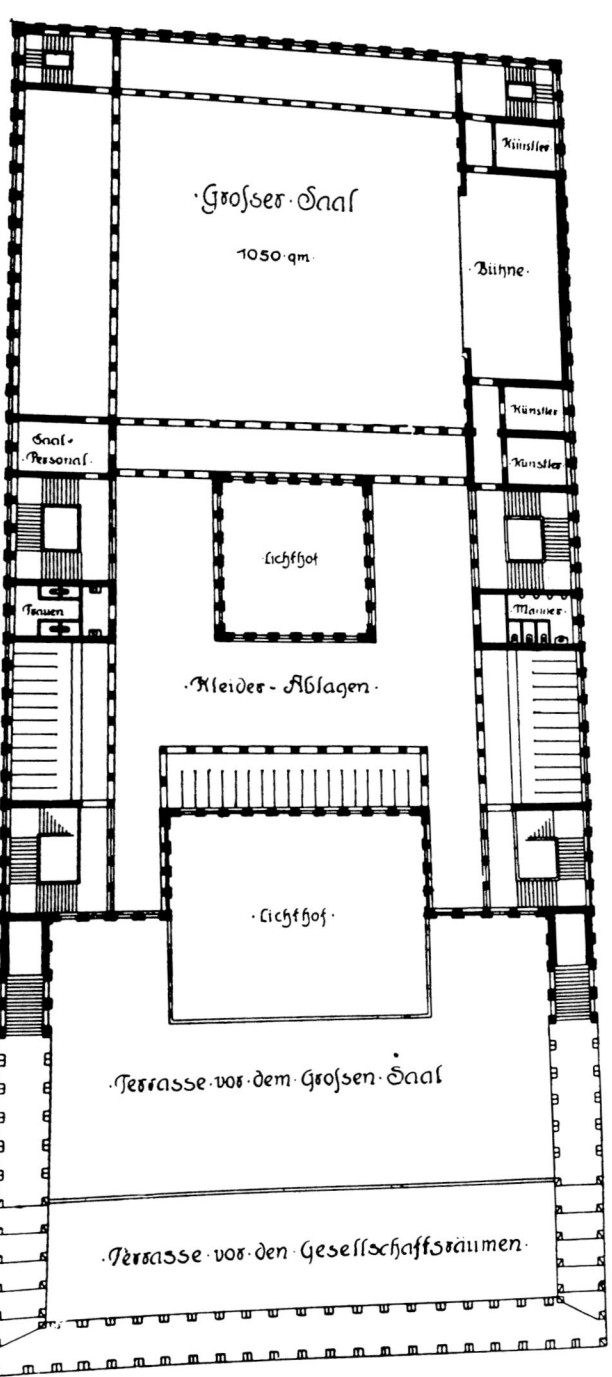

159 Hans Poelzig, ‚Haus der Freundschaft', Grundriß 1. OG, oben der Kleine Saal

160 Hans Poelzig, ‚Haus der Freundschaft', Grundriß 2. OG, oben der Große Saal

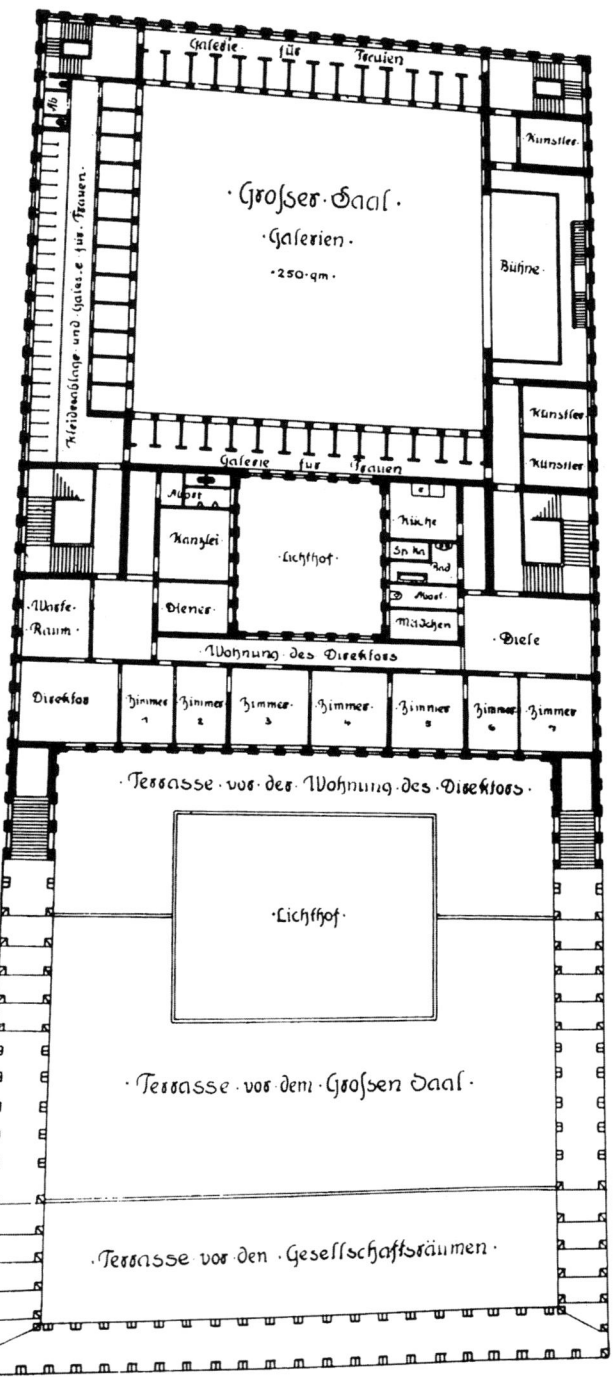

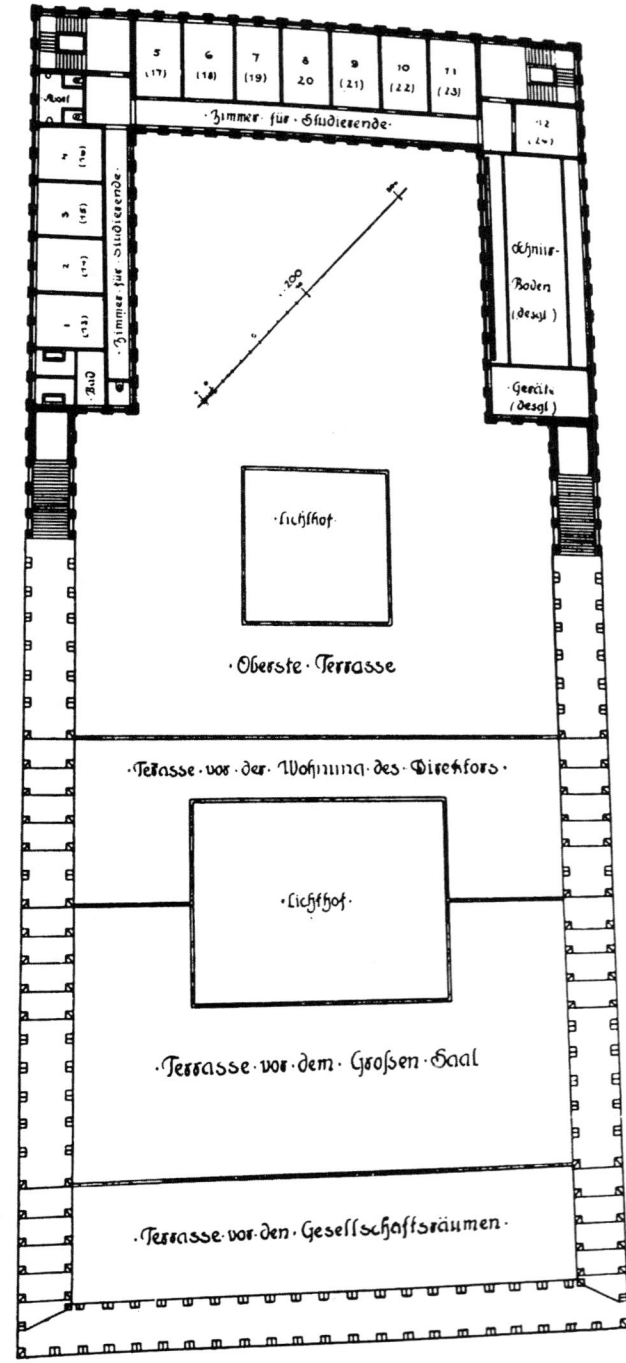

161 Hans Poelzig, ,Haus der Freundschaft', Grundriß 3. OG

162 Hans Poelzig, ,Haus der Freundschaft', Grundriß 4. OG, oben Studentenzimmer

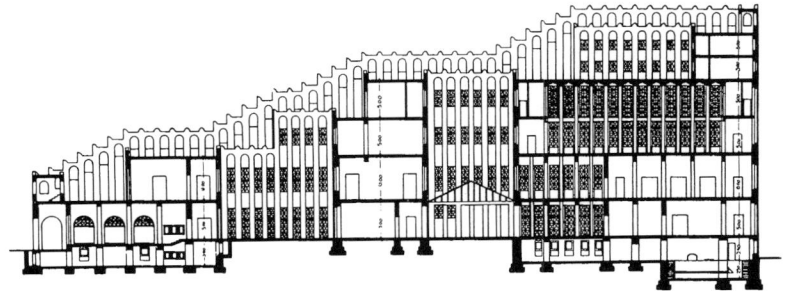

163 Hans Poelzig, ‚Haus der Freundschaft', Längsschnitt

Schnitte

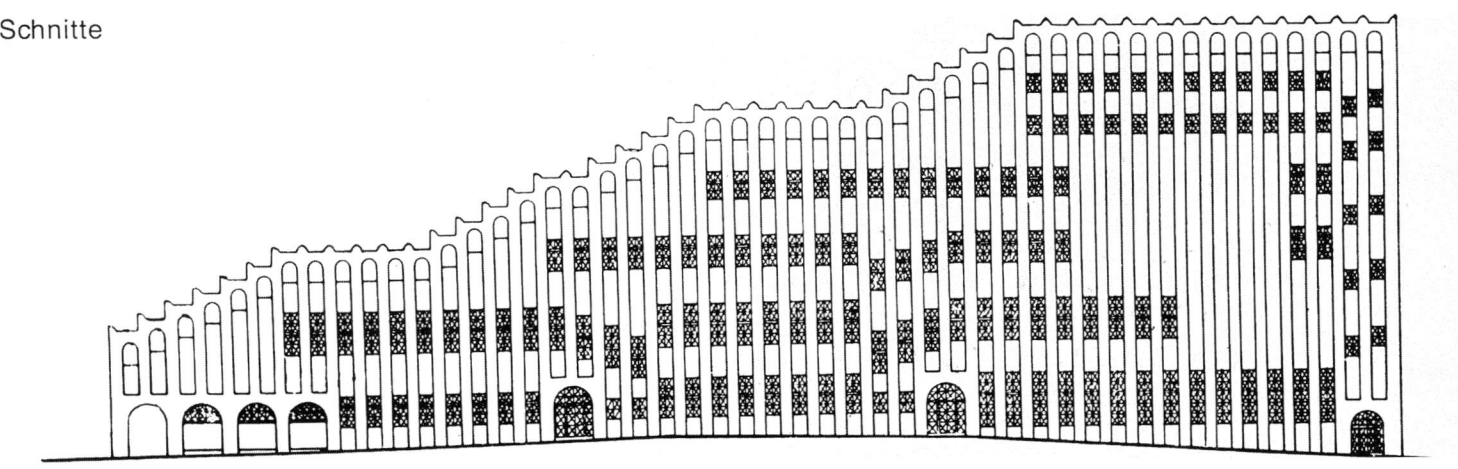

164 Hans Poelzig, ‚Haus der Freundschaft', Ansicht

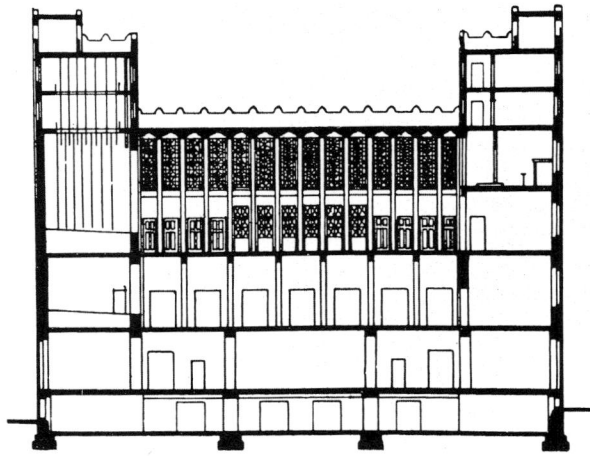

165 Hans Poelzig, ‚Haus der Freundschaft', Querschnitt

166 Hans Poelzig, ‚Haus der Freundschaft', Rückwärtige Ansicht

Dokument 10
Theodor Heuss über Poelzigs „Haus der Freundschaft", Konstantinopel (1917)

Zweifellos ist Poelzigs Entwurf die originellste und kühnste Bauerfindung unter den Entwürfen. Sie schlägt einen völlig neuen und eigenen Ton an und unterwirft in ihrer rassigen Kraft auch die skeptische Überlegung, ob solche gewaltige Geste nicht zu eigenwillig, selbstsicher und großartig sei, wenn deutscher Freundschaftswille im fremden Land um Gastrecht bittet. Poelzig hat daneben aber auch die Forderungen der Praxis, wie sie das Programm etwas zu locker umschrieb, mit ganzer Konsequenz ausgeschöpft; dadurch mußte der Rahmen der Bausumme im gewissen Sinne gesprengt werden, wenn nicht die Lösung eine Verkrüppelung der Nebenräume bedeuten sollte. Das sind Fragen des Opportunismus, wichtig genug, doch für unsere Betrachtung nicht entscheidend.

Man wird vielleicht den Verdacht haben, daß der Entwurf um einen monumentalen Leitgedanken, das Motiv der ansteigenden Terrassen, herumgezeichnet wurde, eine Abwandlung der Reißbrettarchitektur, die auf Kosten der struktiven Möglichkeiten und praktischen Brauchbarkeiten einen Einfall totreitet. Davon ist aber keine Rede. Denn so überraschend der Eindruck des Außenbildes, in dem die schroffe Wucht einer steil stürzenden Klippe und die fast behaglich anmutige Kadenz horizontaler Lagerungen sich begegnen, so überzeugend, klar und einfach ist der Grundriß. Beginnt man die Betrachtung des Werkes nicht bei der Perspektive oder den Schnitten, sondern bei den Rissen, so findet man eine angenehme und logische Entwicklung, die in der Gruppierung und Bemessung der Räume so sehr des Gezwungenen und Vergewaltigten entbehrt, daß man in dem Zusammenklang des Innen und Außen das Kriterium einer ebenso bedachten Ordnung als einer phantasievollen Formgestaltung findet.

Man wird dies sagen müssen: der Bau ist in das Bild der Stadt komponiert, aber er wird in seinem Organismus aus den Straßen heraus kaum begriffen werden. Die steigende Rhythmik seiner Terrassen wird in den Randlinien geahnt, aber in ihrer Körperhaftigkeit vom Auge nicht umfaßt und darum auch schwer gefühlt werden können. Wie wird die Fläche der Rückwand, die in schmale vertikale Bänder geteilt ist und in der Ordnung der Fenstergruppen, in dem Höhenwechsel der Treppenöffnungen einen Reflex des inneren Organismus gibt, wie wird diese in der Straße selber wirken? Dem Auge fehlt gegenüber der ungeheuren Wand der Punkt, die deutliche körperhafte Gliederung, an der es Halt und Beruhigung finden könnte. Man mag sich vorstellen, daß das „Gefälle" des Baues in der seitlichen Verkürzung etwas sehr Angenehmes haben kann, bei genügen-

dem Abstand, denn in dem Wechsel der Maße, der von der flächenhaften Verschiedenheit der Terrassen und damit zugleich von praktischen Zielsetzungen sein Tempo empfängt, steckt ein absolut gebundener Rhythmus – aber bei der Rückwand setzt die Vorstellungskraft aus und glaubt fast, die „Romantik" der großen Erfindung lehne sich an den gedrängten Rationalismus eines siloartigen industriellen Zweckbaus. In der Divan Jolu selber, zu der sich die verhältnismäßig niedere Fassade streckt, wird man die starke Wucht der ganzen Anlage kaum empfinden; dort wird das vertikal gesteigerte Bogensystem einen ruhigen und einheitlichen, verhältnismäßig schlichten Eindruck machen.

Wir haben vor Poelzigs Entwurf von diesen Dingen ausführlicher geredet als anderwärts; das liegt in der Natur der Sache. So elementar die Form des Werkes mit den praktischen Funktionen verbunden sein mag, immerhin spricht sich in ihm ein abstrakter Baugedanke aus, der die Phantasie in höchstem Maße zu einer Auseinandersetzung herausfordert. In dem fast graziösen System der Zeichnungen, da die Linien dünn, schlank, zerbrechlich eine fast nur imaginäre Körperlichkeit zu umschließen scheinen, liegt die Lockung, dies alles nun in Farbigkeit und Stoff, in Wand, Glas, Schatten, in Ziegel- oder Kalkstein zu übersetzen, Sonne und Regen darauf zu werfen und einen prosaisch bewegten Alltag mit Lärm und Staub drumherumzulegen. Man darf es wagen – freilich liegt es nahe, das Feierliche sich noch gemessener und das Festlich-Heitere noch aufgeräumter, leichter, bunter sich auszudenken, als auch am Bosporus die Zweckhaftigkeit des Geschehens dies alles bilden wird. [...]

Gewiß, ein großer Wurf, ein Werk aus einem Guß. Man ist zunächst geneigt, nur den genialen Einfall zu sehen, dessen voraussetzungslose Kühnheit beunruhigt. Die klare Sauberkeit des Grundrisses aber wirkt dann in gewissem Sinn überzeugender als das Prunkbild der Perspektive – denn die Phantasie des orientalischen Märchens zeigt sich mit einer simplen und klaren Sachlichkeit aufs engste verschwistert.

Das Haus der Freundschaft in Konstantinopel, ein Wettbewerb deutscher Architekten. Sonderveröffentlichung des Deutschen Werkbundes, mit einer Einführung von Theodor Heuss, München 1917, S. 35–37

Heuss' Bemerkungen sind für uns darum so wichtig, weil er das leichte Befremden einer „voraussetzungslosen Kühnheit" gegenüber, die ihn „beunruhigt", nicht verschweigt. Es schlägt immer wieder durch. Er klammert sich geradezu an „die klare Sauberkeit des Grundrisses". Unter den Entwürfen Poelzigs, die man expressionistisch nennen kann, ist das „Haus der Freundschaft" der zurückhaltendste. Wie befremdend er dennoch auf das Auge eines aufgeschlossenen Zeitgenossen gewirkt hat, wird in Heuss' Schilderung deutlich.

6 Dresden – Berlin: das Große Schauspielhaus

Obwohl Poelzig in Breslau angefangen hatte, „Moos anzusetzen", wie er an Karl Schmidt schrieb, wird es ihm nicht leicht geworden sein, die Schule in Breslau zu verlassen, die er aufgebaut hatte. Er hat sich stark um die Person seines Nachfolgers gekümmert und eine Reihe von Vorschlägen gemacht: Er dachte an Heinrich Tessenow, an Walter Gropius, auch an den, der sein Nachfolger geworden ist, August Endell. Mit Walter Gropius hat er damals einen Briefwechsel geführt, in dem er Gropius' ein wenig utopische Ideen über die Einführung der Industrie in die Ausbildung des Architekten durch die Darstellung dessen zu korrigieren versuchte, was er selbst in Breslau aufgebaut hatte: die Schule mit den Lehrwerkstätten „im Mittelpunkt". Walter Gropius hat also diese Schule recht gut gekannt, als er 1919 sein erstes Bauhaus – mit Lehrwerkstätten – in Weimar eröffnete.

Daß Poelzig wieder „hauptamtlich" lehren wollte, hat bei seinem Weggehen aus Dresden gewiß eine Rolle gespielt, obwohl er nicht hoffen konnte, ein zweites Mal eine Schule mit Lehrwerkstätten aufzubauen.

Er konnte das Lehren mit der Architektur verbinden. Wir haben gesehen, daß er seine Schüler in seine eigene Tätigkeit als Architekt einführte und schließlich zu Mitarbeitern machte. Das wird die Verbindung von Lehren und Entwerfen, die er suchte, die er verwirklichen konnte. Der Posten des Stadtbaurats, dessen Ansprüchen er sich in Dresden nie entzogen hatte, stand dem recht eigentlich im Wege. Zudem waren die baulichen Möglichkeiten in Dresden spätestens mit dem Ende des Krieges erschöpft.

Es war trotzdem ein Abschied, als er Dresden 1920 endgültig verließ. Er hatte dort Freunde gewonnen, be- sonders den Oberbürgermeister Blüher; und er liebte die Stadt. Ihr hatte er im wesentlichen das zu verdanken, was man in seinem Schaffen das barocke Element nennen kann. Zu der Zeit, als er seinen am meisten barocken Bau geplant hat, das Festspielhaus in Salzburg, mag er sich als einen spätgeborenen Bruder der deutschen Barockbaumeister gefühlt haben. Er hatte etwas davon, und er kultivierte es.

In Berlin war er, noch ehe er endgültig dahin übergesiedelt war, mit einem Bau angetreten, dem „Theater der Fünftausend", wie sein Bauherr, der große Theatermann Max Reinhardt, es ursprünglich nennen wollte, oder dem „Großen Schauspielhaus", wie es dann hieß. Es hatte 3500 Plätze. Das Große Schauspielhaus ist das *167–169* einzige Projekt der Periode in Poelzigs Werk, die man expressionistisch nennen kann, welches ausgeführt wurde, der einzige Bau Poelzigs, der eine eigene Formensprache *verwirklicht*. Das wäre ein Grund, es seinen echtesten Bau zu nennen. Aber das Große Schauspielhaus war ein Umbau. Das Stahlgerüst, welches den Bau stützte, stammt vom Bau einer Markthalle. Später wurde die Markthalle in einen Zirkus verwandelt. In dem Zirkus führte Max Reinhardt den „König Ödipus" von Sophokles als antikes Drama auf. Der Gedanke, Aufführungen dieser Art wiederholen zu können, ein Theater in Händen zu haben, in dem das Publikum viel stärker an dem Geschehen des Stückes beteiligt sein würde, als das im üblichen Theater mit „Guckkastenbühne" möglich war, hat stark zu der Entscheidung Reinhardts, zum Umbau des „Zirkus Schumann" beigetragen. Das Theater erhielt eine breite Bühne, deren Öffnung für Aufführungen der konventionellen Art verkleinert werden konnte, drei Vorbühnen und die

167 Hans Poelzig, Großes Schauspielhaus, Berlin, 1919. Der Teil der Kuppel über der Bühnenöffnung wirkt, als sei er aufgehängt, weil dort Stützen nicht vorgesehen werden konnten. Die Kuppel *ist* aufgehängt. Die Stützen, die so aussehen, als trügen sie die Kuppel, sind kritisiert worden.

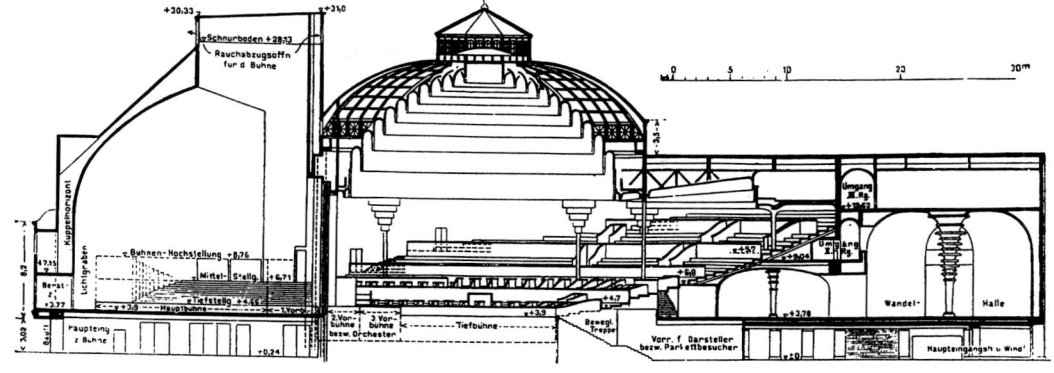

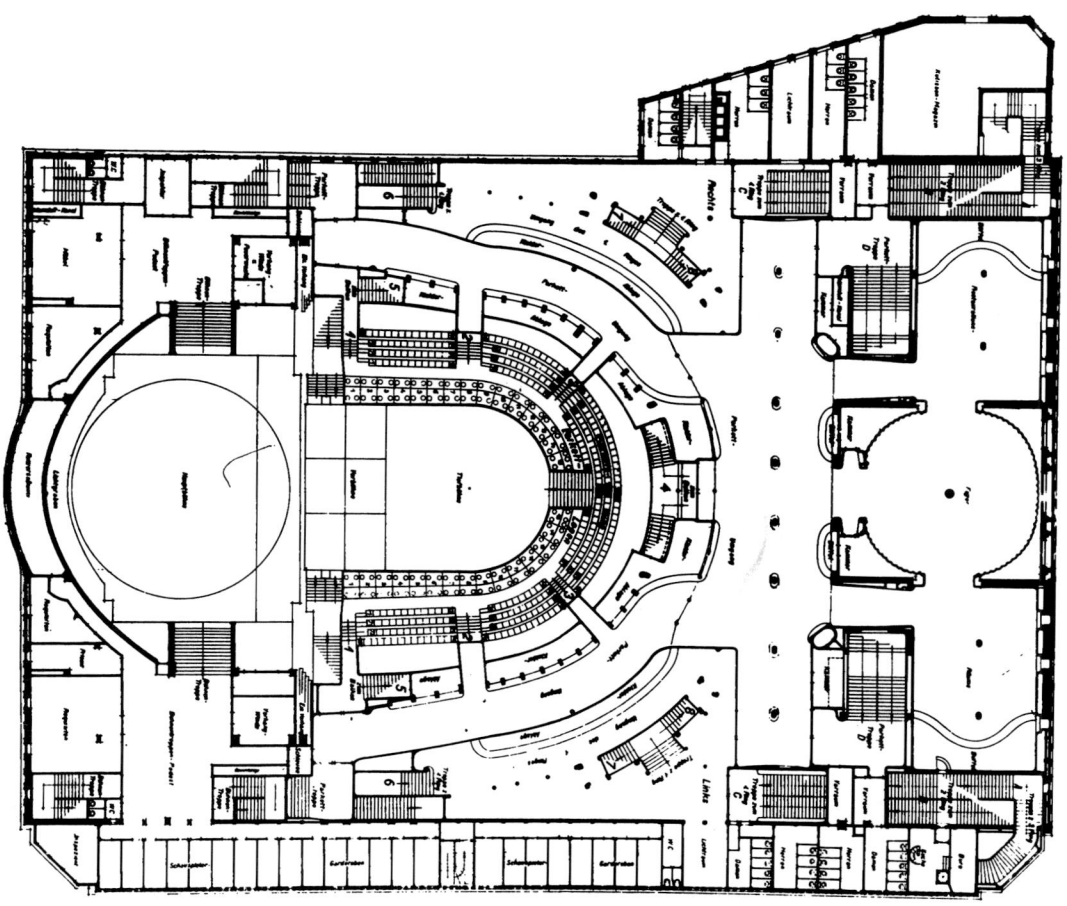

168 Hans Poelzig, Großes Schauspielhaus, Schnitt und Grundriß

Möglichkeit, das Parkett selbst als Bühne zu benutzen, die antike Orchestra. Die Bedeutung der Orchestra wollte Reinhardt durch eine Kuppel betonen. Von hier aus steigen die Sitze amphitheaterhaft auf. Die wenigen Logen bilden einen Teil des Amphitheaters. (Eigentlich sind Logen in einem Theater dieser Art überflüssig.) Besondere Schwierigkeiten verursachten die vorhandenen Eisenstützen. An einigen Stellen mußten sie entfernt werden, in der 30 Meter messenden Bühnenöffnung, zum Beispiel. Überall wurden sie ummantelt. Die Beleuchtung im Zuschauerraum, in den Foyers, in den Umgängen ist indirekt. Die Kuppel, welche Reinhardt verlangt hatte, hat Poelzig mit Reihen von hängenden Zapfen belegt, deren Zweck es war, die glatte Fläche der Kuppel, die akustisch ein Problem war, aufzurauhen. Poelzig hat diese Erfindung so ernst genommen, daß er sie patentieren lassen wollte. Der Berliner Volksmund aber nannte das Theater, in dessen Zuschauerraum die Zapfen an der Bekleidung der Stützen wiederkehren, die „Tropfsteinhöhle". Das wurde geradezu der zweite offizielle Name des Theaters.

167
170

Der Raum unterscheidet sich von allen Theatern, die es bis dahin gegeben hatte, und ist ein Unikum geblieben. Ob es das Volkstheater wurde, das Reinhardt gewollt hatte, ist sehr die Frage. Es hatte wenig Zeit, sich zu bewähren, da es sich nach *einer* Spielzeit bereits als unrentabel erwies. Es sei mir erlaubt, hier eine Kritik zu zitieren, die ich Jahrzehnte später (1979) über den Raum geschrieben habe: „Ich sage lediglich, daß es von vornherein das nicht war, was es hätte sein sollen: der Raum, der den Zusammenhang zwischen dem Volke und dem Geschehen in seiner Mitte herstellte. Es ist möglich, daß diesem Ziele Reinhardts die in dem gleichen Raum – als er noch Zirkus war – unternommene Ödipus-Inszenierung nähergekommen ist. Wenn das wahr ist, so kann sie nur darum besser gelungen sein, *weil* der Zirkus noch nicht zur ‚Tropfsteinhöhle' verschönt war: eben das Rohe, des Improvisierte, welches die Aufmerksamkeit ganz auf die stilisierten Massen-

wirkungen der Manege und der Szene lenkte, eben das erwies sich als angemessen."[1]

Das ist eine puristische Kritik, und man scheut sich, sie angesichts dieses Theaterraumes auszusprechen. Denn es hat niemand je geleugnet, daß er prachtvoll war – und im besten Sinne Theater. Und so waren die Umgänge, die Foyers, besonders das eine mit der wachsenden, baumhaften Säule in der Mitte, aus der die Decke des runden Raumes zu wachsen scheint – ein Raum, übrigens, an dem Marlene Moeschke beteiligt war. Das Große Schauspielhaus war und blieb populär und hat wahrscheinlich mehr als irgendein anderer Bau Poelzigs dazu beigetragen, ihn populär zu machen.

171

172–175

Und vergessen wir auch dies nicht: Poelzig hat die Farbe geliebt, und hier, endlich, dieses eine Mal konnte er sich seiner Neigung überlassen. Zugleich war das die Erfüllung eines Verlangens nach Farbe in der Architektur, die in jenem Augenblick aktuell war: ein integraler Teil dessen, was der Expressionismus in der Architektur erstrebt hat. Bruno Taut war nicht der einzige Architekt, der verlangte, daß der Farbe endlich ihr Recht eingeräumt werde.

Hier durfte es geschehen, hier konnte die Farbe, zusammen mit der neuen indirekten Beleuchtung die neue Form steigern. Das wäre in Salzburg wieder geschehen, wenn Poelzigs Festspielhaus gebaut worden wäre. Es geschah aber nur hier, dieses eine Mal. Daß es geschah, daß die Gedanken der expressionistischen Architektur insgesamt – Farbe, Form, Licht – verwirklicht wurden, erhöht die Bedeutung des Großen Schauspielhauses.

Über den Räumen wird das Äußere des Baues gemeinhin vergessen, obwohl es damals dem unbestechlichen Kritiker Erich Mendelsohn als ein wichtiger Schritt zu einer neuen Architektur erschien. Mendelsohn kritisierte Poelzigs Projekt für das Dresdner Stadthaus:

150, 151

„Dennoch scheint der von dem Projekt tatsächlich ausgehende Rausch aus der Üppigkeit seiner pagodenhaften Staffelungen, aus dem Reichtum seiner Lichtre-

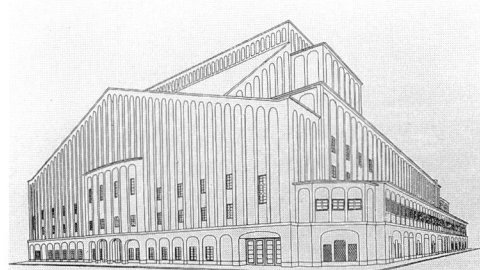

169 Hans Poelzig,
Großes Schauspielhaus,
Perspektive

170 Hans Poelzig, Großes Schauspielhaus, Teil des Zuschauerraums. Die indirekte Beleuchtung teilweise hinter den Stalaktiten

171 Hans Poelzig, Großes Schauspielhaus, Foyer

172 Hans Poelzig, Großes Schauspielhaus,
das runde Foyer

173 Hans Poelzig, Großes Schauspielhaus, das runde Foyer, Skizze

175 Hans Poelzig, Großes Schauspielhaus, Säulenskizze

174 Hans Poelzig, Großes Schauspielhaus, das runde Foyer

176 Hans Poelzig, Großes Schauspielhaus, Eingang

flexe zu kommen, nicht aber aus der Bewegung der tyrannisch gesteigerten Masse. Weit eher erscheint solche Massenbewegung bei dem letzten Werk desselben Künstlers erreicht. Die Aufnahme übereck zeigt das sehr deutlich. Hier sind nicht mehr Stockwerke stufenartig aufeinandergestapelt, sondern die einzelnen Massenteile *zu*einander und *gegen*einander zur Größe eines Turmbaues emporgeschleudert. Hier scheint endlich, zum *erstenmal* erkennbar, das neue Leben der Architektur zur Ausführung gebracht zu sein [. . .].“²

176 Man hat diesen bemerkenswerten Bau erst kürzlich abgerissen, ich habe nicht gehört, daß irgendjemand dagegen protestiert hat.³ Die Räume, besonders das Theater, waren schon lange bis zur Unkenntlichkeit verändert. Dem, der die Räume gekannt hat, erschienen hier und dort Fragmente wie Erinnerungen; Fragmente, übrigens, welche die Vergänglichkeit, das Theaterhafte dieser Räume auf rührende Art zu bestätigen schienen.

Ich fahre (1979) in der Kritik fort, indem ich sage, daß auch die Inszenierung im Zirkus nicht Volkstheater gewesen ist, weil sie das im Zeitalter Wilhelms des Zweiten nicht sein konnte. Man könnte meinen, daß das Große Schauspielhaus, nach der Erschütterung von 1918 erbaut, eine bessere Chance gehabt habe, Volkstheater zu werden. Hierzu bemerkt Karl Scheffler, der Kunstschriftsteller (der Max Reinhardt Poelzig als Architekten empfohlen hatte):

„Das Theater der Dreitausend erscheint wie ein Gebilde der Revolution, wie ein Symbol der Demokratie, es ist mehr Volkstheater, als alle Volksbühnen bisher es gewesen sind, es wirkt wie eine soziale Institution, wenn es so bis zum letzten Platz gefüllt ist; und der Gedanke, die Bühne in den Zuschauerraum hineinzuziehen und die Hörer gewissermaßen zu Akteuren zu machen, hat etwas Aktuelles, etwas Politisches.“

Nur sei das leider Täuschung, fährt Scheffler fort, „denn hier ist wirklich einmal alles, vom ersten bis zum letzten, Schein. Dieser kolossale, massiv erscheinende [. . .] Bau ist eine glänzende Kulisse, ist eine einzige,

komplizierte, kunstvolle Baumaske aus Rabitzputz. Alles, was zu wachsen, zu tragen, zu stützen und zu wölben scheint, wird getragen, gestützt, gewölbt: Die ganze Masse hängt an den alten Eisengerüsten. Das Ganze ist Drahtgeflecht, ist mit Putz beworfen, in Putz modelliert und dann kühn mit Farben angestrichen. Auch die Architektur spielt hier Theater. Mit Handwerk im guten alten Sinn hat diese Art von Architektur, diese Schnellbauerei, nichts mehr zu tun.“⁴ (Vgl. Dokumentation am Ende des Kapitels)

Diese Kritik hat etwas Überzeugendes. Aber wir wollen fair sein.⁵ Es blieb Poelzig unter den gegebenen Umständen gar nichts anderes übrig, als seine Räume „an den alten Eisengerüsten aufzuhängen“; und er war sich des „Scheins“ wohl bewußt. Er schrieb:

„Sehr schwierig erschien das Problem, die alten bestehenden Eisenstützen und Eisenbögen mit der Kuppel in Verbindung zu bringen und der Kuppel, der [. . .] auf der der Bühne zugewandten Seite die Unterstützungen fehlen, den Eindruck zu nehmen, als wenn sie nicht genügend getragen würde. Durch die Anordnung der herunterhängenden Zapfen ist die Kuppel freilich schon, auch ästhetisch, als ausgesprochen hängende Kuppel symbolisiert worden. Es mußte aber versucht werden, doch eine Vermittlung zu schaffen zwischen dem unteren Rande der Kuppel und der flachen Decke des Zuschauerraums.“⁶

Da legt Poelzig allerdings selbst den Finger auf die schwache Stelle: die „Vermittlung“, welche eben doch, solange man nicht zu genau hinsieht, den Eindruck erweckt, als *würde* etwas getragen; die, auf jeden Fall, unrichtig aussieht, unwirklich, bestenfalls dekorativ. Ich weiß nicht, ob die Aufgabe zu lösen war. Poelzig konnte sie nicht lösen.

Ich möchte aber hier eines betonen: daß der einzige Bau (Umbau), den Poelzig überhaupt in der in Dresden eingeleiteten Phase seiner ungebundenen, seiner ganz eigenen, seiner, sagen wir, expressionistischen Architektur verwirklicht, in der Tat, wie Scheffler sagt, Theater gewesen ist; Rabitz, nicht gebaut, sondern eingehängt, in eine Form gegossen, gefärbt, beleuchtet; und daß das wirklich mit dem „Handwerk im guten alten Sinn [...] nichts mehr zu tun" hat.

Und das ist tragisch – oder traurig – oder auch tragikomisch, wenn man daran denkt, daß Poelzig eine Leidenschaft hatte für die *gebaute Masse*, wie wir das in einer ganzen Reihe vom Projekten gesehen haben, von der Werdermühle an; und wenn man ferner erfährt, daß Poelzig, zu eben der Zeit, da er mit dem Großen Schauspielhaus beschäftigt war, im Jahre 1919, als Präsident des Deutschen Werkbundes in Stuttgart eine Rede hielt, welche dem Handwerk gewidmet ist (vgl. Dokumentation am Ende des Kapitels).

Poelzigs nahe Beziehung zum Handwerk ist uns bekannt. Er ist der Mann der Lehrwerkstätten „in der Mitte" der Ausbildung auch des Architekten, der Mann der engen Zusammenarbeit des Architekten mit Handwerkern und Künstlern, wie er sie beim Umbau des Rathauses in Löwenberg praktiziert hatte. Poelzig hatte sich nach dem Kriege des Werkbundes angenommen, welcher in jenem Streit um den Vorrang des typischen Gegenstandes oder des Gebrauchsgegenstandes als Kunstwerk einen so schweren Schlag erlitten hatte, daß man eine Zeitlang meinen konnte, er werde sich nicht wieder erholen.

Ich sage, Poelzig hatte sich des Werkbundes angenommen, und das klingt, als habe er das von oben herab getan. Es war wohl auch ein wenig so, Verbände lagen ihm nicht. Und wenig später, gelegentlich seines sicher unvermeidlichen Streites mit dem Werkbund, äußerte er mit einem Stoßseufzer, er wolle nicht nach seinem Tode im Himmel „mit den Kerlen auf *einer* Wolke sitzen"[7]. Aber jetzt, 1919, setzte er Hoffnungen in den Werkbund, vorausgesetzt, dieser bekenne sich zu denen im Kölner Typenstreit, die gegen den Vorschlag einer Arbeit am typischen Gegenstand aufgetreten waren. Das waren in der Tat die, welche Poelzig am nächsten standen, die Jungen besonders, Gropius und Bruno Taut.

Taut, Osthaus und der Freund Karl Schmidt waren es denn auch, die Poelzig drängten, im Werkbund den Vorsitz zu übernehmen. Die Beziehung zur produzierenden und zur verkaufenden Wirtschaft, auf die man im Werkbund vor 1914 so großen Wert gelegt hatte, sollte nun expressis verbis geleugnet werden. Sie war auch – so meinten viele nach 1918 – inhaltlos geworden. Auch im Ausland, sagte Poelzig damals – obwohl das Ausland ihm so wichtig nicht zu sein schien –, auch im Ausland werde Deutschland nur durch seine ausgezeichnete *handwerkliche* Arbeit anerkannt werden. Das war eine klare Antwort auf den Vorschlag von 1914, an der Form des Typischen zu arbeiten. Poelzig wollte, daß der Werkbund sich ganz der Lehre von der gediegenen persönlichen Arbeit verschreibe, und dazu bestanden eben damals gute Aussichten. Das Kriegsende von 1918 besiegelte den Untergang nicht nur des Kaiserreiches, sondern jener Vorkriegszeit mit ihrem materiellen Anspruch, ihrem Streben nach immer größerem Komfort, ihrem Glauben an den Fortschritt. In diesem Sinne bejahte selbst ein Patriot wie Poelzig den Ausgang des Krieges. Poelzig fand damals große Teile des Werkbundes bereit, einen Aufruf zur Förderung des Handwerks mit offenen Ohren aufzunehmen. Selbst Walter Gropius, der als Mitarbeiter von Peter Behrens das gemacht hatte, was man jetzt Industrial Design nennt: Ich erinnere an Behrens' Bogenlampen, an Gropius' Eisenbahnabteile und Triebwagen; selbst Gropius trat jetzt für das Handwerk ein. Im Werkbund hat es immer beides gegeben: Handwerk *und* Industrial Design. Nur lag der Akzent in den Zeiten der Prosperität auf letzterem; jetzt, anno 1919, lag er auf dem Handwerk; obwohl selbst dann die Industriellen, die zum Werkbund gehörten, gegen Poelzigs Handwerk-Rede einen Einspruch erhoben, den sogar Poelzig anerkennen mußte. Natürlich hat Poelzig auch damals gewußt, daß in Mengen produzierte Gebrauchsgegenstände typische Formen haben müssen; schon darum, sagte er, weil sie sonst durch die Wiederholung unerträglich würden. Aber er meinte, daß das nicht eigentlich ein Werkbundthema sei (vgl. Dokumentation am Ende des Kapitels).

Auch die sogenannte Kunstindustrie sei das nicht. *Sie* sei eine halbe Sache, und „das Halbe ist schlechter als nichts". Das Halbe hat ihn immer in Rage gebracht. Also *keine* Kunstindustrie für den Werkbund; überhaupt keine Industrie, sondern Handwerk. Was aber hat Poelzig damals unter Handwerk verstanden? Er sagte in seiner Rede:

„Unter Handwerk will ich hierbei etwas ganz und gar Geistiges verstanden wissen, eine seelische Grundstimmung, nicht die technische Vollendung in irgendeinem Zweig. Das, was wir unter Handwerk verstehen müssen und das mit künstlerischer Tätigkeit eigentlich vollkommen identisch ist, ist der Wille, mit größter Versenkung und Liebe Formen zu schaffen, eine Tätigkeit, bei der an die wirtschaftliche Ausnutzung der Arbeit eigentlich gar nicht oder nur allerletzten Sinnes gedacht wird. Das unterscheidet diese Tätigkeit grundlegend von allen rein industriellen Unternehmungen. Die Industrie in weiterem Sine hat lediglich mit technischen Dingen zu tun und wird durch wirtschaftliche Erwägungen in allererster Linie dirigiert."[8]

Nun, in der großen Zeit des Handwerks hieß es: „Handwerk hat goldenen Boden." Ein Handwerker, der nicht auch daran denkt, was bei seiner Arbeit für ihn herauskommt, ist keiner. Auch jemand, der mit größter Versenkung und Liebe *Formen* schaffen will, ist kein Handwerker. Ein Handwerker schafft Stühle und Schränke, Löffel und Kannen, die Form haben, gewiß; aber er schafft nicht Formen. *Das* tut ein abstrakter Künstler. Poelzigs Bild vom Handwerker kontrastiert stark mit den Vorstellungen eines Tessenow, der vom Quälenden der „gewerblichen Arbeit" gesprochen hat und davon, daß sie unter einer gemeingültigen Ordnung stehe und daß der Handwerker durchaus nicht das mache, wozu der Geist ihn treibt, sondern das Allgemein-Verständliche. Und seine Auffassung vom

Handwerker und von dem, was er tut, scheint mir, daß ich es nur gestehe, der Wirklichkeit näher zu sein. Formen? Poelzig hat damals auch von der eigenen Arbeit gesagt, daß er so lange an einem Projekt arbeite, bis nichts übrigbleibe als Form. Auch bei diesem Wort empfinde ich Unbehagen; denn man wohnt eben doch in Häusern, nicht in Formen: eine Tatsache, welche Poelzig als Lehrer immer anerkannt, ja, betont hat. Die Architektur ist eben nicht reine Formenkunst, was gewisse Arten der Malerei und der Bildhauerei sein dürfen; sie hat etwas mit dem *Sinn* des Hauses, der Kirche, der Schule zu tun und ist, scheint mir, Kunst nur unter der Bedingung, daß sie auch *daran* denke.

Und nun zeigt sich eine merkwürdige Verbindung zwischen den Gegensätzen, von denen wir hier ausgegangen sind: der Kulisse „Großes Schauspielhaus", die, wie Karl Scheffler sagte, mit dem Handwerk im guten alten Sinn nichts mehr zu tun hat, und dem Handwerk der Stuttgarter Rede, welches eben auch mit Handwerk im guten alten Sinn wenig zu tun hat. Es fehlt der saure Schweiß, es fehlt das Material, das widersteht und gezwungen sein will, es fehlt der ganz alltägliche Gebrauch, dem der Gegenstand dienen soll: vom Löffel bis zum Haus. Was Poelzig in seiner Stuttgarter Rede vorstellt, ist ein Wunschbild-Handwerker.

Wenden wir nun den Blick zurück zu den Arbeiten der Breslauer Zeit: Wir haben betont, in welch starkem Maße auch sie Form gewesen sind; aber wir haben zeigen können, daß sie niemals *nur* Form waren. Sie trugen den Stempel des Alltags. Die Projekte der Phase, die in Dresden begann, und der eine ausgeführte Bau, das Große Schauspielhaus, tragen ihn nicht mehr. Wir haben bei der Betrachtung des extremen Entwurfs zur Feuerwache von einem Auseinandertreten gesprochen: *141–144* Die Vision, sagten wir, und die modi der Ausführung treten auseinander. Dies ist weiter der Fall, es bezeichnet die ganze Phase in seinem Werk, die man expressionistisch genannt hat. Die Einheit von Sinn und Form wird in Frage gestellt.

Ich leugne ganz gewiß nicht, daß die Form für Poelzig schon damals in Breslau das Entscheidende gewesen ist. Ich erinnere an das verschiedene Aussehen der Einfamilienhäuser in Breslau 1904 und in Leerbeutel 1906 bei beinahe identischem Grundriß. Das Haus Zwirner

32, 56

ist in einem Maße Form geworden wie vielleicht kein anderes Haus jener Zeit. Es mag spitzfindig erscheinen, daß ich darauf bestehe, daß es daneben auch ein Haus geblieben ist: Dies ist eben das, was ich den Stempel des Alltags nenne.

137

Wie stark diese Bestimmung von einem großen Schriftsteller der Zeit begriffen – und bejaht – wurde, wird in Arnold Zweigs hymnischem „Theater, Menge, Mensch" offenbar, einer Schrift, die er unter dem Eindruck des Großen Schauspielhauses und für dasselbe verfaßt hat:

Dokument 11
Arnold Zweig, Theater, Menge, Mensch (1920)

Ja, das Werk zeugt die Menge, es zeugt sich die Gemeinde, es selbst bohrt aus den Hölzern die Funken, die Flamme! Gibt es nicht mit seinen ersten, einführenden, Atmosphäre, Schauplatz, Bedingungen, Gesetze aufstellenden Szenen den tausend schmalen Sonderrichtungen, die jeder der Zuschauer mit ins Theater bringt, eine breite gemeinsame Richtung? ein Ziel: die Begebenheit; eine Haltung: die immer heißere Teilnahme; einen Wunsch: den Ausgang; eine Gesinnung: die Hingabe? Tritt nicht, von Vorgang zu Vorgang, von Bewegung zu Bewegung an die Stelle der Zerspaltenheit in tausend Interessen die Vereinigung zu einem Geiste: dem des Werkes? Haben denn all diese Seelen eine Wahl, wenn sich die Antigone des Sophokles in der ganzen Reinheit ihres radikalen Menschentums vor ihnen aufrichtet? Wenn in dieser haßvollen, ganz zerstörten deutschen Welt sie dies Wort, ihr Seelenwort: „Zum Hasse nicht, zur Liebe bin ich!" unerschütterlich mit ihrem Tode siegelt? Dann oder niemals schlägt die Flamme des Geistes durch die Menge und erzeugt Gemeinsamkeit in den Herzen; die Erschütterung, mit der sie das Werk begnadet, die verwandelnde Reinigung von Tausenden, die endlich erstandene Einheit in der Ehrfurcht, die erhebende, adelnde, weihende Macht eines solchen Abends vollbringt das Wunder der Zurückwandlung von erstarrten Einsamen zur bewegten, geläuterten Gemeinde – oder man baue keine Theater mehr; man schließe sie. Denn den Einsamen überwältigt in der Nacht des Lesens dieser Geist ganz rein, um seinetwillen genügt Orchestra und Bühne der Phantasie; ihn, den Lesenden, weihen die Genien des Gedichteten und des Dichters und die Gemeinschaft mit den Schemen aller, über die Zeiten hinweg, deren Seelen jemals vom Winde solch gedichteten Geschicks umrauscht, berauscht wurden. Die Erhebung einer Menge, Sinnbild des Volkes, Sinnbilds der Menschheit, ist der Sinn und die Erfüllung des Theaters; Brüder und Schwestern des Fühlens zu entlassen ist seine Erfüllung. Das Gefühl der Fühlenden steigert sich aneinander, die Erhebung wird wirklicher und fruchtbarer, ja sie wird überhaupt erst wirklich durch die Erhebung und Einschmelzung einer Menge. Wenn erst einmal vor einer echten Dichtung eine ganze Legion von Menschen schamlos weinen könnte, wie sie schamlos lachen kann, wenn die Tränen eines ganzen Volkes vor einem einzigen Opfer fließen könnten – wir wären allesamt gerettet.

Arnold Zweig, Theater, Menge, Mensch, in: Schriften des Deutschen Theaters, hrsg. von Max Reinhardt, Berlin 1920, S.25–36, abgedruckt in: Julius Posener, a.a.O., S.125–130

Wir drucken hier wesentliche Teile der Rede, die Hans Poelzig vor dem Werkbund im Jahre 1919 gehalten hat.

Dokument 12
Hans Poelzig, Rede vor dem Werkbund (1919)

Mir liegt daran, klarzulegen, wo wir stehen und aus welchem Geist heraus der Werkbund die Aufgaben, die sich meiner Ansicht nach ihm bieten, anpacken sollte. Im übrigen werde ich vielmehr auf das Ganze gehen und die Linie klarzulegen versuchen, auf der wir zu arbeiten haben, wenn unser Wirken Berechtigung und Erfolg haben soll.
All dem, was mir für die Zukunft Verheißung verspricht, will ich gerecht zu werden versuchen. Es liegt mir aber nichts an einer Gerechtigkeit, die allem gerecht wird und darum unschöpferisch bleiben muß. [...]
Wir Künstler folgen schließlich nur zögernd und widerwillig dem Rufe, der uns aus unseren Werkstätten herausjagt auf die Arena, wo darüber verhandelt werden muß, was geschehen soll. Wir sind aber doch wohl diejenigen, die unbeirrt von praktischen Erwägungen die Zeichen der Zeit und der Zukunft erkennen und am ehesten über das etwas aussagen können, was uns zunächst angeht. Wir fühlen den Boden unter den Füßen wanken und wollen einen neuen Boden bereiten helfen, vielleicht erst für die, die nach uns kommen. Wir wollen den Werkbund wieder dahin stellen, wo er zuerst stand, auf den Boden des Idealismus, nicht des Kompromisses und der Resignation. Der Werkbund wurde von einer Gruppe von Künstlern begründet, die stilistisch ein Neuland suchen wollten und eine innige Verbindung von Kunst und Handwerk anstrebten. Man wollte Kunst und Handwerk aus ihrer Isoliertheit herausreißen und durch ihre gegenseitige Beeinflussung und Durchdringung das Leben selbst künstlerisch gestalten.

Schon hier bei der Einleitung der Werkbundrede von 1919 sieht Poelzig den Werkbund von 1907, wie er ihn sehen will. Der Werkbund war jedoch nicht als eine Fortsetzung von William Morris' Arts und Crafts – Kunst und Handwerk – ins Leben gerufen worden. Er wollte das Handwerk regenerieren, zugleich aber eine Brücke herstellen zur Arbeit des Ingenieurs und zur Massenproduktion durch die Maschine. In der Gründungsrede in München am 7. Oktober 1907 nannte Fritz Schumacher die wirtschaftliche Kraft die wichtigste der Kräfte. Poelzig fährt fort:

Der Werkbund muß sich darauf besinnen, daß ihn eine geistige und nicht eine wirtschaftliche Bewegung ins Leben rief. Unter allerlei politischen und wirtschaftlichen Unternehmungen des Werkbundes ist dieser Geist nur zu sehr verschüttet worden und es ist Zeit, ihn in seiner Reinheit wieder herauszustellen.
Kunst und Handwerk sind die beiden Fundamente, auf denen die Arbeit des Werkbundes zu fußen hat. Sie sind im Grunde ihrer Gesinnung eins. [...]

Unter Handwerk will ich hierbei etwas ganz und gar Geistiges verstanden wissen, eine seelische Grundstimmung, nicht die technische Vollendung in irgend einem gewerblichen Zweig. Das, was wir unter Handwerk verstehen müssen, und das mit künstlerischer Tätigkeit eigentlich völlig identisch ist, ist der Wille, mit größter Versenkung und Liebe Formen zu schaffen, eine Tätigkeit, bei der an die wirtschaftliche Ausnutzung der Arbeit eigentlich gar nicht oder nur allerletzten Sinnes gedacht wird. Das unterscheidet diese Tätigkeit grundlegend von allen rein industriellen Unternehmungen.

Die Industrie im weiteren Sinne hat lediglich mit technischen Dingen zu tun und wird durch wirtschaftliche Erwägungen in allererster Linie dirigiert. Kunst und Handwerk gedeihen aber nur, wenn wirtschaftliche Erwägungen bei ihren Schöpfungen wohl die Grenze angeben, wenn aber der Wille zur Form maßgebende Rolle spielt.

Dies ist ein Kernstück der Rede. Eine Auseinandersetzung mit den hier vorgetragenen Positionen findet sich am Ende des 6. Kapitels.

Daß Übergangsformen vorhanden sind, daß manche Handwerker Unternehmer genannt zu werden verdienen, während Fabrikanten der Art ihrer Produktion mit Leib und Seele ergeben sind, ist ohne weiteres klar. Wenn wir also vom Handwerk reden, so meinen wir einen geistigen, einen ethischen Begriff. Wir meinen die Ausübung eines Handwerks oder einer künstlerischen Tätigkeit um ihrer selbst willen.

Damit rücken wir ab von jeder Art Industrialismus. [...]

Auch die Rücksicht auf den möglichen Export darf unsere Arbeit in keiner Weise leiten. Diese Rücksicht zwingt zu Kompromissen, zur Einstellung auf die Nachfrage, auf Wünsche von Interessenten-Gruppen. Wir müssen ganz frei von jeder Rücksicht schaffen, nur unserem künstlerischen und handwerklichen Gewissen haftbar, und alle anderen Erwägungen der Industrie an sich überlassen.

Die Werkbundtagung in Stuttgart 1919 folgt als erste große Werkbundversammlung der in Köln vom Juli 1914, im Augenblick des Kriegsbeginns. Poelzig bezieht sich hier auf Muthesius' Vorschläge in Köln – und lehnt sie ab. Er wird die Auseinandersetzung im Werkbund in Köln später direkt erwähnen. Die ganze Rede ist eine Zurückweisung der Vorkriegs-Anschauungen im Werkbund, besonders der von Muthesius ausgesprochenen. Eine solche Stellungnahme scheint auch im Rückblick berechtigt, ja notwendig: Der Werkbund ging zerstritten und über seine eigenen Ziele unklar in den Krieg. Die Situation nach Kriegsende ist eine grundsätzlich andere. Sie verlangt einen grundsätzlich anderen Werkbund – oder keinen Werkbund mehr.

Kunst und Handwerk schaffen Dinge, die, wenn sie vollendet sind, ewige Geltung haben und nicht ohne Schaden vernichtet werden können. Der Künstler und Handwerker, der nicht Ewigkeitswerte schaffen will, ist keiner. Die Grenzgebiete nach der Industrie hin sind die Arbeiten, in denen in erster Linie der Geschmack eine Rolle spielt. Der Geschmack folgt aber Gesetzen, die erst durch künstlerische Leistungen höherer Art festgestellt sind. Er folgt Formeln, die als bequem und leicht anwendbar erkannt worden sind. Ein kunsthandwerkliches Erzeugnis von starkem Ausdruck wehrt sich dagegen mit Erfolg, überhaupt geschmackvoll genannt zu werden.

Ausrufungszeichen! – Dies ist Expressionismus. Es ist die Ablegung jener Geschmackshygiene, wie man das später genannt hat, der der Werkbund vor 1914 zu dienen suchte.

Wenn der Werkbund also nicht nur ein Vermittler oder Anreger werden will auf den Gebieten der gewerblichen Arbeit, die der Mode und dem Wechsel unterworfen sind, so hat er sich den primären Gebieten zuzuwenden und darauf aufzubauen, d.h. dem wirklichen künstlerischen und handwerklichen Schaffen. Handel und Industrie haben die Kunst meist nur prostituiert. In ihrem Interesse liegt nur zu sehr der Anreiz zum Modischen, zum ewig Neuen, worunter nicht Neuschöpfung zu verstehen ist, sondern das Hervorkehren irgend eines auffallenden Signums, das die Masse besticht und zum Ankauf reizt. Der Handel hat kein Interesse am Hervorbringen von ewig Gültigem, selbst nicht handwerklich Dauerhaftem. Beim Handel geht es oft nicht um Angebot und Nachfrage, sondern darum, wie durch Reizmittel eine künstliche Nachfrage geschaffen werden kann. Im Werkbund haben nun industrielle Erwägungen schon eine zu große Rolle gespielt und zu breiten Platz eingenommen. Wir müssen zurück auf den Urgrund des Schaffens [...]. Vor Jahren tobte – meiner Meinung nach aus dieser Unklarheit heraus – in Köln der Streit um die Typen-Frage. Typische Formen sind gut für die Massenherstellung gewerblicher Produkte und hier nicht zu entbehren. Diese Produkte können im Gegenteil durch den Verzicht auf alles das, was eine eigentliche handwerklich-künstlerische Betätigung erfordert, erst Charakter erhalten. Eine selbst gut gelöste Form, die sich nicht auf das Einfachste, auf das Typische, beschränkt, wird und muß bei der vielfachen Wiederholung unerträglich wirken. Die Form muß hier typisch sein und einer ausgesprochenen Originalität entbehren, die mit typischen Formen überhaupt nicht gut vereinigt werden kann.

Aber es muß alles vermieden werden, was auch diese Typen auf allzu billigem Wege, lediglich durch Fortlassung und Verzicht, entstehen läßt. Der Verzicht von vornherein schafft nur Armut an Gedanken und Formen, und gute Typen können nur entstehen nach langer, mühsamer Arbeit, wobei die Erfahrung allmählich das Unzulängliche abstößt und schließlich als Resultat – nicht einer Auswahl von vornherein – sondern durch die Vielheit, durch den Reichtum der Gestaltung hindurch, die gedrängteste Form als allein gültig bestehen läßt.

Die sogenannte Kunstindustrie aber, d.h. die Industrie, die sich nur mit billiger Manier einen künstlerischen Anstrich geben will, soll man laufen lassen, das Halbe ist schlechter als nichts, und es ist besser, daß die Unzulänglichkeit sich klar herausstellt, als daß sie sich unter einem dekorativen Mantel versteckt.

Es scheint mir da immer wieder der Denkfehler zu spuken, der Erzeugnisse der rein auf industrieller Grundlage basierenden Technik den handwerklich künstlerischen gleichstellt. Das technische Erzeugnis fordert technisch-praktische Erwägungen und verliert seinen Wert sofort, sobald ein technisch vollendeteres, praktischeres und billigeres Erzeugnis erschaffen worden ist. Es fliegt zum alten Eisen und wird mit Recht gering geschätzt, da sein Wert lediglich auf technisch-wirtschaftlichem Wege entstanden war.

Die handwerklichen und künstlerischen Erzeugnisse haben ewigen Wert. Ein wunderbar geformter Barockschrank büßt seinen Wert nicht im mindesten dadurch ein, daß ein neuerer Schrank praktischer, leichter und billiger ist. Die Möbel, die auf wirtschaftlich-technischer Grundlage entstanden sind, wie z. B. amerikanische Büromöbel, verlieren aber, wenn man sie künstlerisch originell zu steigern versucht.

Aus allen diesen Denkfehlern heraus ist der fatale Begriff des sogenannten Kunstgewerbes entstanden. Ich sehe immer noch keinen Unterschied zwischen den weitaus meisten Erzeugnissen der letzten 20 Jahre mit den früheren, man hat immer noch versucht, äußerlich formalistisch die Sache anzupacken.

Industriell ist nur rein technischen Dingen beizukommen, die nichts sein wollen als praktisch. Sie erzeugen ihre Formen selbst durch allmähliches Abstoßen des Überflüssigen und Unpraktischen und erreichen schließlich eine restlos gültige Form, die aber auf ganz anderem Wege entstanden ist als die handwerklich künstlerische, und außer wirtschaftlichen Erwägungen höchstens durch Takt und Geschmack dirigiert werden kann. Eine primitiv geschnitzte romanische Eichentür ist schön, trotzdem sie rein technisch auf unvollkommener Grundlage steht, sie verliert ihren Wert nicht durch die Herstellung einer technisch besseren Tür, weil ihre Vorzüge lediglich auf handwerklich-künstlerischer Grundlage stehen. Im Gegenteil, ein primitives Kunstwerk kann ergreifender wirken, als das technisch vollkommenere, während das Automobil vom Jahre 1900, das vielleicht unser Erstaunen erregt hat, lächerlich wirkt neben dem vollkommeneren, das später entstanden ist. Es sind eben völlig andere seelische Funktionen, denen die handwerklichen und künstlerischen Schöpfungen ihr Dasein verdanken.

Ich will aber selbstverständlich nicht dahin falsch verstanden werden, daß ich die in unseren technischen Betrieben geleistete Arbeit geringschätzen wolle. Im Gegenteil, es wird hier bisher zumeist erheblich selbstloser, sachlicher, ohne Rücksichtnahme auf die Befriedigung von Eitelkeiten gearbeitet als auf dem Gebiet der künstlerischen, zumal der halbkünstlerischen Tätigkeit von heute [...].

Das große Gebiet des Baues berührt sich mit der reinen Technik in Grenzgebieten und übernimmt von ihr Errungenschaften, die auf technisch-wissenschaftlichem Wege unter Rücksicht auf die Wirtschaftlichkeit entstanden sind. So resultatlos und schief die versuchte Einmischung der Architektur in das rein technische Gebiet, den Bau der Autos und sonstigen Fahrzeuge überhaupt alles Maschinellen, zu verlaufen pflegt [...], so wird der eigentliche Bau, der lediglich durch wissenschaftliche und in erster Linie technische Erwä-

gungen seine Erscheinung verlangt, die Kälte der Erscheinung nicht los.

Insofern sind die meisten Wassertürme, Silos, Wolkenkratzer, keine Bauwerke gemessen an den Aquädukten, Stadt- und Burgbefestigungen, Speichern, der Vergangenheit. Es muß die handwerklich-künstlerische Gesinnung hinzukommen, die sich der technischen Möglichkeiten bedient, aber dem Bau erst Form zu geben imstande ist.

Der Durchschnitts-Ingenieur baut einen schlechten Wasserturm, eine schlechte Fabrik an der Erscheinung gemessen, der Durchschnitts-Architekt, der der Sache rein äußerlich formal beizukommen sucht, freilich meist noch schlechter [...].

Unser Bauhandwerk ist in seinen technischen Möglichkeiten dem Mittelalter gegenüber erweitert und bereichert worden, es ist aber genau so gut möglich, wie im Mittelalter bei einem Holzspeicher, dem Beton- oder Eisenbau eine seiner Konstruktionsart durchaus gemäße Bauform zu geben. Daß hier Kompromisse zu Verschlechterungen, zu stilistischen Unklarheiten führen, zeigen die technischen Bauwerke, die sich festgelegten rhythmischen Gesetzen z. B. der Antike zu fügen suchen oder sich hinter einer architektonisch rhythmischen Maske verstecken, die dem logischen Gefüge der angewandten Konstruktionsart widerspricht.

Das ist Poelzigs Lieblingsthese, der er in seinen Äußerungen und in seinen Arbeiten bis zum Ende treu bleiben wird: daß der Architekt die neuen technischen Möglichkeiten grundsätzlich nicht anders behandeln solle – und könne –, als der Baumeister früherer Zeiten seine handwerklichen Möglichkeiten behandelt hat. Die letzten Worte sind ausdrücklich gegen Behrens' AEG-Fabriken gerichtet, besonders gegen den „Tempel" Turbinenfabrik.

Auch der Bau unserer Wohnhäuser kann sich nicht nur folgerichtig aus technisch-hygienischen Grundsätzen oder sonstigen verstandesgemäßen oder wissenschaftlichen Erwägungen entwickeln, so wie maschinelle praktische Gebrauchsgegenstände entstehen, die nach ihrer Benutzung fortgeworfen werden. Das Gehäuse des Menschen fordert in seiner Ausbildung Gemüts- und Gefühlswerte, die eine noch so praktische Schöpfung niemals aufweisen kann.

Seien wir sogar lieber unpraktisch, wenn wir erreichen können, daß aus unserer Schöpfung ein Strahl in die menschliche Seele fällt.

Hier folgt ein kurzer Überblick über die vergangenen 25 Jahre: Jugendstil – Klassizismus – Heimatkunst und deren Ablehnung durch die junge Generation. Es ist eine sehr kurze Zusammenfassung: Poelzig erwähnt nicht die Reformversuche von Architekten seiner Generation, auch die eigenen nicht. Er fährt fort:

Jedem, der einigermaßen logisch empfindet, ist überdies klar, daß der Geist unserer heutigen Konstruktionsmethoden der entwickelten antikischen Formensprache energisch widerstrebt. Unsere Konstruktionsweise strebt nach Zerlegung der Kräfte, nach Auflösung und Gliederung, und kommt deutlich der mittelalterlichen Auffassung unendlich viel näher als der antiken. Ich sage der mittelalterlichen, nicht der gotischen, da die Beziehung auf die komplizierte Formensprache der voll entwickelten Gotik nur verwirren würde.

Die jetzt bestehende geistige Disposition scheint mir überhaupt vielmehr den Untergrund zu bieten für eine Kunst, die im Geiste der des Mittelalters einigermaßen ähnlich ist, und wenn wir aus dem Wirrwarr herauswollen, so werden wir [...] anfangen müssen, uns stilistisch zu disziplinieren, wie es die mittelalterliche Kunst getan hat. [...]

Vor uns ausgebreitet liegen die künstlerischen Schätze der Jahrtausende. Wir können die Augen vor ihnen nicht schließen, selbst wenn wir es versuchten, dürfen aber von ihnen nur lernen, worin eine stilistische Einheit beruht, ohne daß wir uns an die Übernahme formaler Bindungen der früheren Zeiten klammern dürfen.

Die kommende arme Zeit scheint mir den rechten Boden zu bieten für die Möglichkeit einer stilistischen Reinigung der Architektur. Karg sind die Mittel und zwingen Beschränkung auf. [...] Wir müssen aus der Kargheit heraus mit bewußtem Verzicht auf die Fülle wenige gleichklingende Formen zur Harmonie zu bringen versuchen. Wir müssen streng zu denken versuchen. [...]

Viele unter den Jungen wollen der Farbe auch in der Außenarchitektur wieder eine Rolle als bahnbrechendes und stilbildendes Element zuweisen. Sie haben Recht. Die entschiedene Einstellung auf die Farbe, das ‚mit Farbe wirklich wieder Bauen‘, würde am gründlichsten und leichtesten mit Formverwirrung und Formüberfüllung aufräumen, da die entschieden auftretende Farbe eine komplizierte Formgebung nicht verträgt. Daß unsere Städte und Dörfer, daß vor allem unsere Kleinwohnungssiedlungen, die schon aus wirtschaftlichen Gründen sich der wiederkehrenden Type bedienen müssen, durch die rhythmische farbige Gliederung der Straßenzeilen einen neuen großen Reiz erhalten würden, der am besten und selbstverständlichsten über die Uniformität der Typenreihung hinweghilft, erscheint mir fraglos.

Die Erkenntnis über die Architektur ist so unsagbar wichtig, da sie das Bild unserer Heimat bestimmt, das durch die Bauerei vergangener Jahrzehnte so verzerrt worden ist. [...]

Aber eine Architektur als ars magna können wir nicht aus dem Boden stampfen, sie entsteht nur da, wo eine einheitliche große Revolutionierung der Seelen stattgefunden hat, wo die Überzeugung durchgedrungen ist, daß wir für die Ewigkeit zu schaffen haben.

Wir müssen wieder begreifen, daß eine große Kunst auch begeisternden Inhalt braucht und mit der Volksseele in enger Fühlung stehen muß, wenn sie nicht artistisch entarten soll. Uns müssen die Händlerwerte, die Kunstwerken aufgeprägt werden, gleichgültig sein, wir müssen der Kunst wieder mit Ehrfurcht dienen, wie es in entsagungsvollem Ringen die wenigen Großen unserer Zeit taten, während die Mehrzahl der Künstler im Sumpfe geschäftlicher Interessen versank. Wir müssen den Zusammenhang mit unserem Volkstum wieder herzustellen versuchen, den l'art pour l'art-Standpunkt verdammen und willens sein, in gemeinsamer Arbeit hinter dem

Werk zurückzutreten. Das sind die weiten Ziele, die wir aufstecken müssen, und zu denen wir die Mitarbeit aller brauchen, die es ernst meinen.

Die Rede enthält noch andere, durchaus deutsch-nationale Thesen. Poelzig war ein nationaler Mann, wir haben darauf hingewiesen. Und das Nationale findet man auch im deutschen Expressionismus, besonders nach dem verlorenen Kriege. Er gehört zur Besinnung auf die Grundwerte: Sie sollten deutsch sein. Es gehört auch zur Ablehnung des wirtschaftlichen Denkens der Vorkriegszeit, von dem der Krieg und das Kriegsende den Werkbund geheilt haben.

Deshalb dürfen wir freilich nicht darauf verzichten, zu untersuchen, wo unmittelbar ein Hebel zur Besserung angesetzt werden kann, und nicht über dem fernen Ziel das Nächstliegende vernachlässigen.

Hier taucht ein anderes seiner Themen auf, welches er noch in seiner Rede Der Architekt *von 1931 aussprechen wird: Poelzig lehnt die bauende Verwaltung ab.*

Jeder von uns wird aus der heimischen Erde Kraft saugen müssen. Seine Schöpfungen werden aber von selbst in die Haltung hineinwachsen müssen, die als Gemeinsames den besten Bauten der Vergangenheit anhaftet. [...]

Das Tempo der baulichen Tätigkeit in Deutschland vor dem Weltkrieg war nur zu rasend und verhinderte die Möglichkeit, sich mit Fragen einer radikalen Besserung ruhig und erfolgreich zu beschäftigen. Die Palliativmittel, wie Heimatschutz-Bewegung, behördliche ästhetische Aufsicht, konnten an den Kern der Frage nicht rühren, die nur damit gelöst wird, daß die wirklich Berufenen bauen, und daß man Berufene schafft. Wir werden Zeit haben, uns mit der Frage ernsthaft zu beschäftigen und werden die Pflicht übernehmen müssen, eine gründliche Sanierung des ganzen Gebietes gegen alle Widerstände durchsetzen zu helfen, und nicht auf halbem Wege stehen zu bleiben. Es kann und darf uns deshalb nimmermehr gleichgültig sein, wie und von wem Architektur gelehrt wird, die Architektur, die wir durchaus wieder als große, alle anderen Künste sammelnde und leitende Kunst herstellen müssen, die auch die Errungenschaften der Technik durchaus beherrschen und sich ihrer bedienen muß, sich aber von ihnen nicht beherrschen lassen darf. [...] Jetzt oder nie ist vielleicht die Möglichkeit, den Weg einer stilistischen Einigung der Künste erfolgreich zu beschreiten. Der Weg, der vom Kleinen ausgeht, ist der falsche, die wahre Bindung aller Künste gibt nur die Architektur. Die bisher meist beliebte, kunstgewerbliche Anschauung hat versucht, durch dekorative Äußerlichkeiten, durch formale Willkürlichkeit eine Art von stilgebender Einheit vorzutäuschen. Nicht durch eine billige Methode der Vereinfachung oder des Weglassens entsteht aber ein Stil, sondern durch ein unsagbar heißes Bemühen, den treffendsten Ausdruck, die reinste Form aus den gegebenen Problemen herauszuentwickeln.

Den Schulen fehlten bisher diese Probleme als Untergrund, um eine architektonische Gesinnung im wahrsten Sinne zu erzeugen. Krampfhaft mußten sie meist herangebracht oder ersetzt werden durch eine dekorative Methode, die keinen natürlichen, d.h. baulichen, werklichen Untergrund hatte.

Die jungen Künstler auf den Akademien und Kunstgewerbeschulen, die die Fruchtlosigkeit ihrer bisherigen Erziehung einsehen, verlangen jetzt selbst stürmisch die Umwandlung ihrer Schulen in Lehrwerkstätten, in denen sie möglichst vom ersten Tage an am Werk und dem Bau mitschaffen. [...] Der grundsätzlichen Änderung widerstrebten bisher Handwerk und Kunst. Jenes wollte die Meister-Lehre als allein gültig anerkannt wissen, die Kunst sah ihr Heil auf den Akademien [...]. Es gilt, beidem gleichzeitig gerecht zu werden: Das Handwerk durch Werkstätten neu aufzubauen, die einer guten Meisterlehre auch im wirtschaftlichen Sinne so vollkommen wie möglich entsprechen, und das Studium der Kunst mit dieser handwerklichen Ausbildung zu begründen. [...] Mit einem Schlage Verhältnisse zu schaffen, wie sie das Mittelalter besaß, erscheint unmöglich, es muß aber mit aller Kraft erstrebt werden, daß die handwerkliche und künstlerische Ausbildung am Werk und am Bau selbst erfolgt, und daß auch die wirtschaftlichen Hemmungen und Bindungen dem Lehrling von vornherein fühlbar werden, deren Fehlen die Lehrwerkstätten der Schulen so problematisch gemacht hat. Und da man der Schulen nicht wird entraten können, gilt es, aus überflüssigen Anstalten notwendige zu machen, die jeder durchlaufen muß, der in einem Handwerk oder der Kunst etwas leisten will [...].

Die Freiheit der Kunst überhaupt ist ein Danaer-Geschenk. Die größten und ernsthaftesten Schöpfungen sind in der scheinbaren Unfreiheit entstanden, bei der aber dem Künstler die Sorge um den Vorwurf und um die Einfühlung in den Raum genommen war. Die strenge Einfügung in den symphonischen Klang einer Architektur sichert dem Kunstwerk erst seine natürliche Haltung, sichert ihm eine wirkliche Architektur, die der Künstler, der für sich allein dahin strebt, erst gewaltsam zu erringen suchen müßte.

Das Gebiet der Werkbund-Arbeit muß also streng auf handwerklich künstlerischem Boden, nicht auf technisch-industriellem ruhen. Wir können die Welt jetzt nur zwingen, die Qualität unserer Arbeit anzuerkennen, wenn wir die Arbeit von vornherein auf den ethischen Boden des Handwerks und der Kunst stellen [...].

Ob unsere Erzeugnisse bald mit Erfolg exportiert werden können, weiß ich nicht. Selbst wenn das der Fall sein sollte, so darf der Gedanke daran niemals auf die Art unseres Schaffens bestimmend werden.

Nachlaufen und sich aufdrängen war die Methode des bisherigen Deutschlands. Sie mag rein wirtschaftlich vorübergehend Vorteile gebracht haben, im Grunde hat sie vollkommen versagt.

Stolz und rein ohne jede Rücksicht auf frühzeitige Anerkennung müssen wir unsere Arbeit leisten. Sie wird sehr hart sein, sie kann aber uns und denen, die nach uns kommen, Anerkennung nur erzwingen, wenn jeder Kompromiß ferngehalten wird.

Wir Deutschen sind ohnedies nicht das Volk, das sich von vornherein fremden Anregungen versagt; auch jetzt werden wir sie aufnehmen, woher sie auch kommen mögen. Wir müssen sie aber umsetzen in die Art unseres Schaffens, deren Läuterung wir uns mit aller Macht widmen wollen. [...]

Will er aber in diesen Kampf eintreten, so braucht er [der Werkbund] die Jugend. [...]

Scheuen wir nicht vor der brausenden Wildheit der Erscheinung zurück, die die Äußerlichkeiten einer jungen Kunst darbietet. Der Schaum verfliegt und zurück bleibt die Form, die Ewigkeitswert beansprucht. [...]

Wir brauchen die Ehrlichen und die Starken. Schaffen wir einen Boden, auf dem die Jugend mit ihren Werken herauskommen kann, ohne in die Hände von Unverantwortlichen zu geraten, von denen sie geschäftlich ausgebeutet wird. Stützen wir die Jugend im wirtschaftlichen Kampf, damit sie nicht an der Arbeit für die Kunst verzweifelt und ihre Gesinnung verschachert. [...]

Der Werkbund muß das Gewissen der Nation werden. [...]

Der Krieg hat uns arm gemacht, ärmer als wir jetzt wohl noch übersehen können. Karg wird der Boden sein, auf dem wir pflanzen müssen. Wenn wir den Mut nicht verlieren, kann aber dieser karge Boden zur Gesundung führen, zur Abstoßung alles Krankhaften und allzu Üppigen, das unser Schaffen zu überwuchern drohte. Und wenn der Krieg und unsere Feinde uns fast zu Bettlern machen, so wollen wir unsern Stolz bewahren wie es die Geusen taten und es dahin bringen, daß der Schmachname, den unsere Feinde uns beilegten, durch unsere Arbeit zum Ehrennamen werde.

Mitteilungen des Deutschen Werkbundes 1919, Nr. 4. Selbstverlag des Deutschen Werkbundes Berlin, S.109–124, abgedruckt in: Julius Posener, a.a.O., S.111–121

Schlußwort

Es wurde bereits erwähnt, daß die anwesenden Industriellen gegen die Ablehnung der Industrie protestiert haben, und daß Poelzig dem irgendwie Rechnung tragen mußte. Seine Antworten klingen nicht sehr überzeugend. Die Rede ist so ganz gegen den alten Werkbund gerichtet, daß es in der Tat schwer war, zu sehen, was die Industrie in einem neuen Werkbund, wie er Poelzig vorschwebte, noch zu suchen haben würde. Offenbar haben die anwesenden Industriellen damit gerechnet, daß eine Trennung des Werkbundes von der Industrie praktisch nicht möglich sein werde; wohl auch damit, daß die starke Position der Industrie als einer Macht in der Produktion, zu der ein Werkbund sich werde zu verhalten haben, sich schon durchsetzen werde. Sie haben später recht gehabt: Bereits 1922 wurde das Thema Kunst, Handwerk und Industrie im Weimarer Bauhaus und im Werkbund aufs neue aktuell.

7 Das Festspielhaus für Salzburg

Die Stuttgarter Rede war auch Werkbund-*Politik:* die Absage an den Werkbund-Materialismus der ersten Jahre. Man solle sich daran erinnern, sagte Poelzig, daß der Werkbund eine geistige Bewegung ist, keine wirtschaftliche. Dieser Appell, der Aufruf zur Tätigkeit des Künstlers, der nicht rechts noch links schaut, dem, an sein Werk gebunden, die Dinge dieser Welt gleichgültig sind, traf für eine kurze Zeit auf Widerhall. Aber der Werkbund war in stetiger Bewegung – und Poelzig selbst war in starker Bewegung. Die politische Revolution war schon im Januar 1919 gescheitert, als ihre Führer, Karl Liebknecht und Rosa Luxemburg, in Berlin ermordet wurden. Aber die Bewegung, welche durch den Untergang der alten Ordnung im Jahre 1918 in Gang gekommen war, war damit nicht am Ende, setzte sich vielmehr in einer Fülle einander widersprechender Ideen im Geistesleben und in den Künsten fort, in neuen Gedanken und Experimenten zur Erziehung, in Versuchen, auf neue Art zu leben, im Theater.

Wir haben das vorige Kapitel „Dresden – Berlin" überschrieben. Es war für Poelzig ein Übergang, der vor Kriegsende, im Mai 1918, begann und der erst 1920 zu einem provisorischen Abschluß kam. Übergang: Poelzig fühlte, daß Neues sich anbahnte und daß er dabei eine Rolle zu spielen haben würde. Aus diesem Grunde fand er die Rolle, die er im Werkbund zu spielen hatte, kongenial. Er traute sich zu, auch politisch – im allerweitesten Sinne – Einfluß auszuüben. Aber der Werkbund war – und blieb – das einzige Forum, das er für sich annahm.

Da das Wort Politik gefallen ist, müssen wir auch diese Seite seines Wesens kurz betrachten. Sagen wir zunächst mit aller Entschiedenheit, was Poelzig *nicht*

gewesen ist: ein sozialer Revolutionär; er stand nicht links, er hat die Spartakus-Bewegung verabscheut. 1921 schrieb er, er wolle einen nationalistischen Geheimclub gründen oder einem beitreten, wenn es ihn schon gebe.[1] Immerhin, ein Geheimclub zielt auf Aktion hin. In jenen Jahren wurde der Begriff der konservativen Revolution geprägt, eine Idee, welcher unter jungen Leuten aus dem Bürgertum nicht wenige Anhänger fand. Es ist mir nicht bekannt, ob Poelzig sich mit diesem Gedanken ernsthaft auseinandergesetzt hat; aber der Begriff des konservativen Revolutionärs umschreibt nicht ganz schlecht das, was er gewesen ist. Sagen wir, daß er latent immer schon dergleichen gewesen ist und daß er es nun stärker und bewußter wurde. Von der Latenz haben wir gesprochen: Sie zeigte sich in den Arbeiten – und Äußerungen – seiner Breslauer Zeit: in seiner Absage an die schlechte Praxis der Gegenwart und in seinem Geschichtsbewußtsein.

Die Zeit vor dem Kriege, welche durchaus dynamisch gewesen war, dem Neuen zugewandt, aber ohne Eile, ohne den Wunsch, das Unerhörte zu verwirklichen, erschien im Rückblick, nach der Katastrophe, als materialistisch und beharrend; weil man *jetzt* den Stachel spürte, welcher zum Neuen antreibt. Auch Poelzig hat ihn gespürt. Aber wir haben auch gesehen, daß er nicht, wie einige jüngere Architekten, „ins Unbetretene"[2] vorstoßen wollte. Er hat einigen jener neuen, revolutionären Gruppierungen angehört wie der „Novembergruppe", aber nur kurze Zeit. Dort war er nie zu Hause. Er *war* ein konservativer Revolutionär, dem das Neue das Alte war und das Alte das Neue. Das haben wir in seiner Breslauer Arbeit gesehen: Damals war das Alte, welches unter seinen Händen das Neue werden konnte, der Aquädukt, die Stadtmauer, die tief ins Innere des Gebäudes saugenden gestaffelten Portale romanischer Kirchen; aber ins Praktische übersetzt: Poelzig war in Breslau vielleicht dem Bauen mehr als der Architektur ergeben. Weil er damals einen Weg zu neuen praktischen, konstruktiven Entwicklungen im Bauen gesehen hat.

Das ändert sich seit Dresden. Nun sind es das Barock, die Romanik, die deutsche Spätgotik, die ihn anziehen und ihm als ferne Vorbilder im Auge bleiben; besonders das Barock: und zwar das *deutsche*. Versuchen wir, den Unterschied auf eine Formel zu bringen, so könnte man sagen, daß vor dem Kriege Poelzig die Kontinuität des Bauens in neue konstruktive Möglichkeiten hinein fortzusetzen bestrebt war; *jetzt* kommt es ihm auf die *Kultur* an, welche er erneuern will, indem er sie auf historische Kulturen bezieht. Ich will durchaus nicht weitergehen als bis zu dieser Formulierung; denn wenn Formen, die deutlich das Rokoko in Erinnerung rufen, wie sie in den Skizzen für das Festspielhaus in Salzburg in Erscheinung treten, den Gedanken nahelegen könnten, Poelzig habe das deutsche achtzehnte Jahrhundert wiederbeleben wollen, so straft der Aufbau der Gebäude in diesem Projekt einen solchen Gedanken Lügen. Die beiden Festspielhäuser und das Amphitheater unter freiem Himmel sind gestuft, in Terrassen; und das ist eine Bauform, welche bei Poelzig schon vor Salzburg anzutreffen ist: Ich brauche nur an das „Haus der Freundschaft" zu erinnern; nicht aber im Barock. Will sagen: Wieder schafft Poelzig aus dem Alten das Neue, als ein konservativer Revolutionär; nur daß das Alte nun nicht mehr eine Bauweise ist – und das Neue eine Konstruktion: Jetzt ist das Alte eine Kultur – und das Neue will – oder soll – eine Kultur werden.

Das entspricht der Stimmung, wenn man es so nennen darf, jener Jahre zwischen 1920 und den mittleren zwanziger Jahren, als wieder eine andere, die „moderne" Architektur begann. Man hat das eine Flucht ins

Geistige genannt, die sich anbot, da das Materielle jener Jahre dürftig war, da besonders die materiellen Aussichten sehr beschränkt zu sein schienen. Die Verachtung des Materialismus in der Vorkriegszeit, von der wir gesprochen haben, verband sich mit einem wahren Hunger nach Sinngebung, nach einem Leitbild, einer dem in tiefe Not geratenen Volke angemessenen Kultur. Das Bestehen auf dem deutschen Charakter dieser Kultur war etwas wie eine Rache im Geistigen an denen, die in dem materiellen Austrag die Oberhand errungen hatten. Damals erschien Buch nach Buch mit dem Thema der deutschen Kultur, die, selbstverständlich, der „äußerlichen" Kultur der damaligen Sieger überlegen sei. Ich brauche hier nur *einen* Buchtitel zu nennen, um deutlich zu machen, was ich meine: *Esprit und Geist* von einem Autor namens Wechsler. Esprit und Geist – der Sinn ist klar: Die Franzosen haben Esprit, Konversation, die elegante, aber ganz äußerliche Formel, das Feuerwerk der Syllogismen! *Geist* sei etwas anderes, sei deutsch, und *nur* deutsch. Hans Poelzig ist von diesem geistigen Hochmut nicht ganz frei gewesen. Hierzu eine Stelle aus der Rede, die er in Salzburg über sein Projekt für das Festspielhaus gehalten hat, und wir werden ihn finden:

„Es handelt sich um Salzburg [...], um eine deutsche Stadt, weit nach Süden gerückt, vom Süden wohl beeinflußt, aber doch deutsch, da sie barock ist, nicht in rein stilistisch bestimmtem Sinne, sondern in der Auffassung der Kunst. Alle deutsche Kunst ist mehr oder weniger barock, kraus, ungerad, unakademisch, von der romanischen Zeit über die deutsche Gotik bis zum Rokoko."[3]

„Geistiger Hochmut": das ist hart gesagt. Man kann hier auch von einer Besinnung auf die bleibenden Werte der nationalen Kultur sprechen, wie sie an einem Tiefpunkt der nationalen Geschichte wohl verständlich ist. Im deutschen gebildeten Bürgertum haben viele an ihr teilgenommen, übrigens nicht erst nach 1918. Die deutsche Jugendbewegung „Wandervogel" war davon er-

177

155–166

177 Hans Poelzig, Festspielhaus Salzburg, Projekt, 1920–1922. Frühes Projekt für eine Gruppe von Theatern auf einem Hügel von Hellbrunn bei Salzburg

füllt. Man hat sich auf die nicht ganz leicht verständliche Qualität des spezifisch Deutschen etwas zugute getan und viel davon gesprochen und geschrieben, daß die französische Form, zum Beispiel, so viel eingängiger sei als die deutsche, daß eine Erscheinung wie Johann Sebastian Bach oder der Bildhauer der Naumburger Domfiguren oder der Barockmeister Balthasar Neumann zunächst unzugänglich seien, die schöne Form verletzend und mißachtend, aber von einer Tiefe, zu der das deutsche Wesen besonders fähig sei. Poelzig hat dieser Anschauung nicht ferngestanden, obwohl er zugleich Wert darauf gelegt hat, Europäer zu sein: ein Erbe auch der europäischen Kultur.

Man bevorzugte damals in Deutschland gewisse Erscheinungen der europäischen Kultur: An der Spitze stand Shakespeare. Poelzigs Kulturhorizont ist durchaus der jener Zeit, obwohl er sich eigene Vorlieben und eigene Abneigungen vorbehalten hat. So hat er nicht an der allgemeinen Begeisterung für El Greco teilgenommen und gar nicht an der für den deutschen Maler Matthias Grünewald, dessen malerische Qualitäten er bezweifelt hat. Aber er hat, wie viele in Deutschland nach 1918, Trost und Halt und Hoffnung in der Kultur gesucht, und zwar in einer Kultur der starken, charakteristischen, nicht der gemäßigten und klassischen Äußerungen; wie das in einer Zeit des Expressionismus natürlich ist. Und er hat die eigene Architektur als einen Teil dieser Kultur verstanden, oder sagen wir: als ein Zeichen auf dem Wege dorthin; denn man war sich der Tatsache sehr bewußt, daß man eine Kultur noch nicht besaß und erst wiedererringen mußte.

Unruhig, ungeklärt war auch seine materielle Lage: Er verhandelte mit Berlin, er verhandelte gleichzeitig mit Köln; denn er liebte Berlin nicht. Er schrieb:

„Es ist nischt mit Berlin – es wird mir auch immer klarer. Irgendwie arbeiten kann man schon hier, bauen aber nicht. In dieser dünnen Luft steht keine Form, sie sei denn von Papier. Potsdam ginge schon eher."[4]

Und in Potsdam hat er sich niedergelassen, in einem der „Communs", der kleineren Nebengebäude hinter dem großen „Neuen Palais", das Friedrich II. nach dem Siebenjährigen Kriege im Park seines Schlößchens Sanssouci bei Potsdam errichten ließ, man sagt, um der Welt zu zeigen, daß er auch nach dem Kriege dazu noch die Mittel übrig habe. Poelzig plante dort eine Gemeinschaft mit Werkstätten verschiedener Art – ein Breslauer Gedanke, wenn man will. Daraus wurde nichts, stattdessen hatte er schließlich des „Commun" mit der Tanzschule Duncan zu teilen, was ihm weniger behagte. Er kam nach Berlin, weil er sich hier nach dem Großen Schauspielhaus neue Aufträge versprach. Berlin hat ihn in dieser Erwartung enttäuscht: Er hat hier jahrelang, bis 1924, nichts zu bauen gehabt. Aber er begann sofort zu lehren; nicht an der Architekturschule innerhalb der Technischen Hochschule in Charlottenburg. Das geschah erst 1924. Er leitete eine „Meisterklasse" an der Kunstschule, der sogenannten Akademie, die er übrigens behielt, als er Professor an der Technischen Hochschule wurde. Die Hochschule, das war die große Klasse: dreißig bis vierzig Studierende. Die Akademie war intimer, war der Übergang, könnte man sagen, zu seinem eigenen Atelier.

So bescheiden hat er in Berlin angefangen. Da er nichts zu bauen hatte, hat er sich mit keramischen Arbeiten beschäftigt, Porzellanarbeiten, gemeinsam mit Marlene Moeschke. Er hat Entwürfe für Bühnenbilder gemacht: für Don Giovanni, für Hamlet, für Lear: Werke, welche jener Zeit besonders nahelagen. Diese Skizzen für Bühnenbilder sind nicht etwa nur deswegen entstanden, weil Poelzig um diese Zeit keine Bauaufträge hatte. Man braucht sie nur anzusehen, um zu wissen, daß sie, man möchte sagen, damals im Mittelpunkt seines Schaffens gestanden haben. Wir haben von seiner Malerei gesprochen, welche von Anfang bis Ende neben seinem Werk als Architekt einherging. Wir haben seine Architekturskizzen wenigstens erwähnt. Sie begleiten seine Arbeit als Architekt und werden besonders seit

178
179, 180
184, 185

179 Hans Poelzig, Skizze aus den frühen zwanziger Jahren, wahrscheinlich eine Vorstudie für ein Bühnenbild von Mozarts ‚Don Giovanni‘

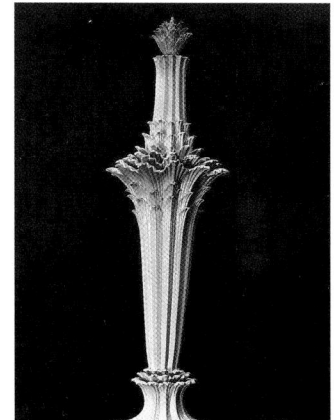

178 Hans Poelzig, Ornament in Porzellan. Die deutlich vom 18. Jahrhundert (Rokoko) beeinflußte Studie ist gleichwohl unverkennbar eine Arbeit von Poelzig.

180 Hans Poelzig, Skizze aus den frühen zwanziger Jahren, Bühnenbild für ‚Don Giovanni‘

1916 wichtig, seitdem Poelzig nicht mehr der Werkbundmann der Vorkriegszeit war, sondern einer, der

181–183 Neuland betritt. Die Skizzen hatten dieses Neuland zu kommentieren. Es gibt auch eine Reihe von Skizzen, welche zeigen sollen, daß diese Entwürfe baubar sind. Sie kommen nicht sehr weit, die meisten sind auch nicht ganz überzeugend. Dennoch mußte Poelzig diesen Versuch machen, und die Skizzen sind es darum wert, angesehen zu werden. Eine Reihe von Architekturskizzen hat mit seinem Werk nicht unmittelbar zu tun: die Wol-

200, 201 kenkratzerskizze, die Brückenskizze – mit den Flug-
199 zeugen.

184, 185 Die Bühnenbilder sind Interpretationen der Büh-
180 nenwerke. Beim Anblick der Don Giovanni-Skizzen meint man, Musik zu hören, erstaunlich ist die Skizze zum King Lear, in der der König eine viel zu steile Treppe heruntersteigt: Sie führt die Unmöglichkeit dieses Charakters und seines Dramas vor Augen. Endlich hat Poelzig auch Filmsets entworfen, in einem Falle hat er eine ganze Filmstadt aufgebaut, für den „Golem".

186–188 Das ist die Geschichte des Prager Wunderrabbi Loeb, eine unheimliche Geschichte. Den Rabbi spielte im Film Paul Wegener, er führte auch, gemeinsam mit Henrik Galeen, Regie (vgl. Dokumentation am Ende des Kapitels). Mit Paul Wegener blieb Poelzig freundschaftlich verbunden. Die große Aufgabe jener Jahre aber, die Poelzig zutiefst beschäftigt hat und für die er, wie seinerzeit für die Dresdner Feuerwache, drei Projekte vorstellte, war ein Festspielhaus im Park von Hellbrunn außerhalb von Salzburg.

Der Wiener Professor Alfred Roller, Maler, Kunstgewerbler, ein Mann von großen Einfluß im Kunstleben Wiens, wandte sich im Sommer 1919 an Poelzig mit dem Vorschlag, er möge an einem Wettbewerb für ein Festspielhaus für Salzburg teilnehmen. Das Wort Wettbewerb paßt nicht recht, da nur *ein* anderer Architekt aufgefordert war: der Wiener Josef Hoffmann. Hoffmann lehnte zwar nicht ab, hat aber keinen Entwurf geliefert, fand vielmehr Poelzigs Projekt wundervoll

148

und sprach die Hoffnung aus, daß es ausgeführt werden möge. Roller sprach im Namen eines Festspielhaus-Vereins, welcher seit 1916 in Wien bestand und nun, nach dem Kriege, das Projekt ernsthaft ins Auge fassen wollte; was phantastisch anmutet, wenn man an die Not der Nachkriegsjahre in Österreich denkt. Roller entwickelte ein Raumprogramm, das er, wohl absichtlich, unbestimmt ließ, um den aufgeforderten Architekten ein Höchstmaß an Freiheit zu lassen. Poelzig sah den Park von Hellbrunn, in dem die Gebäude situiert sein sollten, und war begeistert. In dem Vortrag, mit dem er sein Projekt dann vorstellte, sagt er:

„Er [der Architekt] wird von selbst geradezu in die Phantastik gedrängt, die über der ganzen Gegend und über ihren Schöpfungen lagert. Und wenn er Mirabell und Hellbrunn gesehen hat, wenn er das steinerne Naturtheater vor Augen hat, so gerät er zunächst in eine mehr oder minder gelinde Raserei, die ihn an nichts anderes denken läßt, als wie er dieser Formenwelt Wesensgleiches, ja noch eine Steigerung zufügen kann. Und diese Raserei geht mit ihm durch, und er wirft vielleicht gar jedes Programm unwirsch in die Ecke, um zu versuchen, ob er nicht von einem ganz anderen Ende das Problem zu fassen kriegt."[5]

Poelzig hat das Projekt so angefaßt, daß er um ein „Naturtheater" drei Zuschauerräume gruppiert: das große Opernhaus, das kleine Haus und das Amphitheater unter freiem Himmel unterhalb des großen Hauses und axial, aber auch durch Gänge im Freien mit ihm 189, 190 verbunden. Er hat gestufte Räume in das Gelände „hineingetieft", das Gelände durch die beiden gestuften Rundbauten der Theater überhöht und aus dem Ganzen *eine* Komposition gemacht – oder eine Skulptur. Das geschieht in Formen, welche dem späten Barock verpflichtet sind: Das ist die Aura von Dresden, das ist auch das Zauberwort Mozart, das über dem Ganzen schwebt; Mozart ist in Salzburg zur Welt gekommen. Aber die Architektur der Terrassen ist nicht Rokoko, sondern Poelzig: Kein anderer hätte das erfinden können.

181 Hans Poelzig, Bewaldete Hügel, Skizze, vermutlich durch den Park von Hellbrunn angeregt, in dem das Festspielhaus errichtet werden sollte

184 Hans Poelzig, Bühnenbildskizze für ‚King Lear‘

182 Hans Poelzig, Architekturskizze im Rokoko-Duktus

183 Hans Poelzig, Festspielhaus Salzburg, Skizze

185 Hans Poelzig, Bühnenbildskizze für ‚Hamlet‘

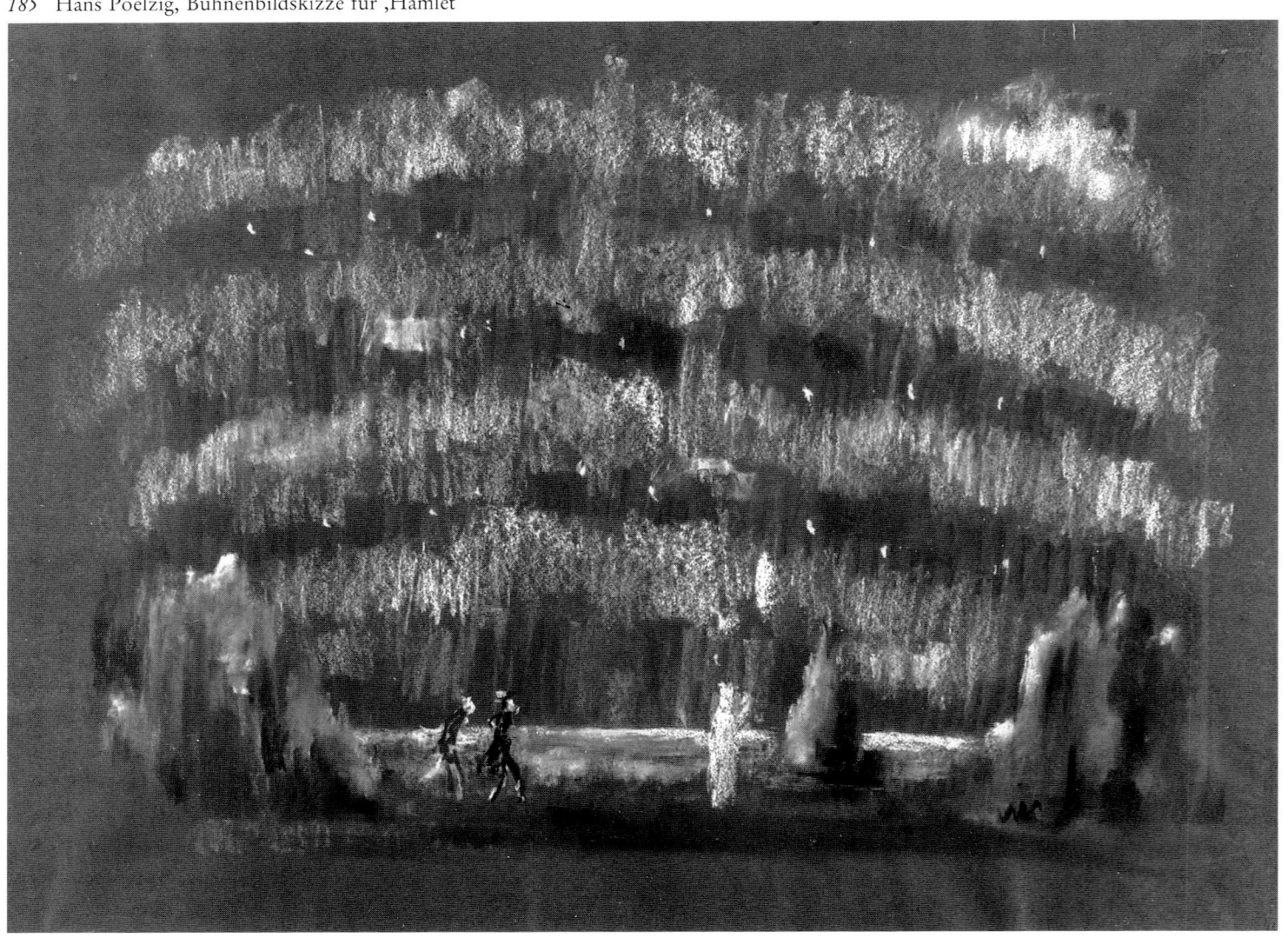

188 Hans Poelzig,
,Der Golem‘, Innenraum

187 Hans Poelzig, ,Der Golem‘, Straßenszene. Die ,Golem‘-Stadt
wurde für den Film gebaut.

186 Hans Poelzig, Plakatskizze für den Film ,Der Golem‘

151

Der Innenraum des großen Hauses – den des kleinen hat Poelzig nicht dargestellt – hat noch mehr als der Außenbau mit dem achtzehnten Jahrhundert zu tun: *191* Das ist ein Logentheater, der größte Gegensatz zu dem *167–176* Amphitheater, das Poelzig gerade in Berlin gebaut hatte. Und wenn selbst Scheffler, der das Große Schauspielhaus kritisch betrachtet hat, in ihm potentiell ein Volkstheater sehen konnte, eine „demokratische Institution", so sind die Vorbilder des Festspielhaus-Raumes höfischer Natur: sieben Geschosse von Logen, und die Logenform scheint sich nach oben fortzusetzen: Die Eintiefungen setzen sich fort, die Decke ist von den Seiten nicht abgesetzt, der Raum ist eine einzige Hohlform, eine vom Boden aufsteigende Kuppel, wenn man will, die aber bis oben nicht zur Ruhe kommt, was zum Teil wieder akustische Gründe hat. Der Hauptgrund aber ist wohl in Poelzigs Wunsch zu sehen, den Raum als Einheit zu bauen. Der Entwurf für einen Konzertsaal für Dresden, zeitlich in der Nähe des Entwurfs für den Raum in Salzburg (1918), ist ohne Zweifel eine *192* Vorstudie, auch in der Einheitlichkeit. An das Große Schauspielhaus erinnert, daß die Orchestra, die Vorbühne, von Sitzen frei bleibt. Eine geschwungene Treppe steigt von dort zur Bühne auf, über der Bühne stehen in zwei Höhen Orgelpfeifen. Der Raum „klingt". Ich bin versucht, auf ihn das schöne Wort eines meiner malayischen Schüler über Scharouns Philharmonie anzuwenden: „The music is already in the room."

Die Abstufung des Baukörpers hat, wie Poelzig nebenbei erwähnt, den Zweck, den verschiedenen Logengeschossen Ausgänge ins Freie zu gewähren; nicht allerdings Notausgänge: Der Gedanke war, daß in den Pausen auf allen diesen Terrassen Zuschauer wandeln würden. An dieser Stelle scheint es mir richtig zu sein, Poelzig selbst zu Worte kommen zu lassen. In der Ansprache, in der er sein Projekt der Festspielhausgemeinde in Salzburg vorstellt, sagt er folgendes:

„Gerade die Schriften, die lediglich auf das Amphitheater losgingen, reizten mich zum Widerspruch. Ist es denn so greulich undemokratisch und unsozial überhaupt, Ränge oder besser Logen zu machen? Gibt es gar keine Aufführung, zumal musikalische, die man eher besser, weniger in die Masse eingezwängt genießen kann?

Es ist mir schon klar: das Theater von heute, wie es Professor Reinhardt zumal anstrebt, braucht den großen Zusammenschluß der Zuschauermasse, braucht die Suggestion, die so eine Masse ausströmt und fordert deshalb in der Hauptsache einen amphitheatralischen Aufbau.

Aber als ich nun daran ging, über dem Amphitheater einen architektonischen Himmel zu bauen, als ich versuchte, in Weiterentwicklung der Kuppel des Großen Schauspielhauses in Berlin eine akustisch günstige und doch mächtig wirkende Decke zu schaffen, da schnitt ich doch in die senkrechten Staffeln der Decke eine Reihe von Logen hinein. Und die Treppe zu diesen Logen ordnete ich so an, daß die Außenform des Hauses sich in rhythmisch versetzten Reihungen abstufte. Und was in manchen Projekten mit großen Zutaten geschehen war, was am Opernhaus in Berlin als fürchterlicher Notbehelf sich aufdrängt – die Schaffung freier Ausgänge bei irgendwelcher Feuersgefahr, das ergab sich hier von selbst, indem das ganze Haus in der vorderen, dem Blick auf die Berge zugewandten Seite sich in Terrassen oder Treppen auslöste."[6]

Die ganze Ansprache findet sich in der Dokumentation am Ende des Kapitels. Sie ist die entschiedenste Äußerung dieser Periode seiner Arbeit, und sie macht deutlich, welches die Epochen in der deutschen Kunst- und Baugeschichte sind, die fortzuführen Poelzig sich berufen fühlte.

Wir haben gesagt, daß der Musiksaal für Dresden wohl nicht hätte gebaut werden können: daß Details dieser Art in unserem Jahrhundert ausgeführt werden sollten, ist ein einigermaßen phantastischer Gedanke. Das gilt auch für den Raum – und den Bau – in Salzburg.

189 Hans Poelzig, Festspielhaus Salzburg, Projekt, 1920–1922, Gruppe der Theater, spätere Fassung mit Amphitheater

190 Hans Poelzig, Festspielhaus Salzburg, Opernhaus, Zugang vom Park. Zeichnung: Erich Zimmermann

153

192 Hans Poelzig,
Konzertsaal für Dresden,
Projekt, 1918,
Innenraumskizze

191 Hans Poelzig,
Festspielhaus Salzburg,
Opernhaus,
Zuschauerraum

193 Oskar Kaufmann,
Theater ‚Komödie‘,
Berlin, 1924

194 Hans Poelzig, Festspielhaus Salzburg, Opernhaus, zweite Fassung

195 Hans Poelzig, Festspielhaus Salzburg, Opernhaus, dritte Fassung

Soll man das eine Schwäche des Projektes nennen? Wie anders hätte der Bau denn aussehen können, der ans Dixhuitième anklingt und doch nicht Dixhuitième ist, sondern Poelzig. Daß Poelzig entschlossen war, ihn auszuführen, unterliegt keinem Zweifel. Das war nicht etwa eine unverbindliche Phantasie. Er *hätte* ihn ausgeführt, hätte er die Gelegenheit dazu erhalten – und mir schaudert bei dem Gedanken. Denn der Bau ist Poelzig, aber er gehört nicht in dieses Jahrhundert. Man hat sich in den zwanziger Jahren nicht gescheut, Erinnerungen an das achtzehnte Jahrhundert wirklich zu bauen. In Berlin gibt es mehrere Theater des Architekten Oskar Kaufmann, deren Zuschauerräume ans Rokoko erinnern. Sie sind reich mit Stuck dekoriert, nur daß das Ornament im einzelnen ein expressionistisches Rokoko *193* ist: ein wenig zu zackig für das achtzehnte Jahrhundert. Hätte auch Poelzig zu einem Ornament dieser Art gegriffen? Sein Detail wäre ohne Zweifel origineller *und* diskreter gewesen als das von Kaufmann; und dennoch . . .

Es wurde Poelzig keine Gelegenheit gegeben, das Projekt auszuführen. Das Programm wurde geändert: Es sollte nur *ein* Haus gebaut werden. Auch für dieses Programm existieren zwei Projekte; den *Innenraum* hat er allerdings nur für die dritte Fassung neu entworfen. Im Äußeren bleibt der Stufenbau bestehen: aber nicht die Verbindungsgänge, da es ja nun kein kleines Haus mehr *194* gibt und kein Amphitheater. Der zweite Entwurf hat noch die Treppen, die von den Terrassen in den Park führen; der dritte hat auch sie nicht mehr, ist von einer beinahe abweisenden Strenge. *Ihn* zu bauen, war durch- *195* aus möglich. Das gilt *nun* auch für den Innenraum. Dieser, mehr ein *Rang* als ein Logentheater, zeigt einen mit dicht gestellten ornamentalen Rippen besetzten Kuppel- *196* raum.[7] Selbst die Orgelpfeifen über dem nun mehrfach gestaffelten Bühnenrahmen sind in dieses Rippenornament einbezogen: Man sieht sie gerade noch. Einen nicht ganz unähnlich ornamentierten Raum hat Poelzig dann, 1924, im Capitol-Kino in Berlin verwirklicht. Auch die *211–218* dritte Fassung des Salzburg-Projektes hätte verwirklicht *197, 198* werden können: Poelzig ist von der Reise ins achtzehnte Jahrhundert zurückgekehrt.

Das soll nicht als ein Werturteil verstanden werden. *Mir* ist die erste Skizze lieber. Aber Poelzig muß schließlich eingesehen haben, daß man diesen Raum nicht bauen konnte und das Äußere in den Formen der ersten Skizze auch nicht. Die drei Projekte zum Fest- spielhaus sind fast so etwas wie die drei Projekte zur *141–144* Feuerwache. Nur: damals befand sich Poelzig auf dem Wege in die Dimension des Phantastischen; jetzt befindet er sich auf dem Rückwege. Wir werden einer Skizze wie derjenigen zur ersten Fassung des Festspielhauses in seinem Werk nicht wieder begegnen. Salzburg stellt einen Scheitelpunkt dar. Hier beginnt eine neue Phase: die Auseinandersetzung mit der Realität der zwanziger Jahre. Hiervon wird nun die Rede sein.

196   Hans Poelzig, Festspielhaus Salzburg, Opernhaus, dritte Fassung, Zuschauerraum

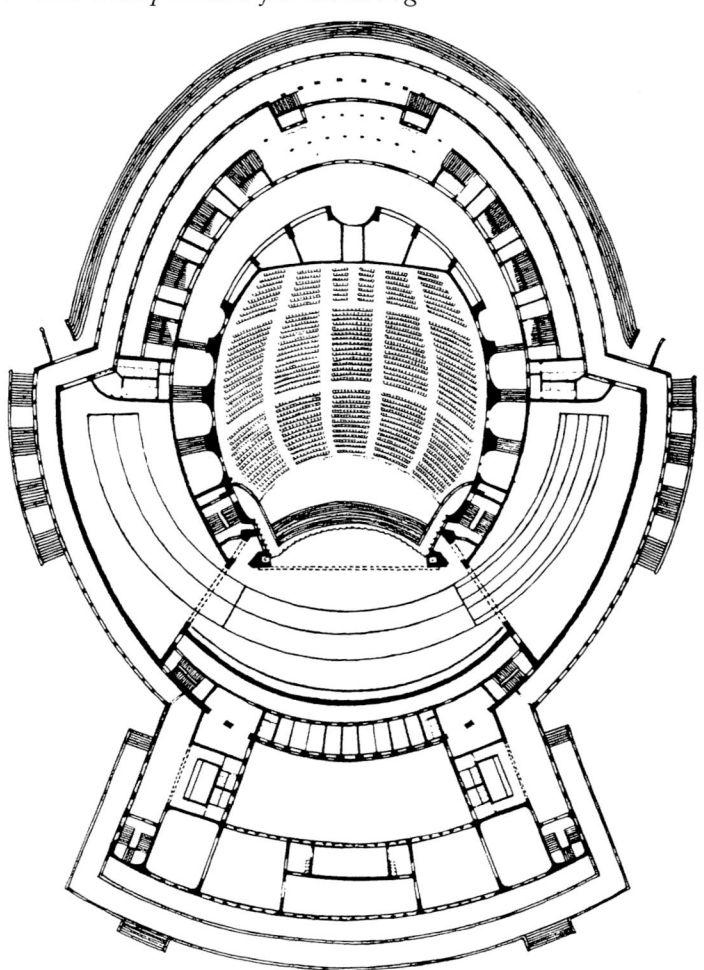

197 Hans Poelzig, Festspielhaus Salzburg, Opernhaus, dritte Fassung, Grundriß

198 Hans Poelzig, Festspielhaus Salzburg, dritte Fassung, Schnitt

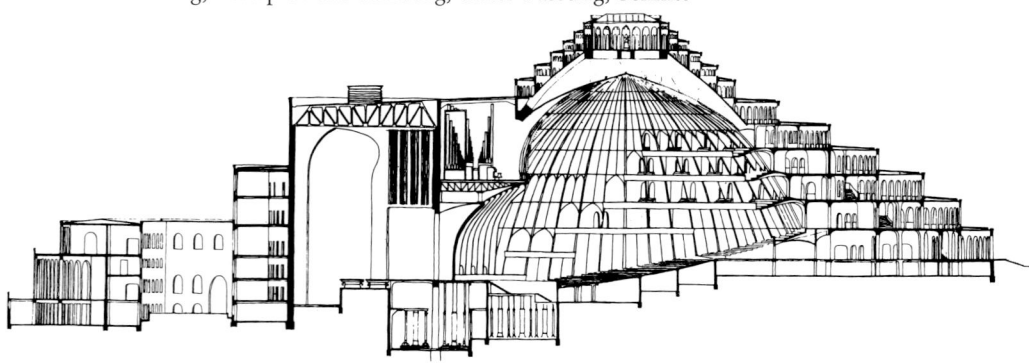

Dokument 13
Theodor Heuss zu Hans Poelzigs Filmstadt „Golem" (1939)

Dort, im Nachlaß, auch eine Anzahl Filmmanuskripte, teils unmittelbar von ihm niedergeschrieben, teils fremde Einfälle kommentiert und dichter gefaßt. An den Film kam er heran durch *Paul Wegener*. Ihre Naturen erspürten die Verwandtschaft im Elementaren: kraftvolle Vitalität, breiter Humor, aber auch Gleichgerichtetheit des Geistigen und Seelischen. Beider innere Auseinandersetzung verband sich näher der alten östlichen Welt mit Geheimnis, Mystik, Phantastik als den rationalen Gewißheiten eines sich selbstsicher gebenden Westens. [...] Der wichtigste Gewinn des Zusammenwirkens war der Auftrag, für den „Golem" eine ganze Stadt zu bauen, ein mittelalterliches Ghetto. Das Ergebnis war höchst merkwürdig. Poelzig kam es nicht darauf an, ein richtiges historisches „Milieu" zu entwerfen, sondern der Fremdheit des Stoffes eine formale Entsprechung zu schaffen. Man mag das Geschick anmerken, womit er in dem Gewinkel von Straßen und Plätzen eine dreidimensionale Tiefenwirkung erreichte, wie sie im Film jener Zeit (1920) noch ungewöhnlich war – mit einer plastischen Freiheit, die über alles brav Konstruktive hinweggeht, leiht er den Fronten, Türen, Türmen, Fenstern, Erkern eine heftige Beredsamkeit, in einem Innenraum überdreht er sozusagen die Wölbung ins Unwirkliche der Stützungsmöglichkeit, legt geheimnisvolle Treppen und Gänge, so daß Licht und Schatten wie gespenstisches Ornament sind. Er hat damals, es ist die Zeit des stummen Films, das derb-sarkastische Wort gebraucht, daß wenigstens die Häuser „mauscheln" sollen – eine erfinderische Fröhlichkeit geht durch die ganze düstere und dumpfe Welt.

Später empfand er diese Arbeit nur als Vorprobe. Lange Zeit hing er dem Gedanken eines phantastisch ausgeweiteten Gulliverfilms nach, eine romantische Ballade vom schwarzen und weißen Ritter begleitet ihn durch Jahre. Einigermaßen durchkomponiert ist ein Drehbuch aus seiner Hand über den „Untergang von Vineta". Die Begleitnotizen, voll von baumeisterlichen Anmerkungen, zeigen, wie sehr die bildhafte Gestaltung über den „Golem" hinauswachsen sollte.

Theodor Heuss zur Filmstadt „Golem", aus: Theodor Heuss, Hans Poelzig. Bauten und Entwürfe. Das Lebensbild eines deutschen Baumeisters, Berlin 1939; Nachdruck Stuttgart 1985

Dokument 14
Hans Poelzig, Festspielhaus in Salzburg (1921)

Der bildende Künstler hat lediglich mit der Form zu tun, und jedes Problem nimmt ihn gefangen in Hinsicht auf die Form, die er aus dem gegebenen Vorwurf heraus entwickeln kann. Und da das künstlerische Schaffen aus der Intuition geschieht, die vom Verstande nur kontrolliert wird, so hat es Sprünge aufzuweisen, die oft ganz unlogisch erscheinen können und durchaus nicht in gerader Linie vor sich zu gehen brauchen. Und nun gar bei einem Problem, wie es hier vorliegt, das in ganz ungeheurer Weise durch die örtliche Umgebung beeinflußt wird.

Ein Festspielhaus in Salzburg ist ein Ding ganz für sich, das bei einem empfindenden Architekten wahrhaftig nicht in erster Linie technisch-praktische Erwägungen auslöst. Er wird von selbst geradezu in eine Phantastik gedrängt, die über der ganzen Gegend und über ihren Schöpfungen lagert. Und wenn er Mirabell und Hellbrunn gesehen hat, wenn er das steinerne Naturtheater vor Augen hat, so gerät er zunächst in eine mehr oder weniger gelinde Raserei, die ihn an nichts anderes denken läßt, als wie er dieser Formwelt etwas Wesensgleiches, ja noch eine Steigerung zufügen kann. Und diese Raserei geht mit ihm durch, und er wirft vielleicht gar das so wohlabgewogene Programm von Professor Roller unwirsch in die Ecke, um zu versuchen, ob er nicht von einem ganz anderen Ende das Problem zu fassen kriegt.

Alle rein technischen Erwägungen sind dem Künstler überdies von vornherein ein Greuel. Und wenn er auch weiß, daß dieses rein Technische nicht zu umgehen ist, daß es bewältigt werden muß, so weiß er doch auch und fühlt beständig, daß das Technische in dem Leben der heutigen Zeit eine viel zu große Rolle spielt, und er wird immer wieder von neuem den Kampf gegen die Herrschaft der Technik aufnehmen. Technische und künstlerische Anschauung sind und bleiben krasse Gegensätze, und der Künstler weiß nur zu gut, daß gerade der Kunst der Deutschen das krause, vielgestaltige, Umwege machende, das ganz und gar Unrationalistische den Zauber aufdrückt.

Das rein Technische wird die Kälte der Erscheinung niemals los, und die offenbare Gefühlsarmut unserer heutigen Bauten gegenüber den Schöpfungen der Vergangenheit resultiert nicht zum letzten daraus, daß sie so geradezu fürchterlich praktisch sind.

Und nun ein Festspielhaus in Salzburg. Nicht auf irgendeinem gedrängten Grundstückgelände, sondern im Freien, zwischen den Bergen, mit dem Ausblick auf die Alpen und nicht zuletzt in ideellem Wettbewerb mit den vielgestaltigen Schöpfungen von Leuten, die Zeit und Weile hatten, die im ungehemmten Spiele ihrer Phantasie Kunst machten.

Da setzt natürlich beim Künstler zuallererst der stärkste Protest gegen alles ein, was einem derartigen Festspielhaus zunächst praktische Erwägungen zugrunde legt. Er denkt an nichts, als an die Möglichkeit, wie er dieses Stück Land mit Gebilden seiner Phantasie –

soweit sie ihm zur Verfügung stehen – bepflanzen kann und versucht dann erst, seine Gebilde auf das Niveau zurückzuschrauben, auf dem das heutige Leben sich bewegt. Und zähneknirschend gibt er eine Weite der Gestaltung nach der anderen, einen phantastischen Seitensprung nach dem anderen preis, um vielleicht schließlich doch in gedrängterer Form etwas Endgültiges hinstellen zu können, in dem so viel wie möglich vom freien phantastischen Spiel geblieben, das aber nun für den jeweiligen Zweck – welches grauenvolle Epitheton für ein Kunstwerk – brauchbar geworden ist.

Und wenn ich mich, meine hochverehrten Damen und Herren, heute geradezu zum Lobpreise des fast Unpraktischen bekenne, des technisch nicht in gerader Linie einwandfreien, des krummen, ja weitläufigen, so tue ich das, weil in mir als Künstler der Protest gegen die praktische Forderung immer lauter geworden ist und weil Ihr Salzburg und die vorliegenden Aufgaben diesen Protest erst recht zum Aufflammen gebracht haben. Man braucht nur einen alten Grundriß zu betrachten von einem Haus, Schloß oder einer Kirche, ob aus dem Mittelalter oder dem deutschen Barock: er ist schief und krumm. Eine wirklich gerade Linie ist kaum vorhanden, das Ganze singt aber im Spiel der Linien wie ein Lied. Und wenn Sie durch so ein Haus oder Schloß wandern bis unter den Dachboden, so umfängt Sie eine Heimlichkeit und Freude, vielleicht auch einmal Grauen, und wenn Sie in das Innere der Kirche treten, so sind Sie von Mystik umfangen. Und die heutige Schule, die Kirche? Es ist alles unheimlich korrekt. Die Achsen klappern, die Spülklosetts liegen an der richtigen Stelle, die Breiten der Flure und Türen sind berechnet. In der Kirche kann man sogar von jedem Platz aus sehen – aber selbst die übergroße sanitär-technisch berechnete Helligkeit der Schulräume ist öd, das mit gräßlicher Bewußtheit entworfene Ornament beißt geradezu, und in der Kirche thront auf einem Altar der Rationalismus und läßt keine übersinnliche Stimmung aufkommen.

Nun werden Sie mir wohl glauben, daß ich keine bewußte Naivität, keine Imitation, keine äußerliche Stimmungsmache befürworten will, und die mittelalterlich frisierten neuen katholischen Kirchen geben der Stimmungslosigkeit der evangelischen, die für die Seelenzahl eines Kirchensprengels, aber niemals vor Gott errichtet sind, an falschem Zauber in nichts nach.

Nein, ich möchte, daß wir in dem Geist schaffen, in dem allein Kunst gedeihen kann und bisher gediehen ist – bei allen Völkern. Kunst hat nichts zu tun mit dem Zweck, sie ist zwecklos. Es ist immer noch besser, man vergewaltigt den Zweck und schafft ein wirkliches Kunstwerk, als daß man den Zweck, d.h. den kalten Verstand, triumphieren läßt. Kunst hat auch nichts mit Zeit zu tun. Jedenfalls nichts mit der Tyrannei der Zeit, der wir uns heut zu unterwerfen pflegen. Wer Kunst befördern oder machen will, muß Zeit haben können. Es ist besser, man plant Jahre und baut Jahre, als daß man einem augenblicklichen, rasch erwünschten Vorteil zuliebe ein Kunstwerk in Plan und Ausführung überstürzt. Das klingt in unserer Zeit recht ketzerisch; aber ich kann ruhig davon reden, da ich selbst durch die Umstände mehr als einmal gezwungen worden

bin, in ungeheuer kurzer Zeit zu planen und zu bauen und dieser Notwendigkeit auch gerecht geworden bin.

Aber meine Damen und Herren, es handelt sich um Salzburg, eine Stadt, die ein Kleinod ist, und um einen Bauplatz, der ohnegleichen dasteht. Um eine deutsche Stadt, weit nach Süden gerückt, vom Süden wohl beeinflußt, aber doch deutsch, da sie barock ist, nicht in rein stilistisch bestimmtem Sinne, sondern in der Auffassung der Kunst. Alle deutsche Kunst ist mehr oder weniger barock, kraus, ungerad, unakademisch, von der romanischen Zeit über die deutsche Gotik bis zum Rokoko.

Und wenn auch das Haus, das Sie bauen wollen – nach dem Programm –, irgendwie Baugebilde der Vergangenheit nicht nachahmen soll – das erscheint auch mir selbstverständlich –, so bin ich doch in Salzburg und muß, ob ich will oder nicht, mit dem Zauber der Vergangenheit mich auseinandersetzen. Und muß mich damit auseinandersetzen, wenn ich will, daß das Neue überhaupt dazu klingen soll. Ich weiß ja ohnedies nicht, was ein Künstler ohne die Vergangenheit machen will, ohne die gefühlsmäßige Stellung zu ihr zu suchen und zu finden, ohne sie zu fressen mit Haut und Haaren, um sie zu überwinden und etwas zu schaffen, was neben ihr Bestand hat. Das haben alle getan, auch die Alten und gerade die Alten. Wie wäre es sonst möglich, daß die Schöpfungen selbst italienischer Barockbaumeister auf deutschem Boden bewußt oder unbewußt beeinflußt durch die gotische Umgebung ganz und gar umschlugen in das, was man deutschen Barock nennt, der immer mehr mit der Gotik Wesenszüge und Gleichheiten annimmt? Es kommt eben auch hier nur auf das Wie an. Auch ich hasse die Historie, soweit sie mich einzwängen will, und liebe die Vergangenheit, soweit sie künstlerische Instinkte bei mir weckt. Und da scheint mir die künstlerische Vergangenheit der Deutschen gerade heut, da wir uns zerschlagen vom Geschick allmählich wiederfinden müssen, vernehmlicher als je zu sprechen. Schon wieder sind ja die philologisch, historisch geschulten Prediger da, die da sagen, man müsse so tun, wie in der Zeit vor hundert Jahren und sich in den Klassizismus retten, oder die einen Stil der armen Leute predigen, da wir es nun doch einmal geworden seien. Nein – und abermals nein, sage ich. Schaffen wir in Trotz und Freudigkeit auf die Zukunft einen Stil der Zukunft, wie es einem starken Volke ziemt. Und knüpfen wir geistig und nicht formal sklavisch an die Tradition unseres Volkes an. Die Gotik übernahmen die Deutschen und steigerten sie nach der schulmäßigen Bauhüttenperiode hinauf in den Stil des St. Stefan in Wien, der Lorenzkirche in Nürnberg, der Albrechtsburg in Meißen. Den annoch klassischen Barock der Italiener übersteigerten die Deutschen in den Werken des Prandtauer und Hildebrandt, der Gebrüder Asam und Pöppelmann so, daß alles romanisch-rationalistische verschwand. Wo ist das Volk in Europa, das dem Zwinger in Dresden, dem süddeutschen oder österreichischen Barock etwas Wesensgleiches entgegenstellen könnte? In diesen Bauten lebt die vielgestaltige, mystisch tiefe, groteske und liebliche Seele der Deutschen wieder auf. Und diese deutsche barocke Art, dieses ländliche Rokoko, ohne jedes Raffinement, spielend, zum Teil herb, streng und ungeschickt, diese starke und zugleich krause Art war immer da. In Dürers Melancholie, bei Altdorfer, in der Haltung romanischer Dome, zumal des Übergangsstils, als die übernommene Art überwunden war, und ebenso in der Architektur der deutschen Spätrenaissance. Immer aber wieder wurde der Faden abgerissen durch fremde Invasion vom Westen und Süden her, und erst in der Spätkunst aller Stile fanden sich die Deutschen zu ihrer eigenen Art zurück, die den Franzosen und Italienern barbarisch erschien.

Zugrunde gerichtet wurde freilich erst das künstlerische Schaffen der Deutschen, als alle Städte und Dörfer – vor allem Süddeutschlands und Österreichs – bis zum Ende des 18. Jahrhunderts so unendlich reich macht, durch die Herrschaft der kunstwissenschaftlichen Betrachtung. Zu allen Zeiten ist über die Berechtigung der oder jener Kunstrichtung philosophiert worden, und zu allen Zeiten starker künstlerischer Spannung tobte das Für und Wider über stilistische Auffassungen. Aber wie ein dunkler Nebel über die Blüten einer naiven und freudigen Kunstausübung legte sich das allmählich immer mehr diktatorische Herrschaft in Anspruch nehmende Walten einer wissenschaftlichen Betrachtungsweise. Man ging von einem mit größtem künstlerischem Feingefühl bis zum Raffinement an einer einzigen Bauaufgabe – dem Tempel – entwickelten Stile – der griechischen Antike – aus und forderte das Einhalten der Gesetze dieses Stils an unseren Bauaufgaben. Nicht nur die Deutschen, sondern auch die Franzosen wollten – sicher einem Reinigungsbedürfnis folgend – den Weg über die Antike gehen. Aber den Deutschen war es vorbehalten, durch immer wieder neue wissenschaftliche Forschungen und die Forderung, die Ergebnisse dieser Forschungen peinlich beim Bauschaffen zu berücksichtigen, eine Zwangsjacke für die Kunst zurechtzuschneidern, in der wir heut nach allerlei Variationen in den stilistischen Forschungsrichtungen des 19. Jahrhunderts immer noch stecken. Nebenher ging die Verschulung des ganzen deutschen Volkes, so daß es heut überhaupt nur noch imstande ist, begrifflich zu denken und das Schauen völlig verlernt hat.

Und diese wissenschaftlich begriffliche Schulung, die Überhandnahme des technischen Denkens bannte die Architekten an das Reißbrett. Im 19. Jahrhundert sind unendlich viel mehr architektonische und bauliche Zeichnungen überhaupt angefertigt worden, als in allen vergangenen Jahrtausenden seit Erschaffung der Welt, und es ist in keiner Periode so schlecht gebaut worden. Will man heut weiter, will man aus dem Fehler heraus, so muß man sich über diesen Widerspruch eben klar werden. Ein Baumeister, der über die Besserung der Erziehung der Architekten nachdachte und darüber ein sehr gründliches Werk schrieb, prägte den durchaus richtigen Satz: Mit der ersten Zeichnung, die im wesentlichen um ihrer selbst angefertigt wurde, begann der Ruin der Baukunst. Nun, im 19. Jahrhundert sind unendlich viel Zeichnungen um ihrer selbst angefertigt worden. Schon in der Renaissance und im Barock ist darin gesündigt worden, aber zu einer Pest, die den plastischen Sinn völlig vernichtete, wurde die Zeichnerei des Architekten erst im 19. Jahrhundert.

Der Raumsinn ging verloren, die Architekten zeichneten und zeichneten abermals und wußten nicht mehr, daß die Architektur als Raumkunst dreidimensional ist und daß ein Bau durch eine Zeichnung nur sehr unvollkommen dargestellt werden kann und daß die Zeichnung nur ein Notbehelf als Grundlage für die Ausführung sein darf.

Die Bauten der Chinesen, Inder, der Antike, der romanischen Zeit, der Gotik viele der Renaissance, die meisten des Barocks sind plastisch – die des 19. Jahrhunderts und auch unserer Zeit ganz überwiegend unplastisch empfunden und bestehen nur aus einzelnen Flächen, die aneinandergefügt sind, ohne in einer Form zusammenzuklingen.

Und wenn man nun nochmals fragt, wie kommen wir weiter, so müssen wir einsehen, daß uns jegliche Tradition nur geistig helfen kann, nicht unmittelbar formal, nur in dem Erfassen dessen, wo unsere Eigenheit und unsere Stärke liegt. Und das wird und kann keinem Volke Europas so schwer werden wie dem Deutschen. Durch Deutschland geht die Scheide zwischen Ost und West. Wir sind das Land der Mitte in Europa. Wir verstehen beide Welten, aber immer, wenn wir uns vom Westen abwandten, wenn wir uns eher der mystischen Art des Ostens näherten, waren wir stärker und eigener.

Ich bin recht kräftig vom Thema Festspielhaus abgebrochen und habe pro domo gesprochen für das, was ich als Künstler zu vertreten und zu bekennen habe. Und das verlangen Sie doch von mir.

Ja, ich muß noch etwas mehr sagen. Professor Roller hat in überaus dankenswerter Weise ein Programm aufgestellt, das er ja aber selbst nicht ganz als bindend aufgefaßt haben will. Es ist aber doch das einzige Programm, das bisher aufgestellt worden ist, und Professor Roller muß mir Absolution dafür erteilen, daß ich darauf fuße und auch zur Klarstellung meiner Ansicht entgegenstehende Anschauungen vorbringe. Dieses Programm nun, das den Bearbeitungen bisher auch zugrunde liegt, wünscht das Haus ‚äußerst einfach, fast schmucklos gehalten‘. Schmucklos und in dunklen Tönen soll der Innenraum sein. Es ist da ein Verzicht anempfohlen oder angeordnet, wie man es auffassen will. Gewiß liegt diesem gewünschten Verzicht eine wohlerwogene Absicht zugrunde. Er soll ja bewirken, daß sich alles auf das Schauspiel konzentrieren kann, daß nichts sozusagen ablenkt. Und von Fall zu Fall soll auch der Raum in geeigneter Weise für die Art der Vorführung umgestaltet werden. Wie es also scheint, nicht dekorativ, sondern im technischen Sinn, da er mit Rücksicht auf den Fortfall jeden gesellschaftlichen Bildes, wie es im Programm heißt, ja dunkel und schmucklos gehalten sein soll. Also der Raum soll, das scheint mir klar zu sein, nicht verändert werden auf eine bestimmte künstlerische Haltung hin, je nach der Art der betreffenden Vorführung. Das würde ja sicher auch sehr weitführen und stets von neuem große Kosten machen.

Ist das nun richtig so? Die Bühne, auf der doch oft Unerhörtes, auch unerhört Farbiges und Bewegtes vor sich gehen wird, soll doch in diesem Hause eine viel größere Einheit mit dem Raum bilden als sonst. Kann sie das bei der Auffassung, die das Programm vertritt? In mir rebelliert hier der Künstler, der sein Recht haben will, wie den Architekten der Vergangenheit ihr Recht wurde. Jeder Verzicht, jede Negation ist meiner festen Überzeugung nach falsch, weil sie dem Wesen eines Kunstwerks widerspricht.

Es wird hier wieder einmal das Problem der Architektur überhaupt aufgerollt, das sich in unserer Zeit so sehr verschoben hat. Und wieder lenkt sich mein Blick auf die Vergangenheit, in der die Auffassung darüber ganz einheitlich war. Wie ist's mit den Leistungen der Barockzeit, wie verhält sich Bühne zu Raum? Da ist eins ganz klar: Beide rauschen und brausen im gleichen Takt, und ob Guckkastenbühne oder nicht, die Einheit von Haus und Raum ist da. Die Guckkastenbühne ist gar keine Guckkastenbühne im geistigen Sinne, sie klingt und singt von Architektur mit dem Raum zusammen, und nur ihre große Tiefe widerspricht den heutigen Anschauungen. Hier liegt meiner Meinung nach das Problem. Nicht die mehr oder weniger große Öffnung der Bühne löst den Zwiespalt, sondern die Einheitlichkeit der künstlerischen Haltung von Raum und Bühne. Und da darf der Raum nicht gleich Null werden, denn sonst ist die Bühne auch zum gleichen Verzicht verurteilt. Bei aller bewundernden Anerkennung der Leistungen unserer Bühnendekorateure, die Einstellung ihrer Arbeiten war noch nicht scharf genug. Die Dekoration auf der Bühne, ob Himmel oder Erde, ob Saal oder Hütte, sie darf nur architektonisch sein und in stilistischer Einheit mit dem Raum zusammenklingen. Da müssen wir hin, sonst führt der Weg von neuem in eine Sackgasse, und da kann man nicht das antike Theater als Gegenbeispiel anführen. Es hat ja eine architektonisch gegliederte Bühne, und im übrigen ist es ein Freilichttheater, und über den Zuschauern schweben der Himmel und die Wolken, um sie herum stehen die Berge und die Bäume. All das muß hier gebaut werden. Über den Menschen im Raum muß ein Himmel gebaut werden, ein Himmel in architektonischer Form, der sich über die Bühne fortsetzt, auch hier als Architektur. – Ich muß immer wieder von Architektur reden, nicht deswegen, weil ich Architekt bin – ich glaube gar nicht so einseitiger Architekt zu sein –, sondern weil mir in der Architektur die Lösung aller unserer künstlerischen Probleme von heut überhaupt zu liegen scheint und weil das Festspielhaus in Salzburg auch auf diesem Gebiet eine Kulturaufgabe zu lösen hat. Was uns Not tut, ist die Sammlung der Künste. Diese Sammlung wird nicht erreicht durch theoretische Erörterungen oder noch so zeitgemäße Beschlüsse. Einzig die Architektur vermag restlos die bildenden Künste zusammenzuschweißen. Und das auch nur, wenn sie in ihrer Artung dazu taugt. Kein Klassizismus, kein noch so gemeinter Puritanismus kann hier helfen, sondern nur eine Architektur, die jeder Kunstart von selbst Raum gibt und diese aus dem Bau von selbst sprießen läßt.

In der Gotik, im Barock und Rokoko steht keine Figur für sich, sondern sie wächst als ornamentaler Gipfelpunkt aus dem Bau heraus. Es ist sekundär, ob der im Klang nötige ornamentale Schwung etwas Figürliches darstellt; etwas wie eine Figur ist überhaupt nur

dann am Platze, wenn diese den architektonischen Akzent am wirkungsvollsten stützt und zum Ausklingen bringt.

Ich will das Problem hier nicht zu weit erörtern; es ist mir aber sicher, daß eine solche neue Kunst nur aus dem Handwerk erwachsen kann. An den Architekten, als den führenden Handwerkern, liegt es, eine Architektur zu entwickeln, die in ihrer ganzen Artung jeden Handwerker soweit als irgend möglich von vornherein zum Mitmusizieren zwingt – je nach seinem Können und der Möglichkeit der Aufgabe.

Und darum predige ich den Reichtum, die Fülle im Geist und in der Form, einen Reichtum, der jeden Handgriff des Handwerkers schon in Form bannt. Im Stoff mögen wir uns beschränken und den wertloseren, nächstliegenden, leichter erreichbaren und darum schon wohlfeileren nehmen. Der billigste Farbenstrich, im Reichtum der Auffassung verirrend, kann Schönheiten hervorzaubern, und der Stein, am Ort gebrochen und eigen behandelt, wird den echtesten Grundton für den Bau auf seinem Boden abgeben.

Ich bin wieder vom Problem im engeren Sinne abgewichen, aber ich glaube, das alles sagen zu müssen. Und nun nochmals zum Bauvorwurf selbst, für den bisher kein wirklich präzises Beiprogramm vorlag, wie es Architekten für die Bearbeitung einer Aufgabe vorgeschrieben werden muß. Professor Roller ist mit seinem Programm in die Bresche gesprungen und muß mir verzeihen, daß ich mehrfach darauf fuße, um auch abweichende Ansichten vorzubringen, es soll ja nur zur Klärung geschehen. Aber daß die dazu berufenen Faktoren, die künstlerischen Träger der Idee noch kein ganz festes Programm aufstellten, war natürlich einigermaßen mißlich für den technischen Teil der Aufgabe und hat mich wenigstens zum Phantasieren gezwungen. Der Architekt ist nicht derjenige, der ein Programm für eine Bauaufgabe aufstellen soll, er kann nicht gut auch teilweise den Bauherrn spielen. Denn dann fängt er ganz natürlich an, das Bauprogramm nach seinem Wunsch auf die Form hin zu recken oder zu schnüren und täuscht sich leicht Verhältnisse vor, die der Wirklichkeit des Notwendigen nicht entsprechen.

Bei der ungeheuren Kürze der Zeit, die mir persönlich zur Verfügung stand, war es freilich zum Verzweifeln, daß man in die Streitfragen des Theaters selbst sich hineinwerfen mußte und nachträglich teilnahm am Für und Wider, das in den letzten Jahrzehnten tobte und das heut noch nicht zum Abschluß gekommen ist. Und, soweit ich aus all dem klug werden konnte, spielt natürlich die deutsche Sünde der Prinzipienreiterei eine große Rolle. Die Schriften, in denen bewährte Theaterbaumeister vom Leder ziehen oder jüngere Architekten sich vernehmen lassen, um sich die Doktorwürde zu holen, gehen meist mit Emphase gegen das Rangtheater los und postulieren die Reinheit des Amphitheaters. Den einen ärgert das undemokratische, den andern die Feuersgefahr, und noch ein anderer stützt sich auf seinen Kollegen Schinkel und fühlt sich als dessen Vollender. Zwischendurch spielen in unsere Erinnerung die Versuche Sempers und Wagners. Semper kommt oft recht schlecht weg, weil er sich von seinen Bauherren, die Rücksicht auf das Publikum nahmen, immer weiter von ursprünglich entworfenen neueren Formen abdrängen ließ.

Ich bin nun immer ganz ungeheuer mißtrauisch, wenn irgendeine diktatorische Forderung aufgestellt wird, der sich der wirkliche Künstler unbedingt zu unterwerfen habe. Man verstehe mich ja nicht falsch, ich schätze gerade die Laien, die mit großer Liebe sich in Probleme stürzen, die nicht zu ihrem Metier gehören, ungeheuer hoch. Sie sind die Reinen, die aus einer Intuition heraus, mit oft bewurdernswürdiger Zähigkeit eine Idee auf eine Ursprünglichkeit zurückführen, an der die Fachleute zunächst achselzuckend vorbeigehen. Aber ich bin ja gar nicht Theaterfachmann und habe mich nicht damit zu beschäftigen, und wenn daher ein genialer Theatermann mir den Auftrag gäbe, ein Theater von 10 Rängen übereinander zu schaffen, weil es so gerade seinen künstlerischen Absichten zusagte, so würde ich mich mit dem Problem herumschlagen und daraus eine künstlerische Form zu entwickeln suchen. Es geht ja für mich um die Form und nur um die Form. Und da habe ich versucht, wohl wieder eine ketzerische Handlung zu begehen, die auch Professor Rollers Programm nicht entspricht.

Gerade die Schriften, die lediglich auf das Amphitheater losgingen, reizten mich zum Widerspruch. Ist es denn so greulich undemokratisch und unsozial überhaupt, Ränge oder besser Logen zu machen? Gibt es gar keine Aufführung, zumal musikalische, die man eher besser, weniger in die Masse eingezwängt genießen kann?

Es ist mir schon klar: das Theater von heute, wie es Professor Reinhardt zumal anstrebt, braucht den großen Zusammenschluß der Zuschauermasse, braucht die Suggestion, die so eine Masse ausströmt und fordert deshalb in der Hauptsache einen amphitheatralischen Aufbau.

Aber als ich nun daran ging, über dem Amphitheater einen architektonischen Himmel zu bauen, als ich versuchte, in Weiterentwicklung der Kuppel des Großen Schauspielhauses in Berlin eine akustisch günstige und doch mächtig wirkende Decke zu schaffen, da schnitt ich doch in die senkrechten Staffeln der Decke eine Reihe von Logen hinein. Und die Treppe zu diesen Logen ordnete ich so an, daß die Außenform des Hauses sich in rhythmisch versetzten Reihungen abstufte. Und was in manchen Projekten mit großen Zutaten geschehen war, was am Opernhaus in Berlin als fürchterlicher Notbehelf sich aufdrängt – die Schaffung freier Ausgänge bei irgendwelcher Feuergefahr, das ergab sich hier von selbst, indem das ganze Haus in der vorderen, den Blick auf die Berge zugewandten Seite sich in Terrassen oder Treppen auflöste.

Es kann jetzt nicht der weitere Zweck dieser Rede sein, das von mir mitgebrachte Projekt näher zu erläutern. Das geschieht am besten an der Hand von Zeichnungen und vom Modell. Und es handelt sich heut wohl in der Hauptsache um die Gesamtanlage. Nur daß auch diese in ihrer Linienführung und ihrem Aufbau doch stark von den einzelnen Teilen bestimmt wird, so daß den Architekten nichts übrigbleibt, als in großen Zügen doch schon auf die Einzelorganismen der Anlage einzugehen.

Und bei aller Erfüllung der Bedürfnisse, die der Vorwurf stellt, bei allem Eingehen auf das, was Besucher einer Festspielhauses und -platzes verlangen können und in diesem Fall verlangen müssen: Eins steht für mich fest: hier darf das Praktische und Technische nicht im Vordergrund stehen, hier darf das Rasche und Bequeme nicht über die künstlerischen Absichten der Architekten triumphieren. Wer diesen Festspielplatz betritt, muß Zeit haben, er muß alles Hasten vergessen, und die Gestaltung der Anlage muß ihm dieses Vergessen und Versinken in das Schauen und Hören allein mit aller Gewalt aufzwingen.

Das Spiel, auch schon der Architekturen, muß gefangen nehmen und ihn einlullen, so daß er unsere in die Sklaverei der Technik gebannte Welt vergißt.

Der Bauplatz, den Professor Roller mit sicherem künstlerischem Instinkt wählte, ist ohne jede Übertreibung wundervoll. Er stellt aber ganz gewaltige Anforderungen an den Künstler bei der Ausbildung der Form bis ins kleinste hinein. Salzburg und Hellbrunn fordern weiter eine Anspannung über das gewöhnliche Maß weit hinaus, wenn der Künstler vor der Zukunft bestehen will. – Denn das müssen alle wünschen und hoffen: das Haus, das hier gebaut wird, soll nicht für einige Jahrzehnte nur irgendeinem vorübergehenden theatralischen oder musikalischen Bedürfnis dienen. Es muß so sein, daß selbst bei veränderter Auffassung über das Wesen des Theaters seine Form sich mit starkem Klange durchsetzt und daß es – ganz abgesehen von der restlosen Erfüllung seines Zweckes – ein Schöpfungsbau wird, der eine neue Epoche auch der bildenden Kunst in deutschen Ländern einleitet.

Hans Poelzig, Festspielhaus in Salzburg 1921, Rede in der Festspielhaus-Gemeinde in Salzburg, aus: Julius Posener, Hans Poelzig, a. a. O., S. 142–151
Ich habe diese Rede nicht kommentiert, ich habe mich gehütet, sie zu unterbrechen, und ich habe die Stelle gegen Ende, als Poelzig davon spricht, wie er den Innenraum entworfen hat, wiederholt, obwohl der Leser sie bereits kennt: sie ist für diesen Text wesentlich. Ich habe sogar die Stellen wiederholt, wo Poelzig gegen die Technik wettert und wieder wettert und betont, daß es die Form sei und abermals die Form, die ihn einzig bewege: obwohl eben in diesem Text vom Inhalt mehr als sonst die Rede ist; vom Theater – und vom Theater in Salzburg, was nicht nur eine Stadt bedeutet und eine Landschaft, die den Architekten in eine „mehr oder minder gelinde Raserei" bringt, sondern um Kultur und Geschichte und um die Beziehung, welche die Gegenwart – nicht Poelzig allein, aber sehr wesentlich Poelzig – zu dieser Vergangenheit herstellen will. Ich habe das alles unangetastet gelassen, weil ich meine, es sei das Schönste, was Poelzig gesagt hat. Er beendet seine Ansprache mit der Absicht, einen Schöpfungsbau zu bauen, der eine neue Epoche der bildenden Kunst in deutschen Ländern einleitet. Und wenn das in den Ohren der Leser unbescheiden klingt, so kann ich nur sagen: Poelzig hatte das Recht, so zu sprechen. Der Leser wird sehen, was daraus geworden ist. Faktisch ist nichts daraus geworden: Das Festspielhaus

wurde nicht gebaut. Es ist aber auch nicht im Geiste der Ausgangs-
punkt einer neuen Epoche der bildenden Kunst geworden. Es war –
sprechen wir es aus – eine Illusion. Und die nächste Zeit in seinem
eigenen Schaffen wird zeigen, daß Poelzig gezwungen sein wird, sich
zu den so gehaßten neuen Mächten, der Technik, der Wissenschaft,
eben doch wieder, auf neue Art zu verhalten.

8 Ein neuer Anfang: Berlin

Die Lehren von Salzburg

Ein Festspielhaus in Salzburg wurde gebaut und ist, wie man weiß, bis auf den heutigen Tag ein unvergleichlicher internationaler Erfolg. Es wurde gebaut; aber nicht in Hellbrunn. Man hat es in der sogenannten Felsenreitschule eingerichtet, mitten in der Stadt Salzburg, und was es für Salzburg bedeutet, kann ich aus eigener Erfahrung berichten. Salzburg ist jedes Jahr im Sommer die am dichtesten bedrängte Touristenstadt, die mir vorgekommen ist: Man kann, wörtlich, in den Straßen der Stadt nicht laufen. Man hat den Felsen, an dessen Fuß die wunderbare Stadt gebaut wurde, mit endlosen Garagen durchtunnelt. Dort herrscht zur Stunde des Festspielendes ein lebhaftes gesellschaftliches Leben. (Niemand hätte sich mehr gewundert als Wolfgang Amadeus Mozart, mit dessen Namen dieser Kulturtourismus ja irgendwie verbunden ist, und in dessen Geburtshaus die Leute ebenfalls einander auf die Füße treten. Er würde der Vaterstadt den Erfolg gewiß nicht gönnen; denn *er* hat Salzburg gehaßt.) Soviel zum Festspielhaus *in* Salzburg.

Aber in Hellbrunn? Natürlich teilt sich jedem Besucher die „gelinde Raserei" mit, welche Poelzig beim Anblick dieses Bauplatzes ergriff: Hellbrunn ist ein barockes Lustschloß im Süden von Salzburg, zwischen der Stadt mit ihrer unvergeßlichen Silhouette und den Alpen gelegen, deren Vorberge bis dicht an die Stadt heranreichen, ja, sie umgeben. Hellbrunns Park liegt in der Ebene; aber er umfaßt einen bewaldeten Hügel mit einer natürlichen Felsenschlucht, die man „das Steintheater" genannt hat; von dort blickt man in die Alpen hinein und nach Norden auf die grünen Kuppeln der

Stadt unter der großen Burg, der „Veste Salzburg". Kein Zweifel: einer der schönsten Orte der Welt. „Aber wo", fragte meine Begleiterin, „wollte man denn die Nebeneinrichtungen unterbringen: Hotels, Garagen, Lokale?" Wo wirklich? Vielleicht hat ein gesunder Realismus – und seine Kenntnis österreichischer Unternehmungen – den Wiener Josef Hoffmann abgehalten, einen Entwurf zu liefern, ohne geradezu nein zu sagen. Poelzig und die, die mit ihm eine Zeitlang dieses unmögliche Unternehmen verfolgt haben, besaßen offenbar diesen Realismus nicht. Poelzigs Festspielhausentwurf für Hellbrunn war das Werk von Begeisterten. Ich gebrauche den Plural, denn Poelzig war nicht der einzige, der mit Herz und Seele an dem Gedanken eines Festspielhauses auf dem Hügel von Hellbrunn gehangen hat. Und wenn es nicht verwirklicht wurde, so hat es doch eine Wirkung gehabt: Es hat Poelzigs Prestige, das vorher schon groß gewesen ist, noch gesteigert; er war nun *das Phänomen* der deutschen Architektur.

Die Jahre, die dem Krieg folgten, waren arm an Verwirklichungen – und reich an Phantasie: Da gab es Gründungen wie den „Arbeitsrat für Kunst", dessen revolutionäre Absichten man an seinem Namen ablesen kann, die „Novembergruppe", nach der Novemberrevolution benannt, von der man sich weitreichende Folgen versprach, endlich Bruno Tauts „Gläserne Kette", einen Freundeskreis im Namen der Utopie. Sie produzierten Skizzen von kommenden Dingen. Taut sagte: „Laßt uns utopisch sein!" und sprach von der „Wasserscheide" zwischen Utopie und Bauen. Ab und zu *wurde* auch etwas gebaut. Taut war Stadtbaurat von Magdeburg und verwirklichte dort eine farbige Architektur, aber auch eine sehr schöne große Halle. Man kann aber die großen Gebäude, die damals entstanden, wirklich an den Fingern abzählen. Es entstanden einige wie das 16 Chilehaus in Hamburg von Fritz Höger und Peter Behrens' Verwaltungsgebäude der Farbwerke in Höchst bei Frankfurt. Was meistens gebaut wurde, waren Siedlungen, in denen man neue – und billige – Bauweisen ausprobierte. Aber phantasiert wurde viel: Scharoun, die Brüder Luckhardt, Finsterlin, Max Taut, sogar Gropius gehörten der „Gläsernen Kette" an und wollten in Skizzen und in Manifesten die Revolution fortsetzen, die gescheitert war. Wie hoch die Phantasie im Kurs stand, als man sich bereits von ihr abwandte, zeigt die merkwürdige Definition der Sachlichkeit, die Adolf Behne gegeben hat: „Sachlichkeit ist die Phantasie, die mit Exaktheiten arbeitet."[1] Er (man) wollte auf die Phantasie noch nicht verzichten. Die Prosperität – mehr als die „Sachlichkeit" – hat dann, nach 1924, dafür gesorgt, daß die Phantasie klein geschrieben wurde. Von Tauts „Wasserscheide" flossen die Wasser wieder in Richtung auf das Erreichbare.

Ich wollte die Architekturlandschaft nur eben andeuten, aus der Poelzigs Salzburger Entwurf sich heraushob. Ich sage *der* Entwurf; denn der erste, der am meisten Vision ist, war der, der Aufsehen erregt hat – und noch Aufsehen erregt. *Er* war das Ergebnis der 189, 190 „gelinden Raserei", welche angesichts der Aufgabe und des Ortes in Poelzig Kräfte freisetzte. Der erste Salzburger Entwurf war sein entschiedenster Vorstoß ins Reich der Phantasie (entschiedener, weil nachhaltiger, weil besser definiert als der extreme zweite Entwurf für 143 die Feuerwache). Hier wiederholen wir, vor dem Hintergrunde der Architekturlandschaft des Expressionismus, die Feststellung, die wir schon einmal gemacht haben: daß das Festspielhaus Poelzig war – und barock. Oben sagten wir: barock – und Poelzig. Jetzt legen wir die Betonung auf das Wort barock: auf den Willen, dort an die deutsche Kultur anzuknüpfen, wo sie am meisten deutsch gewesen ist: räumlich, und Raum umdeutend: musikalisch. (Nicht von ungefähr war das ein Lieb-

lingswort Poelzigs.) Auch die wenigen expressionistischen Meisterwerke, die ausgeführt wurden, beziehen sich auf die Geschichte; auch, übrigens, einige der von der Wirklichkeit am meisten losgelösten Entwürfe: Bruno Tauts „Domstern" ist gotisch. Gotik ist der herr- 140 schende Einfluß. Schon, daß Poelzig sich dem Barock zuwendet, hebt sein visionäres Werk aus dem der Zeitgenossen heraus. Ihm allein ist eine Systhese gelungen, welche damals Hoffnungen erregte, weil sie räumlich weiter zu führen versprach. Klar in Form gefaßt, „gebaut" – wenn auch im einzelnen nicht realisierbar – ist dieses Werk der sehr poelzigsche Versuch, aus Geschichte und Zukunft eine Quintessenz zu schaffen: Raum, welcher klingt.

Der dritte Entwurf ist das Ende dieses Versuches in seiner am meisten „historischen", der sichtbar barocken Form: Poelzig bewegt sich nun auf das zu, was im 195–198 Kommen ist. Die Formen beruhigen sich. *Diese* Formen sind auszuführen, die des ersten Versuches wären – *vielleicht* – in Stuck auszuführen gewesen. Das gilt für die Einzelheiten im Innenraum. Wie man die Einzelformen außen hätte machen können, welche ganz offenbar in Stein gehauen werden sollten, kann man sich nicht ganz leicht vorstellen.

Jetzt tritt eine Zeit der Trennung ein zwischen dem architektonischen Entwurf und den Arbeiten in Porzellan und den Bühnen- und Filmdekorationen. Diese bleiben der Geschichte verpflichtet – und der Phantasie; weil Architektur der Phantasie in ihrer „Salzburger" Form keinen Raum mehr zugesteht. Man kann ein solches Auseinandertreten zwischen dem, was für den Bau entworfen wird, und dem Spiel mit Formen damals auch bei anderen Architekten beobachten. Erich Mendelsohn ist ein Beispiel. Nachdem er versucht hatte, eine seiner Skizzen einer gegossenen Architektur, den „Einsteinturm", zu verwirklichen – und ihn nicht in Beton bauen konnte, sondern mühsam aus Backstein aufmauern mußte, werden seine Entwürfe für den Bau realistisch – und seine Skizzen noch phantastischer. Die

Kunst des Architekten ist für den bildenden Künstler ein Akt der Resignation. Glücklich, wer diesen Akt bejaht, wie Heinrich Tessenow. Poelzig hatte etwas aufzugeben – und eine Befriedigung, welche das Bauen nicht gewähren kann, anderswo zu suchen.

Darum versagen wir es uns, über seine Theater- und Filmentwürfe und über seine Porzellanarbeiten viel zu sagen. Wir sind mit dem Architekten beschäftigt. Wir betrachten seine anderen Tätigkeiten – auch seine Malerei – als einen Auslaß, den seine stets rege Phantasie brauchte, die übrigens Kunstwerke hervorgebracht haben, die aber – so sehe ich es auf jeden Fall – auf seine Architektur nicht zurückgewirkt haben. Oder kann man irgendeine Linie aufzeigen, die von der für den Film „Golem" gebauten Stadt zu Poelzigs eigener Architektur geführt haben könnte? Anders verhält es sich mit den *Skizzen*, welche er immerfort produziert hat. Es sind Architekturskizzen, oft Raumskizzen. Die Skizzen, welche um das große Schauspielhaus herum entstanden sind, deuten einen Raum an, den Poelzig sicher hat verwirklichen wollen: das Raumkontinuum. Einige andere Skizzen tun das Gleiche, so die Skizze
199 mit den Brücken, die wir zeigen. Das Brückenmotiv setzt sich unendlich fort; merkwürdig, daß Poelzig über dieser gebauten Schlucht Flugzeuge fliegen läßt. Das Raumkontinuum rückt Poelzig in die Nähe Piranesis, den er sicher geschätzt hat. Andere Skizzen zeigen das Aufsteigen des Unwahrscheinlichen aus dem Gewohn-
200 ten, der malerischen italienischen Stadt. „So etwas möchte man bauen", scheint die Skizze zu sagen. Natürlich hat er den extremen Salzburger Entwurf mit noch extremeren Skizzen begleitet. Wir finden eine
201 Wolkenkratzer-Skizze, die an New York erinnert. Poelzig war übrigens niemals in Amerika, hatte auch, wenn ich nicht irre, wenig Lust, dorthin zu gehen. Aber die Wirklichkeit des Unerhörten hat ihn gereizt, insofern ist die Stadt der Wolkenkratzer nicht an ihm vorbeigegangen. Bewundernswert ist die Skizze, in der der Architekt mögliche Bauformen durchspielt. Es fällt auf,

daß die alten Konstruktionen: der poelzigsche Halbkreis in starker Mauer, nach dem Krieg kaum mehr vorkommen, bis sie in dem Entwurf für die „Schauburg" 320–325 1932 zurückgerufen werden. So viel – vielmehr so wenig – zu den Skizzen.

Die *architektonischen* Entwürfe gehen auf dem Wege weiter, der mit dem dritten Salzburger Entwurf beginnt. Sagen wir gleich, daß trotz Poelzigs eben damals hohen Prestiges keiner der Entwürfe zur Ausführung gekommen ist; auch dies – man möchte sagen, gerade dies – ist ein Grund für seine starke Tätigkeit auf anderen Gebieten seiner Kunst. Wir sagten schon: Die Niederlassung in Berlin hat ihn als Architekten enttäuscht. Bis 1924 hat er nichts gebaut. Wenn man im Werkverzeichnis die Jahre in Dresden und die ersten Jahre in Berlin durchsieht, findet man von 1916 bis 1923/1924 nichts als Projekte mit der einen Ausnahme des Großen Schauspielhauses (und ganz kleiner Realisationen): Für einen Mann, der eine lebhafte Bautätigkeit in Breslau hinter sich hatte und der auf der Höhe seines Ruhmes und seiner Produktivität stand, müssen es schier unerträgliche Jahre gewesen sein. Von einigen der Dresdener Projekte haben wir gesprochen. Lesen wir weiter im Werkverzeichnis:

1917	Dresden	Gasbehälter	Projekt	202
	Dresden	Stadthaus	Projekt	
	Dresden	Gruppe von Museen	Projekt	
	Dresden	Stadtplan	Projekt	
1918	Dresden	Elbbrücke	Projekt	203
	Dresden	Konzertsaal	Projekt	
1919/				
1920	Berlin	Großes Schauspielhaus		
	Dresden	Ausstellungspavillon (Porzellan-Pavillon)		
		Majolika-Kapelle	Projekt	204
		Filmstadt „Der Golem"		
1920				
–1922	Salzburg	Festspielhaus	Projekt	

167

199 Hans Poelzig, ‚Brücken‘, Skizze aus den frühen zwanziger Jahren

200 Hans Poelzig, Vision einer Stadt mit Hochhäusern. Im Vordergrund Häuser einer mittelalterlichen Stadt

202 Hans Poelzig, Gasbehälter für Dresden-Reick, Projekt, 1917, Modell

201 Hans Poelzig, Gebäude mit Ecktürmen, Seite aus dem Skizzenbuch

203 Hans Poelzig, Elbbrücke bei Dresden, Projekt, 1918

204 Hans Poelzig, ‚Majolika-Kapelle' für Dresden, Projekt, 1921

205 Hans Poelzig, Verwaltungsgebäude für die Firma Gebrüder Mayer, Hannover, 1924

1921	Dresden	Hotel	Projekt
	Dresden	Bankgebäude	Projekt
	Hellerau	Holzhäuser	Projekt
1922	Berlin	Hochhaus am Bahnhof Friedrichstraße	Projekt
	Köln	Kaufmannshaus	Projekt
	Dresden	Majolika-Brunnen	
1923/ 1924	Hannover	Verwaltungsgebäude der Gebrüder Meyer	

205

Zwei keramische Arbeiten: ein Porzellan-Pavillon und ein Majolika-Brunnen, das ist (neben dem Großen Schauspielhaus) alles. Das Verwaltungsgebäude in Hannover, mit dem Poelzigs Bautätigkeit 1923/1924 wieder einsetzt, ist eine seiner schwächsten Arbeiten: diesmal wirklich „Zackenstil", mit dem er einen einfachen Backsteinbau dekoriert, man kann es nicht anders nennen. Man hört ihn sich geradezu fragen: „Wie *mache* ich etwas aus der Kiste?"

Betrachten wir einige der Projekte:

Das Hochhaus am Bahnhof Friedrichstraße in Berlin, 1922 (Projekt)

An dem Wettbewerb hat eine Reihe namhafter Architekten teilgenommen, unter ihnen Scharoun und Mies van der Rohe: Architekten der jüngeren Generation. Die Dreiecksform mit konkaven Seiten taucht spä- *206* ter in Poelzigs Projekt für eine Bibliothek am Reichs- *270* tagsgebäude wieder auf. Das Erdgeschoß und Mezzanin mit großen Fenstern – Läden, Restaurant – und der Vertikalismus der darüber aufsteigenden Bürogeschosse *207* erinnern an Louis Sullivans Guaranty-Building in Buffalo und andere seiner Hochhäuser; nur fehlt bei Poelzig der betonte obere Abschluß des Gebäudes. Es ist ein guter, sagen wir ruhig ein ausgezeichneter moderner

Bau jener Jahre. Neben den phantastischen Neuerungen Scharouns und der gläsernen Einheitlichkeit des *208* Mies-Projektes wurde er allerdings vergessen.

Hotel für Dresden, 1921 (Projekt)

Das Terrassenmotiv dominiert. Man sieht, wie in- *209* tensiv Poelzig sich in dieser Zeit mit dem gestuften Bau beschäftigt hat. Für einen Hotelbau ist die Stufung angemessen, besonders im Mittelteil, wo sich die Restaurants befinden. Daß der rückwärtige Teil des Hotelbaues ebenfalls leicht von Geschoß zu Geschoß zurückgestuft ist, faßt den ganzen Bau prachtvoll zusammen. Die horizontale Schichtung der Geschosse dominiert. Die Ecken sind abgerundet. Alle Dachterrassen sind von Kolonnaden umgeben. Sie geben dem Bau den oberen Abschluß. Man bedauert, daß das schöne Projekt auf dem Papier geblieben ist.

Von dem Bankprojekt für Dresden haben wir gelegentlich des zweiten Projektes für das Niederwald- *107* denkmal schon gesprochen. Wir stellten da eine Ver- *108* wandtschaft fest in der massiven, durch gerundete Stützen verstärkten Mauer, welche (sagten wir) für das Denkmal besser passe als für den Bankbau.

Das Kaufmannshaus in Köln, 1922 (Projekt)

Dieses Gebäude endlich, hinter den Domchor gestellt und in Beziehung zu ihm geplant, ruft bekannte Motive auf: Die Stufung, die Reihen von Bogenfenstern in den Stufen erinnern an das dritte Projekt für Salz- *210* burg. Der gestufte Baukörper umgibt den Börsensaal, *195–198* dessen Ostfront, fensterlos und leicht konvex, die rückwärtige Mitte des Gebäudes einnimmt. Das Kaufmannshaus ist einer der schönsten Baukörper, die Poelzig konzipiert hat. Und ich meine, der Entwurf beweist dem Dom gegenüber Takt. Auch diese bedeutende Ar-

207 Louis Sullivan,
Guaranty Building,
Buffalo, 1895

206 Hans Poelzig, Hochhaus am Bahnhof Friedrichstraße, Berlin,
Wettbewerbsentwurf 1922

208 Ludwig Mies van der Rohe, Hochhaus am Bahnhof Friedrichstraße, Wettbewerbsentwurf, 1922

209 Hans Poelzig, Hotel für Dresden, Projekt, 1921

210 Hans Poelzig, Kaufmannshaus in Köln, Wettbewerbsentwurf, 1922

209 beit mußte Projekt bleiben. Man sieht aber an solchen Entwürfen wie dem für das Dresdner Hotel und für das Kölner Kaufmannshaus, daß Poelzig sich um eine moderne Stadtarchitektur bemüht: geschichtet, gestuft und weich modelliert: nennen wir es „geknetet".

Capitol-Kino, Berlin 1925

Die Projekte dieser Jahre verkörpern eine bestimmte Auffassung oder ein bestimmtes Formgefühl: gestuft, geknetet, gerundet. Sie hängen mit Salzburg zusammen. Der erste große Bau in Berlin, das Capitol-Kino und der Ladenbau, in dem es sich befindet, im Zentrum des Berliner Westens, ist der erste Schritt ins Unbekannte; und wir sehen an einer der Vorskizzen, daß Poelzig ihn 211 offenbar nur zögernd getan hat. Diese Skizze zeigt zwar bereits das, was für den Ladenbau charakteristisch ist: weite Öffnungen zwischen Pfeilern; aber hier stehen sie noch in einem gestuften Bau. Bei der Ausführung verschwinden die Stufen. Übrig bleibt ein zweigeschossiger Pfeilerbau mit Attika, über der als zurückliegender 212 Aufbau das Achteck des Zuschauerraumes im Kino in Erscheinung tritt. Der Bau hat einen Vorläufer gehabt, einen Ladenbau ohne Kino, welcher auf einem Grundstück in der Nähe errichtet werden sollte. Auch hier hat es ursprünglich einen gestuften Teil gegeben, auch hier wurde vereinfacht. An diesem Bau wurde das System entwickelt: die Form der Pfeiler, die Profile in den angedeuteten Gebälken über ihnen. Es war vielleicht nützlich, daß eben um diese Zeit, Mitte der zwanziger Jahre, Poelzig auf das Thema „Ladenbau" gestoßen ist. Der Ladenbau *konnte* nur ein Rahmenbau sein, die starke Mauer mit Bögen über den Öffnungen war dafür nicht zu brauchen. Poelzig mußte neu anfangen und bewegte sich nun zum erstenmal in Richtung auf die neue Architektur, welche um diese Zeit Form gewann. Diese Architektur war, das haben wir im Eingangsteil dieser Studie betont, das Werk von Jüngeren. Und wir

bemerken in Poelzigs Version eine gewisse Zurückhaltung. Wir haben die Elemente schon angedeutet, mit denen Poelzig hier arbeitet: Pfeiler, welche nicht glatt in der Front stehen, sondern auf beiden Seiten abgeschrägt sind, mit nur einem schmalen vertikalen Steg in der Mitte; Pfeiler also, welche die Erinnerung an die Säule immerhin, wenn auch sehr von ungefähr, evozieren; und über ihnen etwas, das als ein sehr abgeflachtes Gebälk zu verstehen ist. Dem Innern eines dorischen Tempels entspricht es, daß die oberen Pfeiler erheblich niedriger sind als die im Erdgeschoß, sie wirken auch schmaler. *Ein* zeitgenössischer Kritiker, Erich Mendelsohn, war über diese klassizistische Verklausulierung so ärgerlich, daß er von einem Gefühl sprach, das im Raum geistert.[2] Ob man es so, ob man es anders nennen will: Es ist der Versuch eines geschichtlich gebildeten Baumeisters, den Rahmenbau auf die Geschichte zurückzubeziehen. Hier bot sich nur die Antike an, zu der Poelzig keine genuine Beziehung gehabt hat. Es ist fast rührend zu sehen, wie Poelzig versucht, dem uralten Spruch nachzukommen, ein Architekt sei ein Maurer, der Latein gelernt hat. Wozu noch die Schwierigkeit kam, daß das Publikum um 1925 weder Latein verstand noch erwartete, daß ein Architekt lateinisch spreche, so daß man schon einer vom Fach sein und genau hinsehen mußte, um *dieses* Latein zu verstehen.

Tritt man in das Kino ein, so befindet man sich in 213–218 einer anderen Welt: in Poelzigs Welt. Selten ist das Räumliche innerhalb eines Gebäudes von dessen Haltung nach außen so verschieden. Das zeigt sich in dem Auditorium, einem langgestreckten Achteck, dessen Wände und Kuppel mit dicht gestellten Rippen dekoriert sind, nicht unähnlich der Rippendekoration des Theaters im dritten Projekt für Salzburg. Noch stärker tritt der Gegensatz zum Außenbau in den Umgängen und besonders in den Treppen in Erscheinung. Es ist, als habe der Architekt darauf gewartet, hier, endlich, ganz er selbst zu sein. Die Beleuchtung ist fast überall indirekt – wie im Großen Schauspielhaus. Es ist zu be-

211 Hans Poelzig, Büro- und Geschäftshaus mit dem ‚Capitol'-Kino, Berlin, 1925, Skizze der ersten Fassung

212 Hans Poelzig, Der Ladenbau mit dem ‚Capitol'-Kino, Berlin, 1925

213 Hans Poelzig, ‚Capitol'-Kino, Zuschauerraum

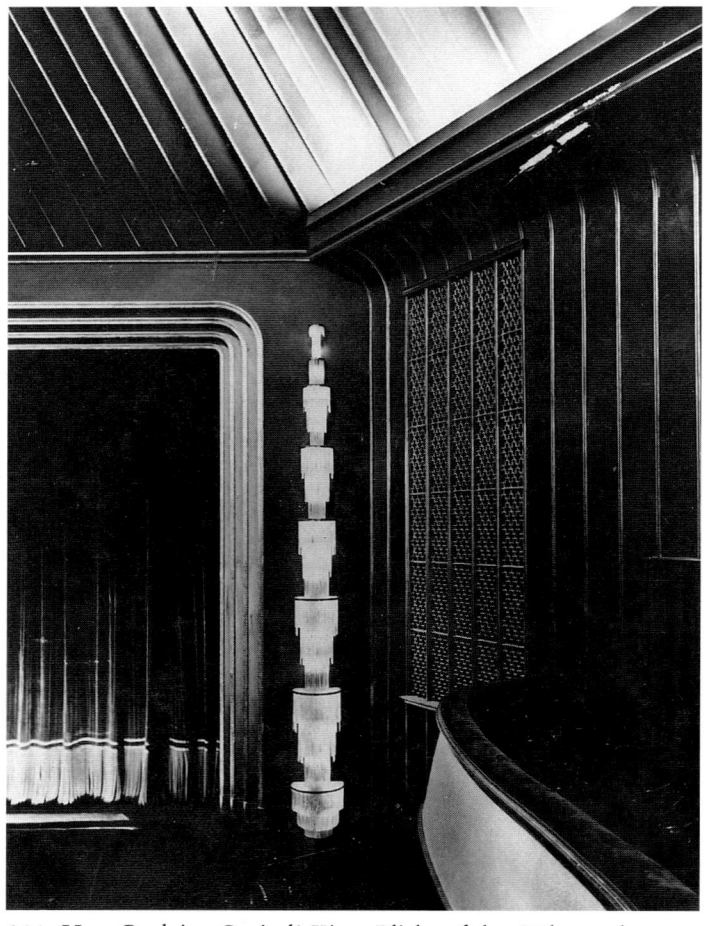

214 Hans Poelzig, ‚Capitol'-Kino, Blick auf den Bühnenrahmen

215 Hans Poelzig, Ladenbau mit ‚Capitol'-Kino, Lageplan

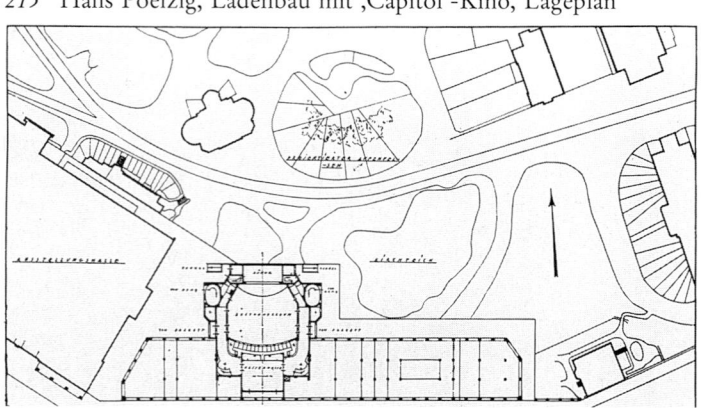

216 Hans Poelzig, ‚Capitol'-Kino, Grundrisse und Schnitt

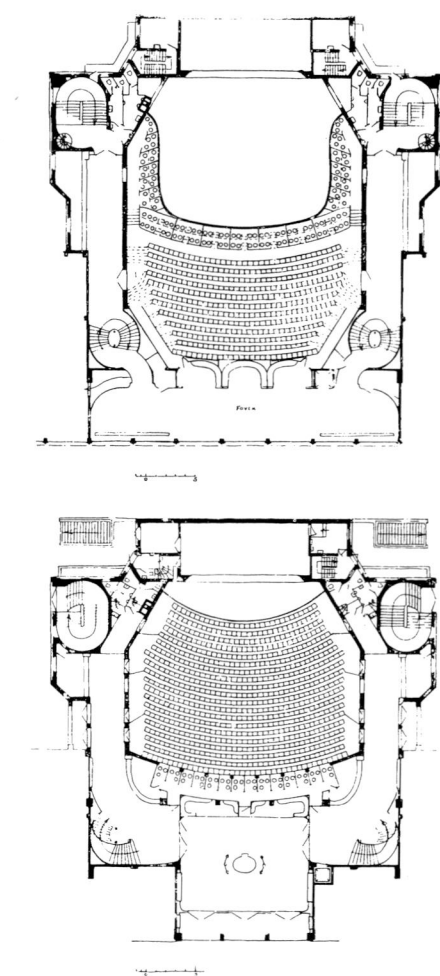

dauern, meine ich, daß Poelzig nicht ganz auf direkte Beleuchtung verzichtet hat. Die Lichtkörper, neben dem Bühnenrahmen besonders, passen eigentlich nicht in den sehr schönen Raum. Das „Capitol" ist nach dem Kriege das erste Kino mit architektonischem Anspruch. Es machte einen entsprechend starken Eindruck. Vor dem Kriege hatte es ein kleines Kino am Kottbusser Damm von Bruno Taut gegeben und das Kino Cines am Nollendorfplatz von Oskar Kaufmann, auf das wir gelegentlich von Poelzigs Deli-Kino in Breslau zurückkommen werden.

Es war zudem der Beginn – nach einer Pause von fast fünf Jahren seit dem Bau des Großen Schauspielhauses – von Poelzigs Wirken als eines Architekten in Berlin. Sagen wir, daß es ein problematischer Anfang gewesen ist. Der Rahmenbau mit klassischem Vorbehalt

235–239

war eines, die Innenräume ein anderes. Der Rahmenbau stellt eine erste Annäherung an eine Architektur dar, die eben in diesem Augenblick hervortrat, vielleicht war ihr wichtigster Vertreter damals in Berlin Max Taut. Die Innenräume schwelgen in Möglichkeiten – oder sind es Erinnerungen? Poelzig tut im Capitol-Bau einen entscheidenden Schritt über die Phase von Salzburg hinaus; und wenn wir uns erinnern, daß die Phase von Salzburg recht eigentlich in Dresden begonnen hatte, so darf man sagen, er habe einen entscheidenden Schritt über die gesamte mittlere Phase seines Werkes hinaus getan: die Phase, die man die expressionistische nennt.

Von jetzt an wird er versuchen, dem Neuen nicht auszuweichen und dabei trotzdem Poelzig zu sein und zu bleiben.

217 Hans Poelzig, ‚Capitol'-Kino, Bar und Treppe

218 Hans Poelzig, ‚Capitol‘-Kino, Treppe

9 Erfolg

An dieser Stelle sei eine kurze Erinnerung an die Entwicklungen gestattet, welche sich damals in der deutschen Architektur ereigneten. Man hat später die Jahre zwischen 1926 und den frühen dreißiger Jahren die Bauhausjahre genannt. Sie waren es, und sie waren es nicht. Die Avantgarde war, wie jede Avantgarde, eine Minderheit, und da sie eine sehr auffallende Minderheit gewesen ist und da ihre Tätigkeit langwährende und weitreichende Folgen hatte, hat man die Architekten vergessen, welche damals das Bild der Architektur in Deutschland bestimmt haben. Sie hatten sich alle mit der Avantgarde auseinanderzusetzen. Das konnte so geschehen, daß man sie angriff. Das taten Schmitthenner *219* und die von ihm inspirierte Stuttgarter Schule. Das waren die Architekten, die den nächsten Schritt taten, über die Avantgarde hinaus und zum „Dritten Reich". Die große Mehrheit aber baute „modern", wie Emil Fahren- *220* kamp modern gebaut hat. Peter Behrens war tätig – und baute modern. Poelzig war endlich wieder tätig und mußte sich mit der neuen Architektur, welche um die Mitte der zwanziger Jahre entstand, auseinandersetzen (vgl. Dokumentation am Ende des Kapitels).

Auch die Avantgarde selbst, übrigens, war nicht dasselbe wie die Bauhausleute. 1922–1923 baute Max Taut das Gewerkschaftshaus in Berlin als reinen Stahlbetonbau. 1924–1926 setzte er diese konstruktive Tendenz energischer im rückwärtigen Teil des Hauses der Buchdruckergewerkschaft in Berlin fort. Damals publizierte Adolf Behne, bis dahin Protagonist einer expressionistischen Architektur, die erwähnte Schrift über „Sachlichkeit", welche Aufsehen erregte, und illustrierte sie aus- *221* schließlich mit Bildern von Max Tauts Buchdrucker- *222* haus.

Von 1925 an baute Bruno Taut, gemeinsam mit Martin Wagner, dem neuen Stadtbaurat von Berlin, die *18* großen Sozialsiedlungen am Stadtrande. Gleichzeitig entstanden bei Frankfurt die Siedlungen von Ernst May und Ferdinand Kramer. 1923 war Le Corbusiers *Vers une Architecture* erschienen. In Holland wurde der Expressionismus eines Piet Kramer durch J. J. P. Ouds mo- *223* derne Wohnsiedlungen abgelöst; Rotterdam, sagte man, habe Amsterdam verdrängt. 1927 wurde bei Stuttgart *305–307* die Wohnsiedlung des Werkbundes „Weißenhof" ge- *309* baut. In den späten zwanziger Jahren entstanden weitere große Sozialsiedlungen in Berlin, „Die weiße Stadt", *224* „Siemensstadt"; es entstand die Siedlung der „Reichsbauforschungsgesellschaft" in Haselhorst (Spandau), welche den Zeilenbau wissenschaftlich erproben sollte; damals entstanden auch so bedeutende einzelne Werke wie Mies van der Rohes Barcelona-Pavillon und sein Haus Tugendhat in Brno.

Eine Zeitlang sah es so aus, als habe die Avantgarde sich durchgesetzt, gegen Widerstände, welche zusehends stärker wurden: neben der Siedlung in Berlin-Zehlendorf „Onkel Tom" von Bruno Taut, Otto Rudolf Salvisberg und Hugo Häring entstand als Gegendemonstration die Siedlung „Im Fischtal": steile Dächer gegen flache Dächer (1927). Der Gesamtplan *18* stammt von Heinrich Tessenow. *219*

Dort bauten Tessenow, Mebes, Schmitthenner, Scho- *308* pohl – auch Poelzig. Gegen die Gruppe der Modernen, *310* den „Ring", stellte sich die der Beharrenden, die sich der „Block" nannte. Man warf der Avantgarde vor, daß sie eine Architektur ab ovo erfinden wollte, welche auf keinerlei Erinnerungen gegründet sei, sondern auf die reine Vernunft: Form follows function, wie Louis Sul-

219 Paul Schmitthenner, Einfamilienhaus in Berlin-Zehlendorf, Im Fischtal, 1927

220 Emil Fahrenkamp, Shell-Haus, Berlin, 1931

221 Max Taut, Buchdruckerhaus, Berlin 1924–1926, rückwärtiger Teil

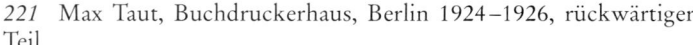

222 Max Taut, Buchdruckerhaus, Straßenfront

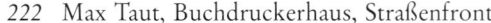

223 J. J. P. Oud, Reihenhäuser Hoek van Holland, 1925–1929

225 Heinrich Tessenow, Eingangstür, um 1913

224 Otto Rudolf Salvisberg, Laubenganghaus in der Siedlung ‚Weiße Stadt‘, Berlin-Reinickendorf, 1929–1930

livan so viel früher schon verkündet hatte. Man lehnte im „Block" Hugo Härings Gedanken ab, daß die Form nicht zu erfinden sei; sie sei zu finden, denn sie sei vorgegeben: das unausweichliche Resultat von Bedingungen des Wohnens – oder anderer Bauaufgaben – und der Techniken, welche zur Lösung dieser Aufgaben zur Verfügung stünden. Man habe diese Bedingungen zu erkennen und müsse sich um die Form nicht kümmern: sie „entstehe".

Ein Punkt in der Theorie – und der Praxis – der Avantgarde scheint mir besondere Erwähnung zu verdienen: Die Bedingungen des Wohnens, welche der Architekt zu erkennen hatte, um entwerfen zu können, waren nicht an die Gewohnheiten, Vorlieben, Vorstellungen derer gebunden, die in den Wohnungen wohnen sollten; *davon* waren Karl Schmidt und seine Architekten in Hellerau ausgegangen. Sie hatten denen, die in den Häusern wohnen würden, Fragen gestellt. Die Avantgarde von 1925 stellte keine Fragen, sondern konstruierte Antworten: Wenn auf kleinstem Raum – denn die Sozialwohnung mußte billig sein – die Anordnungen so getroffen wurden, daß jede Handreichung möglichst bequem verrichtet werden konnte, und wenn man überdies den engen Raum so behandelte, daß er möglichst weit wirkte; wenn für Licht, Luft, Wärme, Hygiene ausreichend gesorgt war, so war das im Prinzip alles, was dem Entwerfenden zu tun blieb. Und wenn das den Bewohnern, welche anderes (Schlechteres) gewohnt waren, zunächst nicht gefiel, so würden sie sich schon daran gewöhnen. Nicht lange, und sie würden sehen, wie viel besser es ihnen in der neuen Wohnung ging als in der alten, muffigen, dunklen, aus der sie gekommen waren. Die Architekten der Avantgarde waren überzeugt, daß sie die Leute gegen ihren Willen glücklich machen müßten; sie seien durch Jahrzehnte einer gedankenlosen und keineswegs sachlichen Bauerei so schlecht erzogen worden, daß sie selbst nicht wissen konnten, was ihnen nottat. – Ich habe von der Wohnung gesprochen; aber ob es sich nun um die Woh-

nung handeln mochte oder um Schule, Büro, Fabrik, Amt, Theater: das Prinzip war das Gleiche: die Bedingungen ergründen, vielmehr sie konstruieren, ihnen entsprechend so stringent planen wie möglich und bauen, indem man die jeweils angemessensten und ökonomisch günstigsten Techniken anwandte. Daß die Praxis dieser Theorie nicht entsprach, haben auch damals einige gesehen. Der alte Muthesius nannte die Weißenhofsiedlung – und die ganze neue Architektur – „eine künstlerische Strömung" und verglich sie mit dem Jugendstil (!)[1] Er hatte so unrecht nicht: Diese Architekten haben sich um die Form mehr gekümmert, als sie zugeben wollten. Poelzig sagte einmal von Mies van der Rohes Architektur: „Was nützt es, das Ornament abzuschaffen, wenn man gleichzeitig das ganze Haus in ein einziges Ornament verwandelt?" Wobei er an den Barcelona Pavillon denken mochte, welcher so etwas wie ein Mondrian-Gemälde in drei Dimensionen war. Poelzig war klug und sensibel genug, zu durchschauen, daß hier die Form, unter falschen Vorspiegelungen, die Hauptrolle spielte. Das reizte seinen Spott. Ich erinnere an sein Wort über Mies, bei ihm werde das Haus zum Ornament. Hätten aber die modernen Architekten ihre eigenen Lehren beachtet und wirklich das Haus aus den Bedingungen des Wohnens – und die Schule aus denen des Lehrens und Lernens – konstruiert und mit den jeweils brauchbarsten Techniken errichtet, entsprechend den Bedingungen eines Lebens, das sie nicht erfahren, sondern postuliert hatten: Er hätte sich nicht weniger energisch gegen die Avantgarde gewandt.

Er hat anerkannt, daß Hausgerät und Möbel für die große Menge derer, die Hausgeräte und Möbel brauchten, in Massen hergestellt werden mußten. Das hat er sogar in der Stuttgarter Werkbundrede zugegeben, deren Thema das Handwerk war – und die Kunst.

Aber der Massenbedarf hat ihm nie viel bedeutet; und in Stuttgart sagte er, daß er auch dem Werkbund nichts zu bedeuten brauche. Der soziale Wohnungsbau hat Poelzig nie am Herzen gelegen. Er hat Kleinhaussiedlungen geplant, von denen wohl keine ausgeführt wurde; und er hat am Bülowplatz in Berlin einige Wohnungsbauten errichtet. Sie gehören nicht zu seinen besten Arbeiten. Poelzig ist bewußt Künstler gewesen und geblieben, es gab da niemals ein Schwanken: Künstler und das, was er unter einem Handwerker verstand, der – das sagte er in Stuttgart – dem Künstler so nahestand, daß er im Grunde von ihm nicht zu unterscheiden war. Poelzig durfte da an das Mittelalter denken, als es den harten Schnitt zwischen dem einen und dem anderen noch nicht gegeben hatte. Denn auch dies hatte er in Stuttgart gesagt: „eine primitiv geschnitzte romanische Eichentür ist schön, trotzdem sie rein technisch auf unvollkommener Grundlage steht, sie verliert ihren Wert nicht durch die Herstellung einer technisch besseren Tür. [...] Während das Automobil vom Jahre 1900, das vielleicht unser Erstaunen erregt hat, lächerlich wirkt neben dem vollkommeneren, das später entstanden ist."[2]

Darum könne es, sagte Poelzig damals, eine technische Form nicht geben. Da die Form in der Technik das Resultat des technischen Fortschritts sei, überlebe sie den weiteren Fortschritt der Technik nicht: Jede Verbesserung setze mit dem technischen Gegenstand auch seine Form außer Kurs.

Poelzig hat diesen Standpunkt nie aufgegeben. In seinem Vortrag *Der Architekt*, den er 1931 im Bund Deutscher Architekten gehalten hat, sagt er zum gleichen Thema: „Die fortschreitende Technik strebt offenbar tatsächlich an, sich als Form immer mehr aufzuheben. [...] Es hat also wirklich keinen Wert, ihre Form an sich als künstlerisch richtunggebend zu stabilisieren."[3]

Auch 1931 erkennt er die Möglichkeit nicht an, daß eine technische Form etwas bedeuten könne, signifikant sei. Walter Riezler, der Redakteur der Werkbund-Zeitschrift *Die Form*, nimmt 1922 zu einem Aufsatz Poelzigs in dieser Zeitschrift Stellung, der sich ebenfalls mit diesem seinem ständigen Thema beschäftigt: dem durch den Fortschritt bewirkten „Veralten" jeder technischen Form. Riezler schreibt: „Sobald für irgendein technisches Problem die ihm gemäße, das innere Leben offenbarende Form gefunden ist, kann man von einem „Veralten" nicht mehr reden."[4] (vgl. Dokumentation am Ende des Kapitels)

Die Technik war Poelzig unsympathisch, wohl auch unheimlich. Er hätte Goethes Wort gebrauchen können und sagen, sie „drängt ruhige Bildung zurück"[5]. Wobei man nun wieder fragen muß, ob *er* so ganz ein Mann der „ruhigen Bildung" gewesen sei. Schefflers Kritik des Großen Schauspielhauses spricht von einer Schnellbauerei, die nichts mehr mit dem Handwerk im guten alten Sinn zu tun habe. Scheffler findet in Poelzigs Architektur damals, 1919, einen Zug ins „Amerikanische". Nun, ein Mann des Handwerks, wie Tessenow einer war, ist Poelzig *nicht* gewesen, obwohl er die Verbindung mit dem Handwerk immer wieder suchte. Er wußte, daß er die moderne Technik brauchte, sobald er etwas Größeres zu bauen habe. (Übrigens wußte das auch Tessenow.) Poelzig hatte das schon in den Breslauer Jahren gewußt; aber sein Verhältnis zur Technik wurde immer weniger unbefangen, je mehr sich die Avantgarde auf die Technik berief und in ihr dem Künstlerischen ähnliche Qualitäten entdecken wollte. In Breslau war sein Verhältnis zur Technik unbefangen gewesen: Die Technik war da, man konnte sie benutzen, und das war gut so. Poelzig zeigte sie, wie sie war: ohne Scheu – und ohne Pathos. Der Oberschlesienturm in Posen ist ein schönes Beispiel der Art, wie *er* mit ihr umgegangen ist. Mit dem Kriege geht diese Unbefangenheit verloren; vergleicht man mit dem Posener Turm die Fabrik Goeritz in Chemnitz, welche erst 1925–1927 gebaut wurde, ist man verwundert über die übertriebene Rauheit der Mauerfügung, die überstarken Wölbsteine über den Fenstern: Es ist, als habe Poelzig noch einmal im Altvertrauten – Mauer und Bogen – ausruhen wollen.

225

26, 27
93–98

46–48

Wahrscheinlich ist das positive Technik-Verständnis Poelzigs in jenen frühen Werkbundjahren vor 1914 eine Illusion gewesen; diese Jahre waren reich an schöpferischen Illusionen, wir haben davon gesprochen, als wir von Karl Schmidt (Hellerau) erzählt haben. Wenige haben damals weiter gesehen. Hermann Muthesius gehörte zu ihnen: Seine Aufforderung an den Werkbund, er möge sich mit der Typisierung beschäftigen, das heißt mit dem Massenerzeugnis und *seiner* Form, traf 1914 im Werkbund auf taube Ohren. In seinem *Handarbeit und Massenerzeugnis* betitelten Vortrag im Kriege, 1917, spricht sich Muthesius noch deutlicher aus: „denn nicht die Handarbeit, die Maschinenarbeit ist es, die uns auf Schritt und Tritt umgibt."[6] Er spricht von der Typisierung, „deren Bedeutung für unsere Weiterentwicklung von so großer Wichtigkeit ist, wenn sie auch in den heutigen individualistischen Kunstbestrebungen so leidenschaftlich bekämpft wird." (Ein Hinweis auf Köln, Anm. d. Verf.)[7] Endlich spricht er über eine Umbildung der Formen und des Formgefühls, welche stattgefunden habe: „Es [das Formempfinden, Anm. d. Verf.] beherrscht uns in unseren Bewegungen, es äußert sich in unserer Sprache, selbst in unserem Gang. [. . .] Dieses unbewußte Schönheitsempfinden hat jenen Ausgleich zwischen Zweck und Form in den Alltagsarbeiten des Menschen herbeigeführt, der von dem tektonisch gestaltenden Künstler bewußt vorgenommen wird. Es hat wilde, formlose Dinge abgeschliffen, den Umriß gerundet, die Einzelheiten verfeinert. Sie sind der Niederschlag des Empfindens eines ganzen Zeitalters, das hier unbeeinflußt ist von den Wandlungen und Modeströmungen in der Architektur und im Kunstgewerbe."[8]

Soweit das noch Werkbund ist, Werkbund von vor 1914, also eine ganz allgemeine Tendenz zur Vereinfachung und knappen Form, hätte auch Poelzig es unterschrieben. Es war aber mehr: Es schließt die Folgerung ein, daß dieses bewußte Empfinden für knappe Form sich in erster Linie auf die Massenerzeugung beziehe,

welche, wie Muthesius sagt, „uns auf Schritt und Tritt umgibt". Diese Folgerung lehnte Poelzig ab, nach dem Kriege stärker als zuvor. Nach dem Kriege war man zunächst von der Industrie abgerückt, man wollte sie als eine Lebensmacht erster Ordnung und von stets wachsendem Einfluß nicht anerkennen, und man durfte sich damals allenfalls einreden, daß in Deutschland die Industrie an Bedeutung verloren habe, und daß das so bleiben werde.

Nach dem Ende der Notjahre sahen die Dinge nun wieder anders aus, und gerade diejenigen unter den jungen Architekten, welche 1914 die Typisierung abgelehnt und 1918 nach dem Handwerk gerufen hatten – ich denke an Gropius –, dachten nun ebenfalls anders: Sie erkannten die Lebensmacht Industrie voll an und mit ihr die Lebensform Technik; und die Wichtigkeit der *Technik als Formgeber,* des Industrial Design und der technischen Form schlechthin. Poelzig ist da nicht mitgegangen; oder sagen wir, er ist soweit mitgegangen, wie er es als Bauender mußte: Er hat die Bedeutung der modernen *Konstruktionen* anerkannt, hat auch gelegentlich davon gesprochen, daß sie eine größere „Feingliedrigkeit" ermöglichen, die man ausnutzen solle, ohne, wie er sich hinzuzufügen beeilte, die Konstruktion geradezu *zeigen* zu müssen.[9] Soweit erkennt er die neue Bautechnik an. Ob er sie geliebt hat, ist eine andere Frage. Die ganze Lehre aber von dem Einfluß von Herstellungsmethoden – Methoden der Massenherstellung, meine ich – auf die *Form* derjenigen Gegenstände, mit denen wir uns nah und gern umgeben – „Haus und Hausrat", wie Gropius sagte –, hat er abgelehnt, er hat davon nichts wissen wollen; nach wie vor mit dem Argument, daß die Technik kein Formgeber sei, da es eine technische Form nicht geben könne. Er hat das einmal so formuliert: „Die Kunst ist, die Technik wird – niemand wird den Mut haben, von einer Entwicklung der Kunst zu sprechen."[10]

Er hat keine Entwicklung in der Kunst gesehen, weil ihr Wert, das Seiende, von jeder Entwicklung unabhängig sei; darum behalte auch *jede* echte Kunst für uns ihre Wirkung. Daraus folgt für einen Architekten, der ganz Künstler sein will, daß die Zeit, die man eben durchläuft: eine Zeit der übertriebenen Hochschätzung der Technik und ihrer Formen auch durch Architekten (!) auf dem Wege der Kultur in eine Talsohle geraten sei, und daß es an den Künstlern liege, Männern wie ihm selbst Grundlagen dafür zu schaffen, daß man wieder zu einer Kultur gelange, die diesen Namen verdiene, wobei es höchst unwahrscheinlich sei, daß diejenigen, die diese Arbeit in Angriff nähmen, eine neue Kultur *erleben* würden. Aber Grundlagen müßten sie legen, indem sie *Architekten* blieben.

Dies ist die Aufgabe, die Poelzig jetzt vor sich sah; weniger optimistisch gestimmt, möchte man annehmen, als damals in Breslau, wo die Aufgaben begrenzter zu sein schienen; aber nicht weniger fest entschlossen, auch unter den neuen Bedingungen Architekt zu bleiben: *Poelzig zu bleiben;* der Kunst zu dienen und die Technik zu benutzen. Das konnte wohl nur so geschehen, daß er den technischen Tenor seiner Zeit in den Einzelheiten (mehr und mehr) akzeptierte, auch anwandte. Dort Widerstand zu leisten, wäre sinnlos gewesen (eine Flucht in eine ältere Technik, wie bei dem Fabrikbau in Goeritz, hat er sich nur gelegentlich gestattet); daß er aber *im Räumlichen* Poelzig blieb; in der Gesamtform der Baugruppen wie in den Innenräumen. – Wir haben gesehen, daß er bei dem Ladenbau, der das Capitol-Kino enthielt, zunächst versucht hat, auf die Läden Büros zu setzen und durch diese Addierung der Zwecke eine Belebung der Baumasse zu bewirken: eine lebhafte Stufung. Das ist nicht gelungen: beim Capitol-Bau fällt der Unterschied zwischen dem Außenbau und den Innenräumen auf. Wir werden aber bei einer näheren Betrachtung der Arbeiten in der Epoche, die etwa mit dem Capitol-Bau beginnt, immer wieder finden, daß er versucht hat, *das Ganze* in Form zu bringen. Zuweilen allerdings wirkt der Vorgang wie ein In-Form-Zwingen. Wir haben davon gesprochen, wie er gearbeitet hat:

Er hat sich vorarbeiten lassen, bis zu dem Punkt, da er sich der Aufgabe bemächtigt. Beim Bau des Hauses der IG-Farben in Frankfurt war das der Punkt, an dem er den geradlinig vorgearbeiteten Baukörper gebogen hat: Hier hat er sich in der Tat des Baues bemächtigt, er hat das Entscheidende getan. Nicht immer blickt man ebenso glücklich auf das Resultat seines „Bemächtigens". Es gibt Gebäude – und Projekte –, an deren Form man geradezu die Frustration abliest, mit der Poelzig ihnen begegnet sein muß, den Stoßseufzer: Ja, was kann man *damit* machen? (vgl. Dokumentation am Ende des Kapitels)

226

Wir haben dieses Kapitel „Erfolg" überschrieben. Damit wollten wir nicht sagen, daß nun der Bann gebrochen sei und die nicht verwirklichten Projekte aufhören, die Mehrheit seiner Aufgaben zu bilden. Die Tische in seiner Zeichenstube liegen nach wie vor voller Projekte. Wahr aber ist, daß in diesen Jahren die größten Bauaufgaben seines Lebens ihm zufallen – und zum guten Teil ausgeführt werden: Aufgaben wie der Bau des IG-Farben-Gebäudes in Frankfurt, das „Funkhaus" und die „Messehallen" in Berlin. Auch in Berlin hat es Abstriche gegeben, bei den Messebauten wurde das meiste weggeschnitten. Aber diese Hallen, immerhin, wurden gebaut.

17
226
271–297

In diese Jahre fällt vielleicht seine größte Leistung als Lehrer: darum so groß, weil Poelzig es vermieden hat, in dem geschilderten Kampf zwischen Technik und Bauen, zwischen Rationalismus und Bauen als Lehrer Partei zu ergreifen, was so viele seiner Kollegen getan haben. Er ließ uns zur Technik gehen, wenn wir wollten, oder zum Rationalismus: Er hielt uns nicht zurück. Durch seine Person, mehr als durch sein Werk, zeigte er uns, was Architektur bedeutet. So sind die Berliner Jahre zwischen Capitol und IG-Farben die Jahre seiner großen Wirkung. Der Höhepunkt liegt kurz vor 1930. Ob die Werke, die damals entstanden sind, den Vergleich mit denen seiner Breslauer Zeit aushalten, bleibt für mich eine offene Frage. Man sollte sie wohl nicht vergleichen: Die Bedingungen waren andere geworden.

Zwei Worte noch zum Wechsel in seinen Arbeitsbedingungen: Im Spätjahr 1925 erst erfolgte seine Berufung an die Technische Hochschule in Berlin-Charlottenburg. Seit 1922 bereits hatte er eine „Meisterklasse" an der Kunstschule inne, der sogenannten Akademie. Übrigens waren beide Schulen benachbart, was von Vorteil war. Mit der Berufung an die Technische Hochschule wurde es ihm unmöglich, seine Arbeitsstätte weiter ausschließlich in Potsdam zu haben, vielmehr

hinter Potsdam, in einem der „Communs" des „Neuen Palais". Man räumte ihm ein Arbeitszimmer in der Akademie ein. Jetzt wird jene physische Nähe hergestellt zwischen der großen Klasse (Technische Hochschule), der Meisterklasse an der Akademie und dem Arbeitsraum, welche gleichzeitig ein ständiges Übergehen von Studenten in den inneren, endlich den innersten Kreis seiner Tätigkeit ermöglichte. Poelzig war kein akademischer Lehrer; er war der Meister, oder, wie die Schüler in Berlin ihn vertraulich nannten, der Meester, der zwischen dem Lehren und der eigenen Arbeit eigentlich keinen Unterschied machte.

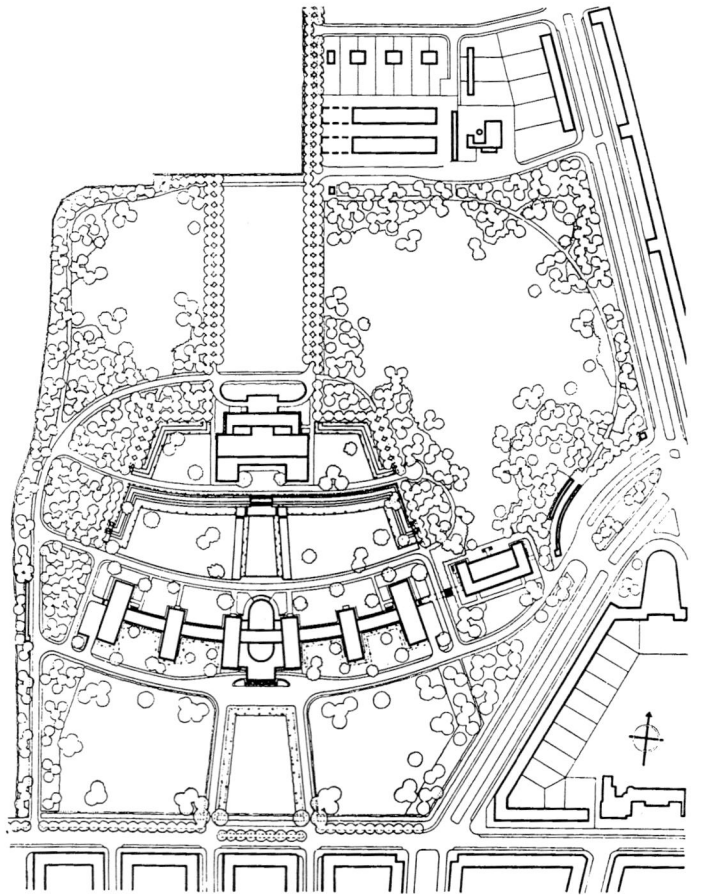

226 Hans Poelzig,
Verwaltungsgebäude der I. G. Farben
in Frankfurt am Main, 1928–1930,
Lageplan

Das Dokument, welches diese neue Haltung Poelzigs deutlich zeigt, ist sein in der Zeitschrift des Werkbundes *Die Form* (Heft 1 Jg. 1922) veröffentlichter Aufsatz *Vom Bauen unserer Zeit,* den wir hier zum großen Teil wiedergeben.

Dokument 15
Hans Poelzig, Vom Bauen unserer Zeit (1922)

Dem Menschen von heute, zumal dem Deutschen, ist nichts schwerer, als unbefangen mit dem Auge das, was als Werk der bildenden Kunst vor ihm steht, sehen zu lernen. Der Deutsche sieht nach wie vor sozusagen mit dem Ohr.
Durch die begriffliche Schulung daran gewöhnt, liest er nach, was über alle jene Dinge berichtet wird und stellt sich danach ein. Und je mehr seine Seele nach der Erkenntnis aller künstlerischen Dinge dürstet, um so leichter ist er dem verfallen, was manchmal klarer, oft auch sehr verworren, berichtet wird und ist recht froh, wenn ihm ein Schlagwort geboten wird, an das er sich klammern kann. Mag dieses Wort auf dem Gebiet der Architektur: Heimatkunst, Werkkunst, Zweckstil oder sonst noch was heißen – der Deutsche, soweit ihm künstlerische Nahrung seiner Seele zu frommen scheint, ist ihm zumeist verfallen. – Die Naivität der Anschauung fehlt fast völlig, wenn man den nicht naiv nennen will, dem alle künstlichen Dinge völlig gleichgültig sind, und der bestenfalls über das, was seinem Erkennen fremd ist, lacht oder sich entrüstet. Bis er nach einer Reihe von Jahren Werke des früher von ihm verhöhnten Schaffensgebietes zu begreifen glaubt, sie verteidigt und sich mit frischer Wut gegen das wendet, was den ihm heilig gewordenen Besitz an künstlerischen Werten zu bedrohen scheint. [...]
Das Interesse, auch unserer sogenannten Gebildeten, an den Schöpfungen der bildenden Kunst ist – gemessen an der Gesamtzahl – wohl kaum sehr groß. [...] Und zumindest neun Zehntel des Interesses, das dieser Kreis für die bildende Kunst überhaupt aufbringt, wendet sich der Malerei zu; von dem Rest wird immer noch weitaus der größte Teil an Interesse der Plastik zugute kommen. Für Architektur als Kunst hat man, bisher wenigstens, recht wenig übrig gehabt. Der Deutsche, der schon ohnedies, im wahren Sinne des Wortes, nicht sehen kann, sieht natürlich am Bauwerk noch viel weniger die Melodie der Linien und Formen oder der Farben als am gemalten Bild, das sinnlich viel unmittelbarer auf ihn einwirkt, und bei dem sich noch viel leichter ein gegenständliches Interesse einstellt.

Es folgt eine Übersicht über die Strömungen der Architektur im neunzehnten Jahrhundert und bis zur Gegenwart. Wir haben Übersichten dieser Art schon in der Werkbundrede gefunden. Ein – ich meine entscheidender – Unterschied ist der, daß Poelzig jetzt von einer Einwirkung des technischen Zeitalters auf die Architektur spricht: Wir befinden uns „trotz des Weltkrieges und aller seiner Folgen mittendrin". Darum sei die Gegenwart mit keiner der jüngst

vergangenen Epochen zu vergleichen, eher mit Rom zu Beginn der Zeitrechnung. Dies ist eine Idee, die ohne Spenglers Buch Der Untergang des Abendlandes (1918–1922) wohl nicht so ausgedrückt worden wäre. Spenglers Werk wird auch später in der Schrift erwähnt.

Auch damals flossen künstlerische Traditionen aus der ganzen Welt zusammen. [...] Aber typisch erscheint uns heute nur das, was die Römer auf dem Gebiet leisteten, das der formalistischen Tradition wenig oder gar nicht zugänglich war: die Aquaedukte, Brücken und die Bauten der Thermen, und diese am besten der formalistischen Dekoration entkleidet. [...] Auch unsere Zeit ist, oder war besser, materialistisch-technisch orientiert. Eine neue religiöse Stimmung scheint sich anzukündigen, wie damals, ist aber noch nicht zum Durchbruch gekommen. Und wieder sind typisch und werden im Ausblick auf die Zukunft noch viel typischer erscheinen die technischen Bauten: Bahnhöfe, Brücken, Wirtschaftsbauten verschiedenster Art, da diese Bauten die einzigen sind, die fern von allem Formalismus stehen, und die dabei etwas von dem wahren Leben unserer Zeit verraten, das eben – bisher wenigstens – äußerlich, materialistisch, technisch eingestellt ist.

Dem Leser der Salzburger Rede wird nicht entgangen sein, wie gedämpft, sogar zweifelnd die Hoffnung in diesem „bisher wenigstens" ausgedrückt ist.

Sie sind die einzigen Bauten, die von dem Wesen der eben vergangenen und noch unserer Zeit zeugen können – keine Kirche, kein Schloß spricht von dem eigentlichen Bauwesen dieser Zeit, sondern nur neben wirtschaftlichen und kulturellen Eigenheiten, von der dekorativen Auffassung. Und selbst die Typen, die für das bürgerliche Wohnhaus entstanden, erscheinen am meisten gelungen, wenn sie sich der Form früherer Zeiten im wesentlichen annähern, und wirken zerrissen und unförmig, wenn sie dem Wesen unserer Zeit zu rücksichtslos nachgeben.
Nur die Bauten, die wahrhaft im Leben der Zeit stehen, glücken. Wirtschaft und Verkehr bestimmen die Signatur, und der naive Mann aus dem Volke fühlt durch einen großen Bahnhof, wohl auch durch ein Warenhaus, sein Lebensgefühl gesteigert und geht am modernen Kirchenbau achtlos vorüber, ohne in seiner Seele irgend ein Mitschwingen zu fühlen. Für das Volk, im weiten Sinne, ist es ganz gleichgültig; was abseits vom technischen und wirtschaftlichen Leben vor sich geht – soweit es das Gebiet des Baues betrifft. So hart es klingt: der Baumeister unserer Zeit ist bislang der Ingenieur, und die typischen Bauten, das heißt die formklarsten, sind die, die ohne künstlerischen Rausch, technisch-mathematisch entstanden sind.

Man vergleiche wieder mit der Salzburger Rede! Es ist etwas vorgegangen: die Hoffnung, durch „einen Schöpfungsbau eine neue Epoche auch der bildenden Kunst in deutschen Ländern einzuleiten", ist aufgegeben. Eine neue Epoche anderer Art, eine Epoche der Ausein-

andersetzung mit dem technischen Zeitalter und sogar unvermeidbarer Kompromisse hat begonnen.

Die Grundlage der Entstehung dieser Bauten ist die gleiche wie bei allen anderen rein technischen Schöpfungen unserer Zeit. Und wenn man von diesen anderen – den Fahrrädern, Autos, Schiffen etc. ausgeht, so wird der Vergleich mit den eigentlichen Schöpfungen der Kunst leichter. Alle diese Dinge dienen einem rein praktischen Bedürfnis des Menschen und sind ihm zuliebe entstanden. Sie erreichen eine eindeutige, durchaus befriedigende, sogar durchaus organisch wirkende Form. Aber sie verschwinden restlos aus der sichtbaren Welt, wenn sie das praktische Bedürfnis des Menschen nicht mehr befriedigen, zugunsten anderer Formen, die, an den Anforderungen des Menschen gemessen, vollkommener sind. [. . .] An ihrer Wiege stand die eiserne Notwendigkeit, nicht der Eros, und mit dem Fortfall der Notwendigkeit fallen sie selbst. [. . .] Wie die Menschen denken, so werden ihre Schöpfungen. Das für die Ewigkeit Gedachte wirkt ewig. Daß die Aquaedukte der Römer, daß viele alte Brücken oder Befestigungen eine ewigere Wirkung, um mich so auszudrücken, ausstrahlen, liegt an der Gesinnung derer, die sie schufen. Sie glaubten daran, daß sie Ewigkeitswerte schaffen müßten; in diese Schöpfungen trat etwas von der Zwecklosigkeit mit ein, die der wahren Kunst eigen ist. [. . .] Damit soll nichts über die Ethik des Technikers und Ingenieurs gesagt sein, es sollen nur die Grenzen seines Reichs bestimmt werden. Seine Ethik ist im Gegenteil größer als die der weitaus meisten Künstler, weil er sich hinter das Werk stellt und namenlos Werte schafft, wozu ihn der Geist der Zeit drängt. [. . .] Jedes Plus einer Zeit erzeugt ein ebenso starkes Minus, und was wir an praktischer Erkenntnis wuchsen, verloren wir am Wachstum der Seele und damit an dem Boden, auf dem die Kunst wächst.

Warum haben wir, das heiß das Volk – nicht die wenigen unter den Gebildeten, deren Einstellung auch zumeist nur ästhetisch ist – keine Kunst? Weil wir die Technik haben oder vielmehr, weil uns die Technik hat. Hätten wir sie erst als etwas Selbstverständliches, das das Interesse und die Kraft des Volkes nicht zum allergrößten Teil absorbiert, so würden wir die Arme der Seele wieder frei bekommen, um göttliche Werte zu erfassen. [. . .] Und die beiden Pole dieser Grundfaktoren sind die Errungenschaften der Technik und eine übermächtige formale Tradition, die sich immer wieder von neuem durch Bücher, Broschüren und Zeitschriften über die Menschheit wälzt, nachdem das bequemste und scheinbar so objektive Mittel der Vervielfältigung, die Photographie, in den Dienst der Kunsterforschung und Propagierung gestellt ist. [. . .]

In allen typischen Großbauten unserer Zeit ist das Eisen in erster Linie bestimmend, als Eisen- oder Eisenbetonbau. Denn auch der Eisenbeton verdankt die Knappheit seiner Struktur der Mitverwendung von Eisen. Die technischen Möglichkeiten, die Jahrtausende hindurch die gleichen blieben und in erster Linie nur durch den Formwillen variiert wurden, sind derart verändert, daß die rücksichtslose Verwendung von Eisenkonstruktionen an einem alten Haus, z.B. bei Ladeneinbauten, stilistisch einen heillosen Riß gibt, da die technischen Gegensätze unüberbrückbar sind.

Während die Überdeckung einer weiten Öffnung durch Stein nur in der Bogenform gut möglich ist, die für das Auge eine Überleitung der Stützen zur Last sichert, reißt das Eisen in die Wand in einer für das an den Stein- oder Holzbau gewöhnte Auge unwahrscheinlichen Weise ein Loch, bei dessen Form Last und Stützen unvermittelt aneinanderstoßen.

Die auf den Möglichkeiten des Stein- und Holzbaues ruhende Musikalität eines alten Stadtplatzes ist selbstverständlich vernichtet in dem Augenblick, in dem eisenüberdeckte Ladenbauten das Erdgeschoß rücksichtslos zerfleischen. Den Häusern sind die Beine amputiert, und sie sind auf Stelzen gesetzt. Und wer die stilistischen Versuche der Architekten kennt, im Untergeschoß den Läden die Vergünstigungen der breiten, durch Eisenträger gedeckten Öffnungen ohne Einschränkung zu sichern – und in den oberen Geschossen die Musikalität des Steinbaus, ganz gleich, welcher stilistischen Anschauung, zu erhalten – weiß, daß sie mehr oder weniger verunglückt sind und verunglücken müssen. [. . .]

Stein und Eisen sind die schärfsten Gegensätze als konstruktive Grundfaktoren: Stein braucht Masse, Eisen Auflösung. In der Auflösung der Masse des Steinbaus war die Gotik am weitesten gegangen, und doch trennen diese in der Auflösung der Massen, in der Gliederung der Wände in Stützen und Zwischenfüllung bis an die Grenzen des Möglichen vorgedrungene Weise des Steinbaus immer noch tiefe Gräben vom Eisenbau, die nicht ausgefüllt werden können. [. . .]

Die gotischen Gewölbe überschneiden sich und verschwimmen im Dämmer des Raumes, die durchbrochenen Türme lösen sich in der Atmosphäre auf, der reiche, mehrschiffige Chor eines Domes wirkt wieder durch die vielfachen Überschneidungen und die dadurch bewirkte Auflösung der festen Form. Genau so – natürlich nicht formalistisch genommen – wirken die Eisenhallen der Bahnhöfe, die großen Brücken, durch die Überschneidung der Eisenrippen, durch die völlige Auflösung der Fläche, durch das Minimum an Materie, durch die Überwindung der Schwere, durch das Fliegende und Losgelöste.

Soweit das Eisen an einem Bau allein auftritt, höchstens mit leicht zwischengespannten Flächen aus dünnem Stein oder Glas, ist eine stilistische Durchbildung in der Hauptlinie klar. Die mathematisch-statischen Grundsätze geben die Stärken, die Verteilung, die auf das knappste errechneten Querschnitte, die gleichfalls mathematisch und nur leis gefühlsmäßig korrigierte Linienführung der Stützen, Querträger, Bögen, alles das, ohne daß etwas hinzugetan werden darf an Verstärkungen oder Ausgleichen, das nicht dem gleichen Entstehungsprozeß sein Dasein und seine Formung verdankte. Das aus irgendwie dekorativen oder sonst gefühlsmäßigen Gründen Hinzugefügte verdirbt die Reinheit der Form, die Selbstverständlichkeit der Erscheinung.

Aber der rein durchgeführte Steinbau gibt unmittelbar dem Menschen die Behausung, leichtere Überzüge aus weicherem Stoff genügen, um auch den Innenraum als Hülle für alle Äußerungen menschlichen Lebens brauchbar erscheinen zu lassen. Das Eisen kann sich nackt und unverhüllt nur behaupten bei allen Bauten, die dem technischen und wirtschaftlichen Leben des Menschen unmittelbar dienen – ein eiserner Pfosten im Wohnraum ist stofflich, rein gefühlsmäßig, schon unerträglich. [...] Wie der einzelne Eisenträger im Steinbau stilistisch schon Verwirrung schafft, so fängt der Bau, der aus praktischen Gründen aus Steinpfeilern, einzelnen Eisenstützen und Trägern errichtet wird, musikalisch bedenklich zu schwanken an, da die Einheit des Materials und seiner Grundbedingungen für alle reinen stilistischen Schöpfungen Voraussetzung sein muß. Es sei denn, daß es gelänge, eine klare Rhythmik der aus verschiedenen Materialien geformten Bauglieder durchzuführen, oder eine gute Synthese als Maßstab zwischen den Baustoffen zu finden. Ein Warenhaus zum Beispiel, dessen Hauptpfeiler Granit sind, während die Zwischenflächen durch Eisen und Glas aufgeteilt sind, kann mit Erfolg dem stilistischen Wirrwarr entgehen, da jedes der Materialien seine eigene Dimensionierung und Formung erhalten kann.

Poelzig gibt der Hoffnung Ausdruck, daß es durch eine adäquate Behandlung der verschiedenen – alten und neuen – Materialien und Konstruktionen, ohne das Material Eisen zeigen zu müssen, möglich sein werde, die Musik der Architektur zu erhalten:

Die Musik ist die am wenigsten erdgebundene Kunst, die Architektur die gebundenste. Aber da sie von allen bildenden Künsten die abstrakteste ist, kann sie die reinsten und gleichzeitig mystischsten Klänge geben und kann sie die Materie zur reinsten Form verklären. [...]
Und der Vergleich mit der Musik kann auch am besten das Verhältnis, das die heutige Architektur zur Tradition hat oder vielmehr haben sollte, klarstellen. Und diese Klarstellung erfolgt wieder am besten an den im wahrsten Sinne modernsten Bauten, an den Bauwerken, die ihrer Bestimmung und ihrer Struktur nach am meisten heutig sind und die wenigsten Parallelen mit der Vergangenheit aufweisen.
Ehe ich aber auf den zum Vergleich herangeholten Eisenbau zurückkomme, wird über die Rolle der Tradition überhaupt etwas zu sagen sein. Bei der Ausführung unserer Bauten wird jeder es absurd finden, auf die technischen Fortschritte freiwillig verzichten zu sollen, während oft geradezu gefordert wird, daß die Tradition völlig ausgeschaltet werden muß, wenn der Bau von heut seinen zeitgemäßen Ausdruck finden soll. [...]
Heut sind alle Traditionen da, übermittelt durch Methoden, die die früheren Zeiten nicht kannten, und von dem Zeitgeist in ihrer künstlerischen Geltung im wesentlichen gleich hoch bewertet, so objektiv, wie es bisher keiner Zeit möglich war. [...] Anders als beim Auftreten der Gotik sind heute neue, in ihrer Auswirkung bisher unerhörte Konstruktionsmethoden da. Die Gotik bewegte sich eben technisch auf dem gleichen Boden wie die ihr voraufgehende Periode, kam zu neuen, auch konstruktiv viel kühneren Ge-

staltungen, aber brauchte sich nicht mit ganz anders gearteten konstruktiven Problemen herumzuschlagen. Was bei uns heut – das ‚heut' als die Periode der vergangenen zwanzig bis dreißig Jahre genommen – als neuer Stil wechselnd propagiert wurde, blieb an Äußerlichkeiten kleben, war im wesentlichen oft recht geistreiche Literatur, blieb papieren, aber wurde noch keine Schöpfung. Die Formen der Maschinen, die in ihrer wunderbaren Präzision bestechen, auf Bauten übertragen zu wollen, mußte dem Jugendstil vorbeigelingen, da ein Werkzeug, wenn auch noch so gewaltig, niemals seine Formgebung dem Bau aufdrängen kann. Es blieb dieser literaturerzeugte Denkfehler unserer Zeit vorbehalten: niemals hätten die Griechen die doch so wundervoll geführte Linie ihrer Schiffe oder Streitwagen von Einfluß auf die Formung der Bauwerke werden lassen.
Und wenn man die Werke der jüngst vergangenen Zeit überblickt, so sind viele Bauten größten Formats und neuester Konstruktion eine Gewaltehe mit dem Kanon eingegangen, um rhythmisch ein befriedigendes und den Zeitgenossen vertrauteres Bild herauszustellen. Die eiserne Konstruktion ist nicht nur verhüllt worden, was sie sich durchaus gefallen lassen muß, aus rein technischen und Gründen der Dauerhaftigkeit, sondern man hat sie weggetäuscht und war froh, wenn man ihr jede selbständige Ausdrucksmöglichkeit abgeschnitten hatte. Die Tradition war hier rein formalistisch vergewaltigend aufgetreten, und zum Teil bieten die Eisenbauten frührer Perioden ein stilistisch viel reineres und naiveres Bild als die Zwitterbauten der letzten Zeit. Und so ist es kein Wunder, wenn die Jungen heute wieder die Tradition verwünschen und das hohe Lied des Glas- und Eisenbaus ertönen lassen, da hierin der reinste Ausdruck des Zeitstils gegeben werden kann.

Hier – etwa – beginnt die Auseinandersetzung mit einer jüngeren Generation: auch dies ein Zeichen der Abkehr von jener Phase in seinem Schaffen, die in Dresden begonnen hat und deren letztes Wort Salzburg war. In der Salzburger Rede ist von einer Architektur der folgenden Generation noch nicht die Rede. Hier wendet sich Poelzig gegen den „expressionistischen Stil". Er kommt auf das Hauptthema zurück:

Daß sie bei allen Bauten, die die Verwendung jener Baustoffe allein oder in erster Linie erfordern, recht haben, ist sicher, aber es ist ebenso klar, daß hierfür nur ein beschränkter Kreis von Bauten in Frage kommt, und daß zum Beispiel schon die durchaus zeitgemäße Aufgabe einer großen Stadthalle bei der Verschiedenartigkeit ihrer Raumfolgen mit dem Glas und Eisen oder Eisenbetonbau nicht auskommt, so daß bei doktrinärer Durchführung dieser Bauweise ihre Verwendbarkeit zum großen Teil in Frage gestellt würde.
Der Denkfehler liegt auf beiden Seiten im gleichen Felde, in der heut noch fast durchweg herrschenden dekorativen Anschauung. Man nimmt die Tradition formalistisch dekorativ und läßt sich von den neuen Konstruktionsmethoden ebenso dekorativ blenden. Die Generation ist zu ‚gebildet', zu sehr begrifflich geschult, um eine Nai-

vität [...] beiden Faktoren: der Technik und der Tradition gegenüber aufzubringen.

Poelzig spricht dann von der Tradition – und vom Traditionalismus, der die Lehre an den Hochschulen damals – und noch später – beherrschte. Er fährt fort:

Wer allerdings die Tradition nur formalistisch bestehlen will, den blendet und beherrscht sie. Wer sich ihr wohl bewundernd, aber gleichzeitig kritisch erkennend naht und von ihr nur das verlangt, was organisch mit dem Heutigen übereinstimmt, den wird sie unerhört reich beschenken und ihm dazu verhelfen, seiner Form etwas von Ewigkeitswert zu verleihen.

Michelangelo wollte das Pantheon auf den Petersdom stellen und schuf in völlig neuer Linie und freiester Schöpfung die Peterskuppel. Wie Michelangelo muß der Künstler der Tradition nahen, bewundernd, aufsaugend, was von der architektonischen Musikalität ihm wesensgleich erscheint, und dann frei schaffen. Der heutige in der Hauptsache in Eisen oder Beton durchkonstruierte Bau braucht in den weitaus meisten Fällen ein Kleid innen und außen. Durch dieses Kleid muß aber die Struktur des eigentlich tragenden Baustoffes hindurchschimmern. [...]

Konstruieren und Bauen gehören zusammen. Zum Konstruieren gehört die organische Durchbildung des Grundplanes, die Wahl der Konstruktionsmittel, die Aufstellung des Querschnittes. In all diesen Dingen muß der Architekt arbeiten wie der beste Ingenieur, wenn er einen Bau erstellen will, der als im besten Sinnne heutig angesprochen werden soll. Daß er sich der Hilfe des errechnenden Ingenieurs, des Spezialisten bedient, ist selbstverständlich; es wäre paradox , wenn er sich nicht aller Hilfsmittel bediente, die ihm zur Verfügung stehen.

Aber er muß in der Erkenntnis der heutigen konstruktiven Methoden so weit sein, daß er seinen Bau bei ihrer Verwendung in die richtige Linie bringt und nicht abschwenkt, irgend welchen traditionellen oder modisch orientierten, dekorativen Auffassungen zuliebe. – Wer heute zum Beispiel eine Kuppel baut, die nicht steht, sondern hängt, wird versuchen müssen, diese Funktion formal auszusprechen, wenn er den wahren Ausdruck finden will.

Und nachdem der Architekt den struktiven Charakter des heutigen Baues gewahrt hat, wird er für die rhythmische Musikalität der Gesamtform sorgen müssen. Um eine derartige Musikalität zu begreifen und bauliche Harmonien überhaupt erkennen zu lassen, dazu braucht er ein Training. Und dieses Training kann ihm nur das erkenntnistheoretische Nachmusizieren der alten Architektur verschaffen.

Hierin liegt der wahre und einzige Wert der Beschäftigung mit der Tradition, nicht, um einem Bau von heute aus früherer Zeit übernommene Harmonie aufzuzwingen, oder gar die Struktur eines Baues irgend einer traditionellen Melodik zuliebe zu vergewaltigen. Aber beim Aufbau seiner Harmonie muß er immer von der Gesamtform ausgehen und über die rhythmische Reihung der

Pfeiler und Öffnungen langsam zu den Einzelformen weiterschreiten. [...]

Wahr ist nur, daß eine charaktervolle Trockenheit besser ist als ein erlogener Phantasiereichtum, der in Absurditäten schwelgt. Und ebenso greulich sind die Unarten, mit denen Zufälligkeiten formaler Tradition zum Aufputz ihrer Bauten verwendet werden. Es gibt in der Vergangenheit keinen architektonischen Rhythmus, der auf den konsequent konstruierten modernen Bau ohne weiteres übertragen werden könnte, ganz sicher aber am wenigsten in der Ableitung aus den Perioden, die auf der antiken Kunst fußen. Den Klassizismus aus dem Grabe wieder herauszuholen ist unmöglich. Seine Methodik widerspricht auf das schärfste vor allem dem ganz anders und entschieden gearteten Vertikalismus des heutigen Baues. [...]

Alle Formen, die die Menschen schaffen, sind Abstraktionen vom Menschen aus und haben irgendwie mit der Statik und Rhythmik der menschlichen Figur Verwandtschaft. Jedenfalls sind Bauten, bei denen das Unten und Oben, der Fuß und das Haupt, nicht irgendwie zum Ausdruck kommen, bei denen nicht ganz klar erkenntlich ist, daß der architektonische Klang des Baues abgeschlossen ist und nicht beliebig weiter darauf gepflanzt werden kann, ein Unding und eine modische Unart. [...] Jedenfalls erscheint mir der Zwang, den Architektur-Studierenden mit dem Studium der Antike zuerst beginnen zu lassen, als völlig verfehlt und in keiner Weise haltbar. Es kommt beim Studium architektonisch-rhythmischer Verhältnisse zunächst auf einfachere Werte an. Man darf auch hier nicht das Pferd am Schwanze aufzäumen und muß froh sein, wenn der Anfänger mit einer möglichst unkomplizierten Bauform einigermaßen fertig wird und eine ganz einfache Melodie herausfindet. Und dazu kann er die Antike, die aus einer einzigen Bauaufgabe, dem Tempel, in immer weiter getriebener unendlicher Verfeinerung das Letzte herausholte, nicht brauchen. Natürlich auch keinen irgendwie anders hergeholten und aus dem Zusammenhang gerissenen Formalismus, ob er antik, klassizistisch oder barock ist.

Wenn man hier beim Nachspielen der alten Musik das Ornament soweit als irgend möglich ausschaltet, so wird es von Nutzen sein, da es vom Erfassen der Grundform des Baues und der Hauptgliederungen ablenkt und auf, wenn auch im Einzelfall noch so wertvolle, Nebensächlichkeiten hinführt. Und wenn es gelingt, den natürlich musikalisch begabten Architekten allmählich dazu zu bringen, aus starkem plastischen und gesund struktivem Empfinden heraus Bauten zu schaffen, die aussehen, als wären sie gar nicht im eigentlichen Sinne entworfen, vor allem nicht gezeichnet, so wäre das erreicht, was durchschnittlich überhaupt erreicht werden kann. Daß derartige, zum Beispiel ländliche Bauten bei gleichen Baustoffen und ähnlicher Anordnung irgendwie mit alten Anlagen zusammenklingen, ist nur naturgemäß. Und ein Bau wird am gesundesten sein, wenn dieses Anklingen ein unbestimmtes, ein historisch schwer oder gar nicht zu greifendes ist und sich vom Formalistischen fernhält.

Auch auf die Farbe im Stadtbild kommt er zurück. Von ihr wurde bereits in der Werkbundrede von 1919 gesprochen. Poelzig fährt fort:

190

Der Künstler soll und muß überhaupt nicht, wie es irgend eine künstlerische Bewegung vorschreibt – er soll und muß nur vor seinem eigenen Gewissen. [...] Wer sachlich bleibt und die Form als Produkt, aus den technischen praktischen Grundbedingungen – ganz streng genommen – und aus seinen ureigensten künstlerischen Schaffensmöglichkeiten heraus entwickelt, kann nicht ganz fehlgehen. Sachlichkeit und künstlerische Inbrunst sind Geschwister, sie stammen beide aus der Liebe zum Zweck, zum Stoff und zur Form. Und wer die Tradition, oder vielmehr das, was von ihr seinem innersten Wesen gemäß ist, wovon die Tiefen seiner Seele aufgewühlt und neue Harmonien bei ihm zum Erklingen gebracht werden, begriffen hat, der ist gefeit gegen Einwirkungen irgend welcher ganz äußerlichen Art, die sich mit dem Worte ‚modern‘ aufputzen. Und der erkennt auch die wirklichen Werte der jüngst verflossenen Bewegungen und weiß, daß zum Beispiel die Möbel von van de Velde heut noch ausgezeichnet sind, während die, die ihm nur Äußerlichkeiten absahen, stranden mußten und ihre Schöpfungen verweht sind. Das Neue, das organisch entstanden ist, bleibt und steht neben dem Alten, gegen das es freilich immer noch durch das allzu rasche Tempo des Entstehens im Nachteil ist. Gut Ding will Weile haben, und wer will sich wundern, daß bei der ungeheuren Bereicherung, der Kompliziertheit des technischen Apparates, bei der immer noch für eine völlige Durchreifung viel zu überhasteten Entstehungszeit unserer Bauten, für die Architektur noch kein neuer Generalbaß gefunden wurde, und daß die Harmonien noch nicht rein ertönen?

Und doch kann die Heilung unserer Kunst, ja die Kunst an sich, überhaupt nur von der Architektur herkommen. [...] Alle künstlichen Konstruktionen werden diesen nur zu sehr zu ersehnenden Zustand freilich nicht herbeiführen, so lobenswert jeder Versuch, die Kräfte zusammenzuführen, an sich ist. Aus dem Leben des Volkes, des Menschen heraus, muß die Flamme schlagen und gebieterisch Werke fordern, die ihm zur Erhöhung seines Lebensgefühles, zur Verinnerlichung seiner Seele notwendig sind und von neuem die Brücke schlagen helfen zum Übersinnlichen, das die Quelle aller Kunst sein und bleiben wird.

Der letzte Absatz könnte in der Werkbundrede stehen oder in der Ansprache in Salzburg. Poelzig will seine Überzeugung nicht aufgeben, und man darf sagen, daß er sie nicht aufgegeben hat. Es ist aber hier von Bedingungen die Rede, und dies war vorher nicht der Fall.

Hans Poelzig, Vom Bauen unserer Zeit, 1922, in: Die Form, Jg. 1922, Heft 1, S. 16–29. Ebenso in: Julius Posener, a. a. O., S. 170–186

Die Lehre von der Vergänglichkeit der technischen Form, die in diesem Aufsatz mit besonderer Betonung ausgesprochen wird, hat Walter Riezler, dem Redakteur der Werkbundzeitung Die Form, in der Poelzigs Aufsatz erschien, veranlaßt, eine Entgegnung zu schreiben, ebenfalls in der Form.

Dokument 16
Walter Riezler, Über das Veralten technischer Formen (1922)

In unserem ersten Heft weist Hans Poelzig darauf hin, daß im Gegensatz zu Werken der Kunst der rein technische Bau nur das Leben einer Eintagsfliege führe: mit dem Augenblick, da seine technische Aufgabe erfüllt ist, verschwindet er aus der Welt, und niemand denkt daran, ihn um seiner Schönheit willen zu erhalten. Nun ist die Frage: entspricht diesem äußeren Schicksal auch der innere Sinn, verliert die technische Form in dem Augenblick, da sie technisch ‚überholt‘ ist, ihre Lebendigkeit, oder ist sie noch irgendwie in sich berechtigt, wie es die künstlerische Form auch da noch bleibt, wo sie mit einem noch so ‚veralteten‘ Gegenstande verbunden ist?
Man ist geneigt, diese letzte Frage zu verneinen, wenn man an die oft fast lächerliche Wirkung veralteter technischer Formen, etwas an Lokomotiven, Kraftwagen usw. denkt. Es hat den Anschein, als sei die Macht des ‚Fortschritts‘, an die im Reiche der rein seelischen Entwicklungen heute niemand mehr glaubt, hier allen andern übergeordnet, so daß in der Tat die lebendige Wirkung davon abhängt, daß der technische Zweck soweit erfüllt ist, als es im Augenblick möglich ist. Bei näherer Betrachtung ergibt sich aber, daß jene lächerliche Wirkung nicht von der veralteten Konstruktion herkommt, sondern von der Unfähigkeit, für die Konstruktion die angemessene und lebendige Form zu finden. Es ist oft betont worden, daß in Zeiten der Entwicklung neuer technischer Möglichkeiten die Formen zuerst immer so bleiben, wie sie früher waren, und erst allmählich der neuen Konstruktion und Funktion folgen: gute Beispiele hierfür sind die Übergänge von der Steinbrücke zur Eisenbrücke, vom Segelschiff zum Dampfer, von der Kutsche zum Kraftwagen. Wir alle haben diese Entwicklung noch mehr oder weniger miterlebt oder kennen wenigstens ihre Spuren.

In dem Augenblick aber, in dem die Ängstlichkeit überwunden ist, die an früheren, nun sinnlos gewordenen Formen Halt sucht, ändert sich das Bild. Sobald für irgend ein technisches Problem die ihr gemäße, das innere Leben offenbarende Form gefunden ist, kann man von einem ‚Veralten‘ nicht mehr reden. Dann kann noch immer insofern die ältere Form durch eine neuere ‚überholt‘ werden, als durch technische Fortschritte neue, kühnere Möglichkeiten auftauchen, deren Formung für uns aus diesem Grunde mehr bedeutet. Aber die ältere Form bleibt daneben lebendig, und sie wird als Ausdruck einer ganz bestimmten Funktion um so stärker wirken, je mehr wir dem unmittelbaren Vergleich der beiden Formen entrückt sind. – Schon heute sind wir auf manchen Gebieten der technischen Form, z. B. auf dem des Eisenhallenbaus, so weit, daß wir ältere, technisch überholte Lösungen als durchaus formvoll und lebendig empfinden, – weil eben damals schon eine echte Form dafür gefunden war. Und wahrscheinlich werden alle anderen Gebiete bald folgen.

Freilich wird trotzdem das Schicksal dieser Werke auch in Zukunft bleiben: sie werden zum alten Eisen geworfen, sobald sie technisch ihre Schuldigkeit getan haben. Aber damit teilen sie im Grunde nur das Geschick, das in früheren Zeiten die meisten Kunstwerke erwartete: auch sie waren in der Regel nicht für die Ewigkeit gemacht. Auch ihr Schicksal war in dem Augenblick besiegelt, als die neue Gegenwart ihr Recht forderte und eigenes Werk an die Stelle des alten setzen wollte.

So scheint uns der Unterschied zwischen künstlerischer und technischer Form nicht in ihrem Verhältnis zu Zeit und Ewigkeit zu liegen, sondern in dem andern: in der Beziehung zur Menschenseele, zum Ganzen der Welt, und zur Gottheit.

Die Form, Jg. 1922, Heft 2, S. 31. Ebenso in: Julius Posener, a. a. O., S. 188

Dokument 17
Hans Poelzig, Der Architekt (1931)

Hier scheint mir der richtige Ort, die Rede von 1931 vorzustellen, obwohl sie einer späteren Zeit angehört: am Ende der Zeitspanne in Poelzigs Arbeit, die wir mit dem Wort „Erfolg" überschrieben haben. Die Rede ist das letzte Wort Poelzigs zu dem Thema, welches ihn seit der Werkbundrede von 1919 beschäftigt hat, der Auseinandersetzung zwischen Technik und Kunst in der Architektur. Seine Stellung zur Technik ist am Ende der Epoche, während der er die Auseinandersetzung immer wieder im eigenen Werk hat praktizieren müssen, gelassener geworden, im Grundsätzlichen jedoch hat sie sich nicht verändert.

Dies ist nicht das einzige Thema der Rede. Sie wurde vor der Berufsvertretung der freischaffenden Architekten gehalten, dem BDA, und versucht, den freischaffenden Architekten allen Einwirkungen gegenüber abzugrenzen, mit denen er seit Ende des Krieges zu schaffen hatte. Eine entscheidende Rolle spielt da die Wandlung seiner Beziehung zum Bauherrn. Daß es den Bauherrn bei vielen Aufgaben einer neuen Architektur nicht mehr geben werde, ist neben der technischen wohl die sichtbarste Bedrohung des Architektenberufs, wie man ihn bis dahin verstanden hatte und wie Poelzig ihn versteht. Er hat gewiß recht, wenn er auf die Wichtigkeit der anderen Person hinweist, welche für den Bau verantwortlich ist. Er zeigt, daß der Bauherr in vergangenen Zeiten wichtiger gewesen ist als der Architekt. Das war vielleicht noch so in der Beziehung des Bauherrn, der sein eigenes Haus bauen wollte, zu seinem Architekten, damals, vor dem Kriege, als Poelzig das Haus in Löwenberg für Zwirner baute. Poelzig muß gesehen haben, daß diese persönliche Einwirkung – oder Mitwirkung – schwächer geworden war und zusehends abnahm. Die modernen Architekten der nächsten Generation – Le Corbusier, aber nicht er allein – wollten für „den Menschen von morgen" bauen, den homme de demain, und der aktuelle Bauherr wurde sozusagen zum Stellvertreter dieses homme de demain, den es

nicht gab, nicht geben konnte und niemals geben würde. Hiervon hat Poelzig in seiner Rede noch nicht gesprochen, wohl aber von der Architektur der kommenden Generation, welche nun, 1931, die moderne Architektur der Le Corbusier, Mies, Gropius war. Poelzig möchte auch in dieser Architektur lediglich eine Mode sehen. Auch diese Auseinandersetzung ist unvollständig.

Ein weiter Raum wird dem Thema der bauenden Behörde gegeben. Poelzig kannte den Beruf des beamteten Architekten aus eigener Erfahrung – und er lehnte ihn ab, und zwar aus Überzeugung, nicht weil diese Rede vor dem Gremium der freischaffenden Architekten gehalten wurde. Besonders hat ihn, seit er sich endgültig in Berlin niedergelassen hatte, die Gestalt des Stadtbaurats Ludwig Hoffmann irritiert. Hoffmann war seit 1896 Stadtbaurat gewesen, seine Anschauungen und seine Architektur gehören der Vorkriegszeit an. In den letzten Jahren seiner Amtsführung – bis 1924 – hat er offenbar neuen Bestrebungen im Wege gestanden. Hoffmann ist – ungenannt – in diesen Abschnitten der Rede anwesend. Dies ist, in der Tat, Geschichte.

Auch das Berufsbild des Architekten, das Poelzig in der Rede umreißt, ist eines, das nicht mehr voll gilt. Wichtiger scheint mir die Feststellung, daß es damals bereits nicht mehr voll gegolten hat. Er sieht die Gefahren, von denen der Beruf des Architekten bedroht wurde, sehr deutlich und setzt sich mit ihnen auseinander. Der Versuch, das eigene Bild vom Architekten als gültig, ja endgültig, zu zeichnen, unternimmt er damals noch, im Jahre 1931 im Vollgefühl seiner Kraft, seines Erfolges, seines Prestiges; im Rückblick allerdings erscheint diese Darstellung des Architekten nicht mehr haltbar. Wir müssen jedoch eingestehen, daß es bis heute nicht gelungen ist, sie durch eine ebenso kräftige Darstellung dessen zu ersetzen, was der Architekt erstrebt, versucht, bewirkt.

Darum besitzt diese Rede eine Bestimmtheit, die noch heute beeindruckt.

Wenn ich Betrachtungen über den Architekten anstelle, so geht es natürlich nicht ab, ohne seine Beziehungen zur Umwelt, zu parallel oder entgegengesetzt laufenden menschlichen Strebungen und Strömungen zu erörtern. Und wenn ich dabei auch zu Institutionen Stellung nehme – selbst wenn sie durch Tradition fast sanktioniert erscheinen –, so bitte ich von vornherein um Absolution. Bei meinen Ausführungen handelt es sich nicht um Streit, um Abneigung gegen irgendeine Einrichtung, sondern höchstens um Kampf, um Kampf für oder gegen – wie er ja sein muß – um Klärung zu schaffen und bessern zu helfen.

Und wenn man über den Architekten – diese fast chamäleonhaft schillernde Wesenheit – einigermaßen klar werden will, so muß man sein Schaffensgebiet betrachten, man muß zunächst darüber nachdenken, was Architektur überhaupt ist.

Im Jahre 1896 hielt der alte Schäfer, mein unvergeßlicher Lehrer, auf der Berliner Gewerbeausstellung einen Vortrag über Architektur. Er zeigte an einer Zeichnung des Empfangsgebäudes des damaligen Karlsruher Bahnhofs, was Architektur nicht ist. Da waren große

Bogenöffnungen – das was der Architekt eine Achse nennt, wie der alte Schäfer sagte – und allerlei kleine, rhythmisch ornamental nebeneinandergereihte. Durch eine kleine Öffnung war der Hauptausgang, und an einer ganz großen, besonders bedeutungsvollen Achse stand: für Damen.

Der alte Schäfer war jedenfalls mit einer derartig unlogischen Entwicklung der damaligen Baukunst nicht einverstanden, erzählte aber, daß er wenige Tage vor seinem Vortrag mit einem Baurat, wie er sagte, in der Bahn zusamengetroffen sei, der mit dem Stande der heutigen Architektur – von damals natürlich – sehr zufrieden sei, nur den Umstand hatte er an der Architektur auszusetzen, daß das Wasser immer noch in die Keller liefe.

Ungefähr zur selben Zeit wohl hielt ein anderer Architekt einen ekstatisch begeisterten Vortrag über die zeitgenössische Architektur, er war sehr einverstanden, erklärte, daß man über die schwierige Stilwahl jetzt weggekommen sei und rief aus: „Fröhlich werden die Stile gemischt!"

Heut ist es fast so, daß auch fröhlich der neue Stil gefunden scheint, wenn das Wasser nicht mehr in die Keller läuft – das heißt, wenn die technischen Grundbedingungen eines Baus eine befriedigende Lösung gefunden haben. Wir haben vorläufig einmal die Stilfrage ad acta gelegt und versuchen, die technischen Grundlagen des Baues entsprechend der heutigen Entwicklung der Technik neu aufzubauen.

Wir haben von der Technik gelernt, über den Begriff Architektur von neuem nachzudenken.

Liebermann sagt: „Malen ist weglassen!" Vorläufig sind wir bei der modernen Architektur im wesentlichen auch dabei angelangt, nachdem vorher unter Architekturmachen meist ein Dazutun verstanden wurde.

Ist damit engültig der Begriff Architektur erfaßt? Der Weg zur heutigen Architektur ging von der Reform des Industriebaues aus. Wir Älteren, die wir uns vor einem Menschenalter auf den Industriebau stürzten, waren damals geradezu hungrig nach einem Felde, das nicht beackert war, wo nicht eine vorgefaßte, historisierende stilistische Meinung herrschte. Man hatte sich in jener Zeit daran gewöhnt, Kirchen gotisch, Synagogen orientalisch, Postgebäude in deutscher Renaissance entstehen zu sehen. Bei Gerichtsgebäuden ging man sogar zum klösterlichen Barock über.

Jeder Versuch, hier Bresche zu schlagen, scheiterte, und wir fanden nur im Industriebau die Linie des geringsten Widerstandes, einem Gebiet, das man uns um so lieber überließ, als es der offiziellen Baukunst unwichtig erschien.

Kein Zweifel, daß die ersten, in diesem Sinne durchgeführten Bauten sehr bald durchschlugen, daß man nun einsah, daß die Industriebauten eine eigene Schönheit entwickeln konnten, eine Schönheit, die den Lösungen alter Speicher, Brücken usw. wesensverwandt war.

Der Ingenieur war an seinen eigensten Werken – Brücken, Bahnhofshallen – an der Hand rechnerischer Methoden zu einer Form gelangt, die in ihrer Schönheit bis dahin sozusagen übersehen worden war, für maschinell galt, unter Umständen durch formale Archi-

tekturanhängsel erst künstlerisch salonfähig gemacht wurde. Jetzt erkannte man nicht nur die rechnerische und konstruktive, sondern auch – in ihrer Art – künstlerische Berechtigung dieser Form zunächst für technische Bauten an.

Da stehen wir heut noch, eine große Wegstrecke ist zurückgelegt in einer unerhört kurzen Zeit. Die formalistischen Bindungen einer traditionellen Architektur sind zerschlagen. Wie wird der Weg weiter gehen? Die Moderne ist anerkannt, während noch vor wenigen Jahren einem sozusagen modernen Bau, der die Unterwerfung unter einen historisch überlieferten Kanon ablehnte, von behördlicher Seite in Berlin die größten Schwierigkeiten in den Weg gelegt wurden. Die neue Sachlichkeit ist anerkannt, es muß einfach gebaut werden, ‚koste es, was es wolle‘, wie man scherzhaft zu sagen pflegt.

Das Spiel mit dem Ornament, mit der Flächenbewegung, mit der Verzierung in früherem Sinne ist sozusagen verboten. Hat das Spiel überhaupt aufgehört? An die Stelle des handwerklich oder auch maschinell hergestellten Ornaments treten jetzt meist wertvolle Materialien: Lack, Glas, Metalle, Steine. Sie sollen durch das Spielen ihrer Oberfläche das Spiel der ornamentalen Bewegung ersetzen, und es ist kein Zweifel, daß sie sich den nackten, dünnen Formen des modernen Baues leichter anschmiegen, daß die Einheit der Formen wohl durch Glanz und Farbe erhöht wird, aber bestehen bleibt. Hier sehe ich keine Gefahr – eine tatsächliche Gefahr besteht aber dann, wenn der Architekt, dem das Spiel mit Ornamenten durch die Entwicklung der heutigen Architektur aus der Hand geschlagen ist, mit Konstruktionen zu spielen beginnt. Dieses Spiel ist kostspielig, und der Ornamentrausch war kaum betäubender als der Rausch, dem ein Architekt anheimfallen kann, dem die heutigen konstruktiven Möglichkeiten in die Hände gegeben sind – konstruktive Möglichkeiten, denen keine Grenzen gesteckt zu sein scheinen.

Neue Sachlichkeit, ursprünglich der Name der Kunstrichtung, welche seit etwa 1923 den Expressionismus abgelöst hat, wurde von den modernen Architekten in Deutschland als Bezeichnung der neuen Architektur übernommen.

Diese Art neuer Sachlichkeit hat in sich genau so viel falsche Romantik und letzten Endes Unsachlichkeit versteckt, wie jede Periode, die sich von einem Schlagwort berauschen läßt. Es ist durchaus unsachlich, wenn ich große Spannungen mit teuren Trägern überbrücke, ohne dazu gezwungen zu sein, wenn ich Stützen weglasse, die nur die Konstruktion verbilligen und erleichtern, – und der Wahn der ohne Grund riesig ausgedehnten Fensterflächen ist an sich nicht weniger irrig als die frühere Einstellung des Architekten, der zu einer richtigen Architektur schwere Massen und große Mauerflächen unbedingt zu brauchen glaubte.

Das Spiel taucht aber immer wieder auf und muß auftauchen. Bauen ist Urspieltrieb schon beim Kind, Architektur ist Spiel im höchsten Sinne, Maja, wie die Welt ein Spiel Gottes ist. Dum ludere videmur, während wir zu spielen scheinen, leisten wir das Höchste. Mit gerunzelter Stirn, mit intellektuellem Grübeln wird keine Kunst ge-

Dokumentation

schaffen. Freilich wird der Architekt fortdauernd aus seinen Träumen gerissen, und es erfordert das höchste Maß an Disziplin (des Architekten), sich von der Innenschau zu den Anforderungen der Außenwelt umstellen zu können.

Aber war die Architektur nicht früher Handwerk? Ist sie heut nicht Technik? Ist es nicht der Sinn der neuen Sachlichkeit, der Architektur alles das als notwendig abzusprechen, was über das Sachliche, Praktische hinausgeht? Man kann eine derartige These schon aufstellen, aber ihre Befolgung zu erwirken, ist völlig unmöglich. Gewiß – die Lage ist heut so, daß wir Bauten, die in erster Linie, wie die Kirchen des Mittelalters oder die Schlösser im 18. Jahrhundert, der künstlerischen Kristallisation eines Symbols dienen, nicht zu errichten haben, es sei denn, bis zu einem gewissen Grade wenigstens, der Völkerbundpalast in Genf. Diese Aufgabe scheint ja allerdings nur von fünf Architekten bewältigt werden zu können, die in drei Jahren noch nicht einmal ein Projekt fertiggestellt haben.

Wir anderen wissen, daß unsere Bauten eine rein wirtschaftliche und technische Einstellung fordern, daß ein Minimum an Raum, Material und Zeit bei der Lösung der Aufgabe erreicht werden muß. Darüber hinaus sind wir frei, und es darf nicht dazu kommen, daß aus einer maschinenromantischen Einstellung heraus alles Technische uns ebenso heilig ist, wie dem Architekten des 19. Jahrhunderts vielleicht der renaissancistische Kanon, daß das Technische nicht technisch wertvoll und notwendig sei, sondern daß die Formen dieses Technischen aus dieser Einstellung heraus eine Glorifikation verdienen. Und man freut sich dann nur zu leicht an jedem Gasrohr und Heizkörper, an jeder Betonkonstruktion, bringt alles so unverhüllt wie möglich zum Ausdruck und meint, damit hätte man seine Modernität bewiesen. Man vergißt dabei, daß alle technischen Formen, im Gegensatz zu der absoluten Bedeutung der Kunst, nur eine relative Bedeutung haben, daß eine neue technische Konstruktion ganz andere neue Formen wieder erfordert, ja, daß die vollkommenste technische Anlage die ist, die sich formal am wenigsten aufdrängt, und daß das technische Ideal mit dem Minimum an Materie und Formen übereinstimmt.

Und um wieder auf den alten Schäfer zurückzukommen, so sagte er in dem gleichen Vortrag von 1896 etwas, das mich immer wieder von neuem beschäftigt hat. Er meinte – natürlich darin ein Kind seiner Zeit –, daß der Eisenbau unverwendbar sei für die stilistische Ausbildung der Architektur, da das Ideal jener Technik darin bestünde, die Form immer mehr aufzulösen, zu verdünnen, und damit zum Verschwinden zu bringen, während die Architektur als Kunstform die Masse brauche. Das war die Meinung des alten Schäfer – wir wissen heut, daß der Eisenbau uns eine viel feingliedrige Auflösung des Baues ermöglicht hat –, ohne daß das Eisen dabei als Material selbst zur Erscheinung zu kommen und an die Oberfläche zu treten braucht.

Schäfer hat also mit der Entwicklung der heutigen Architektur unbedingt unrecht gehabt, er stand noch auf handwerklichem Boden,

aber hat er mit der Betrachtung der technischen Form an sich so weit vorbeigehauen?

Die fortschreitende Technik strebt offenbar tatsächlich an, sich als Form immer mehr aufzuheben. Dynamos von heut sind winzig gegen die Riesenmaschinen von ehedem, und all die technischen Formen, mit deren Einordnung wir Architekten uns heut noch vergeblich abmühen: – Heizkörper, mancherlei Rohrleitungen usw. – werden meiner festen Überzeugung nach verschwinden oder so winzig werden, daß sie als Form nicht mehr irgendwie bedeutsam in Erscheinung treten. Es hat also wirklich keinen Wert, ihre Form an sich als künstlerisch richtunggebend zu stabilisieren, um damit von neuem in den Fehler des Jugendstils zu verfallen, der aus den allzu rasch vergänglichen Formen der Technik einen allgemein gültigen ornamentalen Ausdruck für die Architektur zu gewinnen suchte.

Worum handelt es sich bei der Architektur? Doch wohl um Form, und zwar um symbolische Form. Sind die technischen Formen symbolisch, können sie es jemals sein? Sind die Kunstformen vergänglich? Gewiß, sie können zerstört werden. Ist ihre Wirkung aber vergänglich? [. . .] Die Technik folgt den Gesetzen der Natur, sie ist eine Weiterentwicklung der Natur. Es ist ja fast so, als ob dämonische Kräfte wieder Gestalt annehmen wollen und so, wie beim Luftschiff, Flugzeug, eine phantastische Ähnlichkeit mit prähistorischen Naturformen sich herauskristallisiert. Es entsteht so eine zweite Natur in dämonischer Großartigkeit, aber niemals Kunst.

Der Logos der Kunst ist nicht rechnerisch, sondern gegen alle Rechenkunst, mathematisch in einem höheren Sinne. Die Logik der Kunst geht gegen die Natur – gegen ihre Gesetze. Der griechische Tempel hat nichts mit einer Konstruktion in rechnerischem Sinne zu tun, keine Linie an ihm entspricht einer bestimmbaren mathematischen Form, die Kurven folgen einer höheren Ordnung als der mathematischen, und auch der gotische Dom ist in technischem Sinne wahrlich keine praktische Steinkonstruktion; er zeigt, zumal in den Gewölben, geradezu eine vergewaltigte Steinkonstruktion, die mühselig durch Klammern und Dübel gehalten wird. Die Gotik ist und bleibt ein großartiges Spiel, ein Raumtheater.

Der Ingenieur geht unbeirrt seinen Weg, aber seine Schöpfungen bleiben Natur, – sie werden nicht symbolhaft, sie werden nicht Stil. Die Gültigkeit hängt vom Technischen und nur vom Technischen ab. Sie können und müssen den heutigen Stil beeinflussen, wie früher die Naturformen die Stile beeinflußten, wie die Natur der nordischen Völker eine andere Architektur wachsen ließ als die Griechenlands.

Und da die Technik, die technischen Formen heut über die Welt verbreitet sind, da kein Mensch einen heutigen Bau ohne technische Erkenntnisse aufführen kann, so ist es logisch, daß der neue Baustil ein internationales Gesicht zeigt und zeigen wird, daß das erstemal in der Geschichte der Erde die Architekturformen der Weltteile sich angleichen. Aber die heutige Architektur ist naturalistisch, musikalisch eigentlich noch atonal.

194

Durch dieses Atonale müssen wir hindurch und dürfen uns nicht schnell zufrieden geben mit einer modernen Bauweise, deren Harmonie allzu billig auf krasse Gegensätze und auffallende Rhythmen gestellt ist. [...]

Und mancher wird sich wohl bald wieder danach sehnen, einmal ruhig im Bett eines historischen Stils schlafen zu können. Nicht eine neue Klassik ist uns so bald beschieden, sondern es droht höchstens ein neuer Klassizismus, der die Augen schließt vor den schwierigen Problemen, denen wir noch gegenüberstehen und die zur Lösung gebracht werden müssen. Wenn uns mit einer naturalistischen, atonalen Architektur, die noch nicht Symbol ist, noch nicht gedient ist, so ebenso wenig mit ausgelaugten Formen einer auf anderem Kulturboden entstandenen Symbolik, mit einer wiederbelebten Mumie, die keine ‚lebendige‘, sondern höchstens ästhetische Formen zeigen kann.

Man müßte hierzu die technische Entwicklung zurückschrauben, vor ihr die Augen schließen, sich in Gegensatz setzen zu den neuen Naturformen der Technik. [...]

Durch die Kunst stellt sich der Mensch außerhalb der Natur, in der Technik setzt er sie fort. Der Architekt als Künstler kann freilich die Technik als materiellen Träger seines Schaffens nicht negieren, noch das Handwerk. Früher war die Kunst die höchste Spitze handwerklicher Gestaltung, sie fügte zum Zweckhaft-Gegenwärtigen das Ewig-Zwecklose. [...] heute geht die Technik in ihren Leistungen ihren eigenen Weg, um sich z.B. durch Radio, drahtlose Telegraphie im Formlosen zu verlieren, zur technischen Magie zu erheben.

Diesen Weg kann die Kunst und mit ihr die Architektur nicht mitgehen. Bei ihr handelt es sich um räumliche Gestaltung, um Formen an sich. Die Gesetze liegen auf einer anderen Ebene als die technischen. Diese können der Architektur dienen, müssen sogar ihre Formung stark beeinflussen. [...] Die dämonische Großartigkeit technischer Formung wagt niemand zu bestreiten – aber sie liegt weitab vom Felde der Kunst, der Architektur, die in der gesamten Vergangenheit ihre größte Steigerung und ihre höchsten Leistungen auf religiösem Felde erreichte. Die Technik steht auf dem Boden der Naturwissenschaften, die Architektur wächst aus dem Felde der Geisteswissenschaften, aus dem Felde von Religion und Philosophie. Wagt jemand selbst den Bau eines heutigen Landhauses lediglich von der technischen Leistung her zu beurteilen? Sind lediglich technische Erwägungen bei der Formung und Anlage der Räume, bei der Gestaltung der gesamten Hausform maßgebend gewesen? Und wenn sie allein maßgebend sein sollten, entsteht da ein Haus? Höchstens doch wohl tatsächlich eine Wohnmaschine? Diejenigen, die diesen Ausdruck schufen, meinten sicher damit nur, man solle zunächst den Organismus mit der Unerbittlichkeit des Ingenieurs durchdenken. Schließlich werden die natürlichen Stoffe – Stein, Holz – ja durch die technischen – Eisen, Beton – nur erweitert, die früheren einfachen Methoden der Heizung, Beleuchtung usw. durch kompliziertere vollendetere technische ersetzt, und aller dieser Möglichkeiten hat sich der Architekt nur zu bedienen, um die menschenwürdigste Behausung zu schaffen.

Von der übersteigerten Natur der Technik flüchtet heute der Mensch ohnedies zurück in die gewachsene Natur – er will den Boden wieder fassen, die Laubenkolonien sind der stärkste Gegensatz zur Wohnmaschine der Vergangenheit, zu dem ohne Rücksicht auf das Menschliche auf wirtschaftlichem Untergrund errichtete Massenquartier, zur Mietskaserne.

Technik und Wirtschaft kann man nicht allein ihren Weg rasen lassen, die rein wirtschaftliche Rechnung wird nie aufgehen, wenn sie die Menschlichkeit außer acht läßt. Der Techniker kann lediglich Fachmann, Spezialist sein – der Architekt niemals, oder er wird seinen Beruf nicht begreifen. [...] Wenn die Heilkunst erstarrt, erfolgen die Einbrüche der Außenseiter, der genialen Kurpfuscher, die einen neuen Weg finden [...]. Auch bei der Verdorrung der Architektur erfolgt der Einbruch der Laien, der Kurpfuscher. Die zünftlerischen Fachleute der Spätgotik haben sich gegen den Einbruch der Renaissancedilettanten, die ein neues künstlerisches Symbol aufstellten, erfolglos, aber sicher energisch gewehrt – und der Einbruch der Dilettanten um die Jahrhundertwende hat die Neugeburt, diesmal nicht Wiedergeburt, unserer heutigen Baugesinnung geschaffen.

Die Naturheilkunde des Jugendstils schoß über das Ziel hinaus, der Stoß konnte zunächst aufgefangen werden [...], aber der Strom grub sich ein Nebenbett und überflutete von dort aus das ganze Gebiet zunächst der deutschen Architektur, um 10 Jahre später von dem vom Krieg verschonten Holland neu bestätigt zu werden. [...] Und womit siegt schließlich die heutige Bauweise? Mit praktischen Erwägungen? Sind die großen Fensterflächen praktisch, wird das flache Dach lediglich aus praktischen Gründen vorgezogen? Die Form siegt, die Gestalt, das neue Symbol eines neuen Lebens, das dem Licht- und Lufthunger des heutigen Menschen entgegenkommt. Der empfindende Laie läßt sich von einem begabten Künstler eher ein völlig unpraktisches Haus aufschwatzen, das die von ihm geliebte Form zeigt, als daß er in eine praktische, ihm formlos erscheinende Behausung hineingeht, er sucht eine Steigerung seines seelischen Lebens.

Wehe, wenn der Architekt vergißt, daß von hier aus die Welt des Bauens umgestaltet werden muß, daß hier der Hebel angesetzt werden muß – wenn er sich zu technischen und wirtschaftlichen Kunststücken herbeiläßt, zu einer kasernenmäßigen Typisierung, zum Ameisenhaufen, zum Bienenstock. Das Tier baut natürlich, technisch, über die Bienenwabe geht auch die technische Erfindung des Menschen in äußerster Knappheit nicht hinaus. Für den Menschen handelt es sich um die Vergeistigung und Verlebendigung der Materie, nicht um die Mechanisierung des Lebendigen. Der Laie, der Vollmensch ist, voll Empfindung und Musikalität, baut besser als jeder fachmännisch verkrampfte Architekt. Bauen ist eine menschliche Angelegenheit, sie verträgt kein Ästhetentum und kein Spezialistenwesen.

Und weiter: Die Geschichte der Architektur aller Zeiten ist ebenso eine Geschichte der Bauherren wie der Architekten. Aus vielen Perioden sind uns nur die Namen der Bauherren überliefert, nicht der

Künstler. Wenn im Rückschlag dazu andere Zeiten die Geltung der Künstler fast überwerteten, so muß man diese Einschätzung doch auf das richtige Maß zurückführen. Kein Künstler kann etwas wirklich Lebensfähiges schaffen, ohne die Resonanz von seiten des Bauherrn, ja erst durch den gemeinsamen Zusammenklang beider Faktoren kann ein richtiger Bau entstehen.

Hier muß der Funke überspringen vom Pol des Bauherrn zu dem des Künstlers. Voraussetzungsloses, auftragloses Schaffen hält kein Architekt lange aus, er verdorrt, und es gibt keine schlimmere Weisung an den Architekten, als machen zu können, was er wolle. [...] Aus all diesen Bauten kann nichts werden, sie bleiben hohl [...]. Und die unglückliche Lage der Malerei und Plastik heute resultiert in erster Linie – nicht nur wirtschaftlich genommen – daher, daß kein Auftraggeber da ist. Die Kunstwerte werden nicht gefragt, es reißt sich kein Mensch darum, höchstens reißt sich der Künstler darum, daß sich einer um seine Arbeit reißen möchte. Die Kunstausstellungen, auf denen doch noch vor einer Generation mißliebige Bilder durch Messerstecher attackiert wurden, liegen mit Ausnahme des Eröffnungstages in tiefem Frieden. Was soll da ein unglücklicher Künstler schaffen? Woher soll er den Mut nehmen, woher die Inspiration haben, wenn alle Anregungen, aber auch alle Widerstände – gerade die Widerstände – fehlen? Er mag heute malen oder bildhauern, was er will, seine Kunstwerke werden nicht mehr attackiert. Und das ist das Schlimmste. Fanatischer Widerspruch zeugt und bestärkt ebenso wie begeisterte Zustimmung, die Gleichgültigkeit ist tötend. [...]

Heute, wo die neue Sachlichkeit schon mit der Pauvreté gleichgesetzt wird, sind gerade die dekorativen Lösungen betont einfach. Nicht einfach im Grundgedanken der Lösung, in der Herausarbeitung des Ausdrucks – darin sind sie kompliziert, abwegig, eigentlich unverständlich – sondern sie sind nur äußerlich glatt, nüchtern, um dem Zeitgeschmack zu entsprechen. [...]

Der Architekt hat sich am Ingenieur erzogen, der Bildhauer und Maler müssen sich am Architekten erziehen, wenn wieder eine so erstrebenswerte Einheit herauskommen soll. [...] Das wahre Ornament ist symbolisch, die antike Säule ist reine Musik, sie ist ganz unnaturalistisch, hat zur Natur keine Beziehung, durch keinerlei bewußte Stilisierung von natürlichen Formen ist selbst der Acanthus an der korinthischen Säule entstanden, er ist Neuschöpfung auf einer anderen Ebene. Daß derartiges Ornament an der heutigen atonalen Architektur und aus dieser heraus sich nicht entwickeln kann, ist wohl klar – und inwieweit eine im Gegensatz zur heute meist herrschenden Glätte – wieder farbig oder plastisch differenziertere Aufteilung der Flächen angestrebt werden wird, ist an sich eigentlich gleichgültig. Sie wird und muß kommen, wenn der Überdruß gegen die plastische und farbige Eintönigkeit sich steigert, wie ja auch die moderne Frauenkleidung auf die Belebung durch ein derartiges rein verzierendes Element trotz aller modernen Linien nie verzichtet hat. Und que la femme veut – wenn die Frau die reichere Belebung fordert, so wird sie, zunächst in der Wohnung, sehr bald

kommen, und wenn alle Architekten und Kunsterzieher sich dagegen wehren. [...]

Aber gebrannte Kinder scheuen das Feuer, ich bin noch skeptisch –, ich habe zu viel mißglückte Versuche gesehen, bei denen die mit einem gewaltsamen ornamentalen Symbolismus die schrecklichsten sind. Abgesehen davon, daß unsere Architektur dafür noch nicht reif ist, hat der Künstler gar zu lange vagabundiert, um, in der Mehrzahl wenigstens, als verlorener Sohn sich wieder in die architektonische Disziplin einfügen zu können, ohne rückfällig zu werden. [...] Und wo der Auftraggeber mit Passion, der Bauherr als zeugender oder empfangender Gegenpol fehlt, ist eigentlich Hopfen und Malz verloren. Keine Kunst, und am wenigsten die Architektur, kann diesen Gegenpol entbehren, die Vergangenheit lehrt ja, daß dieser Pol lange Zeit für allein wichtig gehalten wurde. Der König, der Herzog, der Bischof, der Abt bauten – ja manche hatten die Bauwut [...]. Und diese Bauwut ist natürlich etwas ganz und gar Persönliches, bürokratisch nicht Faßbares, bürokratisch, beamtlich eigentlich Unmögliches.

Die Bürokratie der Republik ist ungeheuer angewachsen, ohne beamtliche Genehmigung konnte früher schon keiner sterben oder begraben werden, jetzt kann er durch die Herrschaft der Bürokratie kaum noch leben.

Im Bauen sind die Bittgänge um Baugesuche bei der Überzahl der Organe zu Springprozessionen geworden, so daß wegen der Errichtung einer von mir entworfenen Tankstelle kürzlich der Bauherr 77, geschrieben siebenundsiebzig, Besuche machen mußte, um schließlich – abgewiesen zu werden. [...] Nicht der Bauherr allein ist der Gegenspieler des Architekten, neben ihm recken sich die drohenden Häupter der Genehmigungsbehörden auf, gegen die allerdings der Kampf von Architekt mit Bauherrn gemeinsam geführt wird. Daß daran die Beamten selbst keine Freude haben, ist klar, der Organismus ist so überorganisiert, daß im Kampf gegen diese offenbaren Mißstände der Architekt Hilfe vom Beamtentum selbst mit Recht erwarten kann und erwarten muß. Handelt es sich doch auch um die Befreiung des Beamtentums selbst von ermüdenden und oft geradezu lächerlichen Vorschriften und Plackereien.

Es ist tatsächlich so, daß wir, die Privatarchitekten, den Kampf aufnehmen müssen für uns selbst und für die Beamten, denen eine derartig geist- und zeittötende Beschäftigung mit Gesuchen, die eigentlich von Amt zu Amt wie ein Ball hin- und hergeworfen werden, nicht länger zugemutet werden kann. Keiner bei den vielen Ämtern kann selbständig entscheiden, hin und her wird gefragt, und die Zentralen, die von höchst einsichtigen Leuten geleitet werden, haben eine Sisyphusarbeit zu leisten, um die Knoten zu entwirren. Wir wären undankbar, wenn wir der Hilfe dieser Leute nicht höchste Anerkennung zollten, wir rechnen gerade auf ihre Hilfe. Ein Beamter ist schließlich auch ein Mensch und sollte nicht mehr mit unnötigen Dingen geplagt werden, als er äußersten Falls ertragen kann.

Man kommt ja überhaupt nicht weiter, wenn man alles nur vom eigenen Standpunkt – ganz einseitig – zugespitzt ansieht, man muß sich auch in die andere Seite hineindenken können. Und wenn ich das tue – ich war ja selbst mehrfach dabei – so muß man doch sich sehr energisch für die Abschaffung der Bauverwaltungen – als bauender Verwaltungen einsetzen.

Man meint wohl, es müsse genügen, wenn die Privatarchitekten dafür kämpfen, daß im Interesse der Existenz ihres Standes die Bauverwaltungen der Staaten und Städte eingeschränkt würden. Dieser rein wirtschaftliche, utilitarische Standpunkt kann unmöglich überzeugen, er genügt nicht – das Prinzip der bauenden Verwaltung ist an sich falsch. Kein Mensch fühlt sich ja wirklich wohl dabei, sie knirschen alle mehr oder weniger unter der Tretmühle der Organisation, soweit sie schöpferische, nicht mechanische Menschen sind – sie brechen aus oder werden stumpf, und schließlich finden sie sich ab und glauben gar, alles wäre gut so.

Und der Stadtbaurat wird von Sitzung zu Sitzung gehetzt, zumal, seit er eine politische Figur geworden ist, er sitzt und sitzt, nur nicht in seinem Bauatelier, da läuft er höchstens durch – und ringt sich für seine bauschaffende Tätigkeit mühselig einige Stunden in der Woche ab. Kennen Sie einen Stadtbaurat, der nicht darüber klagt? Geht das aber anders einzurichten, wenn er mit vollwertigem Beamtentum, dazu meist noch politischer Betätigung, vollwertiges Schaffen vereinigen soll? Gibt es einen noch so tüchtigen Stadtbaurat, der nicht in der zweiten Amtszeit – zerrieben von der Tretmühle der Organistion – ebensoviel geschadet hätte, als er, noch einigermaßen frisch, in der ersten Periode Gutes geschaffen hatte? Und dabei ist der höchste Baubeamte des begrenzten Bezirkes einer Stadt noch verhältnismäßig gut dran, er kann sich wenigstens als Persönlichkeit durchsetzen. Freilich wächst er leicht aus, er wird von einer ähnlichen Berufskrankheit befallen wie der Professor. In seiner Behörde hat er keinen künstlerischen Gegenspieler, was er sagt und tut, muß gut sein – ebenso wie gegen den Professor schon aus Examensangst die Studenten nicht rebellieren können.

Und wie steht's bei der Bauverwaltung an sich, bei der des Staates? Ich weiß, was da alles angeführt zu werden pflegt, Konservierung der Erfahrungen, der technischen Organisationen usw. – wer glaubt das noch, wo heute durch die Fachpresse und ausgedehnte Fachliteratur jedem alle Erkenntnisse unmittelbar zugänglich sind? Selbst der jetzige Leiter der Bauverwaltung hat doch nichts anderes tun können, als diese im Schoße der Verwaltung mühselig konservierten Erfahrungen über Bord zu werfen, um neuen Wind hineinzubringen. Aber man kann nicht neuen Wein in alte Schläuche füllen, die Schläuche wollen ihn wohl gar nicht haben.

Und kann man wirklich – auf die Dauer meine ich, ein kurzfristiges Experiment überzeugt nicht – durch Verfügungen und Dekrete wird keine lebendige Zeugung ersetzt – eine künstlerische Anschauung sozusagen verfügen? Schließlich kann ja eine geniale und sehr starke Persönlichkeit auch einen allzu ausgedehnten Organismus mit Blut erfüllen, wird aber leicht dabei selbst verbluten. Schinkel, dessen Geltungsbereich immerhin nur ein Bruchteil vom heutigen Preußen darstellte, arbeitete, um sich frisch zu erhalten, am frühesten Morgen an den künstlerischen, meist malerischen Problemen, deren Lö-

sung ihn intensiv beschäftigte, und erschöpfte sich weit vor seiner Vollendung.

Es ist schon eine Reihe von Jahren her, als mir der damalige Leiter der Kirchbauabteilung im Finanzministerium sagte, er sei Gott sei Dank recht beschäftigt, wegen der Kriegszerstörungen habe er allein in Ostpreußen 34 Kirchen zu bauen. Man bedenke – keine Autos – sondern sozusagen Kirchen am laufenden Band! Es ist entsetzlich, einem noch so begabten Manne eine derartige Aufgabe zuzumuten. Man mag sich mit einer schematischen Erledigung von allerlei Arten von Bauten allenfalls noch abfinden, man kann Feldscheunen und Ställe in Typen abwandeln, aber man bedenke Kirchen!

Man braucht sich aber nun nur einmal vorzustellen, was daraus geworden wäre, wenn die päpstliche Verwaltung in Rom seit dem Jahre Tausend eine allgemeine Bauverwaltung eingerichtet hätte, die die christlichen Länder mit Kirchen- und Klosterbauten versorgte. Und wie war es in Wirklichkeit? Die Äbte und ihre baumeisterlichen Laienbrüder, die zum Beispiel nach Norddeutschland gingen, griffen zum bodenständigen Material und schufen das, was sie im Süden gelernt hatten, um, und so entstand eine Backsteingotik, die an Größe der Formen und Reinheit neben den Bauten der älteren Kulturländer nicht nur bestand, sondern sie übertraf.

Eine straffe Zentralisierung baulichen künstlerischen Schaffens wird die Lebendigkeit des Bauschaffens immer vernichten, wer genötigt ist, Jahrzehnte hindurch eine große Anzahl von Bauten gleicher Art zu errichten, wird Spezialist, und ein Spezialist baut nicht mehr, sondern fabriziert sozusagen, und die Fabrikation ist möglich für kleinere, einfache, transportable Organismen – siehe Wohnhäuser in Amerika – und versagt bei allen vielfältigeren Organismen. Und wer jahrzehntelang z.B. selbst Wohnhaustypen abwandelte, kann, glaube ich, schließlich seine Sachen selbst nicht mehr gern sehen, weil sie unlebendig werden müssen, und die anderen mögen sie schon gar nicht sehen. Als ich selbst in der Hochbauverwaltung war – es war eine schreckliche Zeit für mich, ich war so ungeeignet dafür – da sprach ich mit einem meiner höchsten Vorgesetzten – es waren natürlich noch mehrere andere dazwischen – mehrfach über eine Änderung des Systems.

Der Kampf ist der Vater aller Dinge, der Kampf fehlt. Es fehlt der Gegenpol, von dem aus die geistigen Funken sprühen. Der Kampf zwischen Bauherrn und dem schaffenden Architekten kann nicht ersetzt werden durch Reglement und Verfügung. [...] Ich gebe ohne weiteres zu, daß auch früher – besonders bis um die Mitte des vorigen Jahrhunderts herum – ja auch noch später – Bauten der preußischen Bauverwaltung besonders gut gelungen sind. Es handelt sich da um manche knappen, im besten Sinne sachlichen Kasernenbauten, Förster- und Arbeiterhäuser auf dem Lande, kurz hauptsächlich Bauten, die eine Typisierung vertragen. Und wenn man auch da Anstoß nehmen könnte, daß diese Bauten fast überall den gleichen Duktus zeigen, so ist das viel besser, als wenn in einer späteren Periode von der Zentrale aus bewußt im jeweiligen Landesstil gebaut worden wäre.

Brauchen wir aber für eine Typisierung heut noch eine Staatsbauverwaltung? Wird heut nicht schon alles typisiert, mehr als genug – und stehen wir nicht schon fast bei der Überwertung der Typisierung? [...] Wird es nicht überhaupt Zeit zu überlegen, ob der Weg der allgemeinen Bürokratisierung noch weiter beschreitbar ist, oder ob er nicht energisch zurückgeschritten werden müßte bis zu dem Punkt, wo noch sozusagen ein Gleichgewicht zwischen den freien Berufen und dem Staat vorhanden ist? [...]

Ich will den Weg dieser Betrachtung nicht weiter gehen, er führt weit ab ins Politische. [...]

Aber wenn der Kanzler Oxenstierna sagte: „Mein Sohn, Du kannst Dir gar nicht vorstellen, mit wie wenig Verstand die Welt regiert wird", so scheint mir heute die Betonung berechtigt, daß die Welt mit sehr wenig Phantasie geleitet wird. [...]

Wenn mir persönlich eins an dem Programm des Grafen Coudenhove gefällt, so ist es das, daß europäisch nicht amerikanisch, nicht russisch denken heißt – sondern den Wert der geistigen Persönlichkeit betonen, gegenüber der Masse, daß hierin und hierin allein die Aufgaben und der Wert der europäischen Kulturbetonung liegen kann. Und daß darin schließlich allein der Wert und die Schicksalsfrage der Demokratie liegen müßte, nicht die Persönlichkeit zu fesseln und in die Masse einzubinden, sondern zu befreien. [...] Heute ist das knappe Bauen stilistisches Grundprinzip des Bauens; wir brauchen keine Behörde, die das nun auch übernimmt und daraus ein Dogma macht. [...]

Es wäre natürlich ein Schwabenstreich, wenn wir nun gegen eine Institution anrennen wollten, ohne etwas Besseres an die Stelle zu setzen, etwas, das einem vorstellbaren Ideal so nahe wie möglich käme.

Und da komme ich zurück auf meine Ausführungen über den Begriff des Bauherrn als Anregers, als Ideenträgers, ja als Mitzeugenden.

Poelzig schlägt – in der Verwaltung – Baudezernenten vor.

Sie sind Bauregisseure – ein Ausdruck, den wohl Stadtbaurat Wagner zum erstenmal geprägt hat – und übernehmen die geistige Rolle des Bauherrn, des mitzeugenden Gegenpols zum Künstler. Und wenn Sie mich fragen, ob diese Bauregisseure, soweit sie Architekten sein sollten, auch in bestimmtem Umfange künstlerisch unmittelbar schaffend tätig sein sollten, so sage ich mit der Bibel: Mein Gott ja, man soll dem Ochsen, der da drischt, das Maul nicht verbinden. Selbstverständlich können sie auch noch eigenste bauliche Schöpfungen herausbringen, so aber, daß nicht wieder eine neue Bürokratie aufgebaut wird [...].

Poelzig kommt auf die Lage der Architektur – in jüngster Zeit – zu sprechen. Vergessen wir nicht, daß es sich um die zwanziger Jahre handelt, in denen starke Wandlungen im Beruf des Architekten und in seiner Beziehung zum Publikum sich vollzogen haben. Von hier kommt er abschließend auf den Architekten selbst zurück: Wie erkennt man ihn? (wie lehrt man Architektur?); was ist – dies ist die letzte Frage – der Architekt?

Freilich, was vor 15 Jahren noch keiner zu hoffen gewagt hatte oder fürchten mochte, ist eingetreten. Die Architektur ist populär geworden. Man interessiert sich für sie [...]. Wer ist nun aber geborener Architekt? Wer zeichnen kann? Nein, wenn nicht anderes dazu kommt, ist er vielleicht ein Artist. Wer Phantasie hat? Nein, wenn er sie nicht zu disziplinieren versteht, ist er ein Phantast. Graf Keyserling sagte einmal sehr richtig: „Der größte Feind eines Genies ist sein Talent", das heißt, das allzu rasche Können hindert ihn an der Vertiefung des Problems. Und gerade im Kampf gegen die eigene Natur oder gegen ihre Schwächen wird das Höchste erreicht. Demosthenes wurde der größte Redner der Griechen, weil er nicht reden konnte. [...] Es ist deshalb gar nicht so verwunderlich, daß einige unserer größten Architekten schlechte Zeichner waren. [...]

Das alles dem Schüler vermitteln, kann nur der Schaffende, ich kann nur das lehren, was ich selber kann und erfahren habe – nicht das, was ich weiß. Die Lehre bleibt sonst blutlos [...]. Hier kann nur der Meister den Schüler belehren, hier herrscht als Mittler zur Erkenntnis der Eros, nicht der rechnende Verstand.

Kunst ist ein Spiel, ein ernsthaftes Spiel, dessen Spielregeln Stil heißen. Wer stellt heute diese Spielregeln auf, wer lehrt sie? Wer bringt sie den Schülern so bei, daß sie faßbar sind? Die Ärmsten! Niemand wird sie heute mehr betrügen als der, der ihnen ein leichtfaßliches Cliché bietet, nach dem sie sich eine Form jederzeit zurechtschneidern können, die sie einem Bau überziehen, damit er ihrer Meinung nach als Form bestehen kann. Das sind kurzfristige Lorbeeren, die bald welken.

Noch stecken wir im Naturalistischen, im Atonalen, noch heißt es, mit jedem Problem von neuem zu ringen, um es zur Form zu zwingen. Und wenn es uns gelingt, die Form eines Baues von der Zeitgebundenheit etwas zu lösen, und ihm den Schuß Zeitlosigkeit zu geben, den jede wahrhaft künstlerische Form hat, so haben wir genug getan. [...] Und über die neue Form, die künftige Architektur, wie wir sie alle ersehnen, [...] entscheidet nichts als die kulturelle Entwicklung der Menschheit. [...]

Die Verantwortung des Architekten ist groß, für Jahrhunderte kann ein Stadtbild erhoben oder vernichtet werden. Man fängt wohl an, diese Verantwortung wieder zu begreifen. [...]

Was ist nun also Architektur? In Paul Valérys ,Eupalinos oder über die Architektur', einem Zwiegespräch zwischen Sokrates und Phaidros im Hades – übersetzt von Rilke – sagt Phaidros unter anderem: „Hast du nicht beobachtet, wenn du dich in dieser Stadt ergingst, daß unter den Bauwerken, die sie ausmachen, einige stumm sind; andere reden; und noch andere schließlich, und das sind die seltensten, singen sogar? – Diese äußerste Belebtheit geht nicht von ihrer Bestimmung aus oder von ihrer allgemeinen Gestalt, ebensowenig wie das, was sie zum Schweigen bringt. Das hängt ab von dem Talent des Erbauers oder vielmehr von der Gunst der Musen.

Gut, diejenigen von den Bauwerken, die weder sprechen noch singen, verdienen nichts als Verachtung; das sind tote Dinge; geringer im Range als jene Haufen von Bruchsteinen, die die Karren der Unternehmer ausspeien und die wenigstens durch die zufällige Verteilung, die sie im Falle annehmen, das neugierige Auge unterhalten ...

Was die Denkmäler angeht, die sich begnügen zu reden, so habe ich, wenn ihre Rede nur klar ist, alle Achtung für sie. Sie sagen zum Beispiel: hier vereinigen sich die Händler. Hier halten die Richter ihre Überlegungen ab. Hier seufzen die Gefangenen. Hier können die, die die Ausschweifung lieben ... (ich sagte da zu Eupalinos, daß ich in dieser letzten Art recht beachtenswerte gesehen hätte. Aber er hörte mich nicht). Diese Kaufhallen, diese Gerichtshöfe, diese Gefängnisse reden, wenn die, die sie erbauen, sich darauf verstehen, die genaueste Sprache. Die einen ziehen sichtlich eine bewegte, immerfort sich erneuernde Menge an, sie bieten ihnen Vorhallen und Eingänge dar; sie laden sie ein, durch Türen und durch die leicht zugänglichen Stiegen einzutreten in ihre geräumigen und wohlerleuchteten Säle, Gruppen zu bilden und sich den Gärungen der Geschäfte zu überlassen ... Die Wohnungen der Gerechtigkeit aber sollen den Augen Strenge und Gerechtigkeit unserer Gesetze vorstellen."

Im ganzen tiefsinnigen und schönen Dialog kein Wort von Technik, selbst im antiken handwerklichen Sinne, kein Wort von Wirtschaft!

Gebt also dem Kaiser, was des Kaisers und Gott, was Gottes ist! [...] Wir wollen für unsere Arbeiten etwas von dem einfangen, was nicht für kurze Zeit verblüfft, durch einen lauten Schrei die Aufmerksamkeit zu erzwingen sucht, sondern redet, oder gar singt, wie es auch von der Zukunft verstanden werden kann, einer Zukunft, die nichts mehr weiß von all den Überraschungen, die uns neue technische Erfindungen und Möglichkeiten bereitet haben, sondern nur das versteht, was an ewiger Melodie in unseren Schöpfungen einzufangen uns vielleicht gelungen ist.

Hans Poelzig, Der Architekt. Rede auf dem 28. ordentlichen Bundestag des Bundes Deutscher Architekten in Berlin am 4. Juni 1931, mit einer Vorbemerkung von Theodor Heuss, hrsg. von Eugen Fabricius, Tübingen 1954. Ebenso in: Julius Posener, a.a.O., S. 229–246

THEATER UND KINOS

Wir kommen von den beiden Fassungen des Theater-
raums in Salzburg und vom Capitol-Kino her. Es bietet
sich an, die Betrachtung der Arbeiten im einzelnen mit
Theater- und Kinobauten zu beginnen. Zudem sind sie
ein gutes Beispiel für das Bestreben Poelzigs, jedesmal
ab ovo zu beginnen und jedesmal den Theaterraum aus
der Banalität des Bekannten herauszuheben. Das fällt
gleich bei dem ersten Projekt auf, das wir uns ansehen
werden.

1924   Stadttheater in Rheydt, Niederrhein
(Projekt)

Ein Theater von normalen Ausmaßen – etwa 700 Plätze – erhält seinen besonderen Charakter durch ein
227, 228 amphitheatralisch bis zur Höhe des Ranges ansteigen-
des Parkett. Auf dem Range selbst sind Sitzreihen an
den Seiten angeordnet. Die große Mehrzahl der Sitze
befindet sich in dem gleichmäßig in dem ovalen Raum
ansteigenden Parkett. Darüber ist der Raum verhältnismäßig hoch.
229 Der Außenbau, Backstein, vertikal gegliedert mit einer
leicht geschwungenen Front zwischen runden Treppen-
türmen von gleicher Höhe, hätte einladender gewirkt,
als es die ein wenig strenge Perspektive suggeriert. In
dieser Zeichnung macht das Theater einen merkwürdig
abweisenden Eindruck. Der Innenraum war hier das
Besondere. Theater und Foyers sind groß im Verhältnis
zur Bühne, welche nur bescheidene Hinter- und Seiten-
bühnen hat und nicht sehr viele Garderoben.

1925   Kino Capitol, Berlin

Wir haben vom Capitol-Kino gesprochen, welches eine
wichtige Wendung in Poelzigs Werk bezeichnet, kommen aber hier auf die Innenräume zurück. Das Capitol *213, 214*
ist einer der wenigen anspruchsvollen Kinoräume jener *216–218*
Zeit. Einige Kritiker fanden, er sei für ein Kino *zu* anspruchsvoll und erinnere zu stark an ein Theater. In der
Tat sind das zwei verschiedene Aufgaben: Im Kino sollten alle Sitze auf die Leinwand gerichtet sein, das Theater mit seiner räumlichen Bühne erlaubt da eine größere
Freiheit. Im Capitol gibt es auf den kurzen Seitenteilen
des Ranges eine Anzahl von Sitzen, in Logen, welche
nicht geradeaus auf die Leinwand blicken: ein Zuge-
ständnis, wie die Seiten des Ranges selbst, an den gesellschaftlichen Anspruch „Theater", dem der Raum genügen soll. Sehr geschickt beide Ansprüche versöhnend ist
die Raumform, ein langgestrecktes Achteck. Die über-
höhte Raumdecke über diesem Achteck stellt die Einheit des Raumes her. Die Projektionsöffnung ist aus der
Achteckform zurückvertieft.
   Man betritt das Kino durch einen Kassenraum, dessen
Grundfläche zusammen mit der des Vorraums ein Quadrat ist. In der Mitte steht der Kassenkiosk, an der Rückseite befinden sich zwei niedrige Sitznischen, zwischen
ihnen eine Tür zu den Logen unterm Rang. Die Anordnung der Logen, echter Boxen, die vom Zuschauerraum
durch eine Wand getrennt sind (die Logenöffnungen wirken wie Fenster), verkürzt den Rangüberstand, der oh-
nehin knapp ist. Dies ist ja eine der Schwierigkeiten in
jedem Theaterraum, welcher nur *einen* tiefen (amphitheatralischen) Rang besitzt: daß dieser Rang weit über
das Parkett vortritt. Hier tritt er kaum vor.

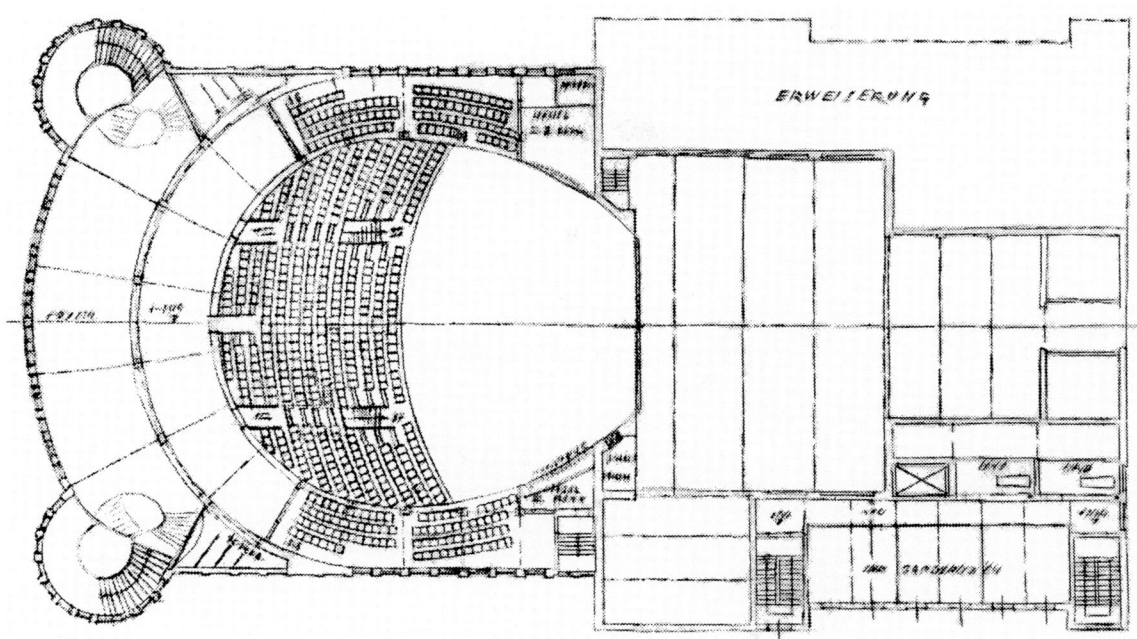

227   Hans Poelzig, Stadttheater in Rheydt, Projekt, 1924, Grundriß

228   Hans Poelzig, Stadttheater in Rheydt, Schnitt

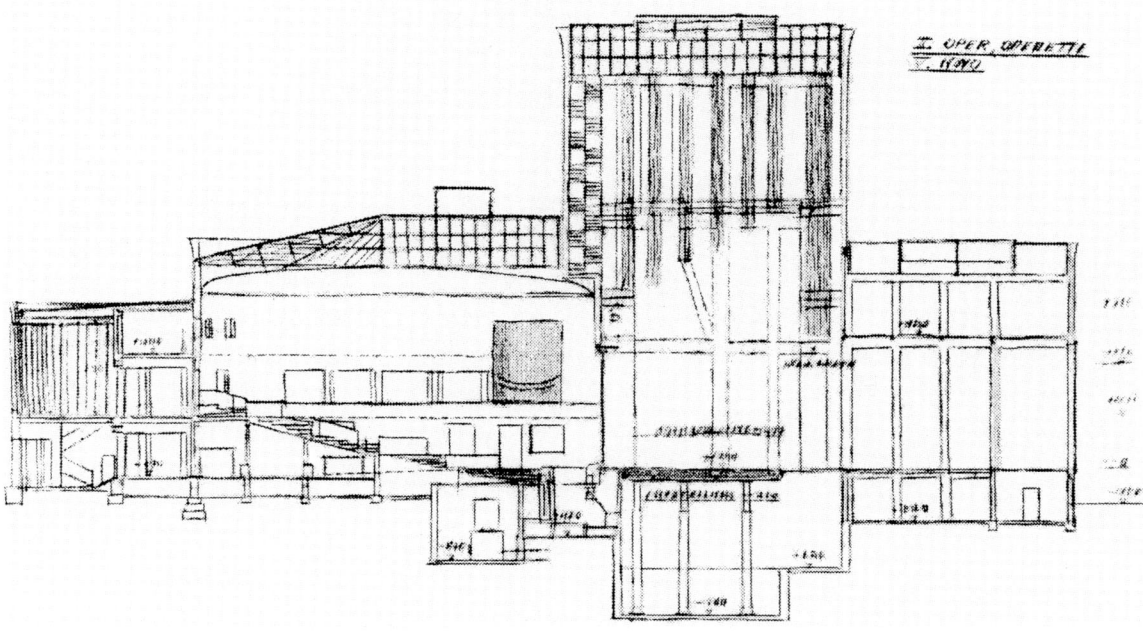

229 Hans Poelzig, Stadttheater in Rheydt, Perspektive

Poelzig hat sich darüber beklagt, daß er für Treppen, Umgänge, Nebenräume so wenig Raum zur Verfügung hatte. Man sieht auf dem Plan, welche Kunststücke er *215* hat machen müssen, um die Toiletten unterzubringen. Poelzig selbst sagt dazu, daß es gelang, durch die „interessante, gewendelte Form und Konstruktion dieser Treppen [...] diesen schwierigen Punkt gleichsam herauszumodellieren und so aus der Raumnot eine Tugend zu machen".

1926 Deli-Kino, Breslau

Auch im Deli-Kino hat der amphitheatralisch ansteigende Rang Seitenteile; aber hier sind das Treppen, wel- *230–232* che vom Rang zum vorderen Teil des Parketts herabführen. Es gibt für diese Lösung ein Vorbild, welches Poelzig gekannt hat: das Lichtspielhaus Cines am Nol- *233, 234* lendorfplatz in Berlin von Oskar Kaufmann (1910!). Bei Kaufmann haben die Treppen zum Rang einen praktischen Zweck: Man betritt das Kino von vorn. Bei Poelzig sind sie, das muß man zugeben, dekorativ; man darf zweifeln, ob Leute wirklich da herauf- und herabgestiegen sind. Räumlich ist die Anordnung der Treppen von großem Reiz und trägt zum „Schwingen" des ganzen Raumes bei.

1928/1929 Kino Babylon, Berlin

Das Kino „Babylon" liegt in einem der wenigen ausgeführten Häuser der städtebaulichen Planung einer Umbauung der Volksbühne von Oskar Kaufmann am Bülowplatz in Berlin. Wir kommen auf das Projekt zurück.

235, 236 Das Kino ist nicht groß – etwa von der gleichen Größenordnung wie das Deli-Kino –, und sein Plan erfüllt die Forderung, daß alle Sitze nach der Leinwand ausgerichtet sein sollen; es hat, infolgedessen, wieder

den tiefen, amphitheatralischen Rang. Selbst dieser hat kurze Seitenteile, hier aber dienen sie lediglich dem Zugang.

Wie schon im Deli-Kino ist die Beleuchtung direkt; während aber im Deli ein Sternenhimmel von Lampen die Decke besetzt, bleibt hier nur die Rosette in der Mitte übrig; dazu kommen Lampen am Rande der Saaldecke, welche direkt *und* indirekt beleuchten. Dies ist ein echtes Kino: Es soll nicht mehr an ein Theater erinnern wie das Capitol, es wird auch nicht, wie im Deli, ein „aufregender" Raum geschaffen: man vergleiche etwa die Relation Leinwand – seitliche Orgelrahmen in beiden Räumen. Im Babylon ist sie denkbar einfach. *230, 235* Wer aber wollte leugnen, daß hier ein harmonischer, ein „musikalischer" Raum entstanden ist?

1930 Theater in Charkov (Projekt)

Poelzig hat an dem internationalen Wettbewerb für das Theater in Charkov (Ukraine) teilgenommen und einen prinzipiellen Entwurf geliefert: Der große Raum ist parabolisch, in ihm steigt in Stufen ein großes Amphithea- *237–239* ter auf. Die Spitze der Parabel ist für die Bühne freigelassen, sie dringt in den großen Kreis der Bühne ein, in welchen flache parabolische Hintergründe eingestellt werden können. Der innere Kreis ist dreimal in Stufen erhöht: Oberbühne, Schnürboden, Turm. (Der Turm ist dekorativ.) Um den Bühnenkreis herum liegen Werkstätten, Proberäume, Garderoben. Batterien von Treppen geben Zugang zum Amphitheater.

Das Haus sollte nicht viel mehr Sitze haben als das Große Schauspielhaus. Es wirkt jedoch viel mehr als gewaltige Theatermaschine. Der Raum ist „mechanistisch" aufgefaßt: ein großer Schau-Apparat. Daß über dem Theatersaal so viel Raum vorgesehen ist, hat, nehme ich an, mit der gewünschten Baumasse zu tun; sie wäre sonst wohl zu kompliziert geworden. Aber die absteigenden Fenster der Treppenhäuser und die große

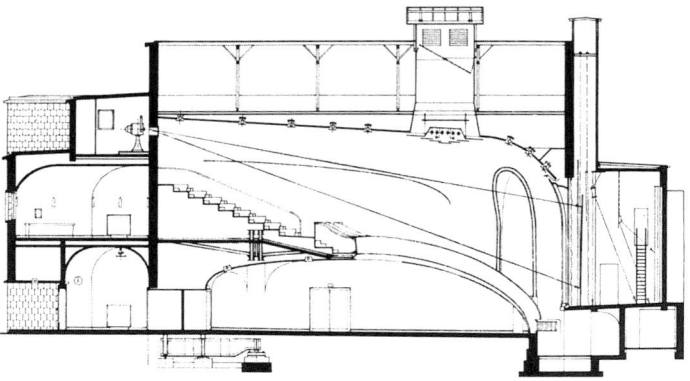

232 Hans Poelzig, ‚Deli'-Kino, Schnitt

230 Hans Poelzig, ‚Deli'-Kino, Breslau, 1925, Zuschauerraum

231 Hans Poelzig, ‚Deli'-Kino, Aufgang zum Balkon

233 Oskar Kaufmann, ‚Cines'-Kino, Berlin, 1912–1913, Aufgang zum Balkon

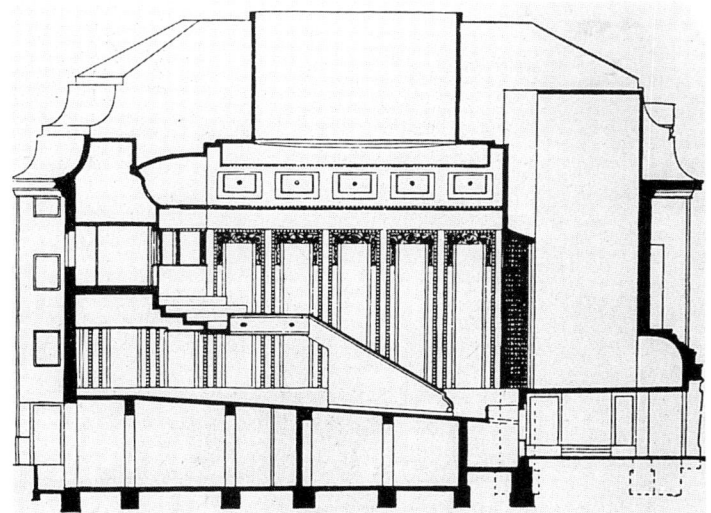

234 Oskar Kaufmann, ‚Cines'-Kino, Schnitt

236 Hans Poelzig, Kino ‚Babylon', Treppen

235 Hans Poelzig, Kino ‚Babylon', Berlin, 1928–1929, Zuschauerraum. Rechts und links der Leinwand die Orgel

240, 241 geschlossene Fläche über ihnen wirken seltsam. Es sieht fast so aus, als sei der große, durchlichtete Ring (Garderoben) das Wesentliche.

Der Versuch zu einer prinzipiellen Lösung wird unternommen: die in den Kreis eindringende Parabel. Vielleicht hätte sie sich dem Beschauer gegenüber durchgesetzt, aber ich habe meine Zweifel. Der Bau ist kompliziert geworden, das Treppenmotiv wird überbetont.

VERSAMMLUNGSSÄLE

1927 Völkerbundspalais (Projekt)
1931 Palais der Sowjets (Projekt)

An das Theater in Charkov schließt sich die Betrachtung der großen Versammlungssäle an, welche Poelzig geplant hat: den Bau für den Völkerbund in Genf (1927) und den Sowjetpalast in Moskau (1931): beides Wettbewerbsentwürfe, die auf dem Papier geblieben sind. Dabei kann man die beiden Saalbauten für Moskau in der Tat als Entwicklungen des Projektes für
242–244 Charkov bezeichnen, ohne, natürlich, die starke Büh-
237–241 nenentwicklung dort. Bühnen sind vorgesehen, und die kreisförmige im kleinen Haus ist der inneren Rundbühne des Theaters für Charkov nicht unähnlich. Ein großer Vorteil, verglichen mit Charkov, scheint mir zu sein, daß die Treppen, welche den Zugang zu den Amphitheatern vermitteln, in den Umriß der Gebäude integriert sind. Beide Baumassen sind simpel, das große Haus noch mehr konzentriert als das kleine mit seinen beiden Flügelbauten. Aber selbst Heuss zweifelt, ob die beiden Baukörper sich harmonisch aneinander anschließen. Die durchaus vertikale Gliederung der Gebäude soll die Einheit stilistisch herstellen, welche in der Komposition der Baukörper nicht erreicht wurde.

Dies war ein bekannter Wettbewerb, an dem namhafte Architekten teilgenommen haben; um nur zwei zu

nennen: Erich Mendelsohn und Le Corbusier. Le Corbusiers konstruktivistisches Projekt – die Decke des großen Hauses ist an einer Beton-Parabel aufgehängt – 245 ist mit Recht berühmt geworden. Mendelsohn gibt beiden Sälen eine gemeinsame Bühne und erreicht dadurch einen einzigen, wunderbar modellierten Baukörper. In- 246 teressant ist, daß seine Anordnung der Ränge im großen Saal offenbar auf Poelzigs dritte Fassung für Salz- 195–198 burg zurückgeht. Projekte wie diese beiden lassen erkennen, wie schnell in den zwanziger Jahren die Architektur sich entwickelt hat. Poelzig hat an *diesen* Entwicklungen nicht teilgenommen. Sein Thema ist ein anderes, er gehört einer anderen Generation an.

Auch der Wettbewerb für den Völkerbundpalast in Genf war international und ist berühmt geblieben. Auch hier fand Poelzigs Arbeit sich mit einem Entwurf von Le Corbusier konfrontiert und mit einem noch progressiveren der Basler Architekten Hans Wittwer und Hannes Meyer. Beide Entwürfe sind hinlänglich bekannt, wir brauchen sie hier nicht vorzustellen. Anders aber als bei dem Moskauer Wettbewerb kann Poelzigs Projekt sich neben diesen beiden sehen lassen. 247, 248 Es ist eine Arbeit der älteren Generation, gewiß; aber eine überzeugende Arbeit. Der Saalbau, ein großes, einmal gestuftes Achteck, steht am Seeufer, greift sogar über das Ufer in den See vor und steigt aus ihm auf. Der Bürotrakt, konvex zum See gekrümmt, liegt dahinter auf dem Lande und steigt in drei Stufen auf. Er ist durch eine große gedeckte Allee mit dem Oktogon am See verbunden. Wenn man sich heute fragt, welches Gebäude man am liebsten in Genf gebaut sehen würde, so läßt sich zugunsten von Poelzigs Entwurf viel sagen.

Vielleicht ist der Saal selbst das am wenigsten Geglückte an seinem Projekt: ein Oktogon mit zum Podium hin abfallendem Parkett, zwei den ganzen Raum umziehenden Rängen und einer in Stufen aufsteigenden Decke, welche dem ersten Projekt für Salzburg verpflichtet ist.

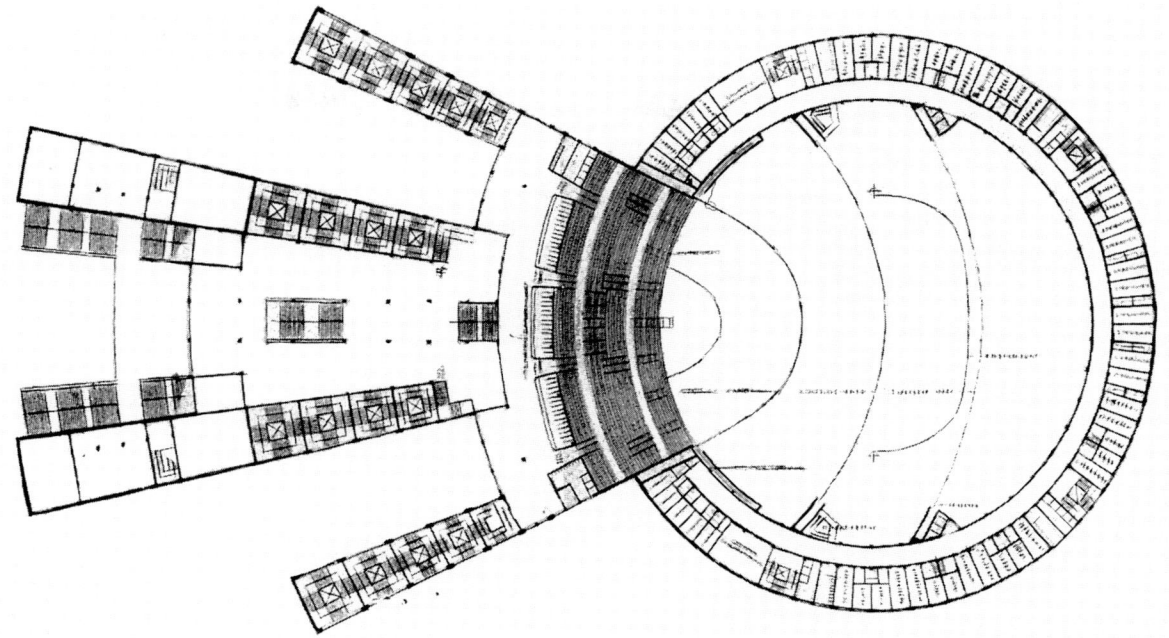

237 Hans Poelzig, Theater in Charkow, Ukraine, Wettbewerbsentwurf, 1930, Grundriß auf der Ebene des dritten Ringes

238 Hans Poelzig, Theater in Charkow, Grundriß auf der Ebene des fünften Ringes

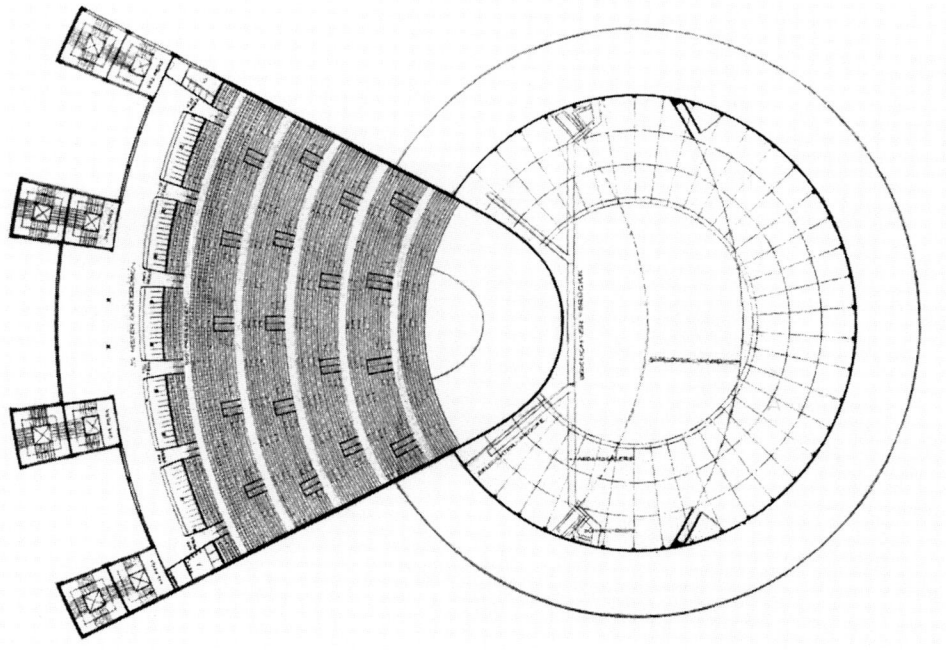

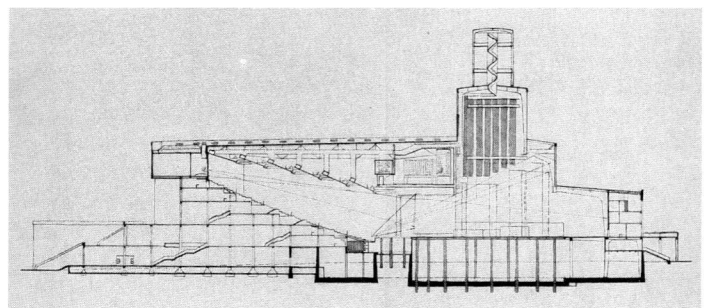

239 Hans Poelzig, Theater in Charkow, Schnitt

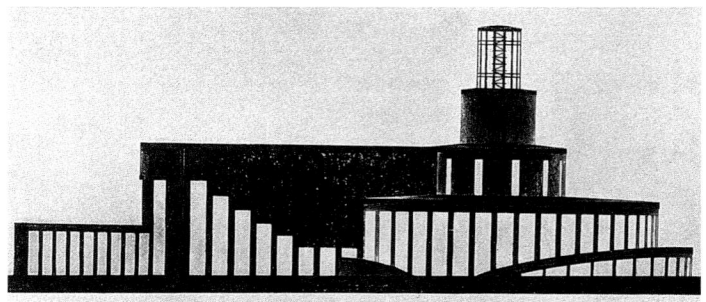

241 Hans Poelzig, Theater in Charkow, Seitenansicht

240 Hans Poelzig, Theater in Charkow, Perspektive

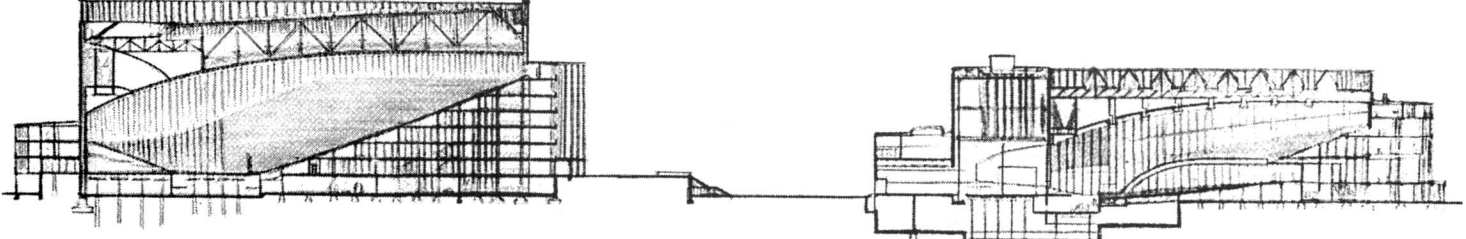

242 Hans Poelzig, Sowjetpalast in Moskau, Wettbewerbsentwurf, 1931, Schnitte

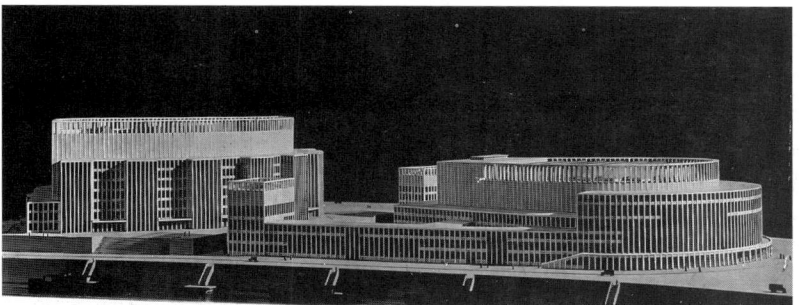

243 Hans Poelzig, Sowjetpalast, Modell

244 Hans Poelzig, Sowjetpalast, Grundriß

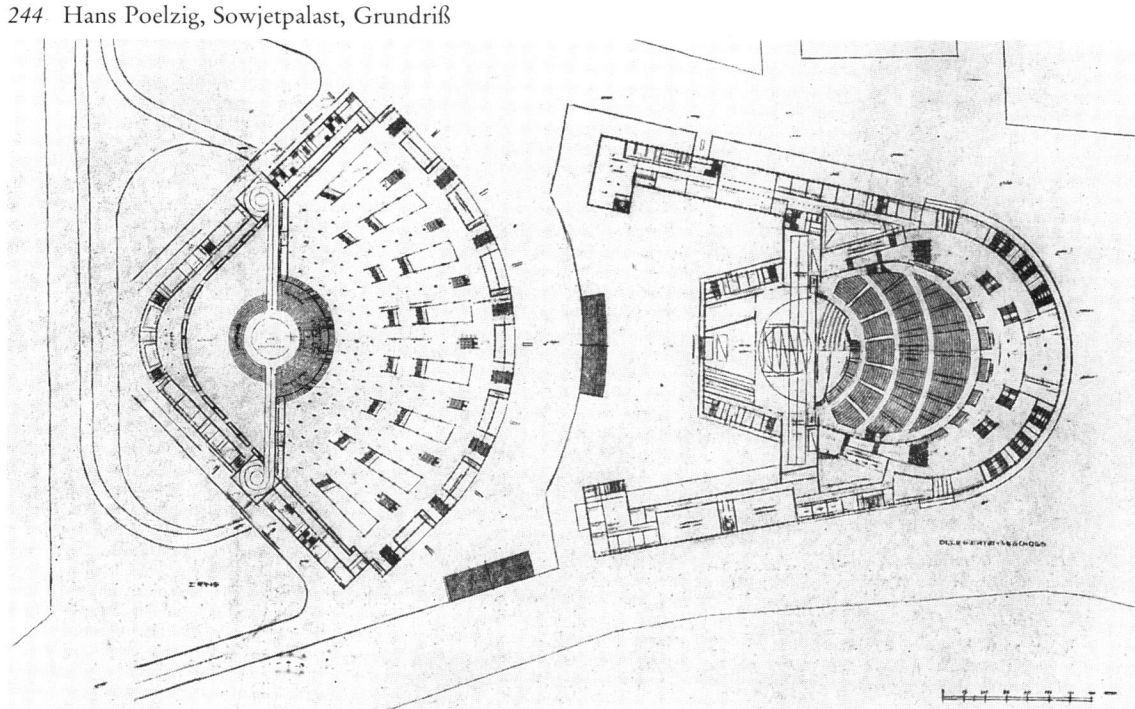

245 Le Corbusier, Sowjetpalast in Moskau, Wettbewerbsentwurf, 1931

246 Erich Mendelsohn, Sowjetpalast in Moskau, Wettbewerbsentwurf, 1931, Modell

247 Hans Poelzig, Völkerbundpalast bei Genf, Wettbewerbsentwurf, 1927, Perspektive

248 Hans Poelzig, Völkerbundpalast, Grundriß

249 Hans Poelzig, Zwei Schulen in Dresden, Projekt, 1916, Lageplan

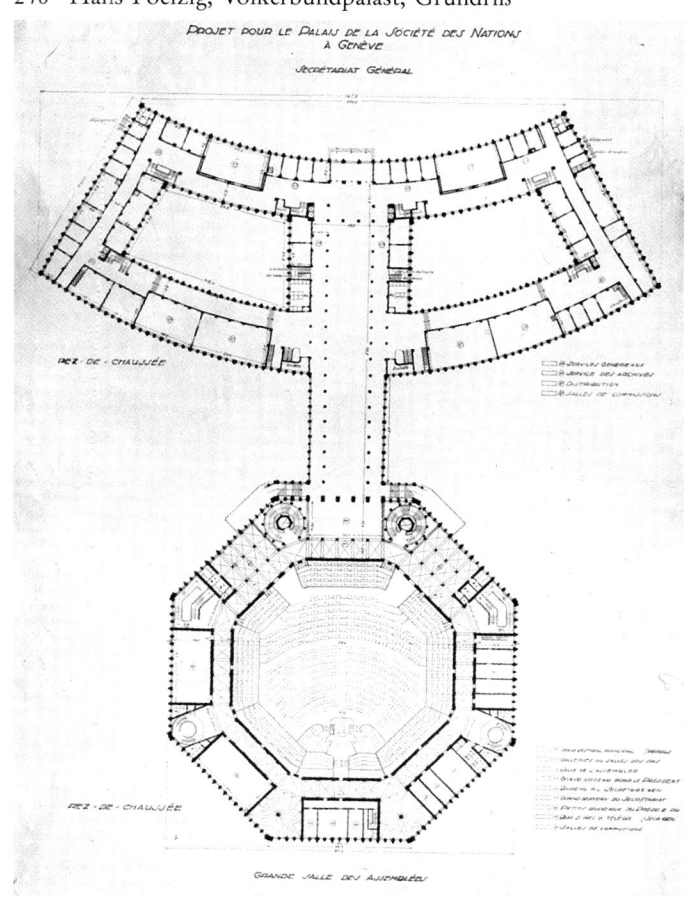

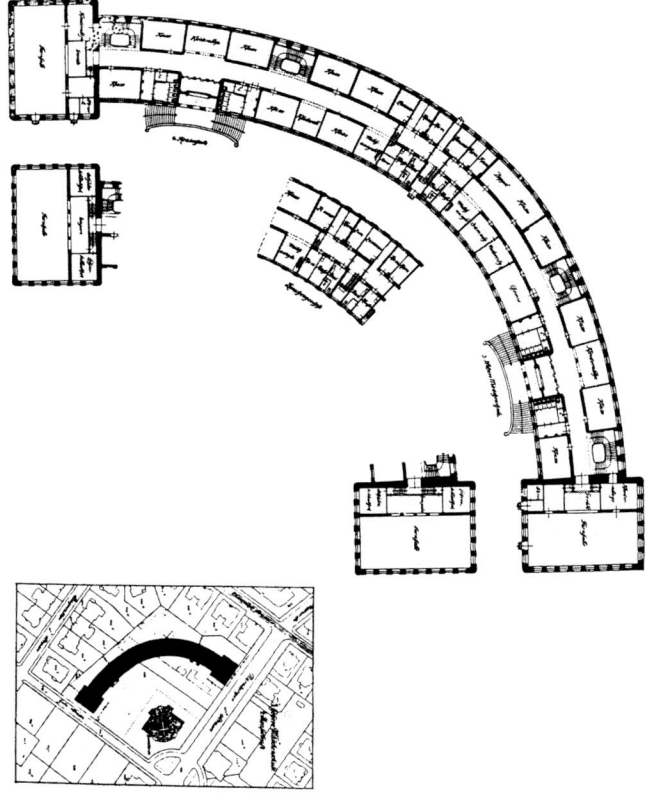

Zwischen der geometrischen Form des Raumes und der Ausrichtung des Parketts, das heißt der Versammlung selbst nach dem See-Ende hin, wo das Podium sich befindet, besteht ein Widerspruch, den Poelzig nicht lösen konnte. Man sagt, er habe der symbolischen Form die praktische geopfert. Die symbolische ist es, die sich in der äußeren Gestalt durchsetzt. Ohne Zweifel hat ihn hier die äußere Gestalt, die Anordnung der Baukörper, am stärksten interessiert: Es ist eine seiner schönsten Gruppen.

Weder in Moskau noch in Genf wurde irgendeines der Projekte der neuen Architektur gebaut. An beiden Orten setzte sich eine Rückkehr zur klassizistischen Architektur mit Säulen und Gebälken durch.

GEBÄUDEGRUPPEN

1916 Zwei Schulen hinter einer bestehenden Kirche in Dresden (Projekte)

Eine der frühesten Gebäudegruppen sind die beiden 249 Schulen hinter einer bestehenden Kirche für Dresden. Poelzig hat sie etwa zu einem Viertelkreis zusammengefaßt, welcher einen Hintergrund für die bestehende Kirche abgibt, das heißt, er hat den Schulbau *rein* städtebaulich behandelt: Die Situation und was Poelzig aus ihr machen wollte, haben die Planung bestimmt. In dieser Situation mag das nahegelegen haben; aber es hat ja auch damals schon, auch für Schulbauten, die funktionalistische Art zu planen gegeben: von der besten Belichtung der Klassen ausgehend, dem bequemsten Zugang zur Aula etc.

Das hat Poelzig nicht interessiert. Er hat offenbar gemeint, bei einem schematischen Bau, einer Aufreihung von Klassen – oder von Büros, wie wir sehen werden – sei die Funktion kein Problem; das heißt, er hat gedacht wie die Leute von der Ecole des Beaux Arts, auf jeden Fall hat er so denken *können*.

Heuss nimmt Gelegenheit, den Vorwurf gegen irgendein Gebäude Poelzigs, es sei ja (Gott behüte!) axial geplant, dadurch zurückzuweisen, daß er sagt, man solle sich nicht täuschen: Poelzig habe *immer* axial geplant.[1] Nicht immer, würde ich sagen, und am wenigsten vielleicht in der Breslauer Frühzeit. Aber da ihn die Gesamtform in der Tat mehr interessiert hat als die Funktion, hat er sich selbstverständlich der einfachen Ordnungsschemata der Architektur, wie Achse, Dominante etc., bedient. Hier steht in der Achse das *andere* Gebäude: die Kirche.

1927 Berufsschulen in Berlin-Charlottenburg (Projekt)
1928/1929 Berufsschulen in Berlin-Kreuzberg (Projekt)

Bleiben wir beim Schulbau, zwei Projekten für Berlin aus den Jahren 1927 bis 1929: die Berufsschulen für Charlottenburg und die Berufsschulen am Urbanufer (im Südosten Berlins, jetzt Bezirk Kreuzberg). Die „Gelegenheit" für die Gruppe in Charlottenburg ist der kurze Wasserlauf, der von dem Hauptwasserlauf, an dem die Schule stehen sollte, abzweigt. Er wird in dem 250, 251 Entwurf flankiert von den Sporthallen und führt auf die gemeinsame Aula der Berufsschulen zu, welche das 252 Zentrum der Anlage bildet. Um die Aula herum legt sich als Hintergrund (vergleiche die Dresdner Doppel- 249 schule!) gekrümmt die Mädchenschule, an sie schließt im Osten die Knabenschule an. Im Westen wird sie „balanciert" durch den geraden Arm der Handwerkerschule, der indessen nur *eine* Reihe von Klassen hat und sich nach Westen erweitert: Werkstätten etc. In der Perspektive wird der Unterschied in der Breite der Knabenschule und der Handwerkerschule nicht gezeigt, und die an diese anschließenden Werkstätten werden so beiläufig behandelt, daß man zunächst meint, sie gehörten einem anderen Gebäude an. Die (ungefähre) Parabel der

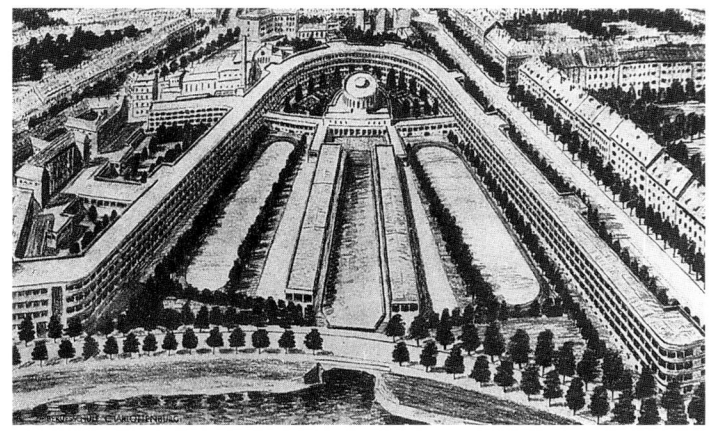

250 Hans Poelzig, Berufsschulen in Berlin-Charlottenburg, Projekt, 1927, Perspektive

251 Hans Poelzig, Berufsschulen in Berlin-Charlottenburg, das Versammlungssaalgebäude

252 Hans Poelzig, Berufsschulen in Berlin-Charlottenburg, Grundriß

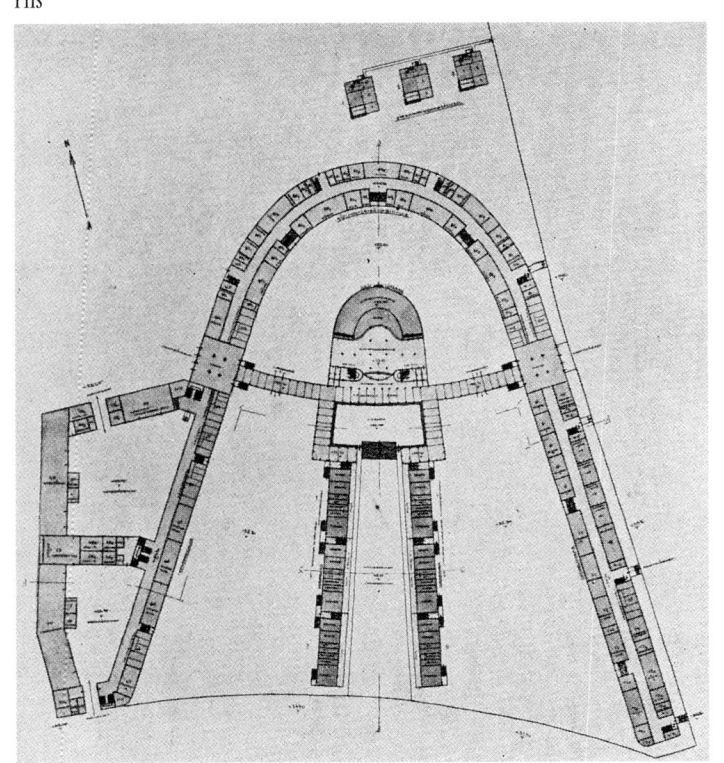

253 Hans Poelzig, Berufsschulen in Berlin-Kreuzberg, 1928–1929

Schultrakte, welche sich um das Aulagebäude zu Häupten des Kanals legt, wird übertrieben deutlich gezeigt.

Die Aula selbst, welche im ersten Stock liegt, ist elliptisch. Der Zugang im Erdgeschoß hat eine sehr eigenartige Form erhalten. Die Gruppe ist von schönster Künstlichkeit – oder auch von schlimmer Künstlichkeit, das kommt auf den Standpunkt an.

Die Komposition der drei Berufsschulen am Urbanufer ist ähnlich, nur reduziert: ohne den mittleren Wasserlauf und die ihn begleitende Reihe von Turnhallen, im Halbkreis angeordnet, nicht in der Parabel und mit einer erheblich simpleren, viereckigen Aula. Trotzdem *253* ist das beinahe eine Wiederholung der Schulgruppe für Charlottenburg.

1926 Deutsches Sportforum in Berlin (Wettbewerbsprojekt)

Die langgestreckte Gruppe kulminiert in dem „Winter-Stadion", einem elliptischen Gebäude am Kopf eines „Ehrenhofs" zwischen einem Turnhallengebäude und *254, 255* dem Bau der „Hochschule für Leibesübungen". Der Gesamtentwurf sieht so aus, als hätte Poelzig gern eine Axialität für das ganze Projekt hergestellt, aber das Grundstück war dazu nicht geeignet. Das Winterstadion hat eine bedeutende Höhe erhalten. Es lag Poelzig offenbar daran, dieses eigenartig geformte Gebäude als Kulmination zu behandeln: Es ist das, was an dem Projekt am meisten Poelzigs Stempel trägt.

1926 Halle, Bebauung des Lehmann-Felsens (Wettbewerbsprojekt)

Der Lehmann-Felsen erhebt sich über dem Flußtal der Saale. Es sind eigentlich zwei Felsen, die von einem Plateau ins Saaletal vorstoßen. Dort oben sollte ein Mu-

seum gebaut werden, ein Saalbau, genannt Stadthalle, und ein Bau „für Leibesübungen", also eine Turnhalle mit Zubehör. Der Saalbau war für Konzerte und gelegentliche Theateraufführungen gedacht, er hatte eine kleine Bühne. Es wurde ein Wettbewerb für Hallenser Architekten ausgeschrieben, einige bekannte Architekten wurden zusätzlich eingeladen: Behrens, Bonatz, Fahrenkamp, Gropius, Kreis und Poelzig: moderne Architekten, aber nicht Schöpfer der modernen Architektur. Der Name Gropius gehört deswegen eigentlich nicht zu den anderen; nicht, weil er der Jüngste gewesen wäre, Fahrenkamp war jünger.

Für Poelzig stellte die Felsformation über dem Flußtal eine Herausforderung dar. Er stellte den ovalen Saalbau auf den einen und das Museum auf den anderen Felsvorsprung und behandelt den Saalbau als das Ereignis in dieser Tallandschaft, die sich zu dramatischen *256* Wirkungen geradezu anbot. Das Museum, ein Flachbau mit nur einem drei Geschosse hohen Flügel, tritt daneben zurück. Die Turnhalle steht abseits vom Tal auf dem Plateau. Es ist endlich wieder eine Landschaft, die man mit dem Hügel von Hellbrunn (Salzburg) verglei- *189, 190* chen kann. Aber auch diese Steigerung einer landschaftlichen Gegebenheit durch Architektur ist Entwurf geblieben.

Damit ist wohl das Wesentliche schon gesagt: Der Grundriß des ovalen Saalbaues ist das, was man von Poelzig erwartet, und das gleiche gilt für den Zugang zum Saalbau vom Plateau her, das zum Rand der Felsen hin ansteigt.

1925 Messehaus in Hamburg (Projekt)

Der Entwurf eines Messehauses für Hamburg – mit einigen großen Lichthöfen und Sälen (Börsensaal) im unteren Teil – ist in Poelzigs Werk wohl der extreme Fall *257, 258* einer Staffelung in einem Gebäude. Der Entwurf *252, 253* stammt aus derselben Zeit wie der Ladenbau, der das

254 Hans Poelzig, Deutsches Sportforum Berlin, Wettbewerbsentwurf, 1926, Ehrenhof

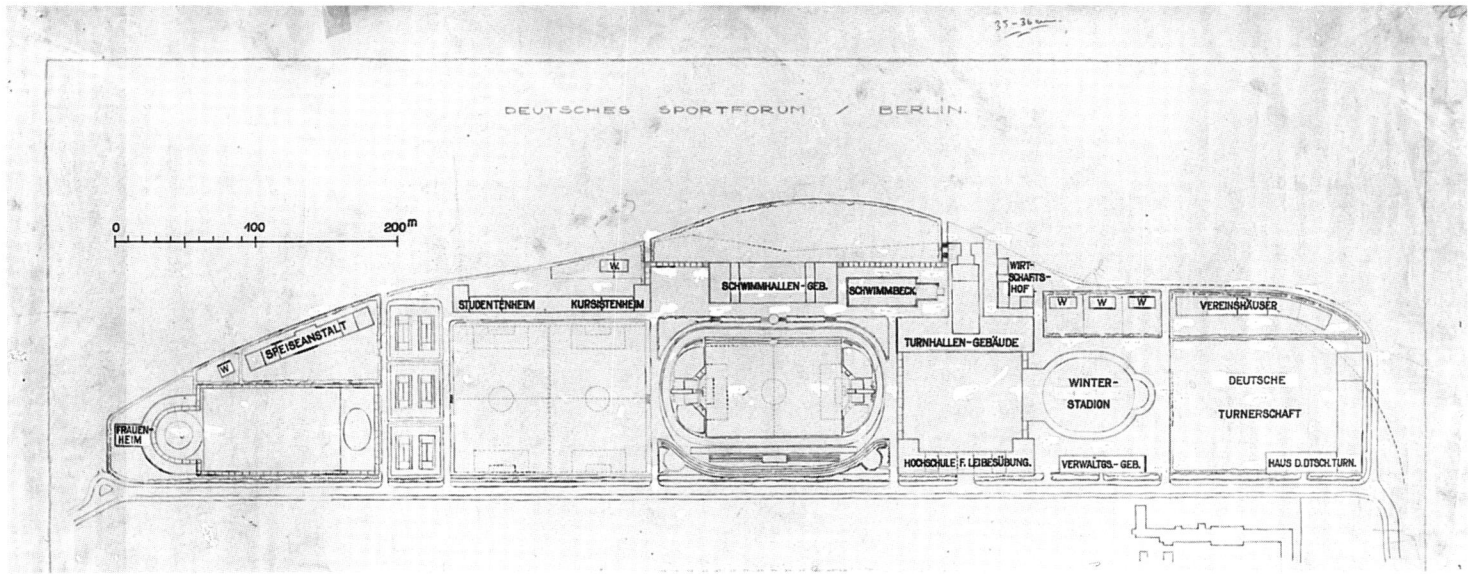

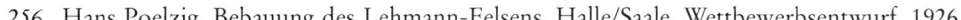

255 Hans Poelzig, Deutsches Sportforum, Lageplan

256 Hans Poelzig, Bebauung des Lehmann-Felsens, Halle/Saale, Wettbewerbsentwurf, 1926

257 Hans Poelzig, Messehaus in Hamburg, Projekt, 1925

258   Hans Poelzig, Messehaus in Hamburg, Blick vom Hauptbahnhof

211, 212 Capitol-Kino enthält. Wir haben gesehen, daß Poelzig dort gern eine lebhafte Stufung hätte einführen wollen; dort war es nicht möglich gewesen. An dem Entwurf zum Messehaus in Hamburg hat er sich, man möchte fast sagen, schadlos gehalten; und zwar in größtem Maßstab. Übrigens wird hier jede Axialität aufgegeben. Das unregelmäßige Grundstück ermöglicht ein prachtvolles Chaos. Es gehört durchaus zu diesem Projekt, daß hier die Massen durcheinandertaumeln und selbst in der Kulmination nicht zur Ruhe kommen. Dabei steigen diese mannigfachen Stufen an gegen eine einzige gebogene Baumasse, die dreiundzwanzig Geschosse hoch aufsteigt – was im Jahre 1925 sensationell war –, um an beiden Enden in Stufen abzusteigen. Dieses gewaltige Bauwerk überblickt den Bahnkörper, von wo man es in seiner ganzen Größe hätte überschauen können. Hier drückt sich auch der Inhalt des Gebäudes, man kann nur sagen, mitleidslos, aus: Büros, alle hinter den gleichen Fenstern. Die Einheit der Baumasse wird dadurch betont, daß die Stufen nicht zurücktreten, auch die unterste Stufe, die im rechten Winkel vom Gebäude fortführt, bleibt in der gleichen Ebene: eine Art der Komposition, die Erich Mendelsohn eingeführt hatte und die an der Londoner Architekturschule, an der ich in den fünfziger Jahren gelehrt habe, noch immer als „unmöglich" galt. So muß sie auch dem Zeichner der effektvollen Perspektive erschienen sein, die wir abbilden und auf der die große Wand *in Stufen* zurückzutreten scheint.

1929/1930 Drei Gebäudegruppen (Wettbewerbsprojekte)

Um diese Zeit arbeitete Poelzig an den größten Bauaufgaben, die er ausführen durfte: dem Gebäude der IG-Farben in Frankfurt, den Gebäuden für das Messegelände in Berlin und dem zu diesem Komplex gehörenden Funkhaus. Das hat ihn nicht gehindert,

auch an einigen Wettbewerben jener Zeit teilzunehmen. Er tat es auch, um sein damals nicht mehr kleines Büro zu beschäftigen.

Der Stil dieser Gebäude ist der Stil der Zeit: das flache Dach, die Fensterbänder oder dicht gestellten Fenster. Poelzig hat ihn adaptiert und versucht, durch Gruppierung, welche zuweilen sehr weit getrieben wird, oder durch einen einzigen starken Effekt den Entwurf aus der Banalität einer „akzeptierten" Architektur zu lösen.

Übertriebene Gruppierung finden wir bei dem Verwaltungsgebäude der Deutschen *Versuchsanstalt für Luftfahrt* in Berlin-Britz. Beim *Verwaltungsgebäude* 259 *für das Stickstoffsyndikat* in Berlin versucht Poelzig, wenigstens die Rückseite der zu langen Front durch einen abgerundeten „Ausstellungsraum" in der Mittel- 260, 261 achse zu unterbrechen; die Anordnung hat er mit besserem Effekt bei dem stark gegliederten Bau des IG-Farben-Gebäudes wiederholt.

Das *Studentenheim für Charlottenburg* endlich wird bestimmt durch den kreisrunden Vorbau des Versammlungssaales und das große, vortretende Fenster der Mensa, welche in der gleichen Achse liegt. Hier findet 262–264 im Erdgeschoß eine prachtvolle axiale Zugangsentwicklung statt: unter der Mensa und unter dem runden Raum.

Wenn man sich vergegenwärtigt, daß er damals, 1929, zugleich mit den großen Bauaufträgen und den Wettbewerben seine beiden Lehraufträge, die Meisterklasse und die Klasse an der Technischen Hochschule, mit voller Energie wahrnahm, kann man sich ein Bild von Poelzigs Arbeitskraft auf diesem Höhepunkt seiner Tätigkeit machen.

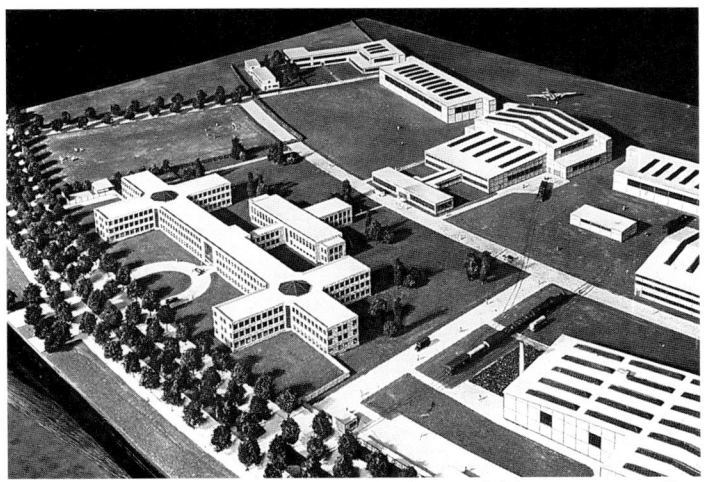

259 Hans Poelzig, Versuchsanstalt für Luftfahrtwesen, Berlin-Britz, Wettbewerbsentwurf, 1929–1930, Modell

260 Hans Poelzig, Verwaltungsgebäude für das Stickstoff-Syndikat, Berlin, Wettbewerbsentwurf, 1929

261 Hans Poelzig, Verwaltungsgebäude für das Stickstoff-Syndikat, Grundriß

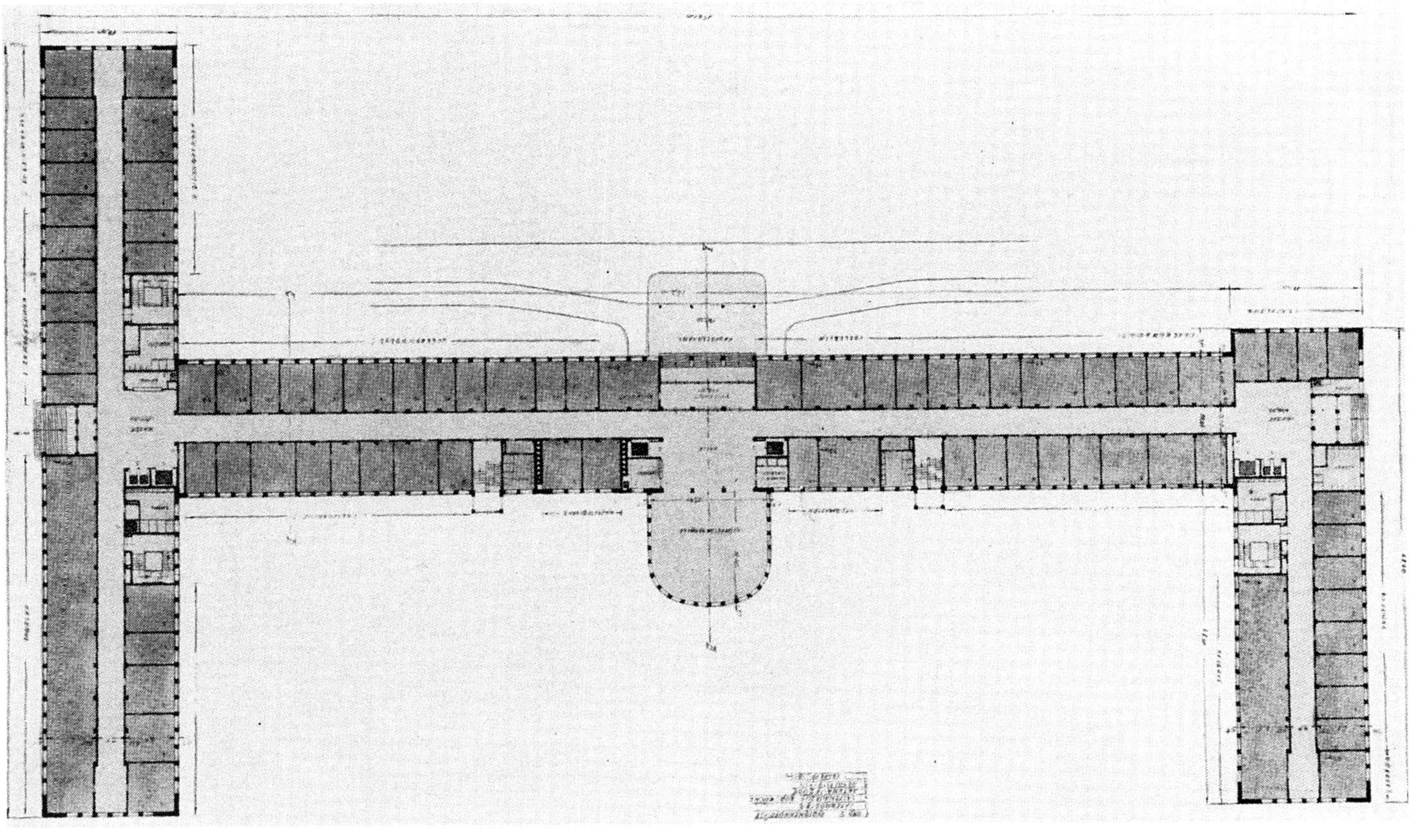

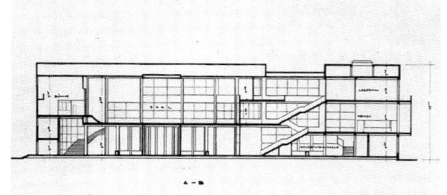

262 Hans Poelzig, Studentenheim in Berlin-Charlottenburg, Wettbewerbsentwurf, 1929, Modell

263 Hans Poelzig, Studentenheim in
Berlin-Charlottenburg, Schnitt

264 Hans Poelzig, Studentenheim in Berlin-Charlottenburg, Grundriß

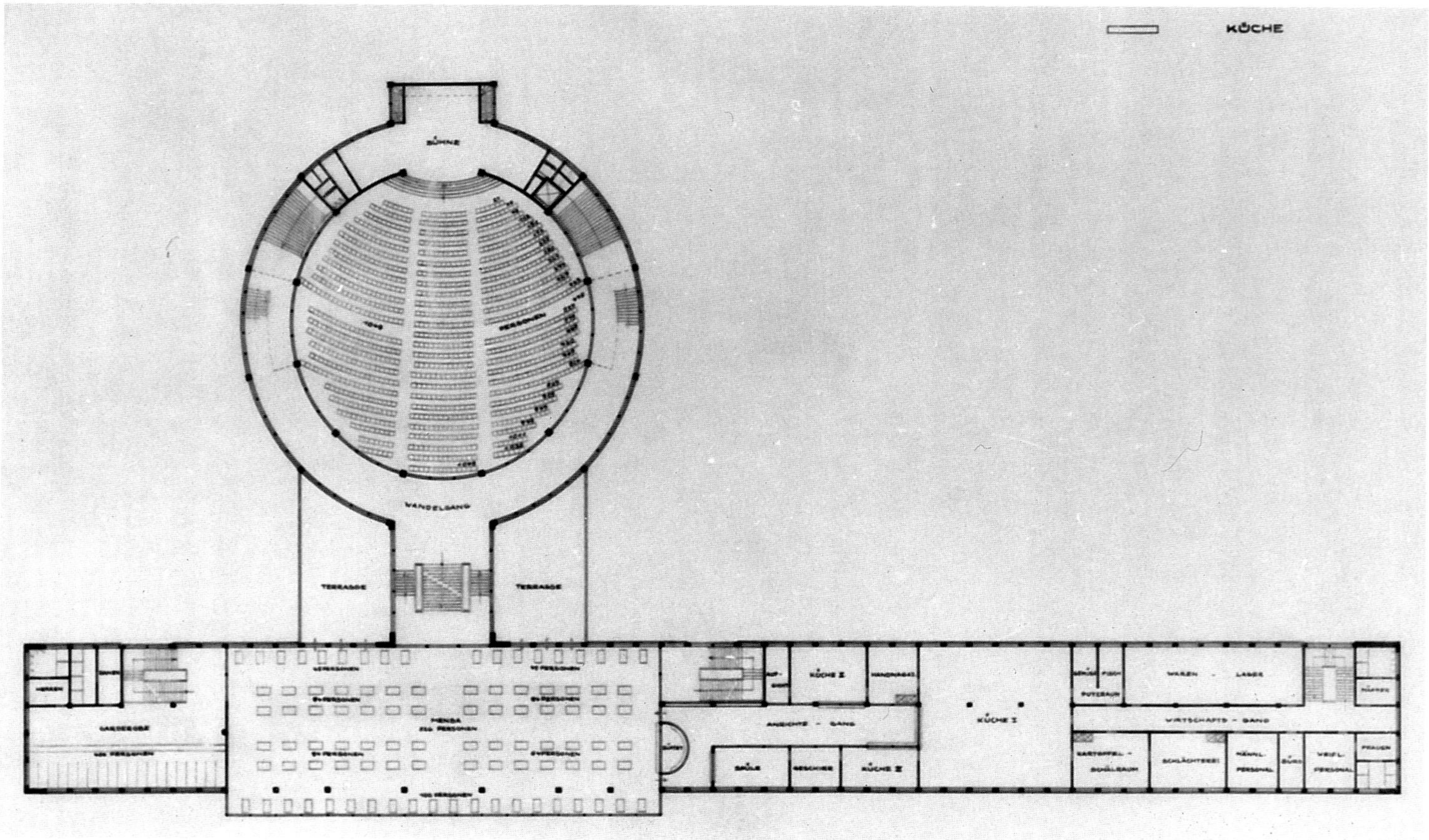

STÄDTEBAULICHE PROJEKTE

1929 Reichstagserweiterung (Projekt)

Es besteht kein prinzipieller Unterschied zwischen Poelzigs Gebäudegruppen und seinen städtebaulichen Projekten. Es sind immer Projekte, welche eine bestimmte Situation in der Stadt zu *gestalten* versuchen. Beginnen wir mit dem umfangreichsten, der sogenannten Reichstagserweiterung in Berlin. Damals befand sich die „Siegessäule", das Monument zum Gedächtnis an die drei Kriege Bismarcks, aus denen das Deutsche Reich unter Führung Preußens hervorgegangen war, gegenüber dem Reichstagsgebäude von Paul Wallot auf dem Platz der Republik (vor 1918 Königsplatz).

Poelzig hat sich zu Anfang des Jahres 1927 Gedanken über eine Erweiterung des Reichstages gemacht. Sie wirken ein wenig schematisch: ein Breitplatz, der vom Reichstagsgebäude bis zur „Krolloper" reicht, gekreuzt von einer Fortsetzung der „Siegesallee" Wilhelms des Zweiten bis zum Scheitel des großen Spreebogens. Auf der Kreuzung die Siegessäule; übrigens ein Resultat von Überlegungen, welche offenbar in der Gruppe der fortschrittlichen Architekten, dem „Ring", angestellt wurden. Später dann, noch im selben Jahre, fand ein Wettbewerb statt, an dem Poelzig *nicht* teilgenommen hat.

1929 wurde ein zweiter, beschränkter Wettbewerb ausgeschrieben, an dem Poelzig teilnahm. Jetzt wurden die Aufgabe und der städtebauliche Bezugsrahmen erweitert. Er umfaßte nun das ganze Gelände vom Spreebogen bis zu der großen Ost-West-Straße (Unter den Linden – Charlottenburger Chaussee). Poelzig kam es nicht auf die Schaffung einer Nord-Süd-Achse für Berlin an, sondern auf eine Deutung des Spreebogens, um es einmal so zu nennen. Diese Deutung setzte aber voraus, daß das im Spreebogen gebaute Wohnquartier abgerissen wurde; und das war nicht ein beliebiges Wohnquartier, sondern eine der besten Wohngegenden von

Berlin, eine Wohngegend für adlige Familien (die Familie des Grafen Barby in Theodor Fontanes *Stechlin*[2] war dort angesiedelt). Die Häuser, welche dort standen, sind im späten neunzehnten Jahrhundert gebaut worden, dessen Architektur man damals vollständig ablehnte; vornehme Häuser, deren Qualität Poelzig nicht entgangen sein kann. Trotzdem schlug er vor, das Wohnquartier abzureißen; dieser Teil Berlins sollte die politischen Instanzen des Reichs auf monumentale Art verkörpern. Das war nicht allein Poelzigs Auffassung, es war das Thema des Wettbewerbs. Poelzig wählte den lapidarsten Ausdruck: Die Gebäude der Ministerien wurden im Spreebogen radial angeordnet. Das Preisgericht hat zu dem Entwurf gesagt:

„Dieser städtebaulich groß gesehene Vorschlag würde Berlin den in der Mitte der Stadt fehlenden monumentalen Platz geben, und zugleich den Flußlauf in das Stadtbild einbeziehen. Ein solcher Platz würde, wenn seine Ausführung im Bereich des Möglichen läge, der Stadt ein besonderes Gepräge als Reichshauptstadt verleihen und daher nicht nur für Berlin, sondern ein für ganz Deutschland wichtiges Motiv schaffen. Wäre doch die gesamte Anlage in sich ein eindrucksvolles Symbol des Reichsgedankens. Erkauft wird der Vorschlag mit der Niederlegung eines ganzen Stadtviertels, also mit einer Maßnahme, die aus wirtschaftlichen Gründen gegenwärtig nicht im Bereich des Möglichen liegen dürfte."[3]

Man kann sich noch heute dem Urteil des Preisgerichtes nur anschließen. Die damalige Schwierigkeit hat das Bombardement des Zweiten Weltkrieges seitdem drastisch aus dem Wege geschafft; man wäre jetzt frei, Poelzigs Plan in der neuen Hauptstadt Berlin endlich auszuführen; wodurch man, wie das Preisgericht sagte, der Spree im Stadtbild Berlins Bedeutung verleihen könnte. Die Spree fließt ja sozusagen an Berlin vorbei.

Poelzigs Vorschlag ist von lapidarer Einfachheit. Als wir ihn damals sahen, sagten wir: Wie denn anders?! Nur das Gebäude der Bibliothek bleibt nach wie vor

266, 267

265

221

266 Hans Poelzig, Erweiterung des Reichstags, Gebäude der Ministerien am Spreebogen, Berlin, Wettbewerbsentwurf, 1929

265 Hans Poelzig, Vorschlag für einen Bibliotheksbau neben dem Reichstag, Berlin, Wettbewerbsentwurf, 1929

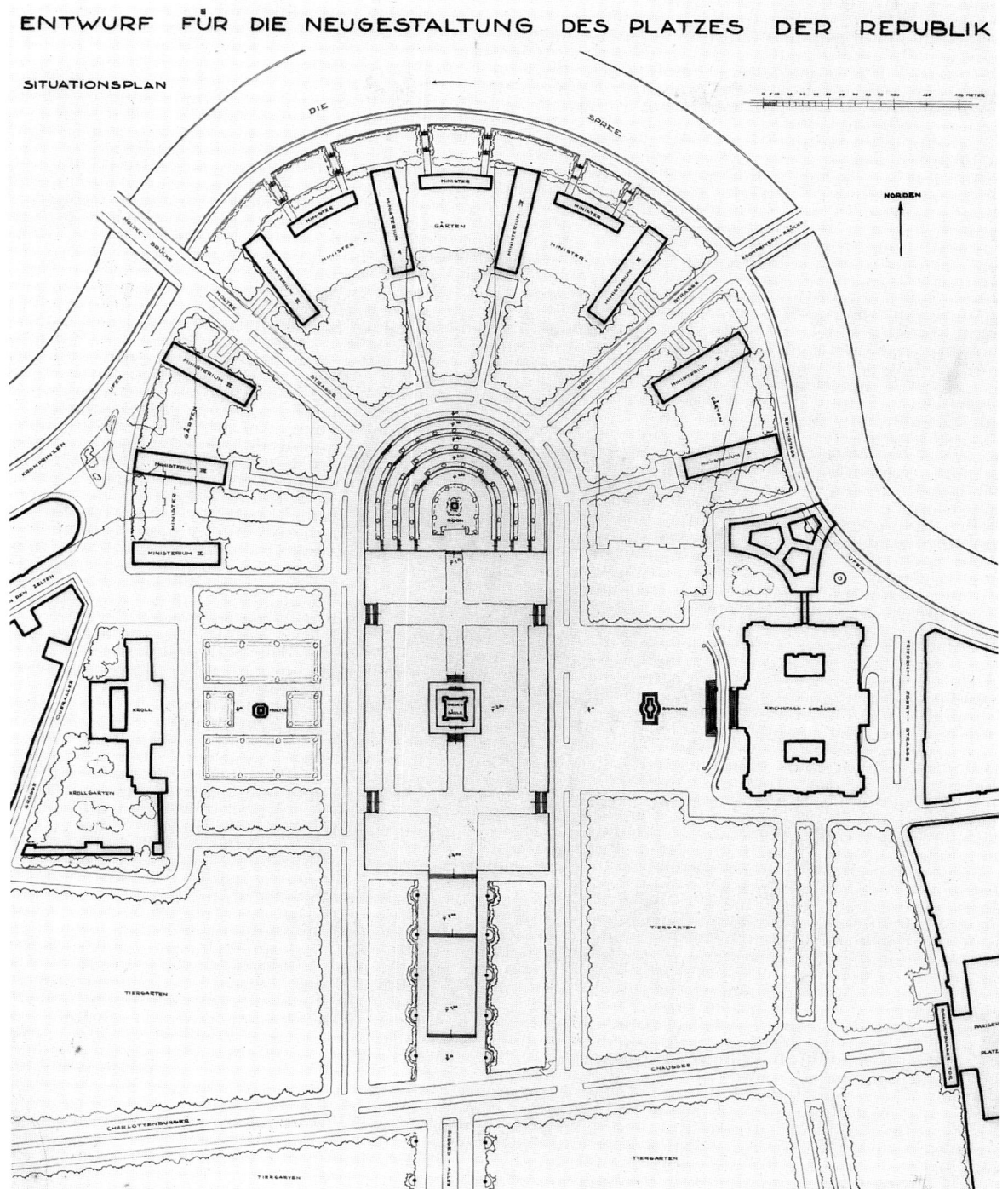

267 Hans Poelzig, Erweiterung des Reichstags, Lageplan

ein wenig verloren in seiner Dreiecksgestalt an der Ecke des Reichstagsgebäudes stehen. Eine Wiederholung, notabene, von Poelzigs Entwurf von 1922 für ein Hochhaus am Bahnhof Friedrichstraße. Die Jury gab Poelzigs Projekt keinen Preis. Die Wettbewerbsbedingungen hatten einen Abriß des Wohnviertels im Spreebogen nicht vorgesehen. Aber das Projekt wurde immerhin in die engste Wahl gezogen. Hätte die Prosperität der Weimarer Republik länger gedauert, so wäre eine Verwirklichung immerhin denkbar gewesen. Aber 1929 war das Jahr des „Schwarzen Freitags" in der Wallstreet, der Anfang vom Ende der Weimarer Republik. Wir müssen auch diesen Umstand bedenken. Er ist verantwortlich dafür, daß das andere große Projekt Poelzigs, der Bau des „Messegeländes" im Westen der Stadt, nur stückweise Wirklichkeit werden konnte; und ganz allgemein dafür, daß auch in dieser Zeit in Poelzigs Arbeit die Projekte überwogen.

1927 Umgestaltung des Scheunenviertels, Berlin

Die Umgestaltung des sogenannten Scheunenviertels, nördlich des Zentrums von Berlin, des Alexanderplatzes, war das Ergebnis eines Wettbewerbes unter nur vier Architekten. Poelzig erhielt den Auftrag. Seit Martin Wagner 1926 das Amt des Stadtbaurats von Berlin übernommen hatte, hatten sich Poelzigs Beziehungen zur Stadtverwaltung durchgreifend verändert. Zwischen ihm und Ludwig Hoffmann, Wagners Vorgänger, waren die Beziehungen denkbar schlecht. Hoffmann war seit 1896 Stadtbaurat gewesen. Das ist zu lange. Und Poelzig hatte für seinen Historismus niemals Sympathie gehabt. Mit Wagner war er befreundet.

Das Scheunenviertel, um den Bülowplatz herum gelegen, war eine wenig bebaute Gegend der Innenstadt, in deren Mitte ein Theater lag, die Volksbühne (Architekt: Oskar Kaufmann). Es stand da sozusagen im freien Felde. Ich weiß nicht, was Poelzig von der Architektur der Volksbühne gehalten hat. Auf jeden Fall hat er sich Mühe gegeben, ihr durch eine Umbauung architektonisch einen Rahmen zu geben: Neben beide Seiten des Theaters stellt er dreieckige Baublöcke, Wohnhäuser, vor der Front des Hauses legt er einen parabolischen Platz an, von einer Pergola auf zwei Seiten umzogen. Die Front des Theaters hätte dadurch erst eine des öffentlichen Gebäudes würdige Umgebung erhalten. An den umliegenden Straßen plante Poelzig weitere Wohnhausbauten. Ein paar von ihnen sind gebaut worden, in einem befindet sich das Kino Babylon.   *235, 236*

Was entstand, ist wenig, und nicht besonders eindrucksvoll. Der wichtige Teil der Umgestaltung, zu Seiten des Theaters und vor seiner Front, blieb ungebaut.

1928 Stadtzentrum in Hindenburg, Oberschlesien (Projekt)

Hindenburg liegt in Oberschlesien, im Steinkohlengebiet, war ursprünglich ein Dorf namens Zabrze, wuchs seit dem Ende des achtzehnten Jahrhunderts zu einem Ort im Kohlenbergbau, hatte 1905 über 50000 Einwohner und wurde 1915 zu Ehren des Feldmarschalls in Hindenburg umbenannt: eine neue Stadt, deren Zentrum noch zu schaffen war. Poelzig umgibt ein Stadthaus mit Laden- und Wohnungsbauten, und zwar entwirft er in unmittelbarer Nähe des Stadthauses Häuser mit drei Geschossen über den Läden, auf der gegenüberliegenden Seite der geschwungenen Straße, die zum Platz vor dem Stadthaus führt, mit vier Geschossen. Diese Straße steigt an, da sie vom Stadthaus fortführt, und die Häuser werden entsprechend gestaffelt. An ihr entsteht vor dem Theater ein zweiter Platz. Die Wohnhäuser sind geschwungen und haben abgerundete Ekken, sie sind horizontal nach Stockwerken gegliedert. Das Stadthaus ist kantig und vertikal gegliedert. Es lohnt sich, dem auf dem Modell im einzelnen zu folgen. Die Gruppe „Stadtzentrum" wäre zweifellos sehr reiz-

268, 269

270

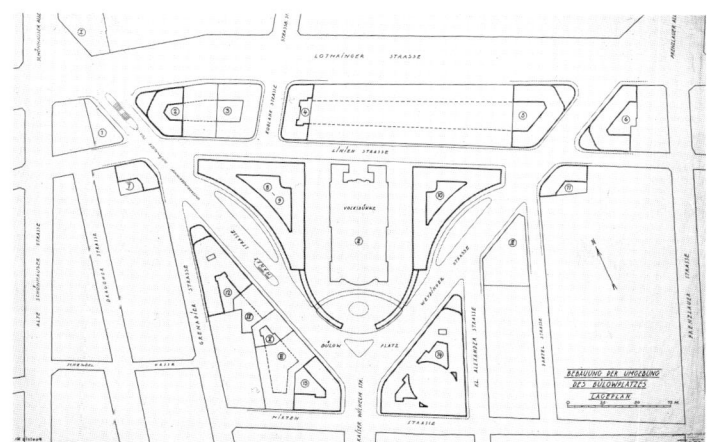

269   Hans Poelzig, Umgestaltung des Scheunenviertels, Lageplan

270   Hans Poelzig, Stadtzentrum Hindenburg, Oberschlesien, Projekt, 1928, Modell

268   Hans Poelzig, Umgestaltung des Scheunenviertels, Berlin, 1927, teilweise realisiert. Der Vorschlag umfaßt Bürobauten, Wohnungsbauten und das Kino ,Babylon'. Im Zentrum Oskar Kaufmanns ,Volksbühne'

225

voll gewesen. Aber auch diese Arbeit wurde nicht aus-geführt.

1928–1930 GEPLANT UND GEBAUT

Messegelände

Das Messegelände in Berlin, am westlichen Eingang der Stadt gelegen, von einem Umfang, welcher nicht nur angesichts des schnellen Endes der „Weimarer" Prospe-rität gigantomanisch anmutet, war so etwas wie das liebste Kind des Stadtbaurates Martin Wagner und des Architekten Hans Poelzig. Poelzig hatte übrigens an dieser Stelle bereits 1925 unter dem Funkturm eine

271 Ausstellungshalle, die „Funkhalle" geplant, eines seiner reizvollsten Projekte, erheblich besser als das recht stei-fe Gebäude, das dann in dem Wettbewerb den Preis gewann (Architekt: Heinrich Straumer). Das prachtvol-le, breit gelagerte, Dach zu Dach aufwachsende Gebäu-de könnte eine Arbeit seiner Breslauer Zeit sein. Es läßt sich mit nichts vergleichen, was er sonst gemacht hat.

Die „Funkhalle" sollte dem großen Messeprojekt Platz machen, ebenso der Funkturm selbst. Dieser soll-te durch zwei Funktürme ersetzt werden. Das Messe-projekt, das der Berliner Volksmund das Poelzig-Ei ge-nannt hat, besteht aus einem eiförmigen Ring von breiten inneren und schmaleren äußeren Ausstellungs-hallen, welche in regelmäßigen Abständen durch Quer-

272 hallen miteinander verbunden sind. Die inneren Hallen werden begleitet von einem Kanal, von vielen Brücken überquert, auf dem die Berliner hätten Boot fahren können. Im Kanalring stehen die beiden Hauptgebäude: die Kongreßhalle mit ihren beiden Pagoden-Türmen, am anderen, engeren Ende das ovale, sechsmal abge-treppte Restaurant.

Die ganze Anlage ist phantasievoll genug, eine Er-füllung poelzigscher Träume. Poelzig hat aber darüber hinaus immer neue Skizzen von phantastischen Einzel-

heiten produziert. So war eine Zeitlang über der ovalen Kongreßhalle der zweiten Fassung eine offene, als eine 273 Art von Spiralgitter gebaute Kuppel geplant. Es gibt eine Skizze der ersten Kongreßhalle mit den beiden Pa-goden-Türmen, in der alle Stufen der Halle und der Türme dekoriert sind. Dabei zeigt sich allerdings, daß 274 dieses Dekor nicht mehr wie das in Salzburg zum Bau gehört, einen Teil der Bauidee bildet. Man könnte es abstreifen, ohne daß Wesentliches geändert würde.

Dieses Projekt erwies sich bald als zu aufwendig. Eine zweite, reduzierte Fassung wurde geplant: Funk- 275, 276 halle und Funkturm blieben bestehen. Wo das breite Oval des „Eies" hätte sein sollen, erscheinen jetzt in einer ovalen Grünanlage das engere Oval einer Kon-greßhalle und hinter ihr ein im Halbrund angeordnetes Terrassenrestaurant. Der Kanal besteht noch, das „Ei", das er umgibt, ist aber um 90 Grad gedreht und eine Ellipse geworden, sehr viel kleiner: eine reine Schmuck-anlage, die mit den Hallen der Ausstellung nichts mehr zu tun hat. Im Innern des „Eies" ein ovaler Sportplatz.

Das Terrassenrestaurant übergreift den Kanal und reicht über die Stufen der Anlage bis dicht an den Sportplatz heran. Ausstellungshallen befinden sich am Funkturm und auf der anderen Seite des Ovals. Vom Oval strahlen radial Alleen in einen Park hinein aus; eine Zeitlang dachte man daran, dort einen zweiten zoologischen Garten anzulegen. Der Kongreßhalle ge-genüber, aber nicht genau axial auf dieselbe ausgerich-tet, sollte ein Rundfunkhaus entstehen. Dieses wurde etwa so ausgeführt, wie das Modell der letzten Fassung des Messegeländes es zeigt. Von den Messebauten wur-den nur einige Ausstellungshallen ausgeführt und eine Andeutung des ovalen Gartens – ohne den Kanal. Die Gruppe Kongreßhalle-Restaurant wurde *nicht* reali-siert. An dieser Stelle befindet sich jetzt der Eingang zur Messe in einem charakterlosen, ja, häßlichen Ge-bäude der dreißiger Jahre. Das erste große „Ei" kann man eher verschmerzen als den Verlust der sehr genau durchgearbeiteten Gruppe Kongreßhalle-Restaurant.

271 Hans Poelzig, Funkhalle am Funkturm, Berlin, Wettbewerbsentwurf, 1925

272 Hans Poelzig, Messegelände Berlin, Projekt gemeinsam mit Martin Wagner, 1928–1930, Modell

273 Hans Poelzig, Messegelände Berlin, Kongreßgebäude, frühe
Skizze

274 Hans Poelzig, Messegelände Berlin, Kongreßgebäude

275 Hans Poelzig,
Messegelände Berlin,
Kongreßgebäude,
endgültige Fassung, Modell

276 Hans Poelzig, Messegelände Berlin, endgültige Gesamtanlage, teilweise realisiert. Das Kongreßgebäude blieb unausgeführt. Unten rechts Poelzigs ,Haus des Rundfunks'

Hier hätte Poelzig sich in Berlin ein Denkmal gesetzt. Was nun, nach allen Abstrichen, im Berliner Westen von Poelzig an größeren Bauten noch steht, sind einige Ausstellungshallen und das Funkhaus. Im ehemaligen Ostberlin stand bis vor kurzem, wenn auch innen stark verändert, das Große Schauspielhaus. Man hat es erst 1985 abgerissen, nachdem man es zuvor durch einen Vergnügungspalast in der benachbarten Friedrichstraße ersetzt hatte, über dessen Qualität ich nichts sagen möchte.

277–279   Die Ausstellungshallen sind in Stahl konstruiert und im oberen Teil mit Glasbausteinen beleuchtet. Sie haben sich gut bewährt und werden noch heute benutzt. Sie sind eigentlich alles, was von dem ambitiösen Projekt des Poelzig-Eies noch übrig ist. Inzwischen hat man am Funkturm ein Kongreßzentrum von gewaltigen Dimensionen errichtet, welches die letzten Überbleibsel der Ära Wagner-Poelzig vollends zu Boden drückt. Man kann an den Messe- und Kongreßbauten ein Stück Berliner Geschichte zwischen 1928 und 1980 ablesen.

1929/1930   Haus des Rundfunks, Berlin

Das erste Projekt sah nur zwei große Sendesäle vor und zwischen ihnen, in der Achse, ein sehr eigenartig kon-
280 zipiertes Treppenhaus. Der hintere, spitz zulaufende Gebäudeteil fehlte, das Gebäude war übersichtlicher, als
281 es jetzt ist. Daß das Treppenhaus nicht gebaut wurde, ist ein Verlust. Das gebaute Haus enthält einen großen und zwei kleinere Hauptsäle, einen viereckigen Raum
282 mit Galerien, einem Glasdach und zwei großen Lampen. Treppen verbinden das Erdgeschoß zu beiden Seiten der Halle nur mit der ersten Galerie. Man hatte diesen kühlen, sehr schönen Raum durch schlechte Details nach dem Ende des letzten Krieges entstellt, er ist jedoch im August 1987 wiederhergestellt worden; Max Berling, der damals bei Poelzig am Bau des Funkhauses mitgearbeitet hatte, hat die Wiederherstellung geleitet.

Auch außen wurde der erste Entwurf verändert, und ich glaube, verbessert. Die breite, vertikal gegliederte Front an der Straße (gegenüber dem Eingang zum Messegelände) ist ruhiger als die ursprünglich geplante. Der 283, 284 Bau ist in einem altvioletten Klinker ausgeführt, Fenster- und Eingangsnischen sind mit keramischen Platten verkleidet. Dieses sorgfältig ausgewählte Material ist von außerordentlicher Schönheit. Alle Fenster sind quadratisch, im Kreuz unterteilt, wobei die horizontale Teilung stärker ist als die vertikale. An den geschwungenen Seitenfronten fehlen die Pfeiler.

Das Haus des Runkfunks steht in dieser „Messe"-Gegend von Berlin als ein Zeugnis dessen, was dort hätte entstehen können. Alle Gebäude, die später aufgeführt wurden – der Eingangsbau zur Messe, das Kongreßzentrum, das Fernsehhaus –, scheinen eigens dafür gebaut worden zu sein, den Niedergang der Qualität in der Architektur unter Beweis zu stellen.

1928–1930   Verwaltungsgebäude der IG-Farben in Frankfurt am Main

Auch diese Gebäudegruppe ist nicht ganz so ausgeführt worden, wie Poelzig sie geplant hatte. Aber er durfte zufrieden sein und war zufrieden: Endlich hatte er eine große Gebäudegruppe *verwirklicht*. Die Änderung wird deutlich, wenn man das Modell mit dem Lageplan des fertigen Gebäudes vergleicht: Die leichte Krüm- 285, 286 mung des sieben Geschosse hohen Bürotraktes, durch welche, wie wir gezeigt haben, Poelzig sich des Projektes „bemächtigt" hat, wurde im Modell räumlich durch die breiten Seitenflügel bestätigt und vertieft. Dadurch entsteht vor der Nordseite des Bürotraktes, zwischen diesem und dem Kantinengebäude, ein umschlossener Raum. Das *war* Poelzigs Idee, und man sollte es nicht vergessen; denn so schön das Gebäude ist – wer es zum ersten Male sieht, erlebt eine Enttäuschung: Das Haus steht, trotz der Krümmung, trotz der sehr subtilen

277 Hans Poelzig, Messegelände Berlin, Ausstellungshallen, 1928–1929, Umgang

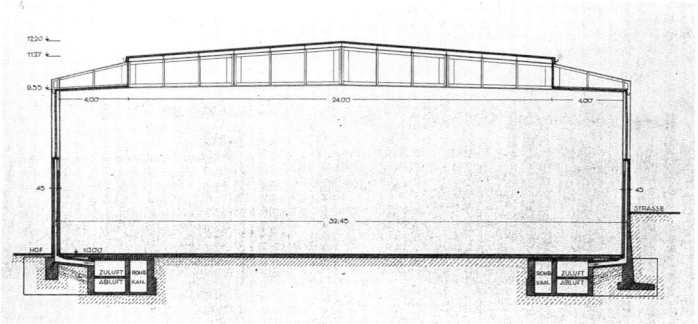

278 Hans Poelzig, Messegelände Berlin, Ausstellungshalle, Schnitt

279 Hans Poelzig, Messegelände Berlin, Ausstellungshalle, Inneres

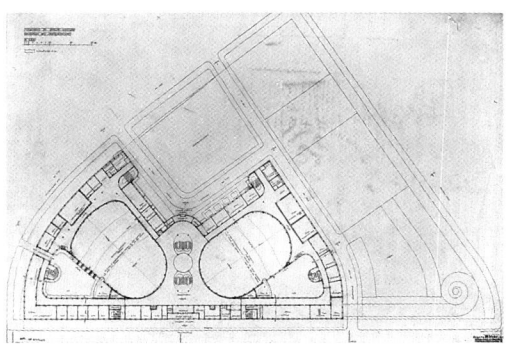

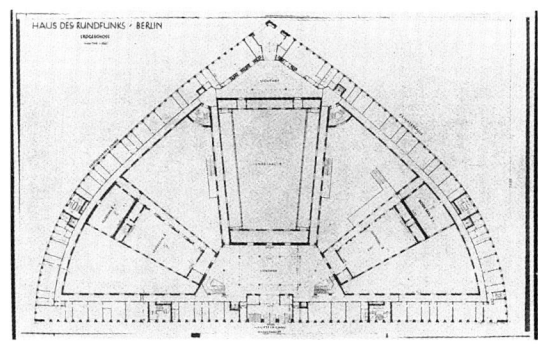

280 Hans Poelzig, Haus des Rundfunks, Berlin, 1929–1930, Grundriß der ersten Fassung

281 Hans Poelzig, Haus des Rundfunks, Berlin, Grundriß der ausgeführten Fassung

282 Hans Poelzig, Haus des Rundfunks, Berlin, Lichthof

283 Hans Poelzig, Haus des Rundfunks, Berlin, Eingang

233

285 Hans Poelzig, Verwaltungsgebäude der I.G. Farben in Frankfurt am Main, 1928–1930, erste Fassung, Modell

284 Hans Poelzig, Haus des Rundfunks, Berlin, Luftbild

286 Hans Poelzig, Verwaltungsgebäude der I.G.Farben, Lageplan der ausgeführten Fassung

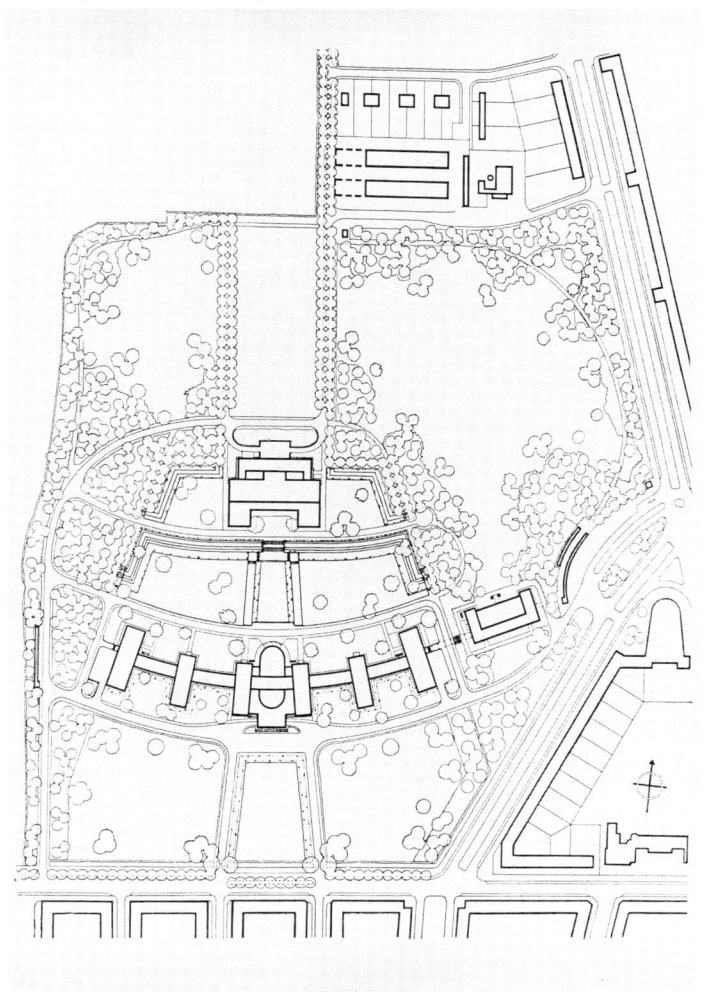

287 Hans Poelzig, Verwaltungsgebäude der I.G.Farben, Teilansicht der Eingangsfront

Beziehung zur Nordseite, zum Kantinenbau, unverbunden in seiner Umgebung. Die geschwungenen Wege, Wälle, Baumreihen hinter dem Kantinengebäude schließen im Modell das Ganze zu einer Poelzig-Form zusammen. Das ist dann nicht geschehen. Obwohl Poelzig glücklich und stolz auf das war, was ihm in Frankfurt gelungen ist, bleibt auch diese Gruppe ein Fragment.

Ich möchte hinzufügen, daß der Stil des Gebäudes die breitere Lagerung, welche das Modell zeigt, hätte vertragen können. Es handelt sich um einen Stahlskelettbau mit Travertin-Verkleidung. Das Material ist auch hier außerordentlich schön, und die horizontalen Reihen der Fenster im Hauptbau – welcher ja eigentlich der Verbindungsbau ist – sind dem Stahlskelett gemäß; nicht ganz kann man das von den seltsamen, sieben 287 Fensterreihen umgebenden Rahmen in den Flügelbauten sagen. Das Detail spricht von Herrschaft. Ich habe es jetzt (nach dem „Dritten Reich") als „protofaschistisch" bezeichnen hören. Damals, als der Bau eben fertig war, hat ein sozialistischer Kritiker ihn wütend (!) als ein Monument des Kapitalismus abgelehnt. Dem sei, wie ihm wolle. Man darf mit Recht fragen, wie anders, wenn nicht groß, einfach, kühl das Detail eines großen Bürohauses hätte sein sollen. Was hier wirken sollte, *war* nicht so sehr das Detail als die Gesamtform. Und diese hätte an Breite, Geschlossenheit, ja, auch an Weichheit gewonnen, wenn die Seitenflügel wie geplant ausgeführt worden wären.

Zum Wesen des Planes gehört es, daß man das Haus an der Arbeitsseite betritt, will sagen, zwischen den stark vortretenden Flügeln, welche die Großbüros ent- 288 halten, und auf die kleineren Büros zugehend, die im Verbindungsbau liegen. Nach Norden enthält der Verbindungsbau lediglich die Korridore; die kurzen Flügel, welche die Großbüroflügel nach Norden fortsetzen, enthalten nur Treppen und Nebenräume, bis auf die äußersten, welche Poelzig ein wenig länger gemacht hat, um den durch die Seitenflügel zu bewirkenden Umfas-

sungseffekt nicht völlig zu verlieren. Bemerken wir noch dies: daß man den Bau von der konvexen Seite her betritt, welche eigentlich die abweisende Seite ist.

Der Eintritt erfolgt durch die sehr offiziell wirkende *offene Vorhalle* und durch den abgerundeten Raum der Eintrittshalle, an deren Seiten zwei schön geschwungene Treppen zum ersten Stockwerk emporsteigen, dessen 289–293 Korridor als offener Gang durch die Vorhalle führt und sie von dem rückwärtigen Raume trennt, einem Ausstellungsraum, dessen runde Fensterfront weit vor die Flügel der Nordfront vortritt. In der Raumgruppe Eintrittshalle – offene Gänge – Ausstellungsraum hat Poelzig endlich einmal eine seiner Raumfolgen verwirklichen dürfen. Die Art, wie die abgerundete Fensterfront des Ausstellungsraumes vor die konkave, stark gegliederte Nordfront vortritt, mag Anlaß zu Fragen geben, ebenso wie das Halbrund der Eingangshalle über dem 294 strengen Körper der Vorhalle. Wie genau – und weich – im einzelnen detailliert wurde, zeigen die Brüstungsmauern der Treppe und der Auffahrt an der Vorhalle. Es sei trotzdem nicht verschwiegen, daß der Vorwurf protofaschistischer Architektur besonders diese Vorhalle betrifft.

Alles Räumliche hat Breite, Klarheit und ist ausgezeichnet detailliert, auch die Korridore; schon die Tatsache, daß die Korridore beleuchtet sind, zeigt, wie generös hier geplant wurde.

Die Kantine setzt Poelzigs Stil fort: in den prachtvoll angelegten Außentreppen, in dem breiten, lichten und konstruktiv klaren Gesellschaftsraum. Poelzig hat sich 290–292 endlich auch auf dieser Stufe seiner Entwicklung ver- 295–297 wirklichen dürfen. Man versteht gut, daß er stolz und zufrieden war.

288 Hans Poelzig, Verwaltungsgebäude der I.G. Farben, Grundrisse EG und Normalgeschoß

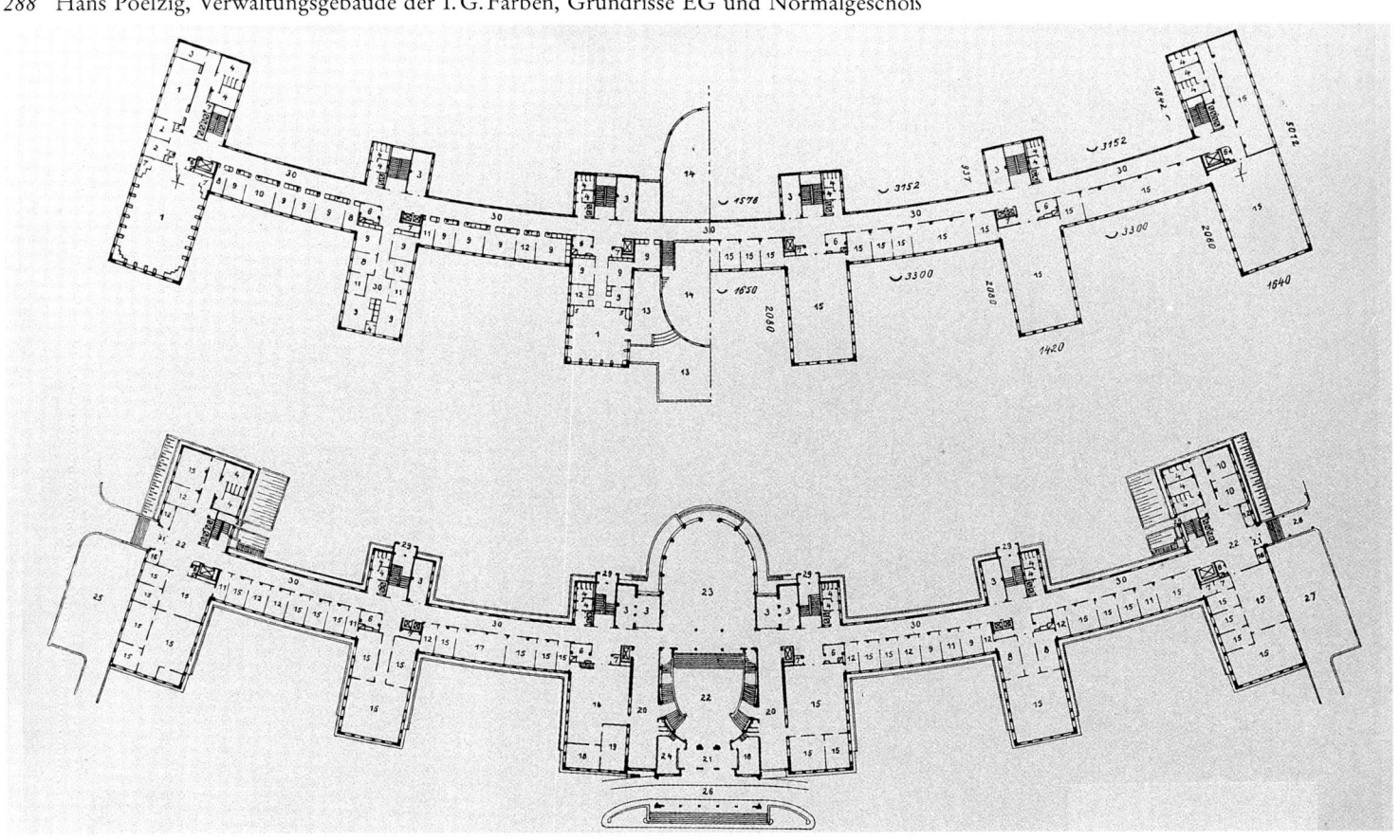

289 Hans Poelzig, Verwaltungsgebäude der I.G.Farben, Eingangshalle

292 Hans Poelzig, Verwaltungsgebäude der I.G.Farben, offener Durchgang im 1. OG

290 Hans Poelzig, Verwaltungsgebäude der I.G.Farben, Eingangsgebäude

291 Hans Poelzig, Verwaltungsgebäude der I.G.Farben, die Treppe in der Eingangshalle

293 Hans Poelzig, Verwaltungsgebäude der I. G. Farben, Blick vom Ausstellungsraum

294 Hans Poelzig, Verwaltungsgebäude der I. G. Farben, Eingangshalle, oberer Teil von außen

295 Hans Poelzig, Verwaltungsgebäude der I. G. Farben, Aufgang zum Kantinengebäude

297 Hans Poelzig, Verwaltungsgebäude der I.G.Farben, Gesamtansicht bei Nacht

296 Hans Poelzig, Verwaltungsgebäude der I.G.Farben, Gesellschaftsraum

WOHNUNGSBAU

1927 Einfamilienhäuser, Wohnsiedlungen, Wochenendhaus

Das Wohnhaus entwirft Poelzig grundsätzlich anders als die großen Gebäude, von denen wir gesprochen haben. Mir ist nur ein Entwurf für ein *Wochenendhaus aus dem Jahre 1927* bekannt, welcher streng symmetrisch ist: Um den Wohnraum in der Mitte sind Küche und Miniatur-Schlafräume für fünf Leute angeordnet. Aber hier ist der Wohnraum nicht eigentlich zum Wohnen da. Er hat die Verbindung herzustellen, hat auf drei Seiten nichts als Türen und nur im Hintergrunde eine Sitznische: eine feste Bank um einen Tisch. Es ist ein ausgezeichneter Plan für ein Wochenendhaus, und *daß* er so auf den ersten Blick verständlich und einleuchtend symmetrisch ist, macht ihn besonders gut. Poelzig hat aber deutlich zwischen dem Wochenendhaus, der Unterkunft für ein, zwei Nächte und dem permanenten Wohnhaus unterschieden. Von diesen hat er allerdings nur ganz wenige gebaut, und mit der Mitarbeit seiner zweiten Frau Marlene. Wir brauchen nur zwei zu besprechen.

1927/1928 Haus in der Werkbund-Siedlung Weißenhof bei Stuttgart
1927/1928 Einfamilienhaus (und Doppelhäuser) in der Siedlung „Im Fischtal" in Berlin-Zehlendorf

Zunächst zum Äußeren: Die beiden Häuser, welche beinahe gleichzeitig gebaut wurden, sind denkbar verschieden. Das Weißenhof-Haus hat ein flaches Dach – mit Dachgarten – und einen für seinen einfachen Plan bemerkenswert bewegten Baukörper, das Haus in Zehlendorf hat das 45 Grad-Dach, welches in der Siedlung Fischtal vorgeschrieben war – es ist die Siedlung, welche als Gegendemonstration gegen die moderne Siedlung „Onkel Tom" von Taut – Häring – Salvisberg gedacht war –, und einen geschlossenen Baukörper. Bei näherem Hinsehen freilich beginnt man sich zu fragen, welches Haus das modernere ist: Die Fenster in Zehlendorf sind breiter gelagert als in Stuttgart, und die Gartenseite, welche durch die beiden Giebel von ungleicher Höhe künstlich zusammengehalten wird, ist zerrissener als irgendeine der Fronten in Stuttgart.

In Wahrheit war es Poelzig gleichgültig, in welchem Stil sich ein Haus präsentierte – oder zu präsentieren hatte. Hatte es, wie auf dem Weißenhof, „modern" zu sein, so spielte Poelzig diesen Stil recht gut; er konnte das. Sollte es, wie im Fischtal, „traditionell" sein, so konnte er auch diesen Stil vorstellen; obwohl man in beiden Fällen sagen darf, daß das Spiel gekonnt ist, daß es aber nicht überzeugt, weil der Spieler nicht überzeugt war. Man hat das Haus auf dem Weißenhof niemals als eine klare Demonstration für eine neue Architektur angesehen. Das konnte man von Mart Stams Haus sagen, von dem von Josef Frank, von den beiden Corbusier-Häusern. Ebenso sind die Fischtal-Häuser nicht, wie die benachbarten von Tessenow, Schopohl und Schmitthenner, Demonstrationen für eine traditionelle Form des Wohnens, die sich auch in der Gestalt des Hauses niederschlägt. Wir sagten schon, daß die Gartenseiten der Häuser durch die Giebel unter das Dach *gezwungen* werden. Die Fenster sind auffallend breit, die freie Gruppierung der Öffnungen an der Straßenfront entspricht ebenfalls nicht der Nettigkeit etwa des benachbarten Hauses von Schmitthenner. An beiden Häusern sieht man, wie wenig *diese* Frage Poelzig interessiert hat.

Interessiert hat ihn die Einteilung des Hauses und die Beziehung der Räume zueinander. Und da, muß ich sagen, ist das Fischtal-Haus das freiere.

Die Beziehung zwischen Wohn- und Eßzimmer: der schräge Durchblick in das Eßzimmer, das beinahe eine Veranda ist, die geschlossenen Wände des Wohnzim-

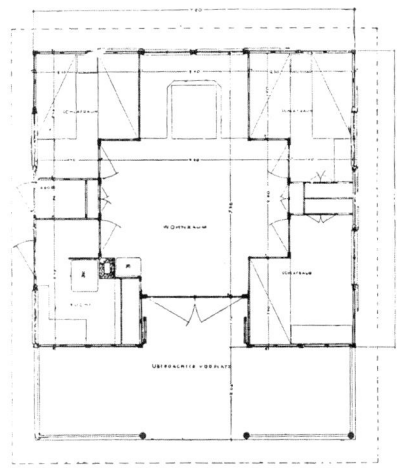

298 Hans Poelzig, Wochenendhaus,
1927, Grundriß

299 Hans Poelzig, Wochenendhaus, Terrasse und Eingang

300 Hans Poelzig, Einfamilienhaus in der Weißenhof-Siedlung, Stuttgart, 1927

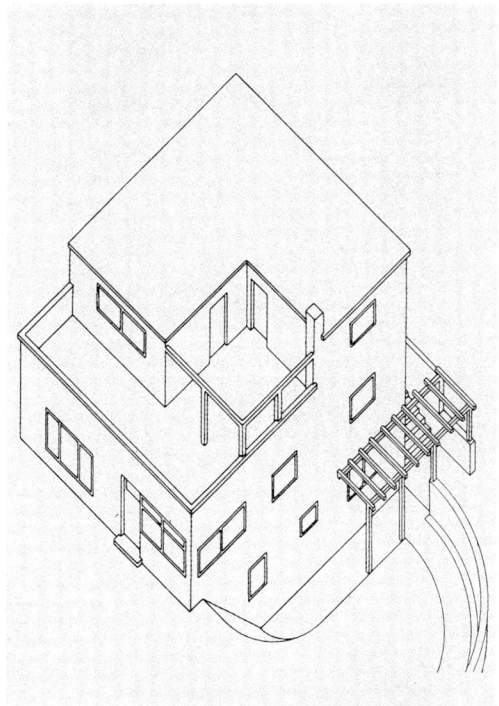

301 Hans Poelzig, Einfamilienhaus in der Weißenhof-Siedlung, Axonometrie

302 Hans Poelzig, Einfamilienhaus in der Weißenhof-Siedlung, Grundriß EG

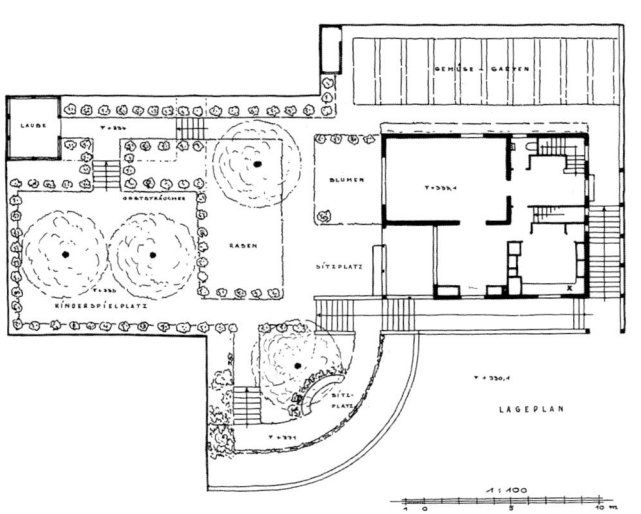

304 Mart Stam, Reihenhäuser in der Weißenhof-Siedlung, 1927

303 Hans Poelzig, Einfamilienhaus in Berlin-Zehlendorf, Im Fischtal, 1927–1928, Gartenseite

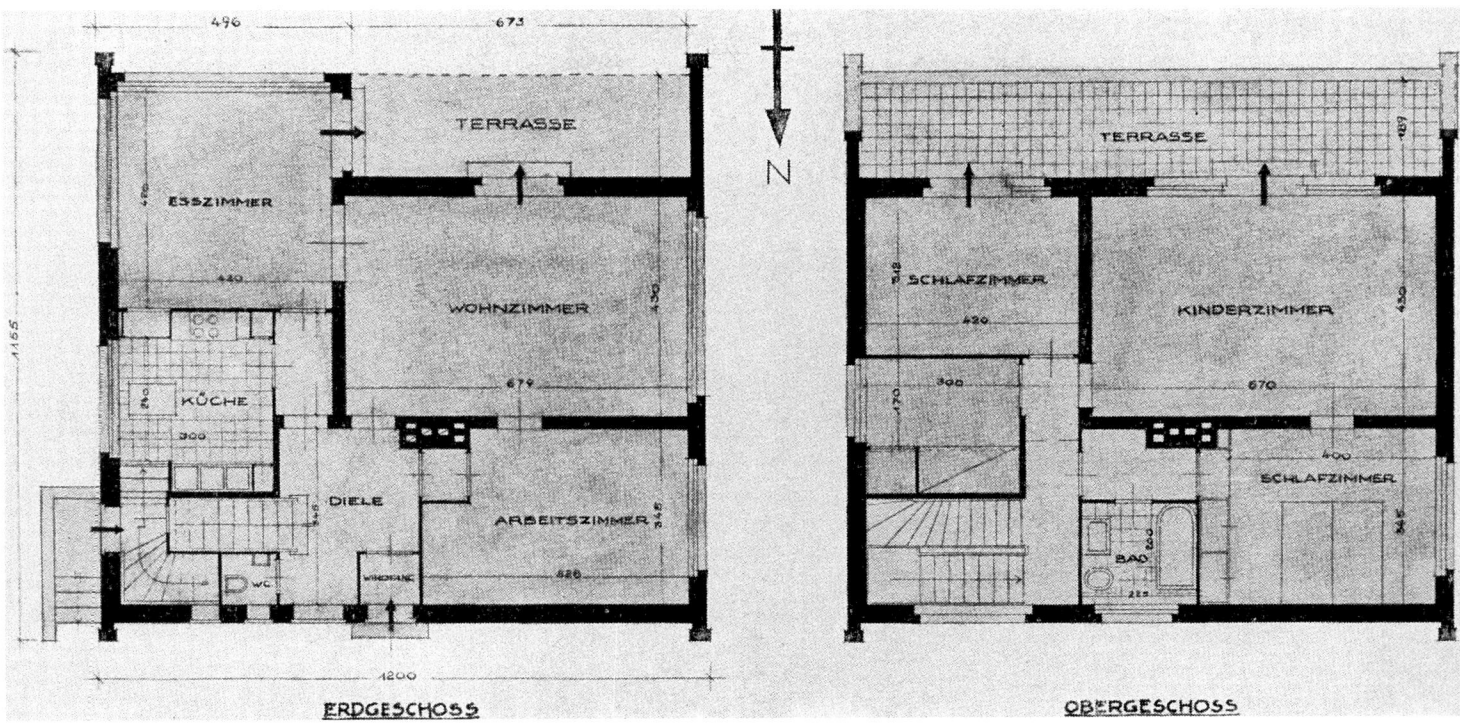

305 Hans Poelzig, Einfamilienhaus in Berlin-Zehlendorf, Im Fischtal, 1927–1928, Grundrisse EG und 1. OG

306 Hans Poelzig, Einfamilienhaus in Kliedbruch bei Krefeld, 1929, Grundrisse EG und 1. OG

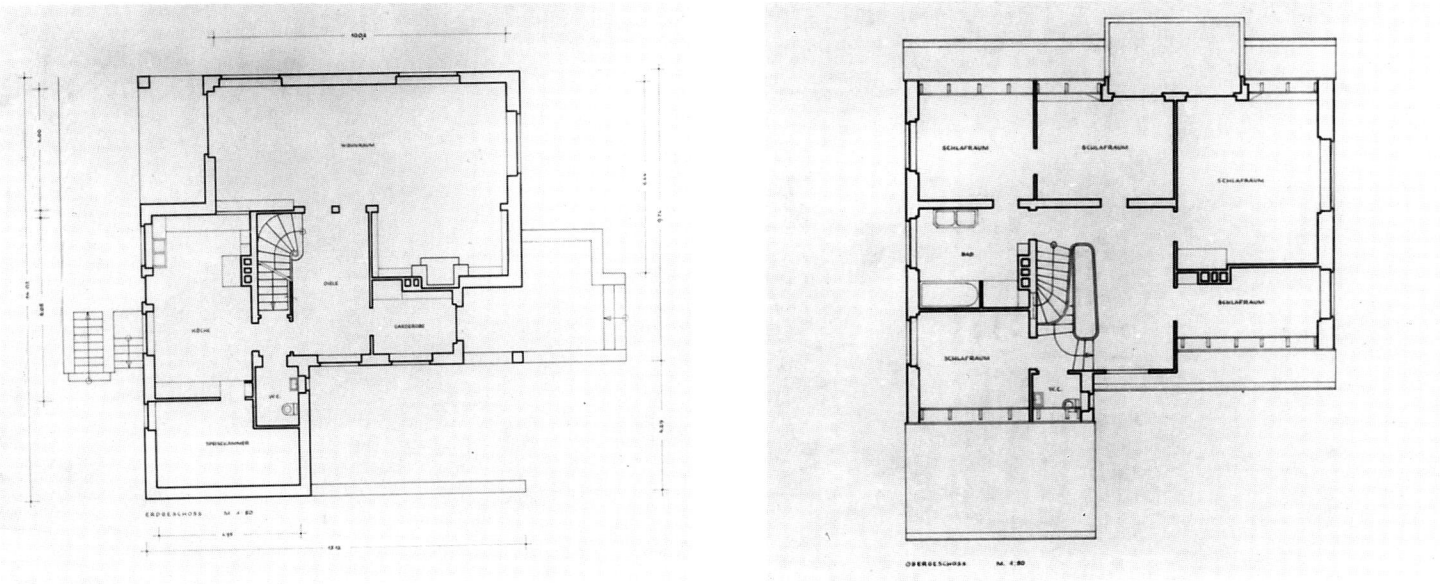

307 Hans Poelzig, Einfamilienhaus in Kliedbruch, Gartenseite

308 Hans Poelzig, Einfamilienhaus in Kliedbruch, Eingangsseite

309 Hans Poelzig, Einfamilienhaus in Kliedbruch, Schnitt

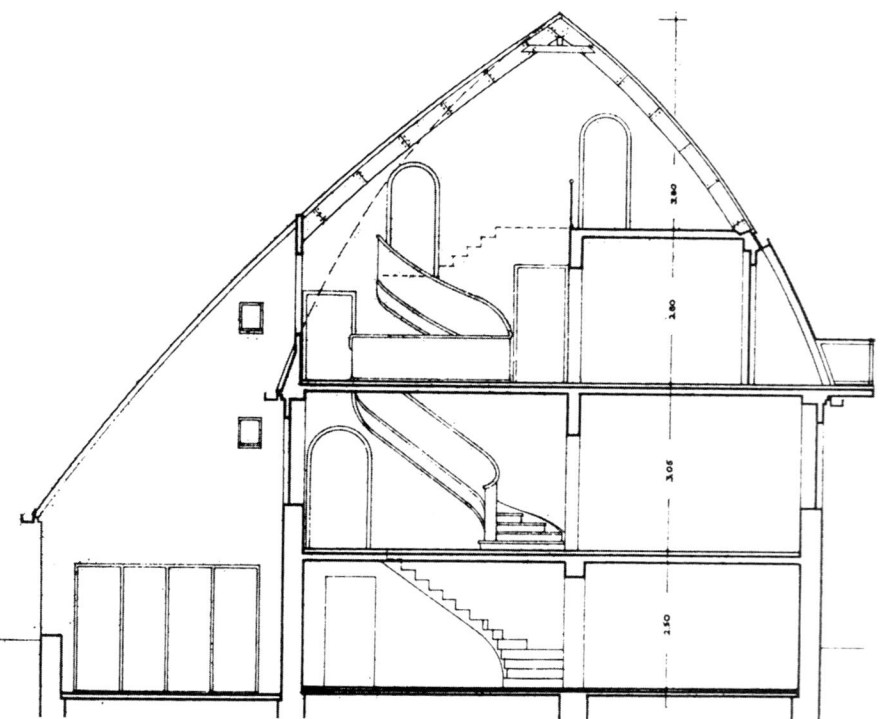

mers, das sein großes Fenster auf der vom Eßzimmer abgelegenen Schmalseite erhält: Das ist ausgezeichnet, man würde heute sagen „wohngerecht" geplant. Im Schlafzimmergeschoß fällt auf, daß das Kinderzimmer das bei weitem größte ist, es ist so groß wie das Wohnzimmer, über dem es liegt. Das ist vollkommen richtig gedacht; aber welcher Architekt damals – oder heute – tut das? Unter den Fischtal-Häusern ist Poelzigs, als Wohnhaus, das beste.

Poelzig hat uns gerade damals das Fischtal-Programm als Studienarbeit gegeben und die Kritik mit dem Satze eingeleitet: „Für den Architekten gibt es nur zwei sehr schwere Aufgaben: ein großes Theater und ein kleines Haus. Von den beiden ist das kleine Haus die schwerere Aufgabe."

1929 Haus in Kliedbruch bei Krefeld

Dies ist ein etwas anspruchsvolleres Einfamilienhaus, obwohl man es nicht groß nennen kann. Poelzig hat hier mit Entschiedenheit *einen* Raum, den Wohnraum, groß geplant. Er hat an der einen Schmalseite ein Eckfenster zur Loggia hin, in der anderen Ecke zwei recht große Fenster, welche einer Kaminnische Licht geben, die man besser einen Annex mit Kamin nennen sollte: Er ist so breit wie das Zimmer selbst. Alle anderen Räume im Hause sind klein. Es fällt auf, daß der Hausherr sich kein besonderes Arbeitszimmer ausbedungen hat. Das Wohnzimmer ist *der* Raum.

Ich habe das Haus nicht gesehen. Es gibt da eine Reihe schwieriger Punkte: der aus dem gebogenen Dach ausgeschnittene Balkon, die Glaswand der Loggia hart am Wohnzimmerfenster, besonders aber die Art, wie das weit geschwungene Dach über dem Fenster der oberen Diele in das bis *unter* das Niveau des Erdgeschoßfußbodens herabgeschleppte Dach über der Garage übergeht. Ein experimentelles Haus, obwohl es ein sehr altes Poelzig-Motiv, das gebogene Dach, wieder

aufnimmt. Man hat das Gefühl, daß hier neue Töne angeschlagen werden, welche vielleicht bei weiteren Häusern entwickelt worden wären. Es hat aber, außer dem Hause, das Marlene Poelzig für die Poelzigs in Berlin-Westend gebaut hat, keine weiteren Häuser gegeben. Man versteht: Natürlich hat ihn das Weißenhof-Haus nicht mehr befriedigt; und das Fischtal-Haus mag ihm zu künstlich erschienen sein – *und* zu brav: noch nicht recht geformt. In Kliedbruch wird der Versuch gemacht, das Haus zu formen. Man kann nur bedauern, daß Poelzig danach nicht weitere Einfamilienhäuser gebaut hat. Im Gegensatz zu den Häusern auf dem Weißenhof und am Fischtal – wo es neben dem Einfamilienhaus ein Doppelhaus gibt – ist das Haus in Kliedbruch für einen bestimmten Bauherrn geplant worden. Heuss spricht bei Poelzigs späten Einfamilienhäusern von einem Planen für den Haus*typ*. Das Haus in Kliedbruch ist die Ausnahme. Die Ausnahme, der Bauherr, hätte Poelzig gewiß dazu veranlaßt, auf dem in Kliedbruch begonnenen experimentellen Wege fortzuschreiten, wie er das in Breslau getan hatte. Poelzig war auch damals noch der Meinung, daß der Bauherr den notwendigen Gegenpol zum Architekten bilde. Er hat aber keine weiteren Bauherren gefunden.

ANDERE ARBEITEN AUS DERSELBEN ZEIT

1928/1929 Gemeindehaus der evangelischen Kirche in Kammin
1931 Schiffshebewerk in Niederfinow (Projekt)

Zum Abschluß zwei Arbeiten Poelzigs, welche zeitlich nahe beieinanderliegen, aber voneinander ganz verschieden sind.

Das Gemeindehaus ist ein Backsteinbau, die Fenster sind klein und kleinteilig, die Eingangsloggia hat Öff-

306

247

310 nungen, die mit schönen Segmentbögen geschlossen sind. Man sieht viel Mauerfläche. Der Gemeindesaal im Innern hat eine echte Holzbalkendecke. Es ist beinahe, als habe Poelzig den Tessenow gespielt.

Das Schiffshebewerk ist ein rein technischer Bau, eine sprechende, rhythmisierte Betonkonstruktion, wie *311* sie der Aufgabe angemessen ist, Schiffe von einem Niveau eines Kanals auf ein anderes zu heben oder zu senken. Jedes Glied der Konstruktion ist geformt, der *138, 139* Meister des Gaswerks in Dresden-Reick hat sich selbst übertroffen. Was den beiden so verschiedenen Gebäuden gemeinsam ist, ist der Rhythmus. Was ganz unterschiedlich ist, ist der Charakter: im einen Falle betont

schwer und behäbig, im anderen Falle ebenso betont gespannt, nervig, leicht.

Ich wiederhole, daß die beiden Entwürfe zeitlich nahe beieinander liegen. Sie zeigen, wie sehr Poelzig außerhalb des Streites zwischen traditionalistischer und moderner Architektur gestanden hat, der in eben jenen Jahren ausgefochten wurde. Es ist, als habe er sagen wollen, er nehme jede Aufgabe an und versuche, ihr in ihrem eigenen Sinne gerecht zu werden; und daß es dies sei, was der Architekt zu tun habe: Die Lösung, wie immer die Mittel beschaffen sind, deren sich der Architekt bedient, ist gut, wenn das Ergebnis Architektur ist.

310 Hans Poelzig, Gemeindehaus der evangelischen Kirche in Kammin, 1928–1929, Eingangsfront

311 Hans Poelzig, Schiffshebewerk in Niederfinow, Projekt, 1931

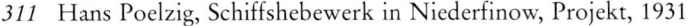

11 Die letzten Jahre: 1932–1936

Zu Beginn der dreißiger Jahre stand Poelzig auf dem Gipfel seines Ansehens und seines Erfolges. Der sechzigste Geburtstag am 30. April 1929 brachte ihm die Huldigungen der Kollegen, der Kritiker und Kunstschriftsteller, der jungen Generation der Architekten; man darf wohl sagen, des geistigen Deutschland. Bedeutende Planungen waren verwirklicht. Seine Person beherrschte die Berliner Szene. Das „Poelzigfest" im Februar, einen großen Maskenball, wollte niemand versäumen; die größte Attraktion war er selbst, der Meester, Champagner saufend und brüllend. Der Name Poelzig war ein Begriff geworden.

Das brachte ihm jedoch nicht nur Freuden. Nach allen Seiten bemühte man sich um ihn. Er galt als der Große Ausgleichende, der jede Krise schlichten könne: so die Krise in der Kunstschule, der sogenannten Akademie, welche durch den Rücktritt ihres langjährigen Leiters Bruno Paul entstanden war. Poelzig sollte an Pauls Stelle treten – und tat es. Er schrieb an den Freund aus Breslauer Zeiten, den Bildhauer Theodor von Gosen: „Geradezu komisch ist es, daß ich in den letzten Monaten öfter geträumt habe, ich müßte wieder eine Akademie übernehmen, und nun ist dieser Traum schreckliche Wirklichkeit geworden."[1]

Man forderte ihn auch auf, Vizepräsident der Preußischen Akademie der Künste zu werden, und das brachte ihm Anfang des Jahres 1933 einen veritablen Skandal ein: Er wurde in der Presse beschimpft – und war fassungslos: Die Sache, um die es sich da handelte – Schwierigkeiten mit einer geplanten Ausstellung belgischer Kunst –, ließ ihn völlig kalt. Er konnte nicht begreifen, was die Haltung der damaligen belgischen Regierung gegenüber einer deutschen Minderheit mit

Memling und van Eyck zu tun haben könne. Aber es verletzte ihn, daß er, der eben noch Gefeierte, angepöbelt wurde – und noch dämlicher verteidigt als angegriffen: wie er es ausdrückte: „Ein Köter pißt mir ans Hosenbein, kommt einer mit einem Tuch und wischt es über die ganze Hose."[2]

Was war seit 1930 geschehen, daß seine Stellung im öffentlichen Leben sich so verändern konnte? Zweierlei geschah, zwei Katastrophen: die eine ökonomisch: der „Schwarze Freitag" in der Wallstreet (1929), welcher einen weltweiten Kollaps zur Folge hatte und in Deutschland schließlich zu sechs Millionen Arbeitslosen führte; die andere politisch: 1930 erzielten die Nationalsozialisten zum ersten Mal einen überwältigenden Wahlerfolg: Die braunen Uniformen zogen in den Reichstag ein – und beherrschten die Straße. Beide Ereignisse hängen miteinander zusammen. Der wirtschaftliche Kollaps bewirkte, daß den großen Aufträgen, die in den frühen dreißiger Jahren noch liefen, keine neuen Aufträge folgten. Poelzigs Werkverzeichnis zeigt ab 1932 *nur* noch Projekte. Wenn er um 1930 hoffen durfte, nun endlich in die Phase der Realisationen eingetreten zu sein, so war das eine Täuschung. Die Prosperität der Republik war zu Ende – und mit ihr die Republik. Die Regierung hatte das Parlament bereits ausgeschaltet und regierte mittels der „Notverordnungen". Die Situation wurde schließlich ökonomisch und politisch so hoffnungslos, daß ich ruhige Leute habe brüllen hören: „Wir brauchen einen Umsturz, egal ob von rechts oder von links; nur *so* soll es *nicht* weitergehen."

Der Umsturz kam von rechts – eine Art Bürgerkrieg kam gleichwohl von links, und wurde blutig liquidiert.

Ein Mann wie Poelzig, der noch 1931 den Vortrag *Der Architekt* gehalten hatte, ein künstlerisches und menschliches Glaubensbekenntnis, konnte da nur fassungslos zusehen. Beide „Bewegungen", links und rechts außen, waren ihm fremd.

Wenigstens drangen sie in die Klassen nicht ein, in denen er lehrte. Das war kein Zufall. Zu Poelzig kamen diejenigen Studenten, die wissen wollten, wie es um ihre Fähigkeiten als Architekten bestellt war. Im ersten Teil des Studiums hatten sie das nicht recht erfahren können. Das war Schulbetrieb: „Fächer" und Prüfungen. Von *den* Professoren, für die die Welt vor 1918 stehen geblieben war, konnten sie es auch nicht lernen. Auch nicht von einem Manne wie Tessenow, der seine Studenten auf eine bestimmte Anschauung – und Form – festlegte. Es gab wirklich nur *ein* liberales Seminar: Poelzigs. Darum kamen zu Poelzig die Liberalen, die, welche sich für die neuen Dinge interessierten, kulturell Linke – und bald sprach man von den „schwarzhaarigen Poelzigschülern". Poelzigs Studenten ließen sich anregen; und anregen wollte er. Er hat einmal gesagt, ein Architekt könne gar nicht gebildet genug sein, und so brachte er uns Anregungen von allen Seiten der europäischen Kultur. Auch dies ließ ihn denen, die sich anschickten, die Macht zu übernehmen, als einen erscheinen, der unzuverlässig war – wenn nichts Schlimmeres. Und *war* er nicht unzuverlässig? Hatte er nicht zusammen mit dem Juden Max Reinhardt das Große Schauspielhaus geplant, fand man nicht in seiner Umgebung „Sumpfblüten" der Weimarer Zeit, sammelten sich nicht um ihn die Respektlosen, die Neuerer? Entstand da nicht etwas, das man im Namen der Tradition stören, sogar zerstören mußte? In Wahrheit war Poelzig weniger „unzuverlässig", als sein Ruf damals vermuten ließ. Wir haben gesehen, daß zwischen ihm und den Männern der modernen Architektur eine Distanz bestand und daß er auf diese Distanz Wert gelegt hat. Und etwas anderes: Er war und blieb bis ans Ende deutschbewußt: Er hat mich noch in der Pariser

Emigration vor der „französischen Glätte" gewarnt, die uns Deutschen nicht helfen könne. Poelzigs Gefühl für das Krause, das Ungehobelte, Eigenwillige, Unklassische – das Deutsche, mit einem Wort, dem er in der Salzburger Ansprache so beredt Ausdruck gegeben hatte – verließ ihn bis ans Ende nicht. Und da Poelzig das tief innen wußte, stand er den Beschimpfungen ohne Verständnis gegenüber, mit denen man ihn gelegentlich des „Belgischen Skandals" (1933) und bei anderen Gelegenheiten bedachte.

War Poelzig einer von denen, die Widerstand geleistet haben? Das kann man nicht sagen. Er war uninteressiert, die Sache war ihm fremd, auf jeden Fall in ihren Erscheinungsformen. Auch hat er es Künstlern übelgenommen, wenn sie sich politisch engagierten: Zwei Mitglieder der Preußischen Akademie der Künste, Käthe Kollwitz und Heinrich Mann, hatten 1933 ein Manifest der „Volksfront" unterschrieben, des Zusammenschlusses der Sozialdemokraten und der Kommunisten. Der Preußische Kultusminister, Rust, ein Nazi natürlich, forderte von der Akademie, daß sie die beiden ausschließe. Poelzig als Vizepräsident klammerte sich an den Gedanken, daß die Akademie ein Haus der Kunst sei, nicht eines der Politik; womit er *allerdings* meinte, daß die beiden sich nicht auf eine politische Aktion hätten einlassen sollen, sie seien doch Künstler (!). Martin Wagner, der Stadtbaurat und Kumpan aus den Tagen des „Messe-Eies", stellte Poelzigs Satz vom Kopf auf die Füße und sagte, allerdings sei die Akademie ein Haus der Kunst; darum müsse sie sich gegen jede Einmischung von seiten der Politik wehren. Er hatte natürlich recht, zog übrigens für sich die Konsequenzen und trat aus der Akademie aus; blieb trotzdem Poelzigs Freund, weil er, vermute ich, aus einer tiefen Kenntnis des Mannes wußte, was diesem die Kunst war – und was die Politik.

Das soll kein Versuch sein, Poelzigs Haltung in dieser Sache zu rechtfertigen; sie ist nicht zu rechtfertigen.

Übrigens war sie nicht frei von politischer Antipathie. Poelzig hatte ein bürgerlich-nationales Bewußtsein. Man muß in der Tat die Frage untersuchen, ob an den *Inhalten* der Politik, welche in diesen Jahren aufkam, ihm irgendetwas sympathisch gewesen sein mag. Wir haben diese Frage ja zu Anfang dieser Studie gestreift.

Daß ihm die Wertschätzung der Technik nicht geheuer war, haben wir gesehen. Er hat für die Kunst gefürchtet, wenn Künstler, Architekten, von der Technik Anregungen erwarteten. In Stuttgart, 1919, hatte er vom Handwerk gesprochen, vielmehr von dem, was er unter dem Handwerk verstand. In dieser Rede klang das ein wenig unwirklich. Aber Poelzig hatte von Anfang an Sinn für das gut und kräftig Gebaute gehabt: die rauh gefügte Mauer, den Bogen, der dem Gewicht der Mauer Widerstand leistet. Das gute Handwerk wurde auch von den Architekten des Nationalsozialismus (Paul Schmitthenner) immer wieder betont. Auch sie sprachen davon, daß die Forschung, die Wissenschaft sich in den Vorgang des Planens eingedrängt habe und dem Schöpferischen im Wege stehe. Ich erinnere mich an einen Vortrag von Paul Schmitthenner, der seine eigenen Einfamilienhäuser mit den Worten vorstellte: „Gebaut, meine Herren, gebaut, nicht geforscht." Darüber hätte Poelzig am Ende *auch* gelächelt. Und doch sage ich nicht zuviel, wenn ich betone, daß es zwischen diesen beiden, Schmitthenner und Poelzig, im Grunde nichts Gemeinsames gegeben hat. Schmitthenners Gedanke, daß man im achtzehnten Jahrhundert im Einfamilienhaus das Bestmögliche erreicht habe, und daß jeder, der solche Häuser anders, nämlich gegenwärtig bauen wolle, lediglich einer Mode folge, war, wie unsere Studie zu zeigen versucht, von Anfang bis Ende, vom Ausstellungshaus in Breslau bis zum Haus in Kliedbruch, das Gegenteil von dem, was Poelzig dachte, wollte, fühlte, tat. Ich erinnere mich daran, wie wir beiden Poelzigschüler, Walter Segal und ich, eines der Schmitthenner-Häuser der Gegensiedlung gegen Bruno Tauts „Am Fischtal" in Zehlendorf geduldig und nicht ohne Sympathie ansahen, und wie Segal schließlich das Haus stöhnend verließ: „Posener, geben Sie mir den härtesten Gropius!" Er hatte erkannt, wie unehrlich das war: ein Idyll, bei dessen Anblick einem die Haut schauderte. Und ich kann mir schwer vorstellen, daß ein Mann, der das Echte vom Unechten so empfindlich unterschieden hat wie Poelzig, nicht ebenfalls geschaudert hat; *obwohl* er selbst in jener Gegensiedlung am Fischtal Häuser gebaut hat. Auch zwischen Tessenow und ihm hat es sichtbare Unterschiede in der Auffassung gegeben, obwohl Poelzig es gewesen ist, der nach dem eigenen Eintritt in die Technische Hochschule sich bemüht hat, Tessenow ebenfalls dorthin zu bringen. Sie blieben gute Kollegen, man kann sie Freunde nennen; gleichzeitig jedoch waren sie Konkurrenten um den Nachwuchs in der Architektur. Und obwohl Poelzig vor Studenten nie etwas gegen Tessenow gesagt hätte, konnte man ihn gelegentlich, etwa bei der Durchsicht von Diplomarbeiten, murmeln hören: „Wenn es darum geht, unabhängig einer Aufgabe zu begegnen, sind meine (!) die Besten."

Tessenow ist übrigens nicht mit Schmitthenner zu vergleichen, obwohl er – nach seinen Briefen zu schließen – sich offenbar mit ihm verwechselt hat. Die Nazis nahmen *ihn* für sich in Anspruch – Poelzig nie.

Wenn Poelzig etwas wie Sympathie dafür empfinden mochte, daß man in der nationalsozialistischen Bewegung Handwerk und Tradition schätzte, daß man den reinen Verstand, den Intellekt ablehnte und ihm das „Musische" entgegensetzte, so hatte er Vorbehalte, sobald er bemerkte, daß man die Freiheit der schöpferischen Handlung einschränkte. Ich führe hier gemeinsame Vorstellungen an, sie sind Vorstellungen der Zeit, sie reflektieren eben jene Bedrohung durch Technik und Fortschritt, mit der Poelzig so lange beschäftigt war. Er hielt sich gleichwohl abseits, weil er in der Tat anderes wollte; um es in einer Formel zu sagen: Er wollte eine Beziehung zur Vergangenheit nicht aufgeben, aber er wollte, weiß Gott, keine Rückkehr. Er hat aber auch

219

nicht Widerstand geleistet. Wer das von ihm erwartet hätte, hätte sich ebenfalls über sein Wesen getäuscht. Er hat nicht Widerstand geleistet, weil er sich niemals aufgefordert fühlte, öffentlich Stellung zu nehmen. Er bestand auf dem unpolitischen Charakter von Kunst und Künstler. Er hat auch nicht links gestanden wie sein Freund Martin Wagner. Poelzig suchte nach einem Felde für das, was er mit ganzer Seele wollte: eine deutsche Kultur, die im Volkstum wurzeln und das Neue umfassen sollte, eine schöpferische deutsche Kultur. In den frühen zwanziger Jahren, als er die Rede in Salzburg hielt, erschien das als ein erreichbares Ziel. Das Auftreten der modernen Architektur – Mies, Gropius – rückte es mit jedem Jahre weiter in die Ferne. Wenn Poelzig damals, in den späten zwanziger Jahren, jene großen Beispiele gelungen sind, von denen wir gesprochen haben, das Gebäude der IG-Farben, das Rundfunkhaus, so waren das auch damals einsame Ereignisse der Architektur. Durch die Herrschaft des Nationalsozialismus wurden sie ins Unerreichbare gerückt. Kompromisse wie der Entwurf für das Dessauer Theater zeigen neben einer gewissen Kompromißbereitschaft – was blieb ihm übrig? – seine wachsende Müdigkeit. Es hat indessen etwas in seinem Schaffen gegeben, was man dem verwandt nennen kann, was in den dreißiger Jahren heraufkam: Pathos. Wir haben ein hochpathetisches Werk seiner Frühzeit angesehen: die beiden Entwürfe für ein Bismarckdenkmal oberhalb von Bingerbrück am Rhein. Der Sinn für das Pathetische hat Poelzig nicht dem Nationalsozialismus zugänglich gemacht, wohl aber der Stimmung der diesen vorbereitenden Jahre. Ich nenne sie so, weil das jähe Wachsen der „Bewegung" in den Jahren vor 1933 nicht in vacuo vor sich ging. Der Nationalsozialismus – oder nennen wir das eine ihm verwandte Stimmung – hat das öffentliche Leben in jenen Jahren mitgeprägt. Um nur *eine* auffallende Erscheinung zu erwähnen: die Ehrenmale. Bis kurz vor 1930 wollte man an den verlorenen Krieg nicht erinnert werden. Aber als ich eines schönen Mor-

327

50
105–107

gens im Jahre 1929 im Lichthof der Technischen Hochschule nach der Uhr sehen wollte, fand ich die alte Standuhr durch ein Kriegerdenkmal ersetzt, das die bezeichnende Inschrift trug: Invictis victi victuri. So früh hat man begonnen, Ehrenmale für den letzten Krieg zu errichten – und an den nächsten Krieg zu denken.

Einige Arbeiten

Der Wettbewerb für ein Ehrenmal in Berlin, welches in der von Schinkel gebauten „Neuen Wache" in der Straße Unter den Linden seinen Platz finden sollte, wurde 1930 ausgeschrieben. Es sollte in der Neuen Wache ein offener Hof geschaffen werden, dieser sollte das Ehrenmal sein, in ihm sollte ein Erinnerungsmal an die „Helden" des Weltkrieges aufgestellt werden. Ich sagte aber, der Hof selbst sollte das Ehrenmal sein. Poelzig nahm an dem Wettbewerb teil und hielt sich streng an diese Bedingung. Der Hof, den er gestaltet hat, mit Betonpfeilern, die mit den ein wenig zurückliegenden Betonstürzen eine Reihe von Kreuzen zu bilden schienen, ein einfaches Soldatengrab umgebend, wäre eindrucksvoll gewesen und auf angemessene Art – wenn man will – pathetisch. Aber wie es bei Wettbewerben zuweilen geht: Die Jury lernte aus den Entwürfen, die eingegangen waren; und das waren Entwürfe der größten Namen, unter ihnen Peter Behrens, Mies van der Rohe, Tessenow. Die Jury empfahl Tessenows Entwurf zur Ausführung; Tessenow hatte *keinen* Hof vorgeschlagen, sondern einen Raum mit kreisrundem Oberlicht: einen stillen, unpathetischen Raum, welcher allen anderen Entwürfen überlegen war. Poelzig protestierte – und nahm an dem Wettbewerb für ein anderes „Reichsehrenmal" teil in der Nähe von Berka im Thüringer Wald, einem bewaldeten Hügelland in Mitteldeutschland.

Heuss hat hierüber berichtet. Poelzig schlug einen in Terrassen an den Hügeln emporsteigenden Garten der Erinnerung vor. Nur am Eingang sah er einen Raum im

312

313

314

312 Hans Poelzig, Ehrenmal in Schinkels ,Neuer Wache', Berlin, Unter den Linden, Wettbewerbsentwurf, 1930

313 Heinrich Tessenow, Ehrenmal in Schinkels ,Neuer Wache', 1930–1931, Inneres

314 Hans Poelzig, Ehrenhain in Berka, Thüringen, Projekt, 1932

Freien vor, in welchem zeremonielle Handlungen statt-finden könnten. Der Geist dieses Ehrenmals ist von dem in der „Neuen Wache", wie Poelzig es entworfen hat, verschieden. Es ist ein außerordentlich schöner Entwurf. Heuss schreibt: „Er legte einen Entwurf vor, eine ummauerte große Gartenanlage mit getreppter Führung, einen Bezirk, der keine Massen empfängt und duldet, sondern dem Schweigen und der Andacht die-nen soll. [. . .] Aber das war doch ein Ausweg gewesen [mit ‚Ausweg' meint Heuss, daß sich Poelzig dadurch dem eigentlichen Thema des Ehrenmals entzogen habe, d. Verf.] mit einem etwas literarischen Charakter. Poelzig verwarf ihn schließlich, und formte freund-schaftlicher Anregung folgend [Heussens Anregung?; Anm. d. Verf.] 1932 eine große Architektur, die auch Ehrenmal sein sollte [. . .], aber nicht mehr der Rahmen des ‚Still-für-sich'-Seins, sondern eine Stätte, da ein fei-erndes Volk als Masse, seiner Geschichte, seiner selbst bewußt werden sollte. Dieses ‚Festspielhaus' ist spürbar berührt von dem, was sich als neuer kultischer Stil aus dem Bedürfnis einheitlich geordneter Massen herauszu-bilden begonnen hat: Massenzüge mit Fahnen, Massen-chöre der Sänger oder Sprecher, Massenorchester gro-ßer und starker Musik."[3]

Poelzig hatte ein Gebäude für 20 000 Menschen ent-worfen; die fünf haushohen Bögen hinter der Bühne

315, 316 konnten nach der Landschaft geöffnet werden.

„Die Zeit, da der Plan veröffentlicht wurde", sagt Heuss weiter, „Sommer 1932, war nicht geeignet, ihn aufzunehmen."

Womit er wohl sagen will, daß die nationalsozialisti-sche Gegenwart, in der Heuss schrieb, dazu allerdings geeignet war.

Man mag sagen, daß Heuss ein Buch über Poelzig anno 1939 nicht hätte schreiben können ohne *jede* Äußerung des Beifalls für das bestehende Regime, ohne die Versicherung, daß das, was er schreibt, Geist vom Geiste des Regimes sei. Ein Wagnis war das Buch oh-nehin. Aber was Heuss da geschrieben hat, klingt über-

zeugt; und ich habe wenig Zweifel daran, daß Poelzig selbst die „Schauburg" – so nannte er den Entwurf – mit Überzeugung entworfen hat, und das heißt wohl auch, daß er mit Überzeugung das stille Ehrenmal, den Garten, zugunsten dieser hochpathetischen Halle auf-gegeben hat.

Er ist für diese Arbeit zu den Formen des dritten Entwurfes für die Feuerwache in Dresden zurückge-kehrt: das einzige Mal, soweit ich weiß, daß er auf die Formen – und die Konstruktionen – jener Zeit zurück-gegriffen hat: Pfeiler und Bogen. Auf diese Weise „ge-baut" aber sind nur der äußere Mantel und die tragen-den Strukturen, zwischen denen die Treppen zu dem gewaltigen Amphitheater aufsteigen, notabene der beste Teil des geplanten Bauwerks. Die fünf großen *verschließbaren* Öffnungen hinter der Bühne stellen eine technische Höchstleistung dar. Die Decke, die Heuss „ganz flach" nennt, ist nicht flach, sondern eine Art überlebensgroßer Balkendecke, welche an hohen Stahlbindern hängt. Der Leser dieser Studie mag den Eindruck erhalten haben, daß Poelzig, seit er Breslau verlassen hat, der Technik eine ähnliche Rolle zugemu-tet habe, da sie ihm, als Element der Architektur, we-nig bedeutet hat; daß darum die „Schauburg" die letzte Konsequenz seiner antitechnischen Auffassung ge-wesen sei. Das ist aber nicht so. Ich erinnere an Be-merkungen auch in seinen späten Schriften, daß die Verwendung von Stahl und Eisenbeton andere Pro-portionen ermöglicht habe und daß dies zu begrüßen sei. Man denke auch an ein Gebäude wie das der IG-Farben, in dem die Formen von der Technik erzählen, obwohl man sie nicht sieht: ein Stahlskelett in einem Bürohaus *zu zeigen*, hat Poelzig abgelehnt. Das ist ja wohl der Unterschied zwischen der Weimarer Ideo-logie der Architektur (mit Ausnahme der Avantgarde) und der Nazi-Ideologie: Die Weimarer Architekten, Poelzig, aber nicht er allein, haben in ihrer Architektur die Technik nicht geleugnet, obwohl sie nicht gezeigt wird. Eben dies ist an der Schauburg das Besondere:

317
144

318–320

255

315 Hans Poelzig, ‚Schauburg‘, Projekt, 1932, Blick gegen die Bühne

316 Hans Poelzig, ‚Schauburg‘, Zuschauerraum

317 Hans Poelzig, ‚Schauburg‘, rückwärtige Ansicht

318 Hans Poelzig, ‚Schauburg‘, Zugangstreppen

daß sie die Technik verbirgt, ja, daß sie eine vorindustrielle Bauweise vorzutäuschen versucht.

Immerhin steht die „Schauburg" in Poelzigs Werk allein. Poelzig ist kein Architekt des Nationalsozialismus geworden, was ihm wohl freigestanden hätte. Niemand kann sagen, daß er zu denen gehört habe, die sich begeistert zur Verfügung gestellt haben, zu den vielen, die sagten, daß sie alle schon lange darauf, eben darauf gewartet haben. Er hat sich zurückgehalten und mehr und mehr zurückgezogen. Seine Haltung unter dem Regime relativiert in gewissem Maße die „Schauburg".

Er hat schließlich die Emigration erwogen. Der alte Freund Martin Wagner hat ihm einen Posten an der Akademie in Istanbul beschafft. Poelzig ist sogar nach Istanbul gereist – und tief enttäuscht zurückgekommen. Übrigens war er ein kranker Mann; aber warum er krank war, ist schwer zu sagen: Er war nicht alt, als er 1936 gestorben ist: siebenundsechzig Jahre. Poelzig hat daran gelitten, daß für seine Vorstellungen in Deutschland kein Raum mehr war – und für *ihn* kein Raum außerhalb Deutschlands. Heuss sagt es so: „Er nahm den Abschied sehr ernst und starb."[4] Dem ist nichts hinzuzufügen.

319 Hans Poelzig, ‚Schauburg‘, Schnitt

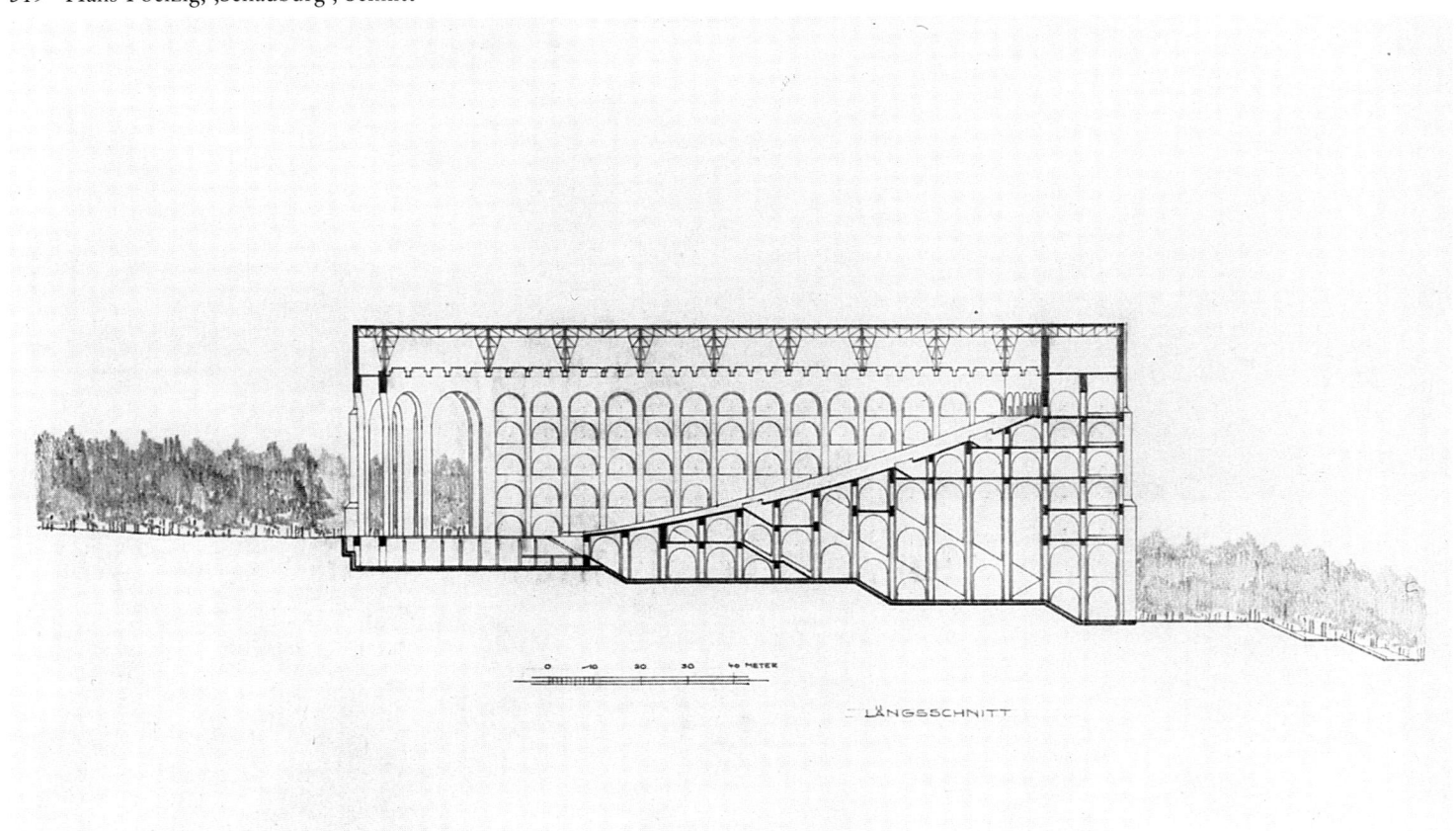

258

320 Hans Poelzig, ‚Schauburg‘, Grundriß

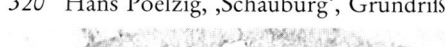

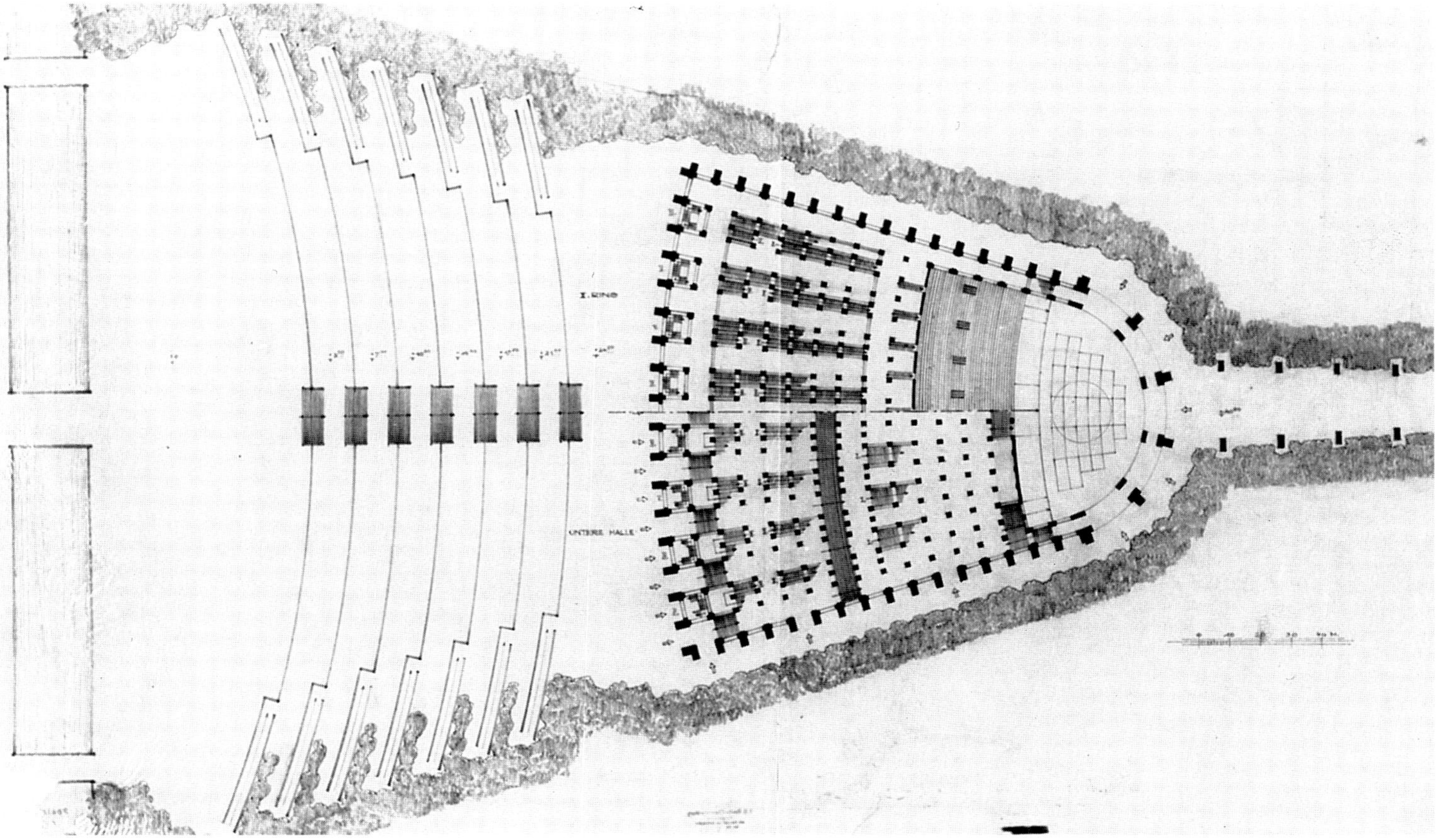

Dokument 18
Theodor Heuss, Hans Poelzig (1939)

Wir haben den einen, den wahren Satz des Freundes Theodor Heuss über Poelzigs Tod angeführt. Es scheint mir richtig zu sein, über diese letzten Jahre etwas mehr von Heuss zu hören. Es hat wohl kein anderer Poelzig so gut gekannt. Dabei ist zu bedenken, daß Heuss sein Poelzig-Buch im Jahre 1939 publiziert hat. Von Vorsicht ist eigentlich in dieser Darstellung des Endes nichts zu spüren. Heuss schreibt ganz offen. Wie weit er eine innere Rücksicht auf die politischen Umstände nimmt, denen auch er nicht widerstanden hat, die ihn bis zu einer bestimmten Grenze sogar angeregt haben mögen, ist eine andere Frage.

Die Dinge haben ihn stärker berührt und gequält, als er das damals sehen ließ. Es war nicht seine Art, sich verblüffen oder gar entmutigen zu lassen; er ging, ohne den Streit zu suchen, Gegner unbefangen an. Aber Freunde, die ihn lange genug kannten, fanden, daß er, jeder wechselvollen Situation gewachsen, zum erstenmal Angriffen mit einer gewissen Hilflosigkeit gegenüberstand. Er warf sich wieder fest in die Arbeit an der Technischen Hochschule – es war ihm eine Genugtuung, daß nach dem Erreichen der Altersgrenze 1934 sein Lehrauftrag um ein Jahr verlängert wurde und er darüber hinaus noch die Möglichkeit hatte, einige Schüler bis zur Prüfung zu führen. Doch ruhte für ihn die Bautätigkeit fast völlig – er holte wieder eifriger die riesigen Leinwände hervor und malte an den alten Bildern, in zäher selbstprüfender Geduld um das Geheimnis von Harmonie und Kontrast bemüht und dann wieder in dunkler Dämonie – schwarze Farbfetzen fuhren in blühende Landschaften und blauende Himmel. [...]
Die Übersiedlung sollte im Frühjahr 1936 erfolgen. Schon seit dem letzten Sommer mußte er ein wenig mißtrauisch sein, ob er den

schwierigen Neubeginn gesundheitlich werde leisten können, eine tiefe Erschöpfung hatte einige Störungen in der Sehsicherheit hinterlassen. Doch das hatte sich wieder gegeben. Aber dem Tag des Abschiedes blickte er mit einer wachsenden Unruhe entgegen – er bestellt sein Haus, schiebt die Termine hinaus, es ist ihm fatal, aber die Kraft zum Absprung versagt.

Die Freunde sehen dies zwischen Wollen und Nichtkönnen gehende tragische Spiel mit tiefer Bewegung der Seele und begreifen das symbolische Gewicht. Welches Mißverständnis des Schicksals, diese stärkste Begabung, die in ihren Instinkten und Verantwortungen so völlig an das deutsche Land und Volk gebunden war, in das Abenteuer einer geistig-kulturellen Fremde zu entsenden! Die Verantwortung rief den Nimmermüden und die schöpferische Lust – aber sollte dies die letzte Wendung eines großen Lebens sein, den Türken etwas vom guten Bauen beizubringen? War nicht dies der Sinn seiner geschichtlichen Erscheinung, in Deutschland als Revolutionär und als Konservativer Mut und Ehrfurcht zu lehren und vorzuleben; ein Rebell in der Wahrhaftigkeit seines Temperamentes und ein Bewahrer in dem Wissen um die echten und ewigen Werte? Er nahm den Abschied sehr ernst und starb. Der Todestag war der 14. Juni 1936. [...]
Die Worte eines Weggefährten zu diesem Sterben lauteten: „Ich hatte das Bild von einem starken Hirsch, der sich in sein einsames Dickicht zurückzieht, um mit sich eins zu bleiben." Rudolf G. Binding, der in den letzten Jahren Poelzig nahegekommen war, schrieb: „Es verliert aber Deutschland einen seiner besten Männer, einen seiner besten Art – und einen seines eigensten Wesens, wenn es auch nichts davon weiß."

Theodor Heuss, Hans Poelzig. Das Lebensbild eines deutschen Baumeisters. Bauten und Entwürfe, Berlin 1939; Reprint: Stuttgart 1985, S. 77–79

12 Die späten Entwürfe: 1932–1936

Von dem „Ehrenmal" in Schinkels „Neuer Wache" in Berlin, dem Ehrenmal als Terrassengarten und dem dritten „Ehrenbau", der „Schauburg", haben wir bereits gesprochen. Es bleiben nur einige Entwürfe zu behandeln, welche ebenfalls den letzten Jahren angehören. Die Entwürfe für Wohnsiedlungen interessieren am meisten, weil Poelzig hier ein neues Thema in Angriff nimmt. Die anderen Entwürfe dieser Zeit sind, gestehen wir es, enttäuschend. Man erfährt von Mitarbeitern dieser letzten Zeit, daß Poelzig nicht mit der Spannung gearbeitet habe, welche sein früheres Arbeiten auszeichnet. Er hat offenbar mehr als früher den Mitarbeitern überlassen. Die Bedrohung, welche über jenen Jahren lag, das wirtschaftliche Elend, das sie prägte, die wachsende Unsicherheit Poelzigs, was seine Stellung – und die seiner Arbeit – in dem politisch seit 1933 verwandelten Lande sein könnte – oder was *er* möglicherweise zu der Architekturentwicklung eines anderen Landes – etwa der Türkei – beitragen könnte, schlägt sich in diesen Entwürfen nieder. Sie sind wichtig als Zeugnisse eines Zustandes, aus dem es am Ende für ihn keinen Ausweg mehr gab.

1932 Das „wachsende Haus" (Projekt)

An dem Wettbewerb und der anschließenden Ausstellung über dieses damals aktuelle Thema hat Poelzig sich beteiligt. Auch einige seiner Schüler haben sich daran beteiligt und „wachsende Häuser" ausgestellt. Die „Schule Poelzig" – wenn man es so nennen darf – trat bei dieser Gelegenheit in Erscheinung. Der Gedanke hinter dem Wettbewerb war der, daß man wenig bemit-

telten Familien ermöglichen wollte, zunächst ein Minimum-Haus zu bauen, welchem man, wenn es die Mittel erlauben würden, weitere Räume bequem anfügen könnte. Der Gedanke ist im „Dritten Reich" nicht weiterverfolgt worden. Die Ausstellung „Das wachsende Haus" auf dem Messegelände in Berlin war eine der letzten Manifestationen der Republik und der sozialdemokratischen Berliner Stadtverwaltung.

Poelzigs Projekt stellt die denkbar einfachste Form 321 eines „wachsenden Hauses" dar: Das geschwungene Lamellen-Dach ist leicht für bewohnbare Räume auszunutzen. Indem Poelzig die Treppe an die Seite des ursprünglichen Hauses legt, kann er in beiden Stockwerken leicht weitere Räume anfügen; das Haus wird um seine Breite vergrößert.

1932 Wohnsiedlung in Berlin-Dahlem (Projekt)

Hier handelt es sich um eines von mehreren Siedlungsprojekten dieser Zeit. Poelzig hat bei der Planung der Siedlung weitgehend darauf verzichtet, „Städtebau" zu machen: Straßen von malerischem oder monumentalem Aspekt, Plätze. Er hat nicht mehr getan, als typische Häuser verschiedener Größe nah beieinander so zu gruppieren, daß für jeden ein bescheidener Garten und ein angemessener Abstand zum Nachbarn blieb. Einige 322 der Häuser sind recht groß. Alle sind eingeschossig (Bungalows) und haben ein flaches Dach. Die Straße in einer solchen Wohnsiedlung scheint Poelzig besonders stark interessiert zu haben, und in dieser Hinsicht weisen seine Projekte voraus. Die Straße ist die große

321   Hans Poelzig, ‚Wachsendes Haus‘, Berlin, 1932

322   Hans Poelzig, Wohnsiedlung in Berlin-Dahlem, Projekt, 1932

Schwierigkeit bei Ansiedlungen, welche aus freistehenden Einfamilienhäusern bestehen, weshalb bereits Camillo Sitte, der Städtebauer, der auf die Projekte in Österreich und Deutschland Anfang des Jahrhunderts den größten Einfluß gehabt hat, der Meinung war, der aus freistehenden Häusern zusammengesetzte Vorort sei für den Städtebauer kein Thema. Poelzig hat versucht, diese Form der Siedlung zu einem Thema für den Städtebauer zu machen, indem er die einzelnen Häuser miteinander durch Mauern verbunden hat. Auf diese Weise hat er räumlich wirkende Straßen geschaffen, vielmehr Wohnwege. Durch breite Blumenrabatten am Fuß der Häuser und Verbindungsmauern hat er diese Wohnwege angenehm gemacht.

Siedlungen dieser Art sind meines Wissens nicht ausgeführt worden, bestimmt nicht in Berlin. Sie waren für Bewohner mit einem gewissen Anspruch geplant; und 1932 war es für die Verwirklichung einer solchen Mittelstandssiedlung zu spät.

Wo das Gelände durch Höhenunterschiede dazu Anlaß bot, hat Poelzig die Siedlung als Ganzes gruppiert, in Stufen angelegt, ähnlich den Stufen im Wettbewerb für das „Ehrenmal" in Berka.

314

1930 Filmateliers in Gatow bei Berlin (Projekt)

Die Anordnung der Filmateliers – radial, in zwei Halbkreisen – scheint auf einem genügend großen Grundstück außerordentlich praktisch zu sein. Es mag an der Art der perspektivischen Darstellung liegen, daß man bei dem Anblick unwillkürlich an die radiale Anordnung der Ministerien im Spreebogen aus dem Wettbewerb für die Erweiterung des Reichstages (1929) denkt. Die Anordnung wirkt für das Thema – Filmateliers – ein wenig zu monumental.

323

265–267

1933 Erweiterung der Reichsbank (Wettbewerbsbeitrag)

An dem beschränkten Wettbewerb haben namhafte Architekten teilgenommen, unter anderen Mies van der Rohe. Poelzigs Projekt in Form eines Wagenrades mit sechs Speichen erscheint ein wenig schematisch. Im inneren Verkehr eines solchen Gebäudes bewirkt eine so streng geometrische Anordnung nicht, wie man wohl meinen könnte, Ordnung, sondern Verwirrung; man weiß nie, wo man sich befindet. Auch städtebaulich hat man den großen Zylinder kritisiert, und dies wohl nicht zu Unrecht. Eine solche Form fügt sich in keinen städtischen Zusammenhang ein, steht ganz für sich, ist abweisend. Übrigens ist er in Poelzigs Werk ein Unikum, obwohl man sagen könnte, daß die beiden Dreiecksbauten mit konkaven Seiten, das Hochhaus am Bahnhof Friedrichstraße und die Bibliothek des Reichstages tendenziell die gleiche Richtung vertreten.

324

325

206, 207

265–267

DREI THEATERENTWÜRFE

1934/1935 Theater und Konservatorium in Istanbul (Wettbewerbsprojekt)
1935 Theater in Dessau (Wettbewerbsprojekt)
1935/1936 Theater und Konservatorium in Istanbul (Ausführungsprojekt)

Die drei Theater lassen sich in der Größe miteinander vergleichen; auch darin sind sie vergleichbar, daß sie mehr als andere Theater in Poelzigs Werk konventionell sind. Was an ihnen am meisten poelzigsch erscheint, ist die Form des Zuschauerraumes im Parkett: von schöner, bühnennaher Breite.

Der Bau für Dessau ist von einer seltsamen kubischen Härte; sogar der Bauteil, der den Zuschauerraum enthält, ist ein reiner Kubus. Das gibt dem Bau eine

326

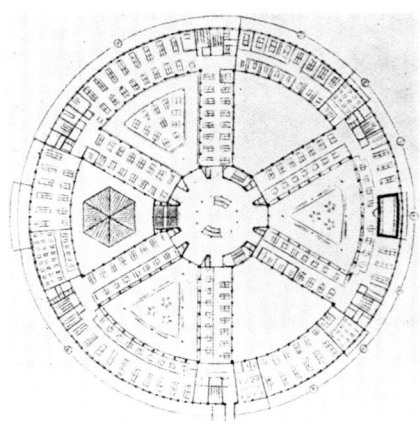

323 Hans Poelzig, Filmateliers in Berlin-Gatow, Projekt, 1930, Gesamtanlage

324 Hans Poelzig, Reichsbankerweiterung, Berlin, Wettbewerbsentwurf, 1933, Grundriß

325 Hans Poelzig, Reichsbankerweiterung, Perspektive

326 Hans Poelzig, Theater in Dessau, Wettbewerbsentwurf, 1935, Ansicht, Schnitt, Grundriß

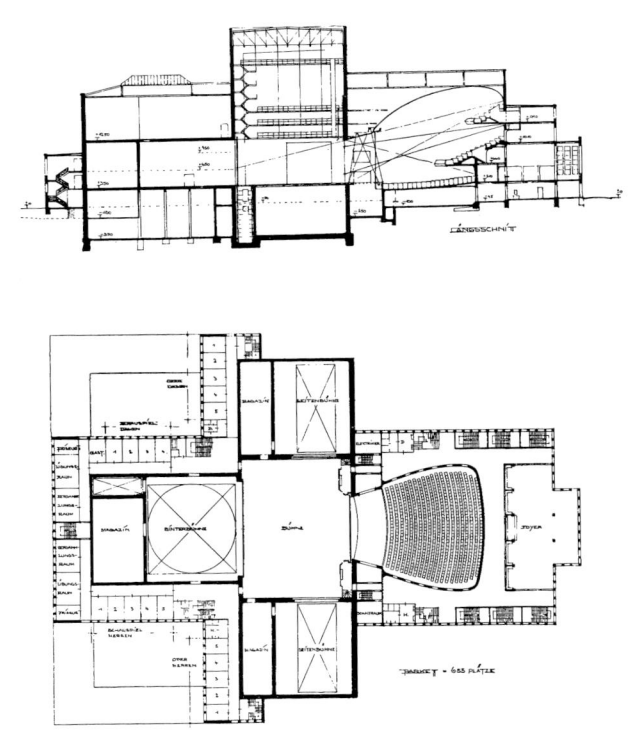

gewisse Konsequenz der äußeren Gestalt. Der Theatersaal selbst ist verhältnismäßig hoch. Er hat, was in Poelzigs Theatern selten ist, zwei Ränge.

327 Der Raum in dem Wettbewerb für Istanbul hat den breitesten und „bühnennächsten" Parkettgrundriß. Man darf sich allerdings durch diesen Grundriß nicht täuschen lassen: Der Saal hat einen sehr tiefen, amphitheatralischen Rang, welcher fast über das ganze Parkett
329 hinüberreicht. Wir haben gesehen, wie Poelzig
211–218 diese nicht unübliche Anordnung im Capitol-Kino ver-
328 mieden hat. Im Modellfoto sieht man die Dachform. In Wirklichkeit könnte man das Dach nur aus ziemlich weiter Entfernung sehen. Die äußere Gestalt ist weniger eindeutig als die des Theaters für Dessau.

Im Ausführungsentwurf für Istanbul wird die Rund-
330 form des Theatersaales im Außenbau gezeigt; oder sagen wir besser, eine symbolische Rundform. In dieser Form und an den geschwungenen Treppen an beiden Seiten des tiefen Foyers erkennt man bekannte Gedanken Poelzigs. Dem Wettbewerbsprojekt gegenüber besitzt der Theatersaal den Vorteil, daß der Rang, ähnlich wie im Capitol-Kino, nach hinten zurückgenommen ist.

Man kann die drei Entwürfe nicht ohne Trauer ansehen. Mit früheren Theater- und Kino-Entwürfen verglichen, sind sie zahm und nicht sehr interessant. Es scheint, daß der Meister sich nicht mehr sehr stark in diesen Aufgaben engagiert hat.

1935/1936 Haus für Diplomaten in Ankara (Projekt)

Auch für dieses Gebäude hat Poelzig zwei Entwürfe gemacht, da das Grundstück gewechselt wurde. Beide 331, 332 kommen uns von fern bekannt vor: Das erste Projekt erinnert in der Anordnung an den Entwurf für den Völkerbundpalast in Genf, nur daß hier der gestufte Teil des Gebäudes der Hauptbau ist; das andere erinnert 247 an das „Haus der Freundschaft" von 1916, nur daß die 155–166 Außenwände des in sechs Stufen aufsteigenden Hauses nicht geschlossen sind wie beim „Haus der Freundschaft"; vielmehr sind sie lebhaft gegliedert, wodurch der Entwurf die Konsequenz des berühmten Entwurfes von 1916 nicht wieder erreicht. An beiden Entwürfen ist die Sequenz Treppenhalle – Gang – Bankettsaal wohl das am meisten Bemerkenswerte.

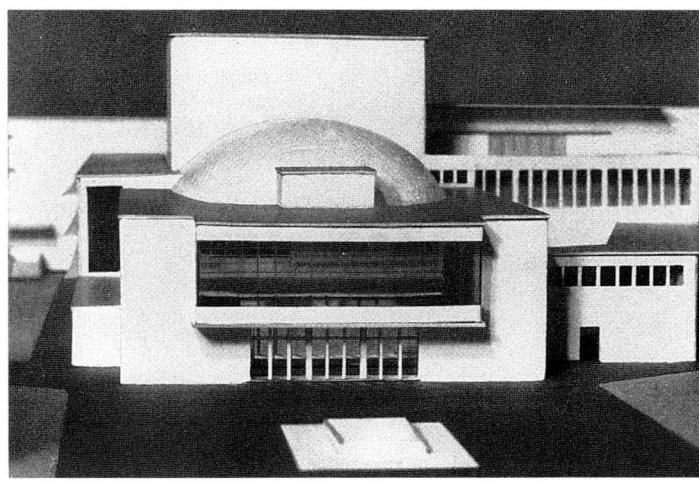

328 Hans Poelzig, Theater und Konservatorium in Istanbul, erste Fassung, Modell

327 Hans Poelzig, Theater und Konservatorium in Istanbul, Projekt, 1934–1935, erste Fassung, Schnitt

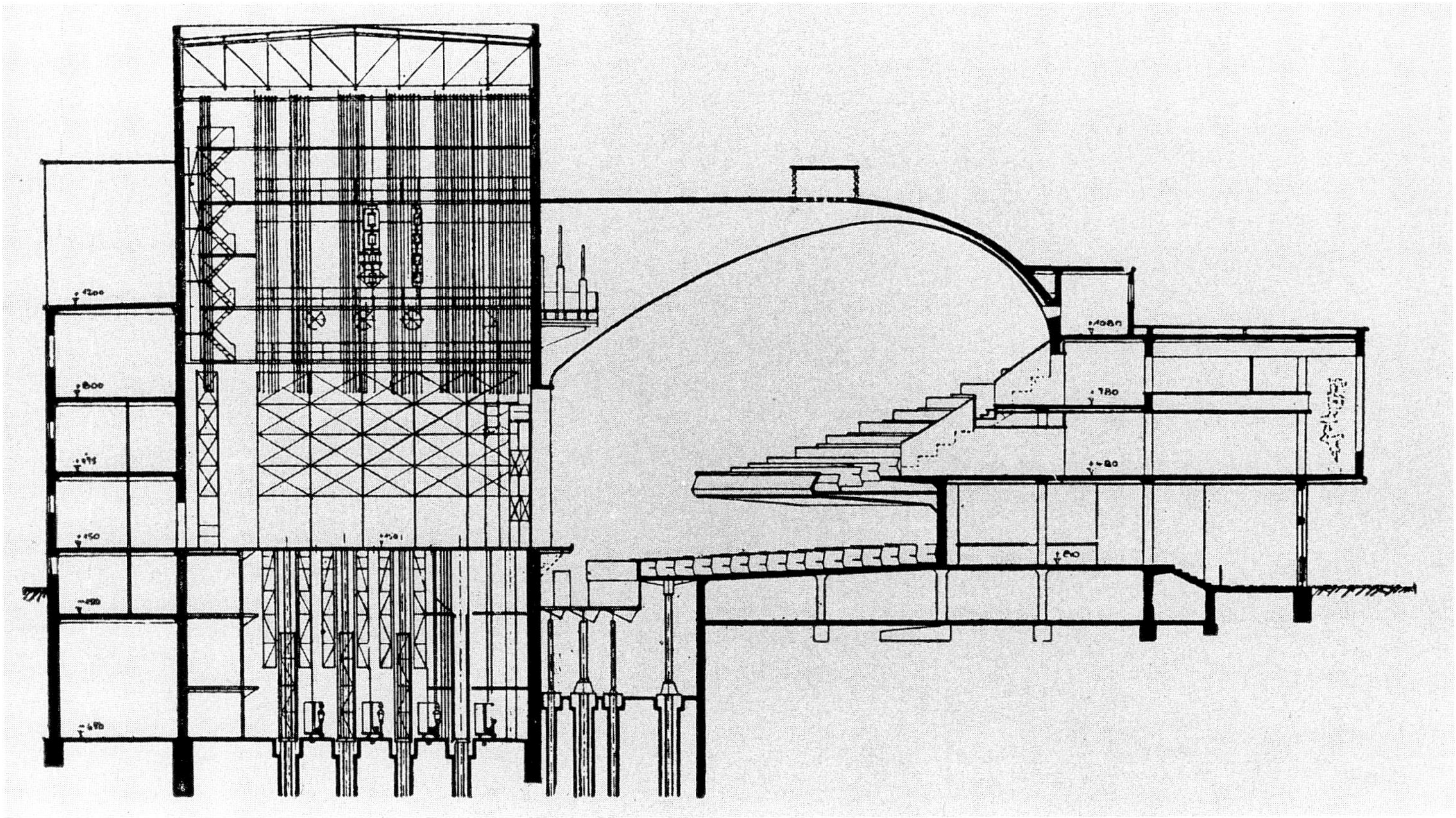

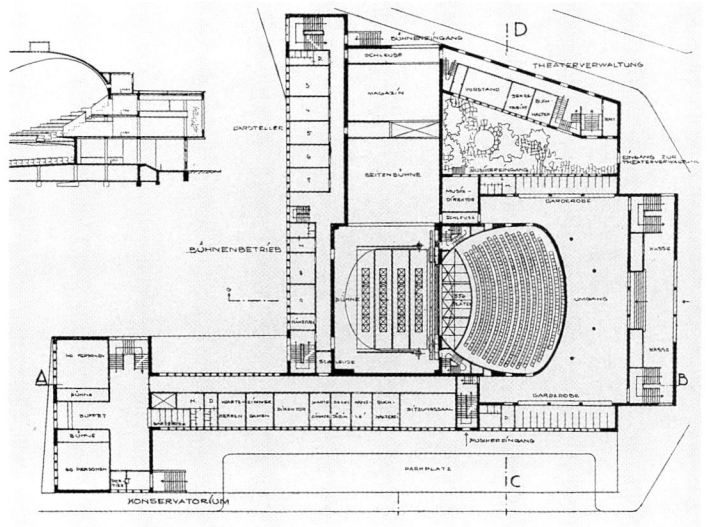

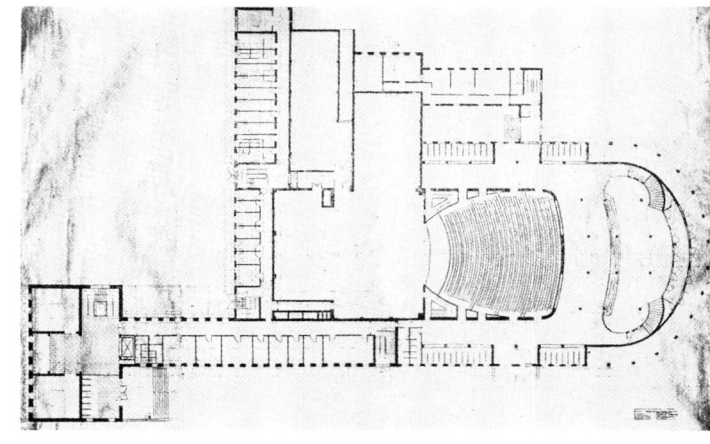

329 Hans Poelzig, Theater und Konservatorium in Istanbul, 1934–1935, Grundriß der ersten Fassung

330 Hans Poelzig, Theater und Konservatorium in Istanbul, 1935–1936, Grundriß der endgültigen Fassung

331 Hans Poelzig, Diplomatenhaus für Ankara, Projekt, 1935, erste Fassung, Perspektive

332 Hans Poelzig, Diplomatenhaus für Ankara, Projekt, 1935–1936, zweite Fassung, Perspektive

13 Betrachtungen

Wer ein Buch über einen Architekten unseres Jahrhunderts vorlegt, muß sich fragen lassen, warum er das eben jetzt tut. Wir sind in der Vorbemerkung flüchtig auf diese Frage eingegangen: Anlaß zu dieser Studie über Hans Poelzig war der Auftrag, den die Architectural History Foundation, New York, mir erteilt hat, über Poelzig, den Architekten des Expressionismus, zu schreiben. Ein Interesse an der Architektur des Expressionismus ist ohne Zweifel gegenwärtig wahrnehmbar, es hat mit der Abwendung von der Architektur zu tun, welche man die moderne genannt hat, der Architektur, die in der Mitte der zwanziger Jahre, besonders in Deutschland, begonnen hat, und die nach der Unterbrechung durch den Nationalsozialismus nach 1945 wieder aufgenommen wurde. Sie ist an die Namen Gropius, Mies, Le Corbusier geknüpft. Der Prozeß der Abwendung von dieser Architektur ist keineswegs neuen Datums, man sollte ihn nicht mit der Postmoderne verwechseln. Man kann ihn bereits in den sechziger Jahren erkennen, er ist begleitet von einer Wiederentdeckung der Tendenzen, welche vor und neben der modernen Architektur in den zwanziger Jahren wirksam gewesen sind. Dabei ist es nur natürlich, daß der Expressionismus in der Architektur, welcher mit dem Aufkommen der modernen Architektur überwunden schien, zu den erregendsten dieser Entdeckungen gehört. Wolfgang Pehnts Buch *Die Architektur des Expressionismus* erschien 1973. Pehnt beginnt sein Buch mit Poelzig: Die Zeichnung des runden Foyers im Großen Schauspielhaus schmückt den Umschlag, eine prachtvolle Poelzig-Skizze leitet das Vorwort ein, und das erste Kapitel ist überschrieben „Statt einer Definition: Das Theater der Fünftausend". Daneben ein Wort aus Poelzigs Werk-

bundrede von 1919: „Seien wir lieber unpraktisch, wenn wir erreichen können, daß aus unserer Schöpfung ein Strahl in die menschliche Seele fällt." Das ist die Sprache des Expressionismus; und wir haben auch in *unserer* Darstellung keinen Zweifel daran gelassen, daß damals, im Ersten Weltkrieg und danach, Poelzig ein Expressionist gewesen ist; vielleicht war er der führende Architekt des Expressionismus.

Hier allerdings tauchen bereits Zweifel auf. Denkt man heute an die Architektur des Expressionismus in jenen bewegten Jahren, so tauchen zunächst andere Namen auf: Bruno Taut und die „Gläserne Kette"; in der „Kette" dann Scharoun, die Brüder Luckhardt, im „Arbeitsrat für Kunst" auch Erich Mendelsohn; jüngere Architekten, sie sind in den achtziger Jahren geboren, Poelzig vor 1870. Wenn man den Expressionismus der genannten Architekten ihren Eintritt in die Architektur nennen kann, war in Poelzigs Werk, wie wir gesehen haben, eine Phase vorhergegangen, welche man mit den Bestrebungen des 1907 gegründeten Werkbundes in Verbindung bringen kann. In Dresden, seit 1916, und in Berlin, in den Jahren nach 1919 *war* Poelzigs Architektur expressionistisch. Nach dem Entwurf für Salzburg, ja, schon in dessen Entwicklung, bahnt sich in Poelzigs Werk eine neue Phase an, die man nicht mehr expressionistisch nennen kann.

Man hat Poelzig wegen dieses Wandels in seinem Werk einen Proteus genannt. Daran ist etwas Wahres; nicht, allerdings, in dem Sinne, daß er sich jeder wechselnden Laune der Zeit gefügt habe; er war ein Proteus, weil er jedem Werk eine andere Gestalt zu geben versucht – und vermocht – hat; nicht selten hat er über das gleiche Thema „Variationen" vorgelegt. Auf die Wandlungen der Zeit ist er ebenfalls eingegangen. Und da diese Wandlungen zwischen 1900 und 1935 tiefgreifend waren – oder doch so wirkten –, waren die Veränderungen in der Erscheinung seiner Arbeiten tiefgreifend – oder sie wirkten so.

Wir werden auf diese Einschränkung, dieses „oder sie wirkten so" zurückkommen.

Wir werden finden, daß die Einschnitte, die die Geschichte dieses Zeitraums in der Architektur feststellt, nicht ganz so tief gegangen sind, wie es zunächst scheint. Zweierlei, Poelzigs Werk betreffend, schon hier: einmal, daß man Poelzigs Werk nicht betrachten kann, ohne zugleich der Entwicklung – und den Wandlungen – der Architektur zu seinen Lebzeiten einige Aufmerksamkeit zu widmen. Das mag ein Gemeinplatz sein: *Jeder,* der ein Künstlerleben darstellt, sollte über seinen Gegenstand hinausblicken; insbesondere gilt das in einer Epoche, welche so entschiedene Wandlungen erlebt hat wie diese. Beschäftigen wir uns aber flüchtig – wie hier geboten – mit der Reaktion von Zeitgenossen auf die gleichen Wandlungen, so bemerken wir zwischen ihr und der Poelzigs einen Unterschied. Wir haben die Rolle des unmittelbaren Zeitgenossen Peter Behrens skizziert und gefunden, daß Behrens als ein entschiedener Vertreter des Jugendstils begonnen hat; dann wurde seine Architektur das, was wir „elementar klassizistisch" genannt haben, nach 1918 entschieden expressionistisch, später ebenso entschieden modern. Poelzig hat diese Wandlungen ebenfalls durchgemacht, er hat sich jedoch nicht im selben Maße mit den aufeinander folgenden Auffassungen – oder Moden – der Zeit identifiziert. Wir wollten in ihm einen Proteus sehen: einen, der sich wandelt; das ist nicht das gleiche wie einer, der sich anpaßt. Sich wandeln, ist Proteus' Natur, er bleibt Proteus (er *wird* Proteus), indem er sich wandelt. Auch in seinen Wandlungen erkennt man Hans Poelzig wieder, mögen es auch bedeutende Wandlungen sein. Auch sind wir in seiner Auffassung von dem, was Architektur ist – und bleiben soll –, gewissen Ein-

schränkungen begegnet: Sie werden deutlich in der Wirkung, die er bereit war, in der Architektur der Technik zuzugestehen. Auch sie gehören zu Poelzig.

Was aber ist das, Poelzig? Dies ist der zweite Punkt, der uns angeht. Kann man das definieren, oder kann man es nur zur Kenntnis nehmen als eine persönliche Aura? Wenn dem so wäre, wäre es dann der Mühe wert, ein Buch über Poelzig vorzulegen? Sind wir interessiert daran, zu hören, „wie einer sich räuspert und wie er spuckt?"[1], oder bedeutet dieses Wesen Poelzig etwas, das nicht nur diejenigen erfahren haben, die das Glück gehabt haben, ihm nahe zu kommen? Wir haben in seinem frühen Werk in Breslau gesehen, daß Poelzig den Thesen, welche damals als die Grundlagen einer neuen Architektur galten, ziemlich genau gefolgt ist und daß er gleichzeitig auch damals schon etwas anderes gewollt hat. Die Thesen der Zeit – das sind die Thesen, welche im Werkbund galten – waren reaktiv: will sagen, man reagierte gegen die Verkennung der Architektur als einer Anwendung von Stilformen und versuchte, die Leute zu einer besseren Einschätzung der Grundlagen der Baukunst zu erziehen. Man hat sich im Werkbund bestimmte, klar begrenzte Ziele gesetzt, die man in kurzer Zeit zu erreichen hoffte. Das kam einer Erziehung zur Anständigkeit gleich, zur Vernunft; es war so etwas wie eine Hygiene des guten Geschmacks. Man wußte, daß man nicht das erreichen werde, was man damals Kultur zu nennen lernte. Der Begriff ist ja aus einem gefühlten und erkannten Mangel entstanden, war eine Benennung dessen, was man *nicht* besaß: nicht mehr – und noch nicht wieder. Und man wußte, daß es den Mitlebenden nicht beschieden sein würde, die kommende Kultur zu gestalten. Damals kam der Ausdruck „Kulturdünger" auf, womit man eine Generation, die eigene – oder Generationen – bezeichnete, welche sich einer künftigen Kultur zum Opfer brachten. Was, bedenkt man es recht, viel verlangt ist: mehr, als eine Begabung und ein Temperament wie Poelzig *gern* auf sich genommen hätte. Mehr auch, meine ich, als er auf sich genommen *hat*. Die Haltung – oder Stimmung –, auf die ich da anspiele – und sie war nicht Poelzigs Haltung allein –, läßt sich etwa so umschreiben: Man wußte, daß man noch nicht das Eigentliche hervorbringen könne, schmeichelte sich aber hin und wieder doch, daß es einem gerade einmal gelungen sei. Das Signum des Echten, des Kulturträchtigen und am Ende des bereits Kulturwürdigen war jenes Bewußtsein einer Gemeinsamkeit mit der Geschichte, dem wir in Poelzigs Werk und in seinen Äußerungen so häufig begegnet sind.

Was war jener Zeit die Geschichte der Baukunst? Was konnte sie ihr sein? Man sah sie anders, als die Eklektizisten sie gesehen hatten: nicht mehr als einen Ablauf stilistisch geprägter Epochen – Romanik, Gotik, Renaissance etc. Man wollte um 1900 die Geschichte der Baukunst nicht als einen Ablauf von Formen sehen, sondern als eine Entwicklung von Methoden. Die Methoden, meinte Poelzig – und er war der einzige nicht, der so dachte; Perret hat das Gleiche gesagt (und andere auch) –: die Methoden bleiben im wesentlichen konstant, während die Formen sich wandeln. *Darum* hat Poelzig auf die Nutzbauten zurückgegriffen: In ihnen zeige sich die Grundlage, das Bauen selbst. Auf dieses „Grund-Bauen" käme es an, nicht auf die Ausprägungen, welche die Oberfläche formten, welche das Bauwerk in den Stilen erfahren – oder erlitten – hatte.

Darum wollte Poelzig – und wollte Perret – den alten Methoden *analog* vorgehen: So wie die Alten mit Stein und Holz gearbeitet hatten, sollte man jetzt mit Stahl und Beton arbeiten. Wir haben gesehen, daß Poelzig das zu tun versucht hat, und nicht ohne Erfolg (im Posener Turm). Daß wir aber immer wieder den Posener Turm erwähnen, zeigt, daß Poelzig wohl auch etwas anderes getan hat als dieses Übertragen zu allen Zeiten geltender Methoden auf die Art des Bauens, die Materialien und die Techniken seiner Zeit. Er hat zuweilen mit den alten Methoden auch ihre Resultate übernommen, weil er in sie verliebt war und fühlen mochte, daß man es besser gar nicht machen könne. Er

befand sich da in einem Zwiespalt: Er bejahte die Entmaterialisierung – und er liebte das Material. Wir sind vielen Beispielen dieses Zwiespaltes begegnet, ich erinnere an das wahrhaft Komische da, wo ich in einem früheren Buch über Poelzig den schweren Wasserturm abbilde, den er für Hamburg entworfen hat, so, daß er eine Passage in Poelzigs Schriften „illustriert", welche von der Leichtigkeit – und der Vergänglichkeit – gegenwärtiger Strukturen handelt.

Im Werkbund vor 1914 wurde noch eine andere These verkündet, nennen wir sie vereinfachend die funktionalistische These: daß die Form vom Gebrauch abhängig sei. Man verkündete diese Erkenntnis, wenn es eine Erkenntnis war; es war eine ad hoc-Erkenntnis, man wollte es so. Man könnte sich einen Künstler vorstellen, einen Baukünstler, der eine Abhängigkeit der Formen vom Gebrauch beklagt oder allenfalls als einen Mangel hinnimmt, der nun einmal von der Natur des Bauens nicht zu trennen sei. Wenn Poelzig sagt, er arbeite an einem Gegenstande so lange, bis nichts übrigbleibe als Form, spricht er als ein solcher Künstler, und zwar als einer, der entschlossen ist – und dem es offenbar auch gelingt – , diesen Mangel zu überwinden. Diejenigen aber, die diesen „Mangel" als ein Positivum sahen, meinten, daß eben diese Beziehung der Form Bedeutung gebe. Man hat das eine epische Auffassung genannt.

Das Epos ist diejenige Art der Dichtung, welche den Alltag verklärt, indem sie *nicht* über ihn hinausgeht, indem sie ihm, im Gegenteil, volle Geltung verschafft. Das Epos zeigt uns einen Stuhl so, daß wir ausrufen: „Ja, das ist ein Stuhl. Wir haben bis jetzt nicht gewußt, was ein Stuhl ist." Wir alle kennen epische Gegenstände, es mag da jeder an seine eigenen Vorlieben denken. *Ich* denke an japanische Keramik: an Krüge, Schalen, Becher, die so ganz Krug, Schale und Becher sind, daß sie es *sind* – und zugleich es *transzendieren*. Wenn man bedenkt, daß die epische Wirkung solcher Gegenstände auf ihrer Form beruht, daß die Form (und, freilich, ihr

Umgang mit dem Material und der Technik) erkennbar macht, daß man hier *den* Krug vor sich hat, mag man annehmen, daß Poelzigs Diktum, er arbeite an einem Gegenstande, bis nichts übrigbleibe als Form, das Gleiche meint, daß es sich auf jeden Fall auch auf diesen Aspekt der Form bezieht. Ich zweifle aber, ob dies Poelzigs Ansicht gewesen ist. Er hat es niemals expressis verbis gesagt; und ich kann mir nicht recht vorstellen, daß er eben dies gemeint haben sollte.

Erinnern wir uns an die Fabrik in Luban, vielleicht den „sachlichsten" Bau, den er gemacht hat: Beruht seine Wirkung doch auf dem reinen Ausdruck der beiden Konstruktionen, die er verwendet: der tragenden Backstein*mauer* und der Backstein*wand* im Prüss-Verband, welche einer Skelett-Konstruktion vorgesetzt ist. Aber diese Wirkung genügt Poelzig nicht. Die kleinen quadratischen Fenster in der Prüss-Wand werden in Mustern angeordnet; ich weiß auch nicht, ob es notwendig war, jene auffällige Staffelung vorzunehmen, die man seither so oft abgebildet hat; und wir haben gesehen, daß er ein Motiv aus der Geschichte eingeführt hat, welches in diesem Zusammenhang fremd wirkt: den Stufengiebel. Hätte er sich bemüht, so eng wie möglich an den Bedingungen der Produktion zu bleiben und aus ihnen – und aus den Bedingungen der Konstruktion – die Gestalt zu gewinnen, er hätte sich der erwähnten Mittel der Gestaltung wohl *nicht* bedient. Mir scheint, Poelzig habe unter der Form nicht den episch reinen Ausdruck eines dem Gebrauch gewidmeten Gegenstandes verstanden: Löffel, Stuhl, Fenster, Ofen, Haus, Fabrik, sei es, was es sei; unter Form verstand *er* etwas anderes.

Wie stimmt das nun aber mit den Grundrissen und der Gestalt einiger seiner Häuser überein? Ich denke in erster Linie an das Einfamilienhaus am Fischtal in Berlin-Zehlendorf. Wie stimmt es mit dem lebhaften Interesse überein, das er den Dingen des täglichen Lebens entgegengebracht hat, und das er bei seinen Schülern wecken wollte? Die Frage ist nicht ganz einfach zu beantworten. Wenn wir den Grundriß und die Gestalt des Hauses am Fischtal miteinander vergleichen, werden wir die epische Qualität im Grundriß entdecken: Die Gestalt ist nicht ohne Künstlichkeit, das haben wir ja gesehen. Wohnen ist ein Vorgang, nicht ein Gegenstand: Ein Haus ist nicht das gleiche wie Wohnen. Wohnen kann nicht in einer eindeutigen Form seinen Ausdruck finden, sondern in einem räumlichen Zusammenhang, wie hier in der Diagonalbeziehung zwischen Wohnraum und quadratischem, verandaähnlichem Eßraum. Das ist eine das Wohnen anregende Beziehung. Man mag so weit gehen zu sagen, daß hier eine räumliche Anordnung einen Gebrauch anrege. Einige haben ja Sullivans Wort „form follows function" umgedreht und gesagt, es gebe Formen – besser wohl Form- oder Raumzusammenhänge –, die Funktionen anregen. In solchen Raumbeziehungen, auf jeden Fall, kommt Poelzig dem Epischen am nächsten. Geben wir zu, daß sie in seinem Werk nicht ganz häufig zu finden sind; oder sagen wir vielmehr, daß sie häufiger sind, als man auf den ersten Blick meinen könnte; aber man muß sie suchen. Der Architekt arbeitet nun einmal nicht mit abstrakten Formen, sondern mit Formen, welche sinnbeladen sind. Poelzig wußte das, und man darf so weit gehen zu sagen, daß er die Bedeutung, wo immer es angängig ist, in der Form impliziert. Hätte er das *nicht* getan, wäre er kein Architekt gewesen.

Man darf trotzdem sagen, daß es Poelzig auf die Form in abstracto angekommen ist. Hätte es keinen Krieg gegeben, keine Niederlage, keine Notzeit danach, vielleicht hätte er die Beziehung zwischen reiner Form und Wesensform – um das einmal so zu nennen – weiter entwickelt. Aber diese Ereignisse traten ein, und Poelzig reagierte auf sie, indem er begann, die Form vom Wesen zu trennen. Die Feuerwache für Dresden ist ein genialer Entwurf, eine höchst eindrucksvolle Form – vielmehr zwei eindrucksvolle Formen: Er hat ja auch den anderen Entwurf gemacht, welcher die zweite Fassung, die extreme, dem wieder annähert, was gebaut werden kann; mit dem Begriff Feuerwache aber haben beide Entwürfe wenig zu tun. Und wenn der Entwurf für Salzburg Form und Inhalt wieder zusammenführt, so geschieht das, indem der Inhalt formalisiert wird: von Mozart ist die Rede, von Mirabell und von dem Park von Hellbrunn, dem Bauplatz, der den Architekten „zur Raserei" gebracht habe; auch vom deutschen Barock ist die Rede. Vom Festspielhaus praktisch so wenig, daß der Architekt und der Bauherr die Nebeneinrichtungen vergessen haben, ohne die ein Festspielhaus draußen vor der Stadt nicht sein kann.

Ich meine, dies ist ein anderer Zwiespalt, mit dem er gelebt hat und leben konnte, weil er kein Analytiker war, der in Kategorien dachte wie denen der reinen Form und der Wesensform. Er war einer, der gestaltet, und der sich über das jeweilige Maß an Bedeutung, das er einer Form – oder einem Gestalt- oder Raumzusammenhang – hat mitteilen können, keine Gedanken machen durfte. Es ist ihm begegnet, daß er Gebäuden Formen aufgenötigt hat wie jenen Berufsschulen in Berlin-Charlottenburg und in Berlin-Kreuzberg und schließlich auch dem IG-Farben-Gebäude, wie es in dem nicht rein ausgeführten Modell erscheint. Es ist auch kein Zufall – und gewiß nicht Unkenntnis –, daß er im Handwerker einen hat sehen wollen, der *„Formen schafft"*. Er brauchte diese Auffassung, um nicht zu sagen diese Fiktion; ebenso wie er jene andere Fiktion von der Technik brauchte, welche prinzipiell *keine* Formen schaffe, weil sie das nicht könne, weil ihre Form, ein Nebenprodukt des Produktionsprozesses, mit jedem weiteren Fortschritt „veralte". Er brauchte diese Fiktionen, die ihm freilich nicht als Fiktionen erschienen, um den Zusammenhang mit der Geschichte nicht abreißen zu lassen, der seine Formen, seien es „reine", seien es „Wesens"-Formen, für ihn selbst legitimierte. Diese Kontinuität – die de facto ebenfalls eine Fiktion gewesen ist, aber in seinem Wesen tief begründet – galt ihm mehr als die Unterschiede, die herauszuarbeiten uns eben gefallen hat, von denen er etwas ahnte, die zu

definieren oder gar zu diskutieren er jedoch abgelehnt hat.

Das Werk, von diesen Prämissen ausgehend, geht durch die folgenden Phasen: die beinahe vollständige Konformität von Historie und Entwicklung, von Inhalt und Form in Breslau; das Auseinandertreten von Inhalt und Form, von Konzept und Ausführung in Dresden: dies ist der Moment, den man expressionistisch nennen mag; dann in Berlin die Verteidigung der Kontinuität – *und* der Form – vor dem Eindringen der Technik, als eines Agens des Rationalismus, der falschen Formbildung. Ich erwähne die Auseinandersetzung mit dem Nationalsozialismus hier noch nicht. Wir kommen dazu. Dies sind die Phasen, von Poelzigs Grundhaltung her gesehen. Oben haben wir von ihnen als objektiv-geschichtlichen – vielmehr zeitgeschichtlichen – Phasen gesprochen. Wir haben aber dabei bemerkt – der Leser wird sich erinnern –, daß die Wandlungen der deutschen Architektur zwischen 1900 und 1935 vielleicht weniger tiefgreifend gewesen sind, als sie zu sein schienen, als sie sein wollten – wenn ich mich dieses etwas ungewöhnlichen Ausdruckes bedienen darf. Jeder einigermaßen genaue Blick auf die Architektur jener 35 Jahre zeigt, daß die Prinzipien des jeweils vorangegangenen Abschnitts neben dem Neuen weitergewirkt haben, zusammen mit zahlreichen Mischformen, Kompromissen, halben Neuerungen. Ebenso kann man immer sagen, daß der Umbruch – ein beliebtes deutsches Wort – in jedem Falle schon Jahre vorher praktiziert wurde: Man braucht nur an die Tätigkeit von Architekten wie Schmitthenner *vor* 1933 zu denken. Die Einschnitte waren weniger tief und weniger wesentlich, als sie zu sein vorgaben. Eben dies wird in Poelzigs Werk deutlich. Man denke an den latenten Expressionismus seiner Breslauer Zeit und an die Klarheit und Ruhe eines „expressionistischen" Entwurfes wie desjenigen für das „Haus der Freundschaft", welches alles andere war als ein „Domstern". Poelzigs Auffassung von dem, was Architektur ist, geht als eine Konstante durch dieses ganze Werk, auch wenn die Formensprache, deren er sich bedient, sich ändert. Wir haben immer wieder Zeichen dieser Beständigkeit gefunden, sie war recht eigentlich seine Kraft. Zu ihr gehören, jawohl, auch jene Begrenzungen und Irrtümer der Anschauung, von denen wir gesprochen haben. Er bedurfte ihrer, sie gehörten zu seinem Begriff des Architekten, der sich *im wesentlichen* nicht gewandelt hat. Darum konnte er auf jeder Stufe seiner Entwicklung lehren, und die Lehre blieb konstant.

Ich sage das, *obwohl* Poelzig in dem Aufsatz von 1911 über den neuzeitlichen Fabrikbau so ganz anders über die Beziehung des Künstlers zum technischen Fortschritt gesprochen hat als in allem, was er nach dem Kriege zu diesem kardinalen Thema sagt. Die Rolle des Künstlers bleibt die gleiche. Aber in Breslau erlaubt Poelzig dem technischen Fortschritt, ihn anzuregen, seit der Krise von 1916 nicht mehr; die neuen Mächte sind ihm nicht mehr geheuer. In Breslau waren sie es. Nach dem Kriege begegnet man immer wieder den Anschauungen, ja, den gleichen Ausdrücken, die er 1919 in Stuttgart geprägt hatte. Man findet sie 1931 in dem Vortrag *Der Architekt* wieder. Seine Vorstellungen modifizierte er in äußeren Dingen, wenn er mußte. In Wahrheit änderte das nicht viel. Er setzte diese Vorstellungen den Mächten entgegen, die ihm nicht geheuer waren: nicht nur der Technik, von der er so häufig gesprochen hat, sondern, darüber hinausgehend, der Entwicklung zur Unpersönlichkeit. Man denke daran, wie er noch 1931 (und später!) von der Beziehung zwischen dem Architekten und dem Bauherrn gesprochen hat, ohne die ein Werk der Architektur in Wahrheit nicht entstehen könne. Damals aber war diese Beziehung bereits die Ausnahme; das meiste, was entstand, mußte ohne sie entstehen. Poelzig aber bedurfte dieser Vorstellung.

Poelzig setzte seine Person, sein Wesen, seinen Begriff vom Künstler, vom Baumeister dem entgegen, was damals heraufzog. Ich vermute, daß er diesen Mächten gegenüber à la longue sich nicht hätte durchsetzen kön-

nen. Aber der Austrag wurde verschleiert, weil der Nationalsozialismus dazwischen kam. Jetzt fühlte Poelzig eine ihm immer näher rückende Enge in der deutschen Umwelt; aber es war nicht das Thema seines Lebens, dem gegenüber das Bewußtsein seiner Wirkungslosigkeit ihn schließlich überkam. *Diesen* Kampf hat er nicht erlebt, er ist auf dem falschen Schlachtfeld gefallen. Vielleicht war es besser so: Der wesentliche Austrag blieb ihm erspart. Das rettet auch sein Bild in der Geschichte. Es wird uns merkwürdig einhellig überliefert. Die partielle Sonnenfinsternis und die überwältigende Kraft davor, deren wir uns erinnern, verbirgt uns das Blasserwerden des Sonnenlichts, welches erst später eingesetzt hat, mit dem erst *wir* es zu tun haben.

Wenn einer ein Buch über einen Künstler vorlegt, sagte ich, muß er sich fragen lassen, warum er es eben jetzt tut. Will ich Hans Poelzig als ein Vorbild für die Gegenwart empfehlen? Er war ein Fremdling bereits in der eigenen Zeit: schon in Breslau, weil er die Werkbundthesen, die er damals vertrat, so weit überragte. Und er wurde es, wie wir gesehen haben, zusehends mehr. Es ist ihm gleichwohl gelungen, Kraftströme in diese Welt hinauszusenden, welche durch seine Schüler noch lange nachgewirkt haben. Man soll auch nicht glauben, er sei sich des immer enger werdenden Feldes seiner Wirkung bewußt gewesen. Äußerliche Ereignisse – die Wirtschaftskrise, das Kommen des „Dritten Reiches" – haben ihm die wahre Situation verborgen. Sein eingeborenes Kraftgefühl und das Bewußtsein seiner künstlerischen Freiheit und Kreativität haben ihm immer wieder die Möglichkeit gegeben, zu hoffen, ja, die Gewißheit der Hoffnung; obwohl Heuss von seinen Zweifeln von seiner Niedergeschlagenheit zuletzt, berichtet.

Wir sehen seine Lage – und ihn selbst – heute anders. Die Sonne ist blasser geworden; die Zuversicht der Avantgarde seiner Zeit, der Leute wie Gropius, ist unsere Zuversicht nicht mehr; wir sehen, im Gegenteil, ihren Beitrag zu dem unpersönlichen, dem gleichgültigen Bauen, an dem wir leiden. Diese Männer haben das nicht gewollt, und sie haben es nicht gesehen. Dennoch: Was sie als Positiva verkündet haben – Fortschritt, Ratio, Durchdringung meßbarer Probleme –, sehen wir nicht mehr als nur positiv. In dieser Situation mag das Bild einer großen Erscheinung, wie Poelzig eine gewesen ist, etwas bewirken wie Hoffnung. Poelzig ist – letzten Endes – gescheitert. Immer scheitert die große Person in der Welt. Immer aber bringt sie in die Welt einen Schimmer von Hoffnung.

Nachwort

Während ich an diesem Buch gearbeitet habe, wurden mehr als 1150 Zeichnungen aus Poelzigs Büro im Hamburger Bahnhof in Berlin gefunden. Der Hamburger Bahnhof wurde als Bahnhof nicht mehr benutzt, er diente zuletzt als Verkehrsmuseum. Die Zeichnungen hatten seit Jahrzehnten dort gelegen, und niemand schien es zu wissen. Das mag seine Ursache darin gehabt haben, daß der Hamburger Bahnhof der Reichsbahn gehört hat, einer Einrichtung der „anderen Seite" des geteilten Deutschland; kein West-Berliner durfte ihn betreten. Erst seit dem Ende der Teilung kamen die Schätze, die dort lagerten, ans Licht. Matthias Schirren hat das Poelzig-Material gesammelt, ausgesondert, aufgearbeitet und analysiert. Er hat das Material dann im Museum für Verkehr und Bau ausgestellt, und ich durfte bei der Eröffnung ein paar Worte über Hans Poelzig sagen. Matthias Schirren wurde eingeladen, seine Funde in einem Buch vorzustellen. Er nannte es *Hans Poelzig. Die Pläne und Zeichnungen aus dem ehemaligen Verkehrs- und Baumuseum in Berlin*.[1]

Schirrens Buch ist viel mehr als ein Katalog des Materials, das gefunden wurde. Es öffnet einen neuen Blick auf Poelzig; Schirren selbst hat als Einführung zwei Aufsätze geschrieben, und er hat die 37 im Katalog aufgeführten Arbeiten Poelzigs mit wesentlichen Informationen versehen. Wolfgang Pehnt, der durch sein Buch über den Expressionismus bekannt geworden ist[2], hat seinerseits einen Essay beigetragen, den er *Ein Kerl wie Poelzig. Skizze eines Architektenlebens* betitelt hat. Sein Beitrag ist darum bemerkenswert, weil er zeigt, wie Poelzig sich seiner Zeit des Wandels gegenüber verhalten hat. Pehnt betont den Unterschied zwischen Poelzig und den Architekten einer jüngeren Generation, Taut, Gropius etc. Hier läßt er Poelzig selbst zu Worte kommen. Poelzig schrieb: „Die Vertreter einer revolutionären Bewegung sind immer schwach. Die Starken sind immer revolutionär, aber in einem anderen Sinne. Sie sind gegen die Tradition, die den Standard hervorbringt, aber sie rechnen mit der Tradition. Sie bekämpfen sie und überwinden sie."[3]

Zu Schirrens Buch hat auch Dieter Bartetzko einen Beitrag geliefert: eine Studie über Poelzigs berühmtesten Bau, das Verwaltungsgebäude der IG-Farben in Frankfurt am Main. Bartetzko hat seine Studie *Zwischen Freiheit und Zwang. Die versteinerte Moderne in Hans Poelzigs IG-Farben-Gebäude* überschrieben. Auch diese Studie betont den Unterschied zwischen Poelzig und den jüngeren, den modernen Architekten.

Diese Essays leiten den Hauptteil des Buches ein, den Katalog der Arbeiten Poelzigs, die im Hamburger Bahnhof gefunden wurden. Eine gute Zahl dieser Arbeiten war bisher nicht bekannt, andere waren nur unter der Hand erwähnt worden. Ich habe mich gefragt, welche dieser neuen Aspekte von Poelzigs Werk in das gegenwärtige Buch aufgenommen werden sollten. Drei der Zeichnungen schienen mir in besonderem Maße angemessen. Mit freundlicher Erlaubnis des Verlages Wilhelm Ernst und Sohn, der Schirrens Buch veröffentlicht hat, habe ich diese Bilder und die sie begleitenden Unterschriften diesem Buche beigefügt.

338

59, 68

277

333 Hans Poelzig, Sporthalle, Berlin, Projekt gemeinsam mit Martin Wagner, 1928–1930, aus: M. Schirren, ‚Hans Poelzig. Die Pläne und Zeichnungen aus dem ehemaligen Verkehrs- und Baumuseum in Berlin', Berlin 1989

Anmerkungen

1 Entwicklungen in der deutschen Architektur zu Poelzigs Lebzeiten

1 Joan Campbell, The German Werkbund. The Politics of Reform in the Applied Arts, Princeton University Press 1978
2 Gustav Wolf, Die schöne deutsche Stadt. Mitteldeutschland, München 1912, S.130
3 Kurt Pinthus, Menschheitsdämmerung, Symphonie jüngster Dichtung, Berlin 1920. Revidierte Ausgabe mit wesentlich erweitertem bio-bibliographischem Anhang, Hamburg (Rowohlt Taschenbuchverlag) 1959
4 Karl Scheffler, Das Große Schauspielhaus, in: Kunst und Künstler, Jg. 18, 1920, S.231–241
5 Eine Ausnahme möchte ich machen für Peter Behrens' Bürohaus der Farbwerke in Höchst (bei Frankfurt): Die zentrale Halle dort ist einer der wenigen expressionistischen Räume, welche gebaut wurden: ein Raum von großer Feierlichkeit, bis in jede Einzelheit prachtvoll realisiert: ein großes Werk. Man fragt sich freilich, was dieser Raum in dem Bürohaus eines Industrieunternehmens bedeutet; um es gröber zu sagen: was er dort zu suchen hat: Er ist ausgesprochen sakral.
6 Walter Gropius, Programm des Staatlichen Bauhauses in Weimar, 1919, in: Ulrich Conrads, Programme und Manifeste zur Architektur des 20. Jahrhunderts (Bauwelt Fundamente, Bd. 1), Berlin-Frankfurt-Wien 1964, S.47–50
7 Walter Gropius, Grundsätze der Bauhausproduktion [Dessau] 1926, in:

Ulrich Conrads, a.a.O., S.90f. (Auszug)
8 Walter Gropius, Vortrag gehalten 1911. Erwähnt und zitiert in: Helmut Weber, Walter Gropius und das Faguswerk, München 1961, S.24
9 Vierendeels Kritik zitiert Sigfried Giedion in *Raum, Zeit, Architektur*, Ravensburg 1965 (zuerst veröffentlicht als *Space, Time, Architecture*, Cambridge, Mass. 1941), S.193. Das von Giedion wiedergegebene Zitat ist von großem Interesse: „Ce hors de proportion produit un très mauvais effet; la poutre n'est pas pondérée, elle n'a pas d'assiette; l'oeuil n'est pas assuré. La courbure de l'arc est aussi très défectueuse au point de vue esthétique. Elle commence trop bas. Les sommiers du palais des machines présentent encore un défaut, ils sont trop évidés."
10 Henry van de Velde, Aperçu en vue d'une synthèse d'art, Brüssel 1895, in: Henry van de Velde, Zum neuen Stil. Aus seinen Schriften ausgewählt und eingeleitet von Hans Curjel, München 1955, S.39f. Darin sagt van de Velde: „Die Industrie hat die Künste, die bisher nach den verschiedensten Richtungen auseinanderstrebten, einheitlichen Anforderungen und Gesetzen unterworfen und ihnen somit einen gemeinsamen Stil gegeben."

2 Hans Poelzig: die Person, der Künstler: Frühzeit

1 Pol Abraham, Viollet-le-Duc et le rationalisme médiéval, Paris 1934

2 Hans Poelzig, Der Architekt, mit einem Vorwort von Theodor Heuss, Tübingen 1954. Die Rede wurde gehalten auf dem Bundestag des Bundes Deutscher Architekten (BDA) in Berlin am 4. Juni 1931, abgedruckt in: Julius Posener, Hans Poelzig. Gesammelte Schriften und Werke, Berlin 1970, S.229
3 Eugène Viollet-le-Duc, Histoire d'une maison, Paris 1873
4 Julius Posener, a.a.O., S.231
5 Hans Poelzig, Der neuzeitliche Fabrikbau, in: Der Industriebau, Jg. 2, 1911, Heft 5, S.100–106
6 Hartmut Frank, Ein Bauhaus vor dem Bauhaus. Die Ausbildungsreform an der Königl. Kunst- und Gewerbeschule in Breslau, in: Bauwelt 1983, S.1640–1653
7 Eine Veröffentlichung von Briefen Poelzigs – es gibt deren viele, er hat gern Briefe geschrieben – wäre eine sehr verdienstvolle Arbeit.
8 Theodor Fontane, Frau Jenny Treibel, Roman, 1888–1891
9 Hermann Muthesius, Das Englische Haus, drei Bde., Berlin 1904 (The English House, London 1979)
10 Vincent J. Scully, The Shingle Style and the Stick Style, Newhaven/Conn. 1955, revised edition 1971
11 Vgl. Anm. 4
12 Franz Geiger, Mühle und Lagerhaus, in: Die Raumkunst, München–Darmstadt 1908, S.93–95
13 Vgl. Anm. 5. *Der neuzeitliche Fabrikbau* ist abgedruckt in: Julius Posener, Hans Poelzig. Gesammelte Schriften und Werke, Berlin 1970. Die beiden Zitate, welche folgen, dort auf S.42
14 Charles Edouard Jeanneret, Etude sur le Mouvement d'Art décoratif

en Allemagne, La Chaux de Fonds 1912

15 Theodor Heuss, Hans Poelzig, in: Die Neue Rundschau, Heft 9, 1936, S.938–961, abgedruckt in: Julius Posener, Hans Poelzig. Gesammelte Schriften und Werke, Berlin 1970. S.22–33. Das Zitat auf S.22

16 Theodor Heuss, a.a.O. S.22

17 Ebd.

18 Vgl. Abb. 226 in Kapitel 9

19 Anm. im engl. Text

3 Poelzig an der Arbeit: Breslau 1904–1916

1 Theodor Heuss, Hans Poelzig. Bauten und Entwürfe, Berlin 1939, S.20

2 Friedrich Ostendorf, Sechs Bücher vom Bauen, Berlin 1913–1920

3 Geoffrey Scott, The Architecture of Humanism, London 1914

4 Theodor Heuss, a.a.O., S.23

5 Hans Poelzig, Der neuzeitliche Fabrikbau, in: Der Industriebau, 2. Jg. Leipzig, 1911, Heft 5, S.100–106, abgedruckt in: Julius Posener, Hans Poelzig. Gesammelte Schriften und Werke, Berlin 1970, S.38–42

6 Jahrbuch des Deutschen Werkbundes für 1913. Die Kunst in Industrie und Handel, Jena 1913

7 Walter Curt Behrendt, Hans Poelzig, in: Kunst und Künstler, Berlin 12., Jg. 1913, Heft 1, S.55–61, abgedruckt in: Julius Posener, Hans Poelzig. Gesammelte Schriften und Werke, Berlin 1970, S.63–65; das Zitat auf S.64

8 Gottfried Semper, Wissenschaft, Industrie und Kunst. Vorschläge zur Anregung des nationales Kunstgefühls, Braunschweig 1852 (geschrieben in London, 1851), abgedruckt in: Gottfried Semper. Wissenschaft, Industrie und Kunst, ausgewählt und redigiert von Hans Wingler, Mainz-Berlin 1966, S.25–79; das Zitat auf S.36 (das ägyptische Beispiel). Wie später Poelzig hat Semper den Fortschritt der Bautechnik

bejaht. Ebenfalls wie Poelzig sah er, daß „der Überfluß an Mitteln" [...] „eine große Gefahr [ist], mit der die Kunst zu rechnen hat". (S.35) Semper schrieb: „Die Granit- und Porphyr-Monumente Ägyptens üben eine unglaubliche Macht über jedes Gemüt. Worin besteht dieser Zauber? Zum Teil gewiß darin, daß sie der neutrale Boden sind, wo sich der harte, widerstrebende Stoff und die weiche Hand des Menschen mit seinen einfachen Werkzeugen (dem Hammer und dem Meißel) begegnen und Pakt miteinander schließen. ‚Bis dahin und nicht weiter, so und nicht anders!' Das ist ihre stumme Sprache seit Jahrtausenden. Ihre großartige Ruhe und Massenhaftigkeit, die etwas eckige Feinheit ihrer Lineamente, die Mäßigung in der Behandlung des schwierigen Stoffes, die sich an ihnen kundgibt, ihr ganzer Habitus, sind Stilschönheiten, die jetzt, da wir die härtesten Steine wie Käse und Brot schneiden können, zum Teil keine Notwendigkeit mehr haben."

9 Henry van de Velde, Die Belebung des Stoffes als Prinzip der Schönheit, in: ders., Zum neuen Stil, hrsg. von Hans Curjel, München 1955, S.176

10 Walter Gropius, Die Entwicklung der Industriebaukunst. Jahrbuch des Deutschen Werkbundes für 1912. Die Kunst in Industrie und Handel. S.17–22

11 Hans Poelzig, in: Julius Posener, Hans Poelzig. Gesammelte Schriften und Werke, Berlin 1970, S.40

12 Die „Krolloper" wurde von dem Architekten Oskar Kaufmann in das Krollsche Vergnügungs-Etablissement eingebaut, welches 1843 von zwei Architekten der Schinkel-Schule gebaut worden war. Der Wettbewerb für ein Opernhaus an dieser Stelle (1912) sah den Abriß des Krollschen Etablissements vor.

13 Hans Schliepmann, Neue Entwürfe zum Berliner kgl. Opernhaus, Berlin 1913, Sonderausgabe der ‚Berliner Architekturwelt', 1913, S.45–113

14 Arthur Moeller van den Bruck, Der Preußische Stil, 1916; neue Fassung Breslau 1931, S.194

15 Brief an Theodor Heuss aus dem Jahre 1924, also beinahe zehn Jahre später geschrieben. Der Brief, der auch davon spricht, daß Poelzig sich „mit der Antike bis zu einem gewissen Grade auseinanderzusetzen gesucht" habe, scheint mir trotz des späten Datums ziemlich genau wiederzugeben, in welchem Geiste Poelzig an diese, in seinem Werk exzeptionelle Aufgabe herangegangen ist; Theodor Heuss, Hans Poelzig. Bauten und Entwürfe, Berlin 1939, S.28

16 Willy Hahn in: Baurundschau, Jg. 1913, S.372–377

4 Abschließendes zu Breslau

1 Eröffnungsansprache bei der Werkbundversammlung in München 1908, in: D.W.B., Die Veredlung der gewerblichen Arbeit im Zusammenwirken von Kunst, Industrie und Handwerk, Leipzig 1908

2 Julius Posener, Berlin auf dem Wege zu einer neuen Architektur. Das Zeitalter Wilhelms des Zweiten, München 1979, S.32

3 Theodor Heuss, Hans Poelzig. Bauten und Entwürfe, Berlin 1939, S.66

5 Aufbruch ins Unbekannte: Dresden 1916–1920

1 Wenzel Holek, Lebensgang eines deutsch-tschechischen Handarbeiters, herausgegeben von Paul Göhre, Jena 1909; des., Vom Handarbeiter zum Jugenderzieher, Zweiter Band der Autobiographie, herausgegeben von Theodor Greyerz, 1924. Über Hellerau S.119–122, 124, 125, 126–128, 141, 142

2 So nannte der Architekt Fritz Schumacher die Wirtschaft in seiner Rede

gelegentlich der Gründung des Werkbundes in München im Oktober 1907.
Fritz Schumacher sagte: „Und so ist
die Kunst nicht nur eine ästhetische,
sondern zugleich eine sittliche Kraft,
beides zusammen aber führt in letzter
Linie zu der wichtigsten der Kräfte:
der wirtschaftlichen Kraft."

6 Dresden – Berlin: Das Große Schauspielhaus

1 Julius Posener, Berlin auf dem Wege
zu einer neuen Architektur. Das Zeitalter Wilhelms des Zweiten, München
1979, S.443
2 Erich Mendelsohn, Das Problem einer
neuen Baukunst. Vortrag im Arbeitsrat für Kunst, Berlin 1919, abgedruckt
in: Erich Mendelsohn, Das Gesamtschaffen des Architekten, Berlin 1930,
S.7–21, (Reprint: Braunschweig 1989).
Das Zitat auf S.18
3 Das Große Schauspielhaus steht in der
Mitte Berlins.
4 Karl Scheffler, Das Große Schauspielhaus, in: Kunst und Künstler Jg. 18,
1920, S.231–241. Ebenfalls in: Julius
Posener, a.a.O., S.442
5 Posener, a.a.O., S.443
6 Hans Poelzig, Der Bau des Großen
Schauspielhauses. Das Große Schauspielhaus. Schriften des Deutschen
Theaters, Herausgeber: Max Reinhardt, Berlin 1920, S.119–122. Auszug
in: Julius Posener Hans Poelzig, Gesammelte Schriften und Werke, Berlin
1970, S.123–124
7 Brief vom 24. April 1921
8 Werkbundrede, Stuttgart 1919: Mitteilungen des Deutschen Werkbundes
1919, Nr. 4. Selbstverlag des DWB,
Berlin, abgedruckt in: Julius Posener,
Hans Poelzig. Gesammelte Schriften
und Werke, Berlin 1970, S.111–112.
Das Zitat auf S.111

7 Das Festspielhaus für Salzburg

1 Brief Poelzigs vom 20. April 1921, zitiert in: Theodor Heuss, Hans Poelzig.
Das Lebensbild eines deutschen Baumeisters, Berlin 1939; neue Auflage
Stuttgart 1985, S.38
2 Johann Wolfgang von Goethe, Faust,
Zweiter Teil, Erster Akt, Szene „Fin-
stere Galerie": „Mephistopheles: Kein
Weg! Ins Unbetretene, Nicht zu Be-
tretende; ein Weg ans Unerbetene,
Nicht zu Erbittende. Bist du bereit?",
in: Goethes Werke, Bd. 3, Drama-
tische Dichtungen I, textkritisch
durchgesehen und kommentiert von
Erich Trunz, 11. Aufl., München
1981, S.191
3 Hans Poelzig. Rede bei der General-
versammlung der Salzburger Festspielhausgemeinde, 1921, in: Julius
Posener, Hans Poelzig. Gesammelte
Schriften und Werke, Berlin 1970,
S.142–151. Das Zitat auf S.144
4 Hans Poelzig, Brief an Theodor
Heuss, November 1920, in: Theodor
Heuss, a.a.O., S.48
5 Vgl. Anm. 3, S.142
6 Vgl. Anm. 3, das Zitat auf S.150
7 Die Ränge in diesem Raum liegen in
der Kuppel, welche am Fußboden
(Parkett) des Saales beginnt. Auch die
Logen des ersten Projektes setzten
sich bis in die Kuppel hinein fort. Es
ist interessant, daß Erich Mendelsohn
die Anordnung der Ränge in Poelzigs
drittem Salzburg-Projekt in seinen
Entwurf für das Sowjetpalais (1929)
übernommen hat.

8 Ein neuer Anfang: Berlin

1 Adolf Behne, Max Taut, Bauten und
Pläne. Neue Werkkunst, Berlin-Leip-
zig-Wien 1927
2 In einer Unterhaltung mit dem Verfasser

9 Erfolg

1 Hermann Muthesius, Die neue Bau-
weise (Kritik der Weißenhofsiedlung),
Berliner Tageblatt, 1927. Ebenfalls
bei Julius Posener, Anfänge des Funk-
tionalismus (Bauwelt Fundamente,
Bd. 11), Berlin-Frankfurt-Wien 1964,
S.229
2 Hans Poelzig, Rede als Präsident des
Deutschen Werkbundes in Stuttgart,
1919. Mitteilungen des Deutschen
Werkbundes 1919, Nr. 4, S.109–124.
Ebenfalls in: Julius Posener, Hans
Poelzig. Gesammelte Schriften und
Werke, Berlin 1970, S.111–121. Das
Zitat auf S.113
3 Hans Poelzig, Der Architekt, Rede auf
dem 28. Bundestag des Bundes Deut-
scher Architekten (BDA) am 4. Juni
1931, mit einem Vorwort von Theodor
Heuss veröffentlicht Tübingen 1954.
Ebenfalls in: Julius Posener, Hans
Poelzig, Gesammelte Schriften und
Werke, Berlin 1970, S.229–246. Das
Zitat auf S.231
4 Walter Riezler, Über das Veralten
technischer Formen, in: Die Form,
1922, Heft 2, S.31. Ebenfalls in: Julius
Posener, Hans Poelzig. Gesammelte
Schriften und Werke, S.188
5 Johann Wolfgang von Goethe, Xe-
nien: „Revolutionen. Was das Luther-
tum war, ist jetzt das Franztum in diesen Letzten Tagen, es drängt ruhige
Bildung zurück." Goethes Werke, Bd.
1, Gedichte und Epen I, textkritisch
durchgesehen und kommentiert von
Erich Trunz, 12., neubearb. Aufl.,
München 1981, S.211
6 Hermann Muthesius, Handarbeit
und Massenerzeugnis, Berlin 1917, S.
29f.
7 Hermann Muthesius, a.a.O., S.16
8 Hermann Muthesius, a.a.O., S.13
9 Hans Poelzig, Der Architekt, Tübingen 1954. Ebenfalls in: Julius Posener,
Hans Poelzig. Gesammelte Schriften
und Werke, Berlin 1970, S.231
10 Theodor Heuss, Hans Poelzig. Bauten
und Entwürfe, S.73

10 Arbeiten 1924–1931

1 Theodor Heuss, Hans Poelzig. Bauten und Entwürfe, Berlin 1939, Stuttgart 1985, S.52
2 Theodor Fontane, Werke. Jubiläumsausgabe, München 1968, Bd. 11, Der Stechlin, S.402–800. Das Barbysche Haus ist in Kap. 12, S.517 ff., beschrieben.
3 Aus der Erklärung zum Wettbewerbsentwurf, vgl. Theodor Heuss, Hans Poelzig. Bauten und Entwürfe, Berlin 1939, S.61

11 Die letzten Jahre: 1932–1936

1 Brief vom 9. Januar 1933 in: Theodor Heuss, Hans Poelzig. Bauten und Entwürfe, Berlin 1939, Stuttgart 1985, S.76
2 Unterhaltung mit dem Verfasser (Anfang 1933)
3 Theodor Heuss, a.a.O., S.61 f.
4 Theodor Heuss, a.a.O., S.79

13 Betrachtungen

1 J.C.F. von Schiller, Wallensteins Lager, Szene 6: „Wie er sich räuspert und wie er spuckt, das habt ihr ihm glücklich abgeguckt."

Nachwort

1 Matthias Schirren, Hans Poelzig. Die Pläne aus dem ehemaligen Verkehrs- und Baumuseum in Berlin, Berlin 1989
2 Wolfgang Pehnt, Die Architektur des Expressionismus, Stuttgart 1973
3 Hans Poelzig, zitiert nach: Wolfgang Pehnt, a.a.O., S.26

Namensregister

Kursiv gesetzte Ziffern verweisen auf Nennungen in Abbildungslegenden

Abraham, Pol 29
Avenarius, Ferdinand 57, 106

Bach, Johann Sebastian 146
Bähr, Georg 117, *119*
Bartetzko, Dieter 277
Bartning, Otto 9, 26, 117, *118*
Behne, Adolf 166, 179
Behrendt, Walter Curt 79
Behrens, Peter 8, 10, *11*, *12*, 13, 15, 20, 21,
    22, *23*, 24, 31, 34, 40, 48, 50, *77*, 78, 79,
    83, 92, *94*, 98, 104, 117, *121*, 135, 140,
    166, 179, 253, 271,
Berg, Max 98, *99*, 106
Berling, Max 230
Bernoulli, Hans R. 102
Bestelmeyer, German 120
Binding, Rudolf G. 260
Bismarck, Otto von 44, 87, 92, 109, 114,
    115, 221, 253
Bonatz, Paul 214

Cencid, Aben 27
Cézanne, Paul 15
Chiaveri, Gaetano 117
Choisy, Auguste 30, 31

Dieter 102
Drexler, Dolly 52
Dürer, Albrecht 56
Dutert, C.L.F. *22*

Eiermann, Egon 51
El Greco 146
Endell, August 127
Eyck, Jan van 250

Fahrenkamp, Emil 179, *180*, 214
Finsterlin, Hermann 9, 26
Fischer, Theodor 13, 50, 98, 104, 117
Fontane, Theodor 34, 221

Frank, Hartmut 32
Frank, Josef 242
Friedrich II 146
Friedrich-Wilhelm IV 95

Galeen, Henrik 148
Geiger, Franz 43
Gessner, Albert 68, *70*
Gluck, Christoph Willibald 95
Gogh, Vincent van 15
Goethe, Johann Wolfgang 183
Gosen, Theodor von 250
Gropius, Walter 20, 21, 26, 27, 32, 48, 87,
    98, 117, 127, 135, 166, 184, 192, 214,
    252, 253, 270, 275, 277
Grünewald, Matthias 146
Gurlitt, Cornelius 87

Hahn, Willy 102
Händel, Friedrich Georg 51
Häring, Hugo 20, 179, 182, 242
Hauptmann, Gerhart 32
Hauptmann, Karl 32
Heuss, Theodor 48, 50, 51, 57, 58, 73, 78,
    106, 114, 120, 126, 159, 206, 212, 247,
    253, 255, 258, 260, 275
Hoffmann, Josef 148, 165
Hoffmann, Ludwig 192, 224
Höger, Fritz *19*, 20, 166
Holek, Wenzel 112
Horta, Victor 37

Jawlensky, Alexej 15
Jeanneret, Charles Edouard 48

Kandinsky, Wassili 15
Kaufmann, Oskar *154*, 156, 177, 203, *204*,
    224
Keyserling, Eduard Graf von 198
Kirchner, Ernst 15
Knobelsdorff, Georg Wenzelaus 95

Kollwitz, Käthe 251
Kramer, Ferdinand 179
Kramer, Piet 179
Kreis, Wilhelm 44, 92, 214
Kühn, Hermann 32

Lauterbach, Heinrich 53, 68
Le Corbusier 48, 50, 115, *116*, 179, 192,
    206, *210*, 242, 270
Leistikow, Hans 53
Lethaby, William Richard 51
Liebermann, Max 193
Liebknecht, Karl 143
Liese, Hans 29
Loos, Adolf 34
Lübbers 102
Luckhardt, Hans 166, 270
Luckhardt, Wassili 166, 270
Lutyens 34
Luxemburg, Rosa 143

Macke, August 15
Mann, Heinrich 251
Marc, Franz 15
May, Ernst 179
Mebes, Paul 34, 179
Memling, Hans 250
Mendelsohn, Erich 18, *19*, 26, 27, 68,
    72, 117, *120*, 166, 174, 206, *210*, 218,
    270
Messel, Alfred 48, *72*
Meyer, Hannes 48, 206
Michelangelo 190
Mies van der Rohe, Ludwig 7, 48, 171,
    172, 179, 182, 192, 253, 263, 270
Modersohn, Paula 32
Moeller van den Bruck, Arthur 95
Moeschke, Marlene 48, 50, 130, 146, 242,
    247
Möhring, Bruno 95, *97*
Morris, William 13, 15, 30, 106, 138

Namensregister

Mozart, Wolfgang Amadeus 51, 95, 148, 165, 274
Muthesius, Hermann 13, *14*, 34, *39*, 40, 48, 87, 106, 112, 120, *139*, 182, 184

Neumann, Balthasar 30, 146
Newhouse, Victoria 8
Norman 30

Olbrich 34
Ostendorf, Friedrich 78
Osthaus, Karl Ernst 135
Oud, J.J.P. 179, *181*

Pallat, Ludwig 32, 34, 106
Paul, Bruno 98, 117, 250
Pechstein, Max 15
Pehnt, Wolfgang 270, 277
Perret, Auguste 7, 51, 272
Pinthus, Kurt 18
Piranesi, Giovanni Battista 167
Pöppelmann, Mathäus Daniel 27, 117
Posener, Julius 252
Prior 34

Radicke, Dieter 102
Reinhardt, Max 127, 130, 134, 138 152, 251
Riemerschmid, Richard 13, 98, 112, *113*, 117
Riezler, Walter 183, 191
Rilke, Rainer Maria 32, 198
Roller, Alfred 148, 159, 161, 163

Ruskin, John 13, 30, 87

Salvisberg, Otto Rudolf 20, 179, *181*, 242
Schäfer, Karl 29, 30, 31, 192, 193, 194
Scharoun, Hans 15, *16*, 152, 166, 171, 270
Scheerbart, Paul 18
Scheffler, Karl 18, 134, 136, 152, 183
Schinkel, Karl Friedrich *33*, 95, *97*, 98, 110, 253, 261
Schirren, Matthias 277
Schliepmann, Hans 95
Schmidt, Karl 112, 127, 135, 182, 184
Schmitt-Rottluff, Karl 15
Schmitthenner, Paul 20, 179, *180*, 184, 242, 252, 274
Schmitz, Bruno 44, *47*
Schopohl 179, 242
Schumacher, Fritz 138
Schwarz, Rudolf 51, 53
Scott, Geoffrey 78
Scully, Vincent 20
Segal, Walter 51, 252
Semper, Gottfried 30, 87, 95, *97*
Shakespeare, William 146
Shaw, George Bernard 30
Sinan 27
Sitte, Camillo 102, 263
Sombart, Werner 32
Spengler, Oswald 187
Stam, Mart *244*
Steinbach, Erwin von *27*
Stern, Fritz *108*, *109*

Straumer, Heinrich 226
Sullivan, Louis 29, 30, 171, 172, 179, 273

Taut, Bruno 8, 9, *16*, 18, *19*, 20, 26, 27, 48, *89*, *90*, 98, 106, *113*, 114, 115, 117, 120, *121*, 130, 135, 165, 166, 177, 179, *180*, 242, 252, 270, 277
Taut, Max 9, 87, 117, 166, 177, 179
Tessenow, Heinrich 7, 44, *47*, 112, 127, 136, 167, 179, *181*, 183, 242, 248, 251, 252, 253, *254*

Valéry, Paul 198
Velde, Henry van de 13, 24, 106, 110
Vierendeel 21
Vinci, Leonardo da 56
Viollet-le-Duc, Eugène-Emmanuel 29, 30, 31
Vogeler, Heinrich 32
Voysey, C.F.A. 34, *36*

Wachsmann, Konrad 51
Wagner, Martin 102, 179, 198, 224, 226, 230, 251, 253, 258, *278*
Wallot, Paul 221
Wegener, Paul 148, 159
Wilhelm II 221
Wittwer, Hans 206
Wolf, Gustav 40

Zimmermann, Erich 52, *153*
Zweig, Arnold 138

Ortsregister

Ankara 266, *268*, *269*

Berka 253, *254*, 263
Berlin 10, *14*, 18, *19*, 20, *22*, *23*, 29, 37, *39*, 44, 50, 52, 53, *70*, *72*, *77*, 95, *96*, *97*, 102, 105, *113*, 114, 127, *128*, 143, 146, 152, 156, 165, 167, 171, *172*, *173*, 174, 177, 179, *180*, *181*, 183, 185, 186, 200, 203, *204*, *205*, 212, *213*, 214, *215*, 218, *219*, *220*, 221, *222*, 224, *225*, 226, *227*, *228*, 229, 230, *231*, *232*, *233*, *234*, 242, *244*, *245*, 252, 253, *254*, 261, *262*, 263, *264*, 273, 274, 277, *278*
Bingerbrück 44, *47*, 83, 87, *90*, 92, 253
Bremen 32
Breslau 7, 10, *12*, 31, 32, 34, *36*, 37, *38*, 40, *41*, 43, 51, 52, 53, 59, 62, 68, *69*, *70*, *71*, *72*, 73, *77*, 78, 83, 98, *99*, *100*, *101*, 105, *107*, 109, 112, 114, 115, 127, 137, 143, 163, 167, 177, 183, 185, 203, *204*, 212, 226, 250, 252, 255, 271, 274, 275
Brno 179
Brüssel 37
Buffalo 171, *172*

Chandigarh 115, *116*
Charkov 203, 206, *207*, *208*
Chemnitz 44, *45*, 183
Chicago 7

Darmstadt 10, *11*, 37
Delmenhorst 10
Dessau 253, 263, *265*, 266
Dresden 10, *12*, 18, 34, 44, *45*, *46*, 50, 53, 92, *93*, 95, *97*, 103, 110, 112, *113*, 114, 115, *116*, 117, *119*, 127, 130, 134, 136, 143, 144, 148, 152, *154*, 167, *169*, *170*, 171, *173*, 174, 177, 189, *211*, 212, 248, 255, 270, 273

Frankfurt am Main *19*, 52, 166, 185, *186*, 218, 230, *234*, 236

Genf 194, 206, *210*, 212, 266
Glatz 73, *76*, *77*, 98, 103, 109

Hagen 10, 24
Halle 214, *215*
Hamburg *19*, 20, 44, *46*, 53, 83, 87, *88*, *89*, 109, 166, 214, *216*, *217*, 218, 272, 277
Hannover *170*, 171
Hellbrunn 148, 165, 214, 274
Hellerau 112, *113*, 171, 182, 184
Hindenburg 102, 224, *225*
Höchst 117, 166

Istanbul 258, 263, 266, *267*, *268*

Kammin 247, *248*
Karlsruhe 192
Kassel 29
Kliedbruch *245*, *246*, 252
Klingenberg 83, *86*
Köln *16*, 18, 98, 114, 120, 135, *139*, 171, *173*, 174, 184
Königsberg 92, *93*
Konstantinopel *17*, 18, 26, 98, 117, 120, *121*, 126
Krefeld 247
Kuala Lumpur 34

La Chaux de Fonds 48
Leerbeutel 59, *60*, *61*, 137
Leipzig 44, *47*, *72*
Löwenberg *14*, 15, 34, *35*, *39*, 40, *61*, 62, 73, *74*, *75*, 98, 135, 192
Luban 21, *23*, 24, *25*, 31, *42*, 43, 50, 78, 79, *80*, *81*, *82*, 83, 109

Magdeburg 165
Mainz 48
Maltsch 15, *16*, 59, 62, *64*, *65*, *66*, *67*
Moskau 206, *209*, *210*, 212
München 138

Nauen 87, *89*, *90*
New York 8, *108*, *109*, 167
Niederfinow 247, *249*
North Luffenham *36*

Paderborn 29
Paris 21, *22*
Posen 24, *25*, 31, *42*, 50, 79, 83, *84*, 183, 272
Potsdam 29, 146, 186
Pschow 44, *45*, 83, *84*

Rheydt 200, *201*, *202*
Rüstringen 102, 103, *104*
Rybnik *42*, 43, 79, *82*, 83

Saarbrücken 10, *11*
Salzburg 18, 117, 127, 130, 143, 144, *145*, 148, *149*, 152, *153*, *154*, *155*, 156, *157*, *158*, 159, 163, 165, 166, 167, 171, 174, 177, 187, 189, 191, 226, 251, 253, 274
Schreiberhau 32
St. Petersburg 92, *94*
Stolpe 29
Stuttgart *72*, *139*, 143, 179, 182, 183, 242, *243*, 252, 275

Vauban 24

Washington 92, *94*, 95
Weimar 32, 127
Wien 148, 160
Wilhelmshaven 102
Worpswede 32

Bildquellen

Der Autor dankt Olaf Bartels für die Zusammenstellung des Bildmaterials.

II, 7, 10, 14, 24–27, 35–46, 57, 58, 60–66, 68a, 77, 85–88, 92, 95–102, 110, 111, 113, 124–127, 130–132, 139, 142, 143, 150, 155, 156, 167, 170, 174, 176–178, 187, 188, 191, 198, 202, 209, 212–214, 217, 218, 230, 231, 235, 236, 240, 243, 247, 248, 254–259, 262–264, 266, 268, 269, 271, 273–285, 300, 302, 306–308, 312, 316–320, 332 Plansammlung der TU Berlin

1 Foto: Inga von Platen, Bonn, aus: Peter Klaus Schuster, *Peter Behrens und Nürnberg*, Ausstellungskatalog, Prestel, München 1980

2–6, 19, 112 aus: Fritz Höber, *Peter Behrens*, Müller und Rentsch Verlag 1913

8 aus: Berliner Architekturwelt, 8. Jg. Berlin 1906

9, 33, 47, 49, 55, 56, 71, 72, 75, 76, 78, 107, 157–166, 169, 172, 186, 197, 199–201, 215, 216, 232, 309 aus: J. Posener (hrsg. im Auftrag der Akademie der Künste Berlin), *Hans Poelzig, Gesammelte Schriften und Werke*, Berlin 1970

11 aus: Hans Scharoun, *Ausstellungskatalog der Akademie der Künste Berlin*, Gebr. Mann Verlag Berlin 1974

12 aus: *Deutsche Form im Kriegsjahr*, Jahrbuch des Deutschen Werkbundes 1915, München 1915

13, 140 aus: Bruno Taut, *Alpine Architektur*, Berlin 1918/1919

15, 246 aus: Bruno Zevi, *Erich Mendelsohn*, Opera Completa, Etas Kompas Milano 1970

16, 73 aus: Walter Müller-Wulckow, *Bauten der Arbeit und des Verkehrs*, Langwiesche Verlag, Königstein im Taunus, Leipzig 1925

17, 29, 30, 32, 48, 50, 79–81, 89, 90, 105, 108, 109, 114, 115, 128, 129, 141, 144, 151, 180–182, 189, 190, 194–196, 203, 205, 206, 211, 226–229, 237–239, 241, 242, 244, 249–253, 260, 261, 286, 288, 299, 303, 305, 310, 314, 324, 327–329 aus: Theodor Heuß, *Hans Poelzig, das Lebensbild eines deutschen Baumeisters*, Berlin 1939

18 Foto: Theo Löber, aus: Kurt Junghans, *Bruno Taut 1880–1938*, Elefanten Press, Berlin 1983

21 aus: Sigfried Gideon, *Space, Time, Architecture*, Havard Cambridge 1941

22, 23, 83, 84, 137 aus: *Kunst in Handel und Industrie*, Jahrbuch des Deutschen Werkbundes 1913, Jena 1913

28 aus: Entwürfe des Architektenvereins zu Berlin, 1897/1898, Blatt 5, Museum für Verkehr und Technik, Berlin, Inv.-Nr. G 1/125

31 aus: John Brandon and others, *C. F. A. Voysey, Architect and Designer 1857–1941*, London 1978

51, 52 aus: Hans Schliepmann, *Bruno Schmitz*, in: *Berliner Architekturwelt*, Sonderheft 13, Wasmuth Berlin 1913

53 aus: Gerda Wangerin, Gerhard Weiss, *Heinrich Tessenow*, Bacht Essen 1976

54, 59, 146, 175, 179, 183–185, 192 Privatbesitz

67, 70, 210, 265, 267, 321, 323, 325, 331, 333 Museum für Verkehr und Technik, Berlin, Inv.-Nrn. C 6/57/4/15, 2/30, 11/1, 34/03, 34/06, 43/02, 36/11, 44/01, 46/01, 20/26

69 aus: Albert Gessner, *Das Deutsche Mietshaus*, Bruckmann München 1909

74 aus: Erich Mendelsohn, *Gesamtschaffen des Architekten*, Mosse Berlin 1929

103, 104 aus: *Die Bauwelt*, 31. Jg. Berlin 1914, Beilage, Nr. 9

116 aus: Gottfried Semper, zeichnerischer Nachlaß an der ETH Zürich, Kritischer Katalog von Martin Fröhlich, Basel/Zürich 1974

117 aus: Julius Posener, *Berlin auf dem Wege zu einer neuen Architektur*, Prestel München 1979

118 aus: Hans Schliepmann, *Die neuen Entwürfe zum Berliner Königlichen Opernhaus*, Berliner Architekturwelt, Sonderheft 12, 1913

119 aus: Paul Ortwin Rave, *Karl Friedrich Schinkel*, Berlin 1953

121 aus: Bildarchiv der Akademie der Künste Berlin

122 aus: Sondernummer der *Schlesischen Zeitung* 1913

145 aus: W. Boesiger (Ed.), *Le Corbusier et son atelier rue sèvres 35, oeuvre complète 1952–1957*, Les editions d'architecture Zürich Verlag für Architektur 1957

152 Kunstbibliothek Berlin, Staatliche Museen, Stiftung Preußischer Kulturbesitz Berlin, Inv.-Nr. HDR EM 647

153, 154 aus: *Das Haus der Freundschaft in Konstantinopel*, hrsg. v. Deutschen Werkbund und der Deutsch-Türkischen Vereinigung, mit einer Einleitung von Theodor Heuß, Bruckmann München 1918

171 Foto: Klaus B. Beyer, Weimar

193, 233, 234 aus: Paul Zucker, *Theater und Lichtspielhäuser*, Berlin 1926

204 Foto: Badisches Landesmuseum Karlsruhe

Bildquellen

207 Foto: John Szarkowski, aus: John Szarkowski, *The Idea of Louis Sullivan,* University of Minnesota Press, Minneapolis 1956

208 aus: *Der Schrei nach dem Turmhaus,* hrsg. v. Florian Zimmermann für das Bauhaus-Archiv und die Technische Universität Berlin, Ausstellungskatalog, Aragon Berlin 1988

219 Foto: Uwe Rau, Berlin

221 aus: Akademie der Künste Berlin (Hrsg.), *Max Taut,* Ausstellungskatalog, Berlin 1964

222 aus: *Max Taut 1884–1967,* Ausstellungskatalog, Akademie der Künste Berlin, Berlin 1984

224 aus: *Bauwelt,* Jg. 1930, Heft 8, Beilage 5

225 aus: Heinrich Tessenow, *Hausbau und dergleichen,* Berlin 1916

245 aus: *Le Corbusier 1910–1965,* hrsg. v. Willy Bossiger und Hans Griesberger, Zürich 1967

287, 289–298 Fotoarchiv Wolf und Tritschler, Offenburg

301, 304 aus: *Die Bauten der Weißenhofsiedlung Stuttgart,* Stuttgart 1927

311 Staatliche Museen zu Berlin, Preußischer Kulturbesitz, Kunstbibliothek, Sammlung Fotografie. Eine Inventarnummer existiert nicht

313 aus: *Die Form,* 7. Jg. Berlin 1932